Gabi Rier
04543/891303

HEYNE BÜCHER
SACHBUCH

Joe J. Heydecker

Die Schwestern der Venus

Die Frau in den
Mythen und Religionen

WILHELM HEYNE VERLAG
MÜNCHEN

HEYNE SACHBUCH
Nr. 19/319

Bildnachweis:
Alle Abbildungen Archiv für Kunst und Geschichte, Berlin,
bis auf S. 117, 353 und Bildteil S. 9 oben (Lilith)
und S. 16 unten (Iemanjá), diese aus dem Archiv des Autors
(Collection Heydecker).

Ungekürzte Taschenbuchausgabe
im Wilhelm Heyne Verlag GmbH & Co. KG, München

Printed in Germany 1994
Umschlagillustration:
Archiv für Kunst und Geschichte GmbH, Berlin
Umschlaggestaltung: Atelier Adolf Bachmann, Reischach
Druck und Verarbeitung: RMO, München

ISBN 3-453-07824-1

INHALT

Dieses Buch ist ein heidnisches Buch.
Kirchengläubige Christen, religiöse Juden oder fundamentalistische Muslime sollten es besser weglegen.
Weglegen sollten es ferner Machos, die ihre diversen Muskeln für ein Zeichen von Überlegenheit halten; ebenso aber auch Feministinnen, die nicht Parität der Geschlechter wollen, sondern Männer grundsätzlich als pigs ansehen und der Parole »Schwanz ab« huldigen. Der Verfasser, ohne eigenes Zutun in die amtliche Kategorie »männlich« hineingeboren, möchte da schon aus Gründen der persönlichen Sicherheit vorsichtige Distanz wahren.
Frauen dürften von der Natur nicht geiziger mit erotischem Verlangen bedacht worden sein als deren männliche Geschöpfe. Als Göttervater Zeus einmal mit seiner Gemahlin Hera darüber stritt, ob Mann oder Frau beim Verkehr größeren Genuß habe, wurde die Frage vom unfehlbaren Seher Teiresias entschieden, der früher vorübergehend in eine Frau verwandelt gewesen war. Er sagte, Frauen empfänden dabei neunmal mehr Lust als Männer. Und weil er damit eines der tiefsten weiblichen Geheimnisse ausgeplaudert hatte, wurde er von der erzürnten Göttin mit Blindheit geschlagen.
Doch weiter. Obwohl in diesem Buch öfter einmal von Matriarchat und Patriarchat die Rede sein muß, ist es ziemlich belanglos, ob früher Mutterrecht herrschte und heute Vaterrecht gilt.
Es geht um ganz andere Dinge.
Es geht um ein Ereignis, das in der Weltgeschichte vollkommen einzigartig ist und das Zusammenleben der Menschen radikal auf den Kopf gestellt hat.
Gemeint ist der Einbruch des Monotheismus in eine zuvor religiös pluralistische Welt.
In den nachfolgenden Kapiteln wird sich zeigen, wie dieses grundlegende Ereignis vergleichbar so wirkte wie die Errichtung einer Diktatur anstelle eines freiheitlichen Mehr-

parteiensystems. Hier sind letztlich die eigentlichen Wurzeln für die erniedrigte Stellung der Frau zu finden.
Mit dem Sieg des intoleranten Monotheismus verschwanden aus den Religionen auch die Göttinnen: Die Frau war von nun an ohne göttlichen Rückhalt, selber entgöttlicht, dem Einen männlichen Gott, dem göttlichen Prinzip Mann nackt unterworfen.
Die entstandene Leere macht frösteln. Wie tief sie empfunden wird, zeigt das Beispiel Maria: wie schwer es doch dem Männlichkeitskult fällt, sich allein und ohne weibliche Ergänzung zu behaupten. Selbst das ganz starr patriarchalische Judentum mußte dieserhalb einen Kampf auf Leben und Tod ausstehen – von dem noch gesprochen werden wird –, und es ist wahrscheinlich nur der verhältnismäßig geringen Zahl seiner Bekenner zuzuschreiben, wenn Jahwe ohne weiblichen Widerpart überleben konnte. Auf der anderen Seite sind die Bemühungen neuerer Päpste von Pius XII. Pacelli bis Johannes Paul II. Wojtyla besonders auffallend darauf gerichtet, dem Marienkult stärkere Impulse zu geben, also das attraktive weibliche Element deutlicher herauszustellen. Im Islam hilft man sich augenscheinlich damit, wenigstens den männlichen Gläubigen die Gesellschaft vieler begehrenswerter Damen im jenseitigen Paradies in Aussicht zu stellen, zumal es für irdische Frauen gesperrt ist.
Ich werde nun zunächst in gedrängter Form ein Panorama des »heidnischen« Lebens der Antike zeichnen, um einen Kontrast zu setzen zur gegenwärtig herrschenden jüdisch-christlich-islamischen Moral, die seit zweitausend Jahren als grauer Schatten die Erde verfinstert. Und zwar selbst dort – wie etwa in Teilen Asiens – wo weder Christentum noch Islam die Macht ergreifen konnten.
Zwei weitere Gesichtspunkte haben meine Arbeit bestimmt, bei der ich darauf bedacht war, alles Allgemeinbekannte so wenig wie möglich zu berühren. Dagegen wollte und mußte ich manches Material vorbringen, das in der »Schulweisheit« nur selten Platz findet; es wird dort entweder für unerheblich erachtet – wie das ganze Thema Frau –, oder absichtlich unterdrückt. Erstens betrifft das die Zeitumstände mit ihren jeweiligen religiösen und moralischen Anschauungen, in die damalige Frauen eingebun-

den waren – die Welt der Götter –, zweitens das Verhältnis der Geschlechter zueinander. Es ist unmöglich, eine antike Göttin ohne sexuellen Aspekt zu denken. Das wäre auch den Menschen jener Zeit gänzlich unverständlich gewesen; hatten sie doch zur Sexualität noch eine völlig ungebrochene, natürliche und naturhafte Beziehung.
Dieses Buch ist jedoch keine Religionsgeschichte. Ebensowenig kann es allen Göttinnen Tribut zollen; das wäre soviel wie eine Würdigung sämtlicher Sterne des Firmaments. Die Nichtgenannten mögen mir daher huldvoll vergeben.
Der unauslotbaren Zahl von Göttinnen, die durch Jahrtausende Anbetung, Opfer und Hingabe genossen oder noch immer erfahren, steht das männliche Monopol von vier Weltreligionen – Judentum, Buddhismus, Christentum, Islam – gegenüber. Daher sind die folgenden Kapitel den wichtigsten Göttinnen gewidmet. Jedem Leser, jeder Leserin, die dann noch weiter in abgelegenere Gebiete eindringen wollen, muß es überlassen bleiben, sich selber auf die wunderbare Reise in die Tiefen weiblicher Mysterien zu begeben. Das Literaturverzeichnis des Buches mag dazu ein Leitfaden sein.

Von Babylon bis Walhall

Venus von Willendorf
(c. 20.000 v. Chr.)

Als gesichert gilt, daß es im vorgeschichtlichen Europa keine männlichen Götter gab. Allein die »Große Mutter« herrschte in verschiedensten Gestalten; sie galt als unsterblich, unveränderlich und allmächtig. Der Begriff der Vaterschaft existierte noch nicht. Mit anderen Worten, man war sich des Zusammenhangs zwischen Geburt und Zeugungsakt noch keineswegs bewußt.

Nach dem Zeugnis von Homer und Plinius stand bei den Pelasgern, die vor den Hellenen Griechenland bewohnten, am Anfang eine »Göttin aller Dinge«, Eurynome. Sie erschien aus dem Chaos, trennte den Himmel vom Meer und tanzte in seliger Freude auf den Wogen. Bei diesem Anblick erhob sich ein Windhauch namens Ophion, umschlang sie in Gestalt einer Schlange und paarte sich mit ihr. Ophion heißt heute Boreas. Es handelt sich um einen Nordwind, und wie man noch sehen wird, scheint das männliche Prinzip überhaupt aus dem Norden gekommen zu sein. Eurynome jedenfalls legte nach der pelasgischen Überlieferung später ein Ei, aus dem die ganze Welt mit allen Bergen, Flüssen, Pflanzen und Tieren hervorging. Ähnlich weibliche Weltschöpfungsmythen kennzeichnen fast alle alten Überlieferungen. Selbst wir benützen noch den Ausdruck »Mutter Natur« und geben ihr damit weiblichen Charakter.

Die Sumerer, als Erfinder der Schrift das älteste Kulturvolk der Geschichte, kannten eine Anzahl Gottheiten, die sie in ihren Aufzeichnungen ausdrücklich »alt« nannten, da sie aus »früheren« Zeiten stammten: es handelt sich dabei ausschließlich um Göttinnen, darunter auch die »Urmutter« Gatumdu.

Nach archäologischem Befund reicht aber die weibliche Dominanz noch viel weiter in die Vorgeschichte zurück. Bemerkenswert ist dabei die überwiegende Zahl der bei Ausgrabungen gefundenen weiblichen Figuren. Die ältesten stammen aus dem Boden von Ninive und sind vor etwa

7000 Jahren geschaffen worden. Männliche Skulpturen sind eher selten. Ähnlich sind die Ausgrabungsergebnisse im vorgeschichtlichen Ägypten. Das überhaupt älteste lebensgroße Abbild eines Menschen, eine wunderbar gearbeitete Skulptur aus dem babylonischen Uruk und dem dritten Jahrtausend v. Chr. stellt den Kopf einer schönen Frau dar.
Und als die Sumerer die wunderbare Erfindung der Schrift machten, und damit die eigentliche – nämlich die geschriebene – Geschichte einleiteten, verwendeten sie als Symbol für den Begriff »Frau« ein stilisiertes Venus-Dreieck.

Mysterium Frau

Mit der Erfindung der Schrift in Sumer also, etwa 3000 Jahre v. Chr., beginnt die eigentliche Geschichte. Schon jetzt lassen sich nirgends mehr mutterrechtliche Gesellschaftsstrukturen feststellen. Überall ist das Patriarchat vorherrschend.
Dennoch besteht das Mysterium und die führende Macht der Frau weiterhin fort. Die Symbole Mond und Nacht bestimmen ihren geheimnisvollen Wirkungsbereich. Der Begründer der Mutterrechts-Theorie, Johann Jakob Bachofen, sagt: »Die Erhabenheit des Weibes ist eine Folge der Stellung zu der Geheimlehre: Der Frau ist das Mysterium anvertraut, von ihr bewahrt, von ihr verwaltet, von ihr dem Manne mitgeteilt...«
Weissagung und Prophetie sind fast immer Frauensache – Pythia, Kassandra, die Sibyllen, bis herab zu den sogenannten »Wahrsagerinnen« von heute.
Auch ist wohl bemerkenswert, welch hohe und oft auch stärkere Stellung Göttinnen gegenüber ihren illustren Gemahlen im Olymp vieler Völker einnehmen. So steht beispielsweise Ischtar über Tammuz, Kybele über Attis, Artemis über ihrem Gefährten Virbius, Aphrodite über Hephaistos. Und mehr noch: Männliche Gottheiten haben vielfach einen verspielten Charakter, sie tändeln launenhaft herum – siehe Zeus, Apollon –, und es ist nicht immer

einfach, sie ernst zu nehmen. Ganz anders die meisten Göttinnen. Sie erscheinen in sich gefestigt, sie wissen, was sie wollen, und sie sind konsequent in der Ausführung ihrer Pläne. Etwas Irdisches scheint dieser Rollenverteilung anzuhaften.

Schon der römische Staatsmann Cato schrieb über die Frauen das bissige Paradoxon: »Sobald sie uns gleich sind, sind sie uns überlegen.«

In der minoischen Kultur hatten Frauen eine absolute Vormachtstellung. Männer waren nur in untergeordneten Positionen als Diener, Mundschenke, Flötenspieler oder Matrosen tätig. Auch Opfer wurden ausschließlich von Frauen dargebracht. Die Große Mutter als Hauptgöttin von Kreta und Minos wohnte in einer Ehrenloge den Sportfesten in Form einer Skulptur bei, mit nackten Armen und Beinen und nur mit einer leichten Sporthose bekleidet.

Hüterinnen des Lebens

In der Tat findet man überall die ernstesten Aufgaben der Macht weiblicher Wesenheiten anvertraut.

Da sind die Erinnyen, Rachegöttinnen der Griechen – »Furien« bei den Römern – stets in der Dreizahl Alekto, Megaira und Tisiphone. Rastlos und erbarmungslos verfolgen sie alles Unrecht. Besonders Frevler, die Blutschuld (Mord) auf sich geladen haben, sind ihre Opfer; sie werden von ihnen mit Wahnsinn, Verderben und Tod gezüchtigt. Nach griechischen Texten sind sie »in der Erde Tiefe wirkende Mächte« und »des Todes Herrinnen«. Auf Bildwerken erscheinen die Erinnyen furchterregend mit Schlangenhaar, aufgerissenen Augen und brüllendem Mund, Fackeln und Geißeln schwingend.

Noch wichtiger sind wohl die Moiren – bei den Römern Parzen genannt –, die Schicksalsgöttinnen. Auch sie in der magischen Dreizahl: Klotho, Lachesis und Atropos. Sie allein verfügen über des Menschen Leben, seine Bestimmung und den Tod. So spinnt Klotho den Lebensfaden, Lachesis teilt jedem sein Los zu, und Atropos schneidet den Faden ab, wann immer sie den Zeitpunkt des Sterbens für gekommen befindet. Gegen das Wirken der Moiren sind selbst die Götter machtlos. Was dem Menschen be-

stimmt ist, können auch sie nicht ändern. Dieser Gedanke ist weit verbreitet. Er mag fatalistisch erscheinen, weil eben Faktum Faktum ist. Im Mythos dagegen handelt es sich gerade nicht um »blindes Geschick«, sondern es ist abhängig von Voraussicht, Erwägung und Befinden der drei Göttinnen. Auch in der germanischen Mythologie wird das Schicksal von drei Gottfrauen, den Nornen, bestimmt.
Und obwohl Recht und Gesetz typisch männliche Angelegenheiten zu sein scheinen, ist die Gerechtigkeit doch in die Hände einer weiblichen Gottheit gelegt: Justitia.
Ein Versäumnis schließlich wäre es, der Musen nicht zu gedenken. Sie sind ja nicht nur dazu da, Künstler zu küssen. Vielmehr herrschen sie über die höchsten Fähigkeiten des Menschen, verkörpern seinen Genius, mit dem er das Irdische mit dem Unirdischen zu verknüpfen vermag – falls ihn seine Muse für würdig befindet. Es handelt sich um neun Schwestern, deren jede ein unendliches Reich regiert: Erato ist die Liebesdichtung anvertraut, Euterpe die Lyrik, Kalliope die epische Dichtung, Klio ist Muse der Geschichtsschreibung, Melpomene der Tragödie, Polyhymnia der Musik, Terpsichore des Tanzes, Thalia regiert die Komödie, Urania die Astronomie oder nach heutiger Auffassung ganz allgemein die Wissenschaften. Bildhauer und Maler müssen ihre Werke leider ohne Musen zustande bringen.

Die Männer kommen!

Wie es zu der »Wende« vom Mutter- zum Vaterrecht gekommen ist, läßt sich nicht mit Sicherheit beschreiben. Ein moderner Forscher wie Robert v. Ranke-Graeves sieht es so, daß im zweiten Jahrtausend v. Chr. »Eroberer aus dem Norden und Osten Europas« Griechenland und ganz Kleinasien überrannten. Unter ihnen befanden sich auch die patriarchalisch organisierten Hellenen. Sie bekämpften die mutterrechtlichen Strukturen, die sie vorfanden. Als typisches Beispiel für ihr Vorgehen sei die Änderung des Kalenders erwähnt; dieser war bisher nach Mondzyklen (Frauenzyklen) von 28 Tagen geordnet, nach dem Nachtgestirn der Großen Mutter also.
Jetzt wurde der Sonnengott Herrscher. Die Hellenen unter den »Eroberern aus dem Norden und Osten Europas« ver-

ehrten vor allem Apollon, den Gott des Lichts, der auch mit dem Sonnengott Helios gleichgesetzt wurde. Damit war er Widerpart der mutterrechtlichen Mondgöttinnen. Es hat mit ihm aber noch besondere Bewandtnisse.
Nach konventioneller Gelehrtenmeinung ist Apollon »wahrscheinlich kleinasiatischer Herkunft« (Wilamowitz), hat er doch beispielsweise der trojanischen Königstochter Kassandra die Gabe der Prophetie verliehen. Ganz und gar abweichende Meinungen stützen sich auf eine griechische Sage. Nach ihr begibt sich Apollon jedes Jahr einmal »in seine Heimat« bei den Hyperboreern und kehrt dann von dort wieder nach Delphi – dem Sitz seines Orakels – zurück. Die Rückreise ist sogar auf einer melischen Amphora bildlich dargestellt.
Nun ist das Land der Hyperboreer durchaus sagenhaft, nach griechischer Meinung lag es aber »im Norden«, am Eridanos, »an dessen Mündung Bernstein gefunden wird«. Nach dieser Aussage läßt sich der Eridanos als unsere Eider identifizieren, die bei Kiel entspringt und in die Nordsee mündet. Nordeuropa war ja den Griechen nicht unbekannt; ihr Forschungsreisender Pytheas drang 325 v. Chr. sogar bis Thule vor. Gewiß ist in der Heimfahrt und Rückkehr Apollons auch der Wechsel der Jahreszeiten symbolisiert; doch dürfte es nicht allzu kühn sein, darin mehr einen fernen Nachhall aus der Zeit der nordischen Invasion zu sehen, mit der der Kampf zwischen Frauen- und Männerherrschaft einsetzte.

Ende der Frauenmacht?

Vielleicht hatten die fremden Eroberer auch kein allzu schweres Spiel bei der Änderung der Verhältnisse. Vermutlich gab es in den mutterrechtlichen Gesellschaften genügend Männer, die sich unterdrückt oder ausgebeutet fühlten – wie heute so viele Frauen in der Männergesellschaft. Sie konnten die neue starke Männermacht als »Befreier« begrüßen und mit ihr gemeinsame Sache machen. Auch die von Frauen abhängigen Schattenkönige, die nur ein Jahr lang nominell regieren durften und dann jeweils rituell geopfert (d. h. geschlachtet) wurden, waren gewiß daran interessiert, dieses Los von sich abzuwenden und echte Herrschaftsrechte zu gewinnen.

Falsch wäre es jedenfalls, an eine Art »Blitzkrieg« zu denken, sich ein rasches Vordringen der vaterrechtlichen Völkerschaften und eine ebenso rasche Verdrängung der mutterrechtlichen Strukturen vorzustellen. Geschichtliche Umwälzungen lassen sich nicht mit den schnellebigen Veränderungen unserer Gegenwart vergleichen. Der Kampf zwischen beiden Prinzipien dauerte, soweit wir das anhand vieler Befunde abzuschätzen vermögen, wenigstens tausend Jahre.
Doch niemals kam es zu einem echten Erlöschen weiblicher Dominanz. Von Babylonien bis Ägypten blieb die Frau ein weithin bestimmender Faktor des Lebens, auch dort, wo ihre Stellung juristisch untergeordnet war. Der beste Beweis dafür ist nicht nur das ungebrochene Überleben, sondern vielmehr die weiterhin hohe Verehrung und Anbetung aller Göttinnen. Staatskult und Volksreligiosität, die der Frau als Göttin einen so hohen Rang, ein so pompöses Zeremoniell und eine so tiefe Innigkeit entgegenbringen, wären mit genereller Frauenfeindlichkeit nicht vereinbar. Wenn ich nur drei Gottfrauen stellvertretend für alle anderen nenne, Ischtar, Aphrodite und Isis, so haben sich nicht bloß Frauen und Männer aller Volksschichten immer tief vor ihnen verneigt, sondern auch Könige und Tyrannen.

Die Amazonen

Es gibt kein Verstehen antiker Göttinnen und ihrer irdischen Schwestern, der Frauen, ohne die uralte Frage nach Herkunft und Bedeutung der Amazonen. Ein Hauch des Mysteriums, ja göttlicher Sendung umgibt sie.
Einige Gelehrte halten an der Meinung fest, die Amazonen seien nichts als ein Produkt der bekannt üppigen Phantasie der alten Griechen, Fabelwesen also, den Nymphen oder dem Einhorn vergleichbar. Mit dem naheliegenden Gedanken, es könnten hier vorgeschichtliche Ereignisse durchblicken, mögen sie sich nicht befreunden.
Andere Forscher, andere Meinungen. Gerade die große Umwälzung, die Jahrhunderte währende Überflutung

mutterrechtlicher Länder durch vaterrechtliche Eroberer gibt genügend Anlaß, an einen bewaffneten Widerstand organisierter Frauen zu denken. So erklärt etwa das »Lexikon der Antike« kurz und bündig: »Die Amazonensagen gründen sich wahrscheinlich auf historische Auseinandersetzungen mit mutterrechtlichen Stämmen der niedergehenden Urgesellschaft.«

Gefürchtet und vergöttlicht

Die patriarchalisch organisierten Griechen selbst rühmten sich, alle Kämpfe mit den Amazonen siegreich bestanden zu haben, was allerdings zutrifft. Die Kämpfe müssen aber in der Tat gewaltig gewesen sein; das ist aus zwei Indizien abzulesen. Einmal sah man sich gezwungen, dem ganzen Geschehen einen eigenen Namen zu geben, nämlich »Amazonomachie«, was Amazonenkrieg heißt: Krieg also, und nicht etwa einzelne Zusammenstöße oder Geplänkel. Zum zweiten waren die Hellenen von ihren Gegnerinnen so tief beeindruckt, daß sie ihnen nach dem Sieg überall Tempel und Weihestätten mit eigener Priesterschaft errichteten. Darin kommt hellenischer Sinn für dramatische Größe zum Ausdruck: die tapferen Frauen werden geschlagen, doch keineswegs vernichtet, sondern in göttlichen Rang erhoben. Große Künstler wie Polykleitos oder Phidias wetteiferten darin, die heldenhaften Frauen zu verherrlichen. Zahlreiche ihrer Werke sind im Original oder als römische Kopien auf uns gekommen.

Für den Namen Amazonen gibt es mehrere Erklärungen. Einmal nach dem griechischen mazos (Brust), amazos (brustlos). Die heute widerlegte Version besagt, die Amazonen hätten sich die rechte Brust abgeschnitten, ausgebrannt oder sie durch Binden und andere Einschnürungen in der Entwicklung gehemmt, um die Sehne des Bogens besser spannen zu können oder sie beim Abschnellen nicht zu behindern. Das wurde durch moderne Versuche als Irrtum erwiesen. Eine andere Deutung des Namens stützt sich auf das griechische maza (Gerste), amaza (ohne Gerste), da die Amazonen von der Jagd lebten und deshalb kein Brot buken.

Zu ihrer Ausrüstung gehörte neben dem Schwert vor allem eine charakteristische Doppelaxt, mit der sie galoppierend

Schläge nach beiden Seiten austeilten. Bevor es zum Nahkampf kam, benützten sie Pfeil und Bogen. Deckung bot ihnen ein halbmondförmiger Schild. Beschreibungen sagen ferner, sie seien mit langen engen Hosen bekleidet gewesen, mit einer Art Jacke, die die Brust frei ließ, und an den Füßen mit Schuhen, die in der neueren Literatur als »Russenstiefelchen« bezeichnet werden. Über dem lose flatternden Haar trugen sie eine phrygische Mütze.

Nach griechischen Berichten lebten die Amazonen ursprünglich am Fluß Thermodon (heute Terme Çayi) im pontischen Kleinasien. Von hier breiteten sie sich aus und besiegten in schweren Kämpfen sogar die wilden Bergstämme Albaniens. Nach der Unterwerfung zahlreicher Kaukasusvölker errichteten sie am Südostufer des Schwarzen Meeres ihre Hauptstadt Themiskyra. Das bestätigen selbst chinesische Annalen, wo von einem Frauenreich in der Gegend zwischen Schwarzem Meer und Kaspischer See die Rede ist.

Die Gründung geht auf die Doppelköniginnen Marpessa und Lampeto zurück, da die Regierung der Amazonen immer von zwei gleichberechtigten Königinnen ausgeübt wurde. Von Themiskyra aus eroberten sie große Teile Kleinasiens, sie schwangen dabei die Doppelaxt, mit der sie alles niedermachten und jeden Widerstand brachen. Im 13. Jahrhundert vor unserer Zeit wimmelten ganz Sinai und Kleinasien bis zur sarmantischen Tiefebene von jungen Kriegerinnen zu Pferd (Galahad). Sogar die kampfgewohnten Skythen nannten die wilden Frauen »Aiorpatai«, was soviel wie »Männertöterinnen« heißt. Nach errungenem Sieg aber sollen sich die Amazonen als milde Herrscherinnen erwiesen haben, von den unterworfenen Völkern wie Göttinnen verehrt.

Auf dem Gipfel der Macht

Die Amazonenkönigin Eurypyle bezwang 1660 v. Chr. mit ihren Frauen die Stadt Babylon. Athen zitterte, als ein Frauenheer unter der Amazone Oreithyia die Stadt eroberte und die Akropolis belagerte. Die Massagetenkönigin Tomyris schlug mit einer Frauenarmee den Perserkönig Kyros. Umgekehrt führte im Riesenheer des Großkönigs Xerxes die karische Königin Artemisia einen Teil der

Truppen und übertraf, wie antike Historiker berichten, an persönlicher Tapferkeit und strategischer Befähigung sämtliche Feldherren der Perser. Ramses II., Pharao der Ägypter, erwähnt in einer Inschrift mysische (lydische) Frauen, die beritten kämpften.
Und als Troja von den patriarchalischen Griechen belagert wurde, eilte die Amazonenkönigin Penthesileia der bedrängten Stadt mit einer Frauenstreitmacht zu Hilfe. Ihr Heer wurde jedoch geschlagen, sie selbst von Achilleus frevlerisch auf heiligem Boden – im Apollon-Tempel – getötet; der große Held der Ilias schändete sodann die Leiche der Königin und brachte einen Mitkämpfer, der ihn darob tadelte, ebenfalls um.
In späterer Zeit gehörten den Frauenheeren gelegentlich auch Männer an, jedoch nur als Fußvolk nach den beritten vorstürmenden Frauen. Das ist etwas verwunderlich, denn gerade in diesem Punkt beobachteten die Amazonen besondere Bräuche. Nach der Überlieferung pflegten sie sich aus benachbarten Dörfern Männer auszusuchen, mit denen sie dann im Frühling zwei Monate zusammenlebten (Meyer). Die aus den Verbindungen geborenen Knaben wurden dem Männerstamm zurückgeschickt, die Mädchen aber bei den Frauen aufgezogen und für den Kriegsdienst im Umgang mit Pfeil, Bogen, Schwert und Streitaxt ausgebildet. Bei jenen Frauenstämmen, die auch Knaben bei sich behielten, wurden diese verstümmelt, und zwar sei ihnen eine Hand oder eine Hüfte ausgerenkt worden. Man behielt sie dann als Sklavenkrüppel, die ungefährlich waren, auf die Kinder aufpaßten, Wolle gesponnen haben und andere häusliche Verrichtungen zu besorgen hatten.

Herakles, grosser Held

Als Insignie ihrer Herrschermacht trug die Amazonenkönigin Hippolyte einen goldenen Gürtel von außergewöhnlicher Kostbarkeit und Pracht, nach der Sage ein Geschenk des Kriegsgottes Ares, weshalb er den Amazonen Kriegsglück verlieh. Deshalb wollten die Griechen dieses Wunderwerk an sich bringen. Herakles führte den Raubzug an und drang bis zu der Herrscherin vor. Unter dem Vorwand einer »Liebesprobe« entriß ihr der starke Held den Gürtel; die zur Hilfe eilenden Leibwächterinnen der Königin

machte er nieder. Dann verschleppte er Hippolyte nach Griechenland und verkaufte sie dort dem Athener-König Theseus als Konkubine.
Nachdem Königin Oreithyia in einem auswärtigen Feldlager von dem Überfall erfahren hatte, eilte sie mit ihrer Heeresmacht herbei – zu spät. Ergrimmt führte sie nun eine Strafexpedition gegen Griechenland. Wie bereits erwähnt, belagerte sie die Akropolis, nachdem ihre Kriegerinnen schon in die Stadt Athen eingedrungen waren. Nur mit Mühe konnten die Griechen die Invasion zurückwerfen.
Der Rückzug ist von Gräbern gekennzeichnet. Die Streitmacht der Amazonen konnte sich von dieser Niederlage nie wieder erholen. Auf dem Rückzug in die Heimat starb Oreithyia zu Megara aus Gram und Schmach über die verlorene Schlacht. Der Haß auf alles Griechische – die Vorherrschaft der Männer – blieb.
Doch die Erinnyen, Göttinnen der Rache, ruhten nicht. Herakles wurde, weil er in einem Wahnsinnsanfall – nebenbei – seine Frau und seine Kinder getötet hatte, als Sklave verkauft. Sinnigerweise erwarb ihn die lydische Amazonenkönigin Omphale und ließ ihn drei Jahre lang zu ihrem Pläsier weibliche Hausarbeiten verrichten, bevor sie ihn freigab. Im Liebesverhältnis zwischen Königin und Sklave tauschte sie mit ihm die Kleider und beherrschte ihn völlig, weshalb Herakles zum klassischen Vorbild des »Pantoffelhelden« wurde, dessen sich auch Künstler wie Lucas Cranach, Tintoretto, Rubens und andere annahmen.

Nach dem Ende

Noch in späteren Zeiten wollen Soldaten des römischen Feldherrn Pompeius unter den Verbündeten des Königs Mithridates Amazonen gefunden haben. Auch Jahrhunderte danach, bei Kämpfen von Gebirgsvölkern gegen die Moskowiter, wurden unter den Gefallenen große Mengen von Frauen gefunden, wie Erzbischof Lamberti berichtet. Daher weiß man, daß sie einen Helm, einen Panzer aus Stahlplättchen, der durchaus beweglich und anschmiegsam war, und einen kurzen purpurnen Rock trugen. Wieder hatten sie weiche »Russenstiefelchen« an, die mit Sternchen bestickt waren. Ihre Pfeile waren sogar vergoldet und hatten scherenartige Spitzen.

Recht rätselhaft mutet ein Bericht aus Südamerika an. Als der spanische Feldhauptmann Francisco de Orellana 1524 als erster Europäer den größten Fluß Amerikas in seiner ganzen Länge vom Andenhochland bis zur Mündung am Atlantik hinabfuhr, wozu er acht Monate brauchte, mußte seine kleine Expedition harte Kämpfe mit kriegerischen Frauen bestehen. Schon vor seiner Abfahrt hatte er von ihnen gehört, und der ihn begleitende Dominikaner Gaspar de Carvajal hat alles getreulich aufgeschrieben.

Es handelte sich um »große, hellhäutige Frauen« und: »Wir sahen sie allen voran kämpfen.« Orellana und seine 57 Begleiter hatten nämlich auf der Suche nach Nahrungsmitteln ein Indianerdorf überfallen und ausgeraubt. Bei den folgenden Gefechten »tötete Orellana viele Indios, darunter sieben oder acht Kriegerinnen, schoß nach ihnen, hängte andere auf und legte Feuer an ihre Häuser.« Das war der erste Einbruch der »Zivilisation« in das bis dahin harmonische Dasein der Waldbewohner.

Nach Carvajals Aufzeichnungen kämpften die »weißen Herrinnen« nackt mit Pfeil und Bogen. Nach den Aussagen umliegender Indianerstämme lebten sie in »steinernen Städten« in der Umgebung des Rio Jamundá, huldigten der Sonne, speisten von goldenen Tellern und ritten auf »Kamelen« (Lamas), was alles auf die Herkunft von Peru hindeutet.

Eine weitere Eigentümlichkeit, die der Dominikanerpater überlieferte, ist die Männerlosigkeit der seltsamen Frauen. Nur ein- oder zweimal jährlich fingen sie im Umkreis mit sanfter Gewalt Männer, um die Fortpflanzung zu sichern. Die so geborenen Kinder männlichen Geschlechts wurden dann den Vätern zugeschickt, die Mädchen dagegen als kriegerischer Nachwuchs aufgezogen.

Über allem stand eine Herrscherin, die große Verehrung sogar bei anderen Indianerstämmen des Gebietes genoß. Carvajal schrieb auch den ursprünglichen Namen der Kriegerinnen auf: Coniupuiara. Er nannte sie aber »Amazonen«, weil ihm und seinen europäischen Lesern diese Bezeichnung für kämpfende Frauen von den griechischen Sagen her geläufig war. So kam der brasilianische Fluß zu seinem altgriechischen Namen, während sein Oberlauf, der Solimões, noch immer an König Salomo erinnert.

Götter und Göttinnen

Nimmt man historische Tatsachen und überliefertes Sagengut zusammen, ergibt sich ein weites Panorama, das Stellung und Bedeutung der Frau in der antiken Welt – in der Welt vor dem Einbruch des Monotheismus – anschaulich vermittelt. Wir blicken nun in eine Zeit, in der Mutterrecht und Frauenmacht bereits versunken sind und vom Patriarchat verdrängt wurden. Männer dominieren im täglichen Leben vom König bis zum Familienvater, männliche Gottheiten stehen im Pantheon an erster Stelle.
Betrachtet man aber die Lage etwas tiefer, dann stellt sich heraus, daß weder Frauen noch Göttinnen entthront wurden. Man kann das Verhältnis mit den klassischen Worten ausdrücken:

Die Männer regieren, aber die Frauen herrschen.

Noch immer empfängt der König seine Macht aus weiblicher Erbfolge. Götter mögen Staatsreligion und Staatsraison verkörpern, noch immer aber sind es Göttinnen, die das Volk repräsentieren und an deren Spruch kein Weg vorbeiführt.
Am deutlichsten tritt dies in antiken Göttertriaden zutage. Die ägyptische Dreiheit zum Beispiel besteht aus Isis, Osiris und Horus; kein Zweifel, daß Isis das dominierende Element ist. In Phönizien sind es El, Astarte und Baal; auch hier nimmt die Göttin den höheren Rang ein. In Babylonien steht Ischtar himmelweit über Tammuz Vater und Tammuz Sohn. Zum Tempel des römischen Kapitols gehörte eine kleine Pyramide mit der Göttertrias Jupiter, Juno und Minerva – zwei Frauen und ein Mann also, und sie ist noch heute im Orto Lapidario in Triest zu besichtigen.
Nur in der nordischen Mythologie und im Christentum gibt es reine Männertriaden. Teutates, Esus und Taranis bei den Kelten; bei den Germanen gar eine echte Dreifaltigkeit, nämlich Odin und seine Brüder We und Wili, die als drei verschiedene Personen, zugleich aber auch als ein einziger Gott aufgefaßt wurden. Und die drei Nornen, Urd, Werdandi und Skuld, sind als Einzelwesen kaum denkbar.

Echte Dreifaltigkeiten sind im Reich der Göttinnen keine Seltenheit. Schon in matriarchalischer Zeit war die Dreizahl mystisch und bedeutete, wie Ranke-Graeves nachwies, die drei Lebensalter der Frau: das junge Mädchen, zugleich Herrscherin der Lüfte, die Nymphe als Symbol der reifen Frau und Herrscherin der Erde und des Meeres sowie das alte Weib als Mahnung des Todes und der Unterwelt. Hierher gehört auch die dreifaltige vorgriechische Aega, eine Göttin von hypnotischer Schönheit, die mit ihren Schwestern Kirke und Pasiphae bis zum Beginn der patriarchalischen Zeit eine Einheit gebildet haben soll. Die Griechen kannten nur drei Jahreszeiten, Frühling, Sommer und Winter, die den drei Gestalten der Göttin und Urmutter Hera entsprachen. Hera verkörperte in ihrer einen Person die Göttinnen Selene, Aphrodite und Hekate, also die matriarchale Dreiheit Mädchen, Frau und altes Weib. Eine weitere Einheit, die nur zusammenwirkend zu denken ist, sind die Moiren, die drei Schicksalsgöttinnen Klotho, Lachesis und Atropos; sie waren vaterlos und direkt der Großen Mutter entsprungen. Die drei Erinnyen sind ein weiteres Beispiel.

Die Göttertrias Al-Lat, Al-Uzza und Menat, ebenfalls drei Frauen, führt sogar auf eine überaus pikante Spur. Es handelt sich um altarabische Göttinnen, deren oberste, Al-Lat, in Gestalt eines heiligen schwarzen Meteor-Steins zu Mekka verehrt wurde. Ihren Kult übten Priesterinnen aus. Mohammed selbst betete dort, bevor er um 610 unter jüdisch-christlichem Einfluß seine ausschließlich männliche Lehre des Islam verkündete. Danach ließ er den heiligen Akazienhain der Göttin südlich von Mekka zerstören, doch gab es in den arabischen Ländern noch annähernd tausend Jahre lang Anbeter und Verehrer der drei vorislamischen Göttinnen. Heute ist der schwarze Stein (Hadschar) in der Südost-Ecke der Kaaba zu Mekka eingemauert und wird von den Gläubigen geküßt. Ob der Gottesname Allah etymologisch mit Al-Lat zusammenhängt, kann ich nicht beurteilen.

Frauen haben zu schweigen

Die wahre Abwertung der Frau kam erst mit dem Niedergang der antiken Welt und dem Aufstieg monotheistischer Glaubensvorstellungen. Ob Jahwe, der christliche Männerdreibund, oder Allah – Frauen hatten von nun an nirgends mehr göttlichen Rang. Vom Mann spricht der Herr, wenn er zu Eva sagt: »Er aber wird über dich herrschen.« (Gen 3,16)*.

Im hebräischen Alten Testament finden sich alle Wurzeln der Frauenfeindlichkeit, die dann von Christentum und Islam über weite Teile der Erde ausgestreut wurde. In den Kapiteln »Ischtar« und »Eva« wird mehr darüber berichtet. Vorweggenommen sei hier lediglich die selbstverständliche Gewohnheit Jahwes, sich immer an Männer zu wenden und im ganzen dicken Alten Testament nur zweimal das Wort an eine Frau zu richten: einmal strafend, das anderemal tadelnd.

Die patriarchalische Verfolgungswut war grundsätzlich frauenfeindlich. Es ging ihr darum, jede Art persönlicher Emanzipation, wie sie selbstbewußte Frauen vor der mosaischen Machtergreifung genossen hatten, völlig auszurotten.

Ein vielsagendes Beispiel dafür findet sich bei Jesaja 3,16–24. Jesajas prophetisches Wirken liegt zwischen etwa 740 und 701 v. Chr. Die verfeinerten Hochkulturen Ägyptens und Babyloniens bestimmten damals den Lebensstil des antiken Erdkreises, und auch das, was man heute unter dem Begriff »Damenmode« verstehen würde. Also war es für die Frauen Jerusalems, wenn sie es sich leisten konnten, eben »chic«, sich nach dem jeweils letzten Schrei aus Babylon herzurichten.

Hier setzt der von Jahwe besessene Jesaja an. Er ereifert sich im Stil eines Stammtischbruders, der seiner impotenten Wut gegen alle Frauen Luft macht, die ihm für immer unerreichbar sind. Und da er sie nie besitzen kann, zeugt wenigstens seine rachgierige Phantasie ein barbarisches Ritual der Erniedrigung. Das sieht in der katholisch-evangelischen Einheitsübersetzung so aus:

---

* Alle Bibelzitate in diesem Buch entstammen, falls nicht anders vermerkt, der katholisch-evangelischen Einheitsübersetzung.

»Der Herr sprach: Weil die Töchter Zions hochmütig sind, ihre Hälse recken und mit verführerischen Blicken daherkommen, immerzu trippelnd daherstolzieren und mit ihren Fußspangen klirren, darum wird der Herr den Scheitel der Töchter Zions mit Schorf bedecken und ihre Schläfen kahl werden lassen. An jenem Tag wird ihnen der Herr ihren Schmuck wegnehmen: die Fußspangen, die kleinen Sonnen und Monde, die Ohrgehänge und Armkettchen, die Schleier und Turbane, die Fußkettchen und die Prachtgürtel, die Riechfläschchen und die Amulette, die Fingerringe und die Nasenreife, die Festkleider und Umhänge, die Umschlagtücher und Täschchen und die Spiegel, die feinen Schleier, die Schals und Kopftücher. Dann habt ihr Moder statt Balsam, Strick statt Gürtel, Glatze statt kunstvolle Locken. Trauergewand statt Festkleid, ja Schande statt Schönheit.«

Der Hebraist William Popper von der University of Berkeley ist bei seiner Übersetzung zu einem weniger beschönigenden Text gekommen. Neben anderen Abweichungen nur ein Beispiel: Nach der Einheitsübersetzung will der Herr die »Schläfen« der Töchter Zions kahl werden lassen, wie immer man sich das vorstellen mag. Im Hebräischen ist da nichts von Schläfen, sondern ganz im Stil des geifernden Saubermanns Jesaja heißt es, wie Popper übersetzt: »The Lord their buttocks will lay bare«, zu deutsch: »Der Herr wird ihre Hinterbacken bloßlegen.« Und das zeigt doch mehr vom vulgären Charakter der Beschimpfung.

In den ersten drei bis vier Jahrhunderten benützten die Christen vielerlei Evangelien, bevor man sich auf die jetzt gebräuchlichen vier einigte. Zu diesen heute apokryphen Schriften gehört auch das sogenannte Ägypter-Evangelium, in welchem das Jesus-Wort überliefert ist: »Ich bin gekommen, die Werke des Weiblichen aufzulösen«.

Mit dem spätbekehrten Paulus sinkt dann die Frau zu völliger Unmündigkeit herab:

»Wie es in allen Gemeinden der Heiligen üblich ist, sollen die Frauen in der Versammlung schweigen; es ist ihnen nicht gestattet zu reden. Sie sollen sich unterordnen, wie auch das Gesetz es fordert. Wenn sie etwas wissen wollen, dann sollen sie zu Hause ihre Männer fragen ...« (1 Kor 14,33–35)

In seinem zweiten Brief an die Korinther (11,3) betont der Apostel noch einmal: »Ihr sollt aber wissen, daß Christus das Haupt des Mannes ist, der Mann das Haupt der Frau.«

Frauenfeindlichkeit durchsetzt weithin das christliche Brauchtum von den Anfängen bis heute, wie es etwa im Zölibat oder in der katholischen Ablehnung weiblichen Priestertums zum Ausdruck kommt. Hierher gehören auch zahlreiche Äußerungen der Kirchenväter. Tertullian sagt zum Beispiel: »Im Schoß des Weibes wohnt der Satan.«

Denn, so heißt es bei ihm ergänzend, »wegen deiner Schuld, weil du den Tod in die Welt gebracht, mußte auch der Sohn Gottes sterben, und da kommt es dir noch in den Sinn, über deinen Rock von Fellen Schmucksachen anzulegen!?« Einen Schritt weiter wäre noch der hl. Hieronymus gegangen, der mit der heiligen Paula und deren Tochter Eustochium zu Bethlehem lebte und neben einem Männer- auch gleich drei Frauenklöster gründete. Er wollte allen Frauen die verlockende Haarpracht nehmen und hätte sie gerne kahl geschoren gesehen. Was er übrigens von Paulus (1 Kor 11,6–7) übernommen hat: »Wenn eine Frau kein Kopftuch trägt, soll sie sich doch gleich die Haare abschneiden lassen... Der Mann darf sein Haupt nicht verhüllen, weil er Abbild und Abglanz Gottes ist.« Lactanz, der im 3. Jahrhundert eine Apologie des Christentums verfaßte, witterte selbst im Duft der Blumen weibliche Verführungskünste des Teufels. Basilius der Große, Heiliger und Kirchenlehrer, wollte nicht nur den Frauen, sondern allen Gläubigen überhaupt, das Lachen verbieten.

Dies alles mögen historische Fakten von vergleichsweise geringfügiger Bedeutung sein. Als verheerend für zweitausend Jahre von der Antike bis heute erweist sich dagegen eine fixe Idee, die mit dem Christentum als totalitäre Doktrin in die Welt kam.

Der Angriff auf den Sexus

Von der grundsätzlichen Frauenfeindlichkeit im Alten Testament wurde schon gehandelt. Die ursprünglich jüdische Sekte der Christen führte diese Ideologie, verstärkt noch durch die erwähnten Lehren des Paulus, konsequent fort. Wenn man den Evangelien Glaubwürdigkeit unterstellt, war Jesus selbst kein Frauenfeind: Auf seinen Wanderungen begleiteten ihn nicht nur seine Jünger, sondern auch Frauen: »Maria Magdalena, Johanna, die Frau eines Beamten des Herodes, Susanna *und viele andere*« (Lk 8,2–3). Mit der eigenen Mutter konnte er – angesichts des 4. Gebots – weniger tolerant oder liebenswürdig umgehen, etwa bei der Hochzeit von Kana, wo er sie anfährt, wie es Luther ausdrückt: »Weib, was habe ich mit dir zu schaffen?« (Joh 2,4)

Ebensowenig finden sich in den Evangelien Äußerungen Jesu gegen die menschliche Sexualität oder deren Befriedigung, nirgends fordert oder lobt er geschlechtliche Enthaltsamkeit oder Jungfernschaft (was Paulus in seinem 1. Brief an die Korinther 7,25 mit spürbarem Bedauern zugibt). Eine Prostituierte, die in der Stadt Nain »als Sünderin« lebte (Lk 7,47), wusch die Füße des Menschensohns mit ihren Tränen, trocknete sie mit ihrem Haar, bedeckte sie mit Küssen und salbte sie mit Myrrhenöl. Seinem Gastgeber, der sich darob erstaunte, erklärte Jesus: »Ihre vielen Sünden sind ihr vergeben, denn sie hat viel Liebe erwiesen« (so in der Übersetzung Menges und anderer)*.

In der Nachfolge des Gottessohnes kümmerten sich Apostel, fromme Kirchenmänner, Bischöfe, Päpste und alle Heiligen wenig um die evangelischen Zeugnisse über das wahre Menschenbild ihres Meisters. Ganz im Gegensatz zu dessen Gelassenheit konstruierten sie einen Kerker aus Sünde und Schuld, öffneten einen Abgrund von Angst, erfanden Strafen und Höllenqualen, stachelten mit härenen Hemden, schwangen die Geißel, zwickten mit glühenden Zangen, rutschten die Knie wund, zerbrachen Körper und Geist – nur um »das Fleisch« zu bändigen, den Teufel des sexuellen Verlangens auszutreiben.

Übrigens nur zu oft vergeblicher Sadomasochismus, wenn man die wollüstigen Ekstasen bedenkt, die so manche Heilige nach eigenem Zeugnis ihren Kasteiungen verdankten.

* In der katholisch-evangelischen Einheitsübersetzung ist in Klammern ein »mir« zwischen »hat« und »viel« eingeschoben.

Natürlich kam diese Entwicklung nicht von ungefähr. Während das Christentum entstand und wuchs, blühten neben ihm immer noch die »heidnischen« Mysterienreligionen. Fast alle kannten Reinigungszeremonien, zu denen auch Fasten, Abstinenz von Fleischgenuß und Alkohol oder vorübergehende sexuelle Enthaltsamkeit zählten, wie etwa vor Einweihungen oder besonders hohen Festtagen. Ebenso kannte man Kultpersonen, die sich zu freiwilliger Askese verpflichtet hatten, zum Beispiel die Vestalinnen oder religiöses Eunuchentum bei den Attis-Priestern.

Es ist nicht unwahrscheinlich, daß die Herkunft solcher Praktiken in Indien zu finden ist. Von dorther dürften sie über Pythagoras zu den Orphikern Griechenlands gelangt sein und ihren Platz in deren System von Sünde und Wiedergeburt gefunden haben. Der Gedanke, durch verschiedene Arten von Enthaltsamkeit – also Verzicht auf Genuß – ein Opfer darzubringen und dadurch zur eigenen Erlösung und Wiedergeburt nach dem Tode beizutragen, war offenbar faszinierend, weil es, so die psychologische Erklärung, zugleich der Eitelkeit schmeichelte. So sehr, daß der Brauch in fast allen Mysterienreligionen der damaligen Zeit Einzug hielt.

Nun bauten sich aber die christlichen Gemeinden nach dem Muster der konkurrierenden Mysterienreligionen auf und sind es bis heute geblieben. Man mußte, um Anhänger zu gewinnen, den Leuten sagen können: »Das haben wir auch.« Nur kamen bei den Christen noch andere Komponenten hinzu.

Einmal die alttestamentliche Vorbelastung durch die Ur-, Erb- und Todsünde des ersten Geschlechtsverkehrs zwischen Adam und Eva, durch das ewige Wettern und Strafen Jahwes und seiner Propheten gegen Unzucht, Hurerei, weiblichen Ehebruch und andere sexuelle Greuel jeder Art, insbesondere mit nichtmosaischen Ausländerinnen.

Sodann, als vielleicht wichtigster Schlüssel, die Leidensgeschichte Jesu selbst. Sie umfaßt von der Auspeitschung bis zum Kreuzestod ein ganzes Arsenal seelischer und körperlicher Grausamkeiten. Das abscheuerregende römische Marter- und Hinrichtungsinstrument stieg zum Rang eines verehrungswürdigen und küssenswerten Symbols der

Weltreligion der Liebe auf. Die daran genagelte, blutüberströmte Leiche dient Christen zu höchster Erbauung und Inbrunst.
Es fällt kaum schwer, von hier eine direkte Linie zu allen Qualen und Selbstquälungen zu ziehen, wie sie in der Kirchengeschichte bis zu schauderndem Ekel aufgehäuft sind. Mit ausgeklügelten Foltern, mit flammenden Scheiterhaufen, todbringenden Verfolgungen und Massenvernichtungen sind nicht etwa nur die Bücher der Historiker gefüllt; heilige Männer der Kirche selbst haben sie immer wieder geschürt und gefordert. Vielleicht genügt es, nur den hochverehrten Heiligen der katholischen Theologie und Philosophie, den sogenannten »Doctor angelicus«, Thomas von Aquin, zu erwähnen, der die Ungeheuerlichkeit zu Papier brachte, es sei das höchste Vergnügen der Seligen im Himmel, von oben in die Hölle hinabzublicken und den ewigen Qualen der dort gepeinigten Sünder zuzusehen.
Sündenwahn, Schuldgefühle, Höllenängste, erniedrigende Beichtpraktiken und demütigende Büßerqualen umstellen und verdunkeln im Alptraum dieser christlichen »Zwangsneurose« (Freud) den natürlichsten und lustvollsten Quell menschlicher Existenz. Eros, der noch bis ins 5. Jahrhundert hinein die Welt der Antike beglückte – wovon hier noch viel gesprochen werden wird – sollte mit dem gekreuzten Holz niedergeprügelt werden. Doch da er als Aphrodites Sohn zu den Göttern gezählt wurde, blieb und bleibt er dennoch unsterblich.
Einige letzte Beispiele mögen diesen Exkurs abschließen. Nach Justin, dem bedeutendsten Apologeten des 2. Jahrhunderts, ist jede Befriedigung des Geschlechtstriebes Sünde, auch jede Ehe gesetzwidrig, da »mit der Stillung einer bösen Lust verknüpft« (Deschner). Noch deutlicher drückt sich der hl. Hieronymus aus; gemäß seiner frommen Meinung leben selbst Eheleute »nach Art des Viehs« und unterscheiden sich durch den Beischlaf »in nichts von den Schweinen und unvernünftigen Tieren«. Auch für Paulus war die Ehe nur eine Hilfskonstruktion gegen Hurerei (7,1–2): »Ein Mann tut gut, kein Weib zu berühren; aber um der Unzuchtsünden willen mag jeder seine Ehefrau und jede ihren Ehemann haben« (nach Menge).

Hand in Hand mit solchen Ansichten geht grundsätzliche Körperfeindlichkeit. Den Kolossern empfiehlt Paulus (3,5): »Tötet, was irdisch an euch ist, die Unzucht, die Schamlosigkeit, die Leidenschaft, die bösen Begierden...« Ihm selbst muß dieser sinnlose Kampf wider die Gewalten der Natur ganz schön zugesetzt haben, bis hin zu einem kurzen Aufblitzen von Einsicht. So gesteht der eifrige Gottesmann wahrhaft verzweifelt im Römerbrief (7,22–24): »Denn in meinem Innern freue ich mich am Gesetz Gottes, ich sehe aber ein anderes Gesetz in meinen Gliedern, das mit dem Gesetz meiner Vernunft im Streit liegt und mich gefangenhält im Gesetz der Sünde, von dem meine Glieder beherrscht werden. Ich unglücklicher Mensch!«
Origenes, der große frühchristliche Theologe, wütete bis zum Äußersten gegen die gottgegebene Natur seines Körpers, indem er sich selber kastrierte, wohl die hehren Ratschläge von Matthäus 5,30 und 19,12 beherzigend. Vom hl. Hieronymus ist schriftlich überliefert, daß er es jungen Frauen auferlegte, »gar nicht zu baden, damit sie ihren entblößten Leib nicht zu sehen bekämen.« Im noch enger denkenden Islam sollten Frauen auch nicht gemeinsam baden dürfen, denn: »Welche Frau auch immer ein Bad betritt, so begleitet sie der Teufel.« Als die Kirche daranging, mit Folter und Scheiterhaufen Frauen gleich zu Hunderttausenden* auszurotten, schrieben die gelehrten Dominikanermönche Heinrich Kramer (der sich Institoris nannte) und Jakob Sprenger im Auftrag des Stellvertreters Christi, des Papstes Innozenz VIII. Cibo, den berüchtigten »Hexenhammer«, eine Anleitung, wie man bei Verhören Menschen durch unerträgliche Schmerzen und Qualen zerbrechen und zu Schuldgeständnissen zwingen kann. Skrupel gab es nicht, hatte doch schon der damals noch als absolute Autorität geltende Aristoteles das Weib als »verfehltes Männchen« bezeichnet, weshalb Institoris und Sprenger lediglich hinzufügen mußten, daß »das Weib nur ein unvollkommenes Tier ist.«
Frauen, nach kirchlicher Auffassung das Gefäß der Sünde,

* Nach heutiger Forschermeinung neun Millionen Frauen und Männer.

sanken auf die tiefste Stufe herab: sie wurden tatsächlich kaum mehr als Menschen angesehen (mulier non homo). In der sogenannten Costume von Aardenburg, 15. Jahrhundert, heißt es beispielsweise: »Ein Mann darf sein Weib schlagen und stechen, von unten bis oben aufschlitzen und seine Füße in ihrem Blute baden.«

Selbst einer der großen Aufklärer der Neuzeit, Denis Diderot, steckte noch so tief in dieser absurden Tradition, daß er seine Tochter lehrte, auch wenn sie allein sei, immer jene Teile ihres Körpers vor sich selbst zu bedecken, »die zum Laster auffordern könnten«.

Daß diese Dinge heutzutage längst auf dem Kehrichthaufen der Geschichte gelandet seien, wäre jedoch ein voreiliges Urteil. Man muß nur einmal die Auslassungen christlicher Amtsträger in den Medien verfolgen, um deren massive, unerbetene und bevormundende Einmischung in die Privatangelegenheiten der Bevölkerungsmehrheit abzuwägen. Kirchenaustritte, Priestermangel und leere oder stillgelegte Gotteshäuser sind dafür ein Denkzettel.

Steine des Anstosses

Generationen von Schriftstellern beiderlei Geschlechts haben an einem religiösen Brauch des Altertums Anstoß genommen, weil eng mit der Sexualität des Menschen verbunden, und weil Sexualität im christlichen Kulturkreis eben zu unterdrücken ist. Aus dieser Sicht ist der heute eingebürgerte Name dieser heiligen Handlung geprägt worden, der ein abwertendes Urteil suggerieren soll. Es handelt sich um die fälschlich so genannte »Tempelprostitution«. Babylonien gilt hierfür als das älteste und zugleich klassische Beispiel, obwohl der Brauch anderswo ebenfalls weit verbreitet war. Deshalb soll hier einleitend eine Schilderung wiedergegeben werden, die uns Herodot, der »Vater der Geschichtsschreibung«, in seinem Bericht über Babylon hinterließ:

> »Jede Babylonierin«, so heißt es da, »muß sich einmal in ihrem Leben in den Tempel der Aphrodite setzen (Herodot benützt den griechischen Namen der Ischtar) und

einem fremden Manne hingeben. Viele Frauen, die sich nicht unter die Masse mischen wollen, weil sie reich und hochmütig sind, fahren in einem gedeckten Wagen zum Tempel und stehen da; zahlreiche Dienerschaft begleitet sie. Die meisten Frauen aber machen es so: Sie sitzen im Tempel der Aphrodite und tragen eine fadengeflochtene Binde um den Kopf. Viele sind zu gleicher Zeit da; die einen kommen, die anderen gehen. Schnurgerade Gassen ziehen sich kreuz und quer durch die Reihen der Wartenden, und die fremden Männer schreiten hindurch und wählen aus. Hat sich eine Frau hier einmal niedergelassen, dann darf sie nicht eher nach Hause zurückkehren, als bis ein Fremder ihr Geld in den Schoß geworfen und ihr außerhalb des Heiligtums beigewohnt hat. Beim Zuwerfen des Geldes braucht er nur die Worte zu sprechen: ›Ich rufe dich zum Dienste der Göttin Mylitta.‹ So heißt nämlich Aphrodite bei den Assyrern (Babyloniern). Die Größe des Geldstückes ist beliebig. Die Frau weist das Geld nicht zurück, weil sie es nicht darf; denn es ist heiliges Geld. Sie folgt dem ersten, der es ihr zuwirft. Sie lehnt keinen ab. Wenn sie sich hingegeben hat, ist ihre Pflicht gegen die Göttin erfüllt, und sie kehrt nach Hause zurück. Später kann man ihr bieten, soviel man will; man wird sie nicht noch einmal gewinnen. Die Schönen und Stattlichen kommen sehr schnell davon, die Häßlichen unter ihnen aber müssen lange warten und kommen nicht dazu, den Brauch zu erfüllen. Drei, vier Jahre müssen manche bleiben. Auch an manchen Orten auf Kypern (Zypern) herrscht ein ähnlicher Brauch.«

Üble Nachrede

Die Ausstrahlung Babylons, seiner Götter und Gebräuche über den ganzen kleinasiatischen Kulturkreis hin war eine bedeutende Bedrohung für die winzige hebräische Gruppe der Monotheisten. Ihre Propheten waren jahrhundertelang um nichts anderes bemüht, als Jahwe und sein Volk gegen die polytheistischen Einflüsse von außen abzuschirmen – übrigens vergeblich, wie im nächsten Kapitel noch gezeigt werden wird.
Die sexuelle Freizügigkeit Babyloniens und der umliegen-

den Völkerschaften war natürlich eine Hauptattraktion, die den Kindern Israels beständig ins Auge stach und sie nur zu oft erfolgreich mit Verlangen nach Andersgläubigen kitzelte. Auch Sodom und Gomorrha, uranistische Pilgerstätten, waren Zentren konkurrierender Bräuche.

Dem mußten die jahwetreuen Priester, die Leviten des Alten Testaments, nicht nur Drohungen und Massaker entgegensetzen, sondern auch propagandistische Mittel. Ihr zugkräftigster Slogan, der bis heute in unseren Ohren nachgellt, ist das Wort von der »Hure Babylon«. Wir können unbekümmert darüber hinweggehen und uns mit den Tatsachen beschäftigen: mit den Frauen, die von der Wissenschaft des vorigen Jahrhunderts verschämt mit dem griechischen Namen »Hierodulen« belegt wurden.

Hierodule ist in getreuer Übersetzung »Dienerin eines Gottes«. Das Christentum übernahm die Verdammung dieses Tempeldienstes und die propagandistische Bezeichnung »Huren«. Man mag nun an dem Begriff Hierodule festhalten, oder sich für »Gottesdienerin« entscheiden, auf keinen Fall handelte es sich um Huren oder Prostituierte, wie es der alberne Begriff »Tempelprostitution« nahelegen möchte.

Ganz im Gegenteil. Für die noch sündenfreien Menschen jener Zeit war der Geschlechtsakt ein natürliches Vergnügen und noch lange nicht mit moralischen Skrupeln belastet. Im Tempel obendrein konnte es sich nur um eine heilige Union handeln. Den Orgasmus schließlich mögen Gläubige gar als göttliche Ekstasis empfunden haben; sie fühlten sich von der Gottheit durchzuckt und beglückt, waren mit ihr identisch. Geschlechtslust, sexueller Genuß gehörten für sie in den Bereich der Mysterien.

Die sogenannte Tempelprostitution

Vielleicht ist es hilfreich, drei Klassen von Mädchen oder Frauen zu unterscheiden, die oft unter dem Begriff der »Tempelprostitution« wahllos in einen Topf geworfen werden:

Mädchen, die sich zur Zeit ihrer Mannbarkeit ein einziges Mal in den Tempel setzten und sich gegen einen symbolischen Obolus für den Tempelschatz einem Fremden hingaben. Sie brachten damit nicht nur ihre Jungfernschaft den Göttern dar, um sich mit diesem Opfer für die Zukunft ein glückliches Liebesleben zu erwirken; zugleich agierten sie beim Akt stellvertretend als irdische Inkarnation der Göttin und spendeten deren Liebe einem unbekannten Erdensohn ohne Ansehen von Herkunft, Stand oder Vermögen, ein Symbol der Gleichheit aller Menschen vor den Göttern. Streng genommen handelt es sich um einen Initiationsritus, dessen Teilnehmerinnen ohne jede Anspielung als »Kommunikantinnen« bezeichnet werden könnten. Auch ist es wohl nicht abwegig, die Opferung des Hymen mit der Opferung der Vorhaut bei der Beschneidung zu vergleichen.

Sodann die wirklichen Hierodulen oder Gottesdienerinnen, die zum Tempelpersonal gehörten und die Heilige Hochzeit mit der Göttin stellvertretend jedem gewährten, der danach dürstete. Man kann diesen Vorgang mit dem Spenden eines heiligen Sakraments vergleichen, wofür eine Gebühr zu entrichten war, wie noch heute zum Beispiel bei einer kirchlichen Trauung. Die Hierodulen wurden »ardatu« genannt, was einfach »Mädchen« bedeutet. Sie lebten in »maschtaku«, gemeinschaftlichen Frauenhäusern, die zu den Nebengebäuden der Tempel gehörten. Hier waren sie in verschiedenen »Orden« organisiert, weshalb sie in modernen Übersetzungen aus Keilschrifttexten oft auch als »Stiftsdamen« bezeichnet werden. Nach den Gesetzen Hammurabis konnten Hierodulen heiraten; auf einigen Tafeln werden auch ihre Kinder erwähnt, und nicht selten dienten sie als Ammen, wenn fromme Eltern einem Tempel Kleinkinder »spendeten«.

Schließlich noch die echten Prostituierten, die sich in der Umgebung der Tempel ansiedelten und zum Vergnügungsbetrieb für Einheimische und Touristen gehörten. Wenn sie auf Tempelgrund lebten, waren natürlich Abgaben an den Tempel zu entrichten, wie dort etablierte Schankwirtschaften ebenfalls Lizenzgebühren zu zahlen hatten. Übrigens genossen Tempeldienerinnen und nicht zum Kult gehörende Prostituierte im benachbarten Assyrien, wo Schleierpflicht herrschte, das Privileg, sich unverschleiert in der Öffentlichkeit zu bewegen.

ANDERE ANSICHTEN

Im ganzen orientalischen Kulturkreis, von den Küsten des Mittelmeeres bis zum Industal, war sexueller Tempeldienst eine geradezu selbstverständliche, von niemandem beanstandete, weil heilige Kultsitte. Noch im 4. Jahrhundert war in Afrika ein Astarte-Tempel mit den dazugehörenden Mädchen in Betrieb, doch war die Feindschaft des Christentums überall mächtiger. Kirchenvater Eusebius schrieb:

> »Es war eine Schule der Sittenlosigkeit für jene liederlichen Menschen, die ihren Körper durch übermäßigen Luxus ruiniert hatten... mit unreiner Lust glaubten sie, ihre Gottheit ehren zu müssen. Strafwürdiger Verkehr mit Frauen, schmutzige Vorgänge im Geheimen, unanständige und unbeschreibliche Dinge wurden in dem Tempel getrieben, wo es kein ordnendes Gesetz gab und keinen Wächter, der auf Beachtung der Regeln guten Benehmens drängte.«

In Indien sowie in anderen Teilen Asiens und Ozeaniens, soweit sie nicht von westlicher »Zivilisation« überschattet wurden, sind sexuelle Tabus ganz anders geordnet und reichen von völliger Freizügigkeit bis zu strenger Askese. Europäische Jugendliche, die esoterischen Bräuchen des Fernen Ostens huldigen, geben dazu moderne Beispiele.

Die Prostitution, ganz allgemein gesehen, nämlich die Hingabe an einen Geschlechtspartner für Geld oder andere Werte, war im Altertum nicht verpönt. Bei der Gründung Roms beispielsweise stiftete eine hochmögende Prostituierte, die »nobilissima Meretrix« Acca Laurentia, ein wichtiges Grundstück; wobei es sich möglicherweise um geraubten Tempelbesitz der gleichnamigen etruskischen Mutter- und Liebesgöttin handelt.

Selbstverständlich gab es immer vielfältige Abstufungen, die den gesellschaftlichen Rang der jeweiligen Damen zum Ausdruck brachten. So war etwa die griechische »Hetäre« keineswegs eine Dirne; diese hieß »Porne«. Noch in unseren Tagen wird Prostitution weithin als etwas Verächtliches angesehen, obwohl wir, vielleicht unbewußt, zu nuancieren wissen, wenn wir etwa zwischen »Straßenmädchen«, »Call Girl«, »Escort Girl« oder auch »ständige Begleiterin« unterscheiden.

Die antike Betrachtungsweise der menschlichen Sexualität

wich eben völlig von heute noch landläufigen Begriffen ab. Nacktheit war kein Anlaß zur Scham. So galt im alten Ägypten für Mädchen der Brauch, bei Prozessionen die Röcke zu heben, um Fruchtbarkeit zu demonstrieren, aber auch die Heiligkeit der lebenspendenden Organe darzustellen. Plutarch berichtet Ähnliches von den Mädchen und Frauen Lykiens; in Syrien herrschten solche Bräuche ebenfalls. Noch der keltische Held Cuchulainn wurde von der Königin von Ulster und ihrem gesamten weiblichen Hofstaat – immerhin 610 Damen – zu seiner Ehre mit erhobenen Röcken begrüßt.

IN KINDLICHER UNSCHULD

Es gilt hier einer alt eingefahrenen und immer wiederholten Gedankenlosigkeit entgegenzutreten: nämlich der unreflektierten Gewohnheit, sobald Sexualität ins Spiel kommt, von einem »Fruchtbarkeitskult« zu sprechen. Damit wird die komplexe Beziehung zwischen Weiblichem und Männlichem zu einer reinen »Funktion« herabgesetzt; sowohl die Frau als auch der Mann erhalten den materialistisch gesehenen Rang von Werkzeugen, die einem bestimmten, ebenfalls materiellen Zweck zu dienen haben. Selbst kultische Sexualbeziehungen – sie mögen fruchtbarkeitssymbolisch sein oder nicht – bleiben ja immer zuvörderst irdische Lust, ein höchstes Lebenserlebnis, in dessen Glück sich den Menschen das Göttliche offenbart. Handelt es sich doch um eine metaphysisch gesehene Sinn- und Seinsfrage, in der die Erhabenheit menschlicher Vollendung beschlossen liegt, was freilich den nur messenden und wiegenden Geistern der Aufklärung des vorigen Jahrhunderts unbegreiflich bleiben mußte.
So kann man denn nicht oft genug davor warnen, an frühe Gesellschaftsformen heutige Maßstäbe anzulegen. Die Menschen lebten vor etwa 7000 Jahren in kindlicher Unschuld, wie noch heute einige von unserer »Zivilisation« verschont gebliebene Stämme in Australien oder Brasilien. Weder der Begriff »Sünde« noch andere jüdisch-christliche Tabus überschatteten ihr Dasein. Die Gewinnung von Nahrung wird sie gewiß die meiste Zeit in Anspruch genommen haben. Im übrigen aber dürfte es so gewesen sein, wie es der Kulturphilosoph Lewis Mumford ausdrückt: »Aller Wahrscheinlichkeit nach war die Konversation ne-

ben dem Sexualverkehr das Lieblingsvergnügen des Frühmenschen.«

Mumfords Darlegungen gehen noch weiter. Der Augenblick, als der Frühmensch aus dem instinktiven, dem Tierreich entstammenden Zeugungstrieb heraustrat und zur Selbsterkenntnis seiner eigenen Sexualität aufstieg, zur bewußten Lustfähigkeit, war ein fundamentales Ereignis in der Geschichte seiner Entwicklung.

Man kann ohne Bedenken sagen, dieses Geschehen sei nach dem Erwachen des Geistes die eigentliche Vollendung der Menschwerdung gewesen. Es scheint auch nicht ganz zufällig zu sein, wenn ein ferner Nachhall davon noch ganz am Anfang der Bibel als erste Tat des Menschen aufklingt: nämlich als erster Geschlechtsakt, den die verbotene Frucht vom Baum der Erkenntnis symbolisiert.

Das »Sexualbewußtsein als ein dem Wesen nach religiöses Bewußtsein« ist denn auch für Mumford »die dominierende Triebkraft (für) einen religiösen Kult, der den Körper und die sexuellen Funktionen der Frau als Quelle aller Kreativität preist.« Schließlich wurden »alle Verrichtungen des täglichen Lebens sexualisiert, erotisiert«, doch bleibt es bei frühen künstlerischen Darstellungen »auffallend, daß bis zur geschichtlichen Zeit sowohl der männliche Gefährte der Frau als auch ihr Kind fehlen«.

»Das gesteigerte Bewußtsein ihrer sexuellen Rolle verlieh der Frau eine neue Würde; sie war nicht mehr bloß eine sich abrackernde Magd des Jägers«, sie stieg auf zur Vorherrschaft, die den Mythos der Großen Mutter begründete. Das Geschlechtsleben war zu einem Mittelpunkt des menschlichen Daseins geworden.

Bei manchen unberührten Völkern fanden europäische Seefahrer zur Zeit der großen Entdeckungen noch ganz ähnliche Verhältnisse vor. Sie können unsere Beurteilung früherer oder archaischer Lebensformen erleichtern.

Auf Jungfräulichkeit legten die meisten Naturvölker keinen Wert, oft wurde sie sogar bei Mädchen nach der Pubertät als Schande angesehen. Dumont d'Urville, der französische Erdumsegler, berichtet beispielsweise von der polynesischen Insel Nukahiwa, »daß die jungen Mädchen in großer Anzahl sein Schiff besuchten, dort tanzten, scherzten und lachten und sich ohne Zaudern den Matro-

sen hingaben, und daß sie überhaupt in der Zuwendung ihrer Gunst keine Zurückhaltung kennen.«
Der englische Missionar William Ellis regte sich bei einem Besuch Tahitis auf, dort werde sogar ganz öffentlich dem Dienst der Venus gehuldigt: »Unter den Umstehenden befanden sich Frauenzimmer von Stande, und sie begnügten sich nicht bloß, Zuschauerinnen zu sein, sondern sie gaben dem (etwa elf- bis zwölfjährigen) Mädchen Anleitungen, wie es sich zu verhalten habe, wiewohl es, seiner Jugend ohngeachtet«, fügt der scharfe Beobachter hinzu, »ihren guten Rat eben nicht sehr zu bedürfen schien.«

EHE ALS SÜNDE

Einmal so gesehen, können viele Verhaltensweisen in archaischen Kulturen unvoreingenommener beurteilt werden. Unsere Institution der Monogamie beispielsweise, die Einehe, wäre jenen frühen Erdenbewohnern völlig unbegreiflich gewesen, oder schlicht und einfach absurd. Bachofen mußte sich im vorigen Jahrhundert noch ein wenig winden, als er vorsorglich »die Ehe als höchste Stufe sittlicher Entwicklung« pries, um gleich darauf folgende Zeilen niederzuschreiben:
»Den Vertretern der Anschauung von der Notwendigkeit und Ursprünglichkeit der ehelichen Geschlechtsverbindung kann eine demütigende Überraschung nicht erspart werden. Das demetrische Prinzip der Einehe erscheint (vielmehr) als eine Beeinträchtigung eines entgegengesetzten, ursprünglicheren, die Ehe selbst als eine Verletzung eines Religionsgebotes... Nicht um in den Armen eines einzelnen zu verwelken, wird das Weib von der Natur mit allen Reizen, über welche es gebietet, ausgestattet: Das Gesetz des Stoffes verwirft alle Beschränkungen, haßt alle Fesseln und betrachtet jede Ausschließlichkeit als Versündigung an der Göttlichkeit.«
»Bei allen Völkern«, schreibt er an anderer Stelle, »begegnen die deutlichsten Spuren ursprünglich hetärischer Lebensformen.« Ja, »das Mutterrecht ist geradezu eine Bürgschaft für Hetärismus«.
Das biblische Wort »Darum verläßt der Mann Vater und Mutter und bindet sich an seine Frau« (Gen 2,24) kann also durchaus auch mutterrechtlich ausgelegt werden.

Eines der striktesten Tabus ist bis heute der Inzest, der »Beischlaf zwischen Verwandten« (Meyer) aufsteigender und absteigender Linie, sowie zwischen Geschwistern. Bei Verboten darf man aber immer vermuten, daß eine verbreitete Neigung zur entsprechenden Tat vorhanden ist. Um nun Inzest besonders abstoßend zu machen, wurde er im Deutschen mit dem Begriff »Schande« gebrandmarkt: Blutschande. Ähnlich in einigen anderen Sprachen.

SCHANDE
INZEST

Wenn man mythologische Verhältnisse als ein Abbild früherer Zeiten betrachten darf, war Inzest ursprünglich kein Tabu, sondern wurde es erst, als komplexere soziale Strukturen eine gesicherte Erbfolgeregelung verlangten. In den alten Göttergesellschaften gab es dagegen keine anstößigen Beziehungen. Hera (Juno) war Schwester und Gemahlin des Zeus (Jupiter), Dionysos Aphrodites Sohn und zugleich Geliebter, um nur zwei Beispiele aus dem klassischen Olymp zu nehmen.
Unterm Mutterrecht – so bemerkt Sir Galahad – war die »Urpolarität der Geschlechter, waren Partner und Gegenspieler andere: nicht wie im Männerstaat Geliebter und Geliebte oder Gatte und Gattin. Im Frauenreich ist das Weltgeschehen bezogen auf die Polarität Mutter-Sohn, Bruder-Schwester.«
So blieb auch in der Realität des Erdenlebens Inzest nicht ausgeschlossen. Kaiser Domitian war Geliebter seiner Nichte. Bei Elamiten und Ägyptern hatten nur Kinder aus einer königlichen Geschwisterehe das legitime Kronrecht. Amenophis III. heiratete eine seiner Töchter, die Prinzessin Sat-Amun, was mehr als 3500 Jahre später die französische Historikerin Bille-De Mot »im höchsten Grade abstoßend« fand. Amenophis' Sohn Echnaton hatte nichtsdestotrotz ein Verhältnis mit seiner Tochter Ankesenpaaten, bevor sie Gemahlin ihres Halbbruders Tutanchamun wurde, um nach dessen Tod – sie war da gerade sechzehn – ihren Onkel Ay zu heiraten. Er selbst, Echnaton, war später mit seiner Mutter Teje verheiratet, mit der er eine Tochter, Beketaten, zeugte. Zuvor hatte er sich von seiner ersten Königin, der schönen Nofretete, getrennt, der Mutter seiner Tochter Meritaten. Ich möchte es den Leserinnen und Lesern überlassen, die verwandtschaftlichen Verhältnisse zu klären.

Inzest als Gebot

Wenn Nofretete eine Prinzessin aus Mitanni war, ebenso wie andere Hauptfrauen der Pharaonen, hatte sie aus ihrer Heimat sicher religiöse Auffassungen mitgebracht, die den Ägyptern ursprünglich fremd waren, die oben geschilderten Verwicklungen aber hinlänglich erklären könnten. Im Reich der Mitanni betete man zu Mitra, Varuna, Indra und anderen indo-iranischen Gottheiten. Die Iranier (Perser) standen auch dem Inzestproblem ganz anders gegenüber. Antike Schriftsteller wie Diogenes Laertios, Strabon, Plutarch und andere berichten, daß Mutter-Sohn-Beziehungen in Persien nicht nur üblich, sondern ehrenvoll und erwünscht waren. Im iranischen Glauben hieß das zweite der sieben Guten Werke *xvaetvadatha* oder *xvetokdas*, ein Gebot, das nichts anderes verlangte als Heiraten zwischen Eltern und ihren Kindern und zwischen Brüdern und Schwestern. Die Kinder aus solchen Verbindungen erachteten die Perser als »besonders gut gelungen«, ihre Herkunft war Voraussetzung für hohe Würden in Tempel und Staat. Ein zarathustrischer Theologe erklärte im Disput mit einem hebräischen Gegner:

»Diese Vereinigung von Vater und Tochter, Sohn und jener, die ihn gebar, und Bruder und Schwester, ist die vollkommenste, die ich mir vorstellen kann.«

Geschwisterehen, besonders in herrschenden Familien, sind in den verschiedensten und oft weit auseinander liegenden Kulturen zu finden. So waren beispielsweise auch die Inkas von Peru angehalten, eine eigene Schwester zu ihrer Hauptfrau zu machen. Dem darf noch ein Beispiel aus neuester Zeit hinzugefügt werden. Anthropologen und katholische Missionen sind in Brasilien übereingekommen, Geschwisterehen zuzulassen, wenn es sich um einen indianischen Stammesbrauch handelt. Von anthropologischer Seite wurde zuerst die Frage, ob nicht Geschwisterehen die Gefahr der Degeneration mit sich brächten, verneint: »Das ist lediglich ein Tabu unserer Gesellschaft ohne wissenschaftliche Grundlage.« Dann wurde vorsichtshalber der Vatikan um Stellungnahme gebeten. Die apostolische Antwort aus Rom: Non sunt molestanda, »sie sollen nicht gestöret werden«. Bei christianisierten Indios dürfen seit 1970 Geschwisterehen den Segen der Kirche empfangen.

Soviel, um Vorurteile abzubauen. Die möglichen Beziehungen zwischen den Geschlechtern sind so vielfältig wie die Länder, die Völker, die Sprachen und die religiösen Überzeugungen. Und in ihren Göttern spiegeln sich die Menschen. Götter oder Göttinnen ohne sexuelle Komponenten können folglich nur unmenschlich sein und müssen zu Recht als Götzen bezeichnet werden. Der Orient und Zentralamerika haben einige monströse Wesenheiten solcher Art hervorgebracht.

MOLOCHS GREUEL

Obwohl unsere Gegenwart verseucht ist mit Greueltaten schrecklicher, massenhafter und Entsetzen erregender Art; obwohl uns täglich eine Flut echter oder fiktiver Gewalt- und Bluttaten überschwemmt; obwohl sich schon Abstumpfung breitmachen will angesichts aller Scheußlichkeiten, die Menschen Menschen antun, sträuben sich dennoch – auch wenn wir uns ohnmächtig glauben – alle unsere Sinne gegen jedes Verständnis.
Trotzdem muß dem antiken Brauch religiöser Menschenopfer ins Auge gesehen werden. Man mag die Geschichte durchforschen wo man will, überall trifft man auf diesen Brauch. In Mesopotamien, Griechenland, Germanien, Afrika, Mexiko – es gibt kaum Ausnahmen. Immer gelten sie als höchstes aller Opfer, und fast immer dienen sie in schwerer Gefahr oder in dringendsten Situationen irgendwie direkt oder indirekt dem Gemeinwohl.
Deshalb kam es auch zu vielen Selbstopferungen, indem sich Menschen dazu entschlossen, höheren Zwecken zuliebe ihr eigenes Leben einem Gott darzubringen. Manch römische Befehlshaber opferten sich selbst den Göttern, um eine drohende Gefahr von ihrer Truppe abzuwenden. Poetisch hieß es dann, »ihr Blut lebt fort in den dunklen Flecken der Anemonen, im Violett und in dunklen Rosen.« Es ist die Philosophie des Todes Sterblicher in der unsterblichen Natur.
Zu Zeiten Homers nahm man an Menschenopfern keinen Anstoß. Achilleus schlachtete zwölf gefangene Troer zu Ehren seines gefallenen Freundes Patroklos. Im Alten Testament ist die bekannte Geschichte von Abraham und seinem Sohn Isaak ein Beleg dafür, wie bitter das Verlangen

Jahwes nach einem Menschenopfer empfunden wurde, zugleich aber auch als nichts Unerhörtes. Erst als das Schlachtmesser schon gewetzt ist, gebietet der HERR in letzter Minute Einhalt und bagatellisiert des Patriarchen ausgestandene Seelen- und Herzensqualen als Gehorsamsprobe.

Weniger bekannt ist ein anderes biblisches Menschenopfer, das von Jahwe angenommen und von ihm auch keineswegs verhindert wurde (Ri 11,30): Der ausdrücklich als »tapferer Held« beschriebene Jiftach opferte nach einem Sieg über die Amoriter sein einziges Kind, eine Tochter, nach einer kurzen Gnadenfrist wirklich (Ri 11,39).

Auch im nordischen Kulturkreis gab es Menschenopfer. Caesar berichtet in seinem Werk über den Gallischen Krieg von Menschenopfern bei den Kelten, Prokopios bestätigt die Sitte. Dem gallischen Gott Esus wurden – jedenfalls zufolge einer Sage – Menschen geopfert, die man zuvor erhängt hatte. Ihrem nicht minder wichtigen Gott Teutates opferten die Gallier ebenfalls Menschen, jedoch mit einer gewissen Variante: sie wurden vorher in einem Wasserbecken ertränkt. Neben den gelegentlichen gab es auch regelmäßige Menschenopfer.

Am bekanntesten ist wohl der Bericht des römischen Historikers Tacitus. Er schreibt in seiner »Germania« über den Stamm der Semnonen: »Von den Göttern hat Merkur* im Kultus die erste Stelle. Ihm an bestimmten Tagen auch Menschen zu opfern, ist bei ihnen heiliges Recht.«

Abgesandte vieler Stämme strömten bei diesen Gelegenheiten zusammen. Den Kultplatz, den sogenannten Semnonen-Hain, durften die Teilnehmer nur gefesselt betreten, um der Menschen Ohnmacht vor der Macht der Götter darzutun. Das Opfer wurde erhängt und mit einem Speer durchbohrt.

Die Wikinger feierten alle neun Jahre in der Nähe von Uppsala ein Fest, wobei jedesmal neun Männer geopfert wurden.

Die Beispiele ließen sich fortsetzen. Gedenken wir nur noch der Kinderopfer für Baal und Moloch, die durch das

---

* Merkur war den Römern gleichbedeutend mit Wotan oder Odin.

Alte Testament hinlänglich bekannt sind. Gustave Flaubert schuf in seinem Roman »Salambo« ein farbiges, mit viel Phantasie angereichertes Gemälde karthagischer Opferzeremonien. Die nüchterne Tatsache, daß es derartige Opfer gab, spricht für sich selbst.

Dennoch empfiehlt der große Religions- und Mythenforscher Mircea Eliade, auch diesen grausamen Kult – nicht etwa zu billigen – wenigstens aber verstehen zu wollen und ebenfalls einmal unter den damals herrschenden Glaubensvorstellungen und mythischen Empfindungen zu betrachten: »Selbst das verrufene Kinderopfer, das man dem Moloch darbrachte«, sagt er, »hatte einen tief religiösen Sinn. Durch dieses Opfer gab man der Gottheit ihr Eigentum wieder, denn das erste Kind wurde oft als dasjenige des Gottes betrachtet; tatsächlich pflegten im ganzen Orient die Mädchen eine Nacht im Tempel zu verbringen, und so empfingen sie von dem Gott (das heißt von seinem Stellvertreter, dem Priester, oder seinem Boten, dem Fremdling).«

In einem Buch über Göttinnen möchte ich am Ende dieses Abschnittes meiner Erleichterung darüber Ausdruck geben, daß Menschenopfer, soweit ich mich umblicken konnte, wenigstens im europäischen Raum mit ganz seltenen Ausnahmen immer nur männlichen Gottheiten dargebracht wurden. Ob man das Massenblutopfer der Französischen Revolution beiseite lassen möchte, ist Ansichtssache; dabei wurden immerhin etlichen zehntausend Menschen im Namen von Freiheit und Brüderlichkeit die Köpfe abgehackt, noch dazu für eine »Göttin der Vernunft« – eine Erfindung Robespierres –, die von Demoiselle Candeille, einer Tänzerin der Pariser Oper, auf dem Altar von Notre Dame gemimt wurde.

Im folgenden Kapitel wird am Beispiel Babyloniens und anderer mesopotamischer Reiche das allgemeine Leben der Menschen am Beginn der geschriebenen Geschichte dargestellt. Für das Verständnis einer ganz anderen Zeit ist das wichtig. Im Vordergrund werden die frühen Religionsvorstellungen Platz finden, die Welt der Götter, und da wiederum die Göttinnen als Hauptthema, in dessen Mittelpunkt die Frau in den Anfängen unserer Kultur steht.

Ischtar

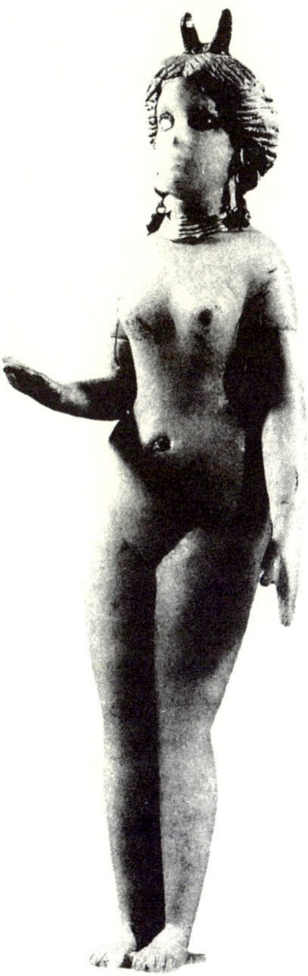

Statuette aus
Babylon
(3. Jahrhundert
v. Chr.)

In dem Gebiet Mesopotamiens, das ich hier rundweg Babylonien nennen will, reichen urgeschichtliche Funde nach C^{14}-Proben bis etwa 5000 Jahre v. Chr. zurück. Die Stadt Babylon existierte noch nicht. Dann, um 3000 v. Chr., war sie nichts als eine kleine Ansiedlung unter der Herrschaft der sumerischen Hauptstadt Kisch.

Wer die Sumerer waren und woher sie kamen, ist bis heute ungeklärt. Sie lassen sich keiner bekannten Rasse oder Sprachengruppe zuteilen; fest steht nur, daß sie keine Semiten waren. Man vermutet, daß sie einst »aus dem Osten« kamen und ihre Sprache mit den drawidischen Sprachen Indiens und Sri Lankas »verwandt sein könnte«, Sprachen, die noch aus der Zeit vor der indoeuropäischen Besiedlung Indiens stammen.

Jedenfalls leiteten die Sumerer eine neue Epoche der Weltgeschichte ein. Um 3000 v. Chr. machten sie die geniale Erfindung der Schrift. Von diesem Augenblick an treten wir aus dem Dämmer der Vorgeschichte ins klare Licht der eigentlichen Geschichte mit ihren Millionen schriftlichen Zeugnissen und Dokumenten. Die sogenannte Keilschrift, die sich rasch immer weiter vervollkommnete, wurde schließlich auch von anderen vorderasiatischen Völkern zum Schreiben ihrer unterschiedlichen Sprachen verwendet. Erst nachdem sie dreitausend Jahre lang gedient hatte, erlosch ihre Kenntnis wieder, also etwa zur Zeit von Christi Geburt.

Bis heute sind mehr als 250000 mit Keilschrift beschriebene Tontafeln gefunden worden, die uns tiefe Einblicke in Geschichte, Leben und Religion Babyloniens gestatten, seit die Zeichen 1802 von dem deutschen Orientalisten und Philologen Georg Friedrich Grotefend entziffert wurden.

Ein kurzer Überblick

Einer der Hauptgründe für die Entwicklung des Landes und seiner Bevölkerung war die Kargheit des Bodens, dem das Wachstum von Pflanzen für Mensch und Tier abgerungen werden mußte. Das war nur möglich durch ein durchdachtes und weit verzweigtes Bewässerungssystem; dies anzulegen und ständig zu unterhalten verlangte wohl zum erstenmal in der Geschichte eine übergeordnete, straff funktionierende Organisation, eine arbeitsteilige und planmäßig zusammenwirkende Gesellschaft.

Es ist hier nicht der Ort, die oftmals verwirrende Geschichte des Vorderen Orients zu entrollen.

Nachdem unter König Lugalsagesi ein sumerisches Großreich geschaffen worden war, geriet das Gebiet unter die Herrschaft eindringender semitischer Völkerschaften und die Dynastie von Akkad, an ihrer Spitze König Sargon I. Die friedliebenden Sumerer vermischten sich ohne Reibereien mit den Akkadern. Das Akkadische übrlagerte und verdrängte schließlich das Sumerische und wurde zur eigentlichen Sprache Babyloniens. Einflüsse anderer Stämme und Völker trugen ebenfalls bedeutend zu einer Kultur bei, die auf die ganze damalige Welt ausstrahlte und selbst bis Ägypten reichte.

Auf die zweite semitische Einwanderungswelle um 2000 v. Chr. geht die Erhebung Babylons zur Hauptstadt des Reiches zurück (2150 v. Chr.). Der bekannteste König jener Zeit ist der große Gesetzgeber Hammurabi aus einer ostkanaanitischen Dynastie.

Um 1530 erlag Babylonien den indoeuropäischen »Bergvölkern«, und es begann die Herrschaft der Kassiten. Daneben bildete sich im Norden ein semitischer Staat unter den Churritern, die ihrerseits von den indoeuropäischen Mitanni abhängig waren. Vermutlich handelte es sich bei diesen um versprengte Indo-Iranier, da sie persische Götter wie Mitra und Indra verehrten. Nebenbei bemerkt soll die Gemahlin des Pharao Amenophis IV. (Echnaton), die schöne Nofretete, eine Mitanni-Prinzessin gewesen sein.

Aus dem Zusammenfluß dieser Völkerschaften entstand das assyrische Reich, eine straff organisierte Militärmacht, aber mit vorwiegend babylonischer Kultur. Deshalb auch bewahrten die Assyrer gegenüber dem benachbarten Babylonien – obwohl sie es zeitweise unterjochten und die

Hauptstadt verwüsteten – stets einen gewissen Minderwertigkeitskomplex. Ihr König Tiglatpileser I. errichtete das erste Großreich in Vorderasien, das Assurnasirpal II. vorübergehend bis Ägypten ausdehnen konnte.
Mit der Einnahme Babylons durch den Perserkönig Kyros II. – 539 v. Chr. – verloren die Stadt und das Land ihre politische und kulturelle Bedeutung.

Semiramis, Königin von Babylon?

In der Geschichte Babyloniens, die hier kurz zusammengerafft wurde, gibt es eine Episode, die immer wieder die Phantasie späterer Generationen geweckt und zu allerlei Spekulationen angeregt hat. Gab es in der langen Reihe babylonischer Herrscher auch eine regierende Königin?
An Semiramis, die um 800 v. Chr. vermutet wird, knüpfen sich zahlreiche Legenden. Am bekanntesten ist sie als Erbauerin der sogenannten hängenden Gärten. Nach einer weiteren Überlieferung, die zumeist aus der Literatur verbannt bleibt, wollte die Königin ihr Leben nicht mit einem einzigen Mann teilen; sie wählte sich deshalb zahlreiche Liebhaber, vor allem schmucke Soldaten, die sie am nächsten Morgen angeblich lebendig begraben ließ. Oder, wie Diodoros meint, trieb sie es nach einem Gastmahl in einer einzigen Nacht mit allen Heerführern und Großen des Landes, ließ ihren Gemahl ins Gefängnis werfen und übernahm selber die Regierung.
Ob sie wirklich jemals regiert hat, muß wohl mit einem großen Fragezeichen versehen werden. Soviel man heute zu wissen glaubt, steckt hinter dem griechischen Namen Semiramis eine assyrische Königin namens Samuramat, die nach dem Tod ihres Gemahls, des Königs Schamschi-Adad, fünf Jahre lang für ihren minderjährigen Sohn Adadnirarsis die Regentschaft führte. Sie soll eine babylon-freundliche Politik betrieben haben und deshalb mit ihrem Namen für jenes bewunderungswerte Bauwerk geehrt worden sein.

Weltstadt am Euphrat

Mit seinen gewaltigen Gebäuden war Babylon nicht nur die erste Weltstadt der Geschichte, es war auch eine durchaus moderne Stadt selbst im heutigen Sinne, wenn man sich einmal unsere technischen Möglichkeiten wegdenkt. Zugleich war Babylon die Wiege unserer Kultur. Vieles, was damals – vor 4000 Jahren und mehr – erdacht, entdeckt und geschaffen wurde, besitzt noch im täglichen Leben von heute Gültigkeit, auch wenn wir uns dieser Herkunft nur selten bewußt sind. Neben tausend anderen »Babylonismen« der Gegenwart nur zwei simple Beispiele: der Kalender oder die Zwölfteilung unserer Uhren sind Produkte der hochentwickelten Astronomie Babyloniens. Es ist deshalb vielleicht interessant, einen Blick auf diese Ursprünge unserer Zivilisation zu werfen. Bei Ägyptern, Griechen oder Römern erklärt sich dann vieles von selbst.

Ein keilschriftlicher Stadtplan, der uns in mehreren Auflagen erhalten ist, gibt einen ziemlich genauen Überblick über Babylon. Der Plan wurde von Priestern des Marduk-Tempels als Fremdenführer für reisende Kaufleute, Pilger und Touristen erstellt.

Alle Sehenswürdigkeiten sind darin vermerkt, darunter über hundert Tempel, Kapellen und Schreine für Obergott Marduk, 180 Altäre für die Liebesgöttin Ischtar und über tausend weitere Tempel, Tempelchen und Andachtsstätten für andere Gottheiten, davon allein 600, die den Mächten der Unterwelt geweiht waren.

Herodot war von der Stadt Babylon sehr beeindruckt: sie ist »recht groß, aber auch die schönste von allen, die wir kennen«. Der Euphrat teilte sie in zwei Hälften und spendete frisches Wasser den Menschen und den überall blühenden Gärten. Die rings um die fast rechteckig angelegte Stadt verlaufende Mauer war über acht Kilometer lang, von einem tiefen Wassergraben umgeben und rund zwölf Meter dick, so daß auf ihrer Krone ein Viergespann fahren und sogar umwenden konnte, was schon die antiken Schriftsteller tief beeindruckte; auf diesem Fahrdamm war es natürlich im Fall einer Belagerung möglich, schnelle Truppenbewegungen zu machen. In Abständen von je etwa 50 Metern erhoben sich auf der Mauer mächtige Wehrtürme, insgesamt 330, die der Silhouette Babylons – der Skyline – einen imposanten Anblick verliehen. Bauherr der Befestigung war König Nebukadnezar II., dessen Name auf den Ziegeln eingeprägt ist. Herodot: »Die Stadt selbst hat fast nur drei- und vierstöckige Häuser und wird

von geradlinigen Straßen durchzogen, von solchen, die längs laufen, wie auch von solchen, die quer zum Fluß hinführen.«
Herodot spricht hier zweifellos nur vom prächtigen Zentrum der Stadt. Um dieses herum zog sich ein Gürtel einfacher Wohnhäuser, die durchwegs ebenerdig waren, äußerlich je nach Wohlstand ihrer Besitzer mit Dekorationen geschmückt, oder nur aus glatten, weiß getünchten Lehmwänden bestehend. Auch die Zahl der Räume richtete sich selbstverständlich nach den Geldmitteln. Bei Leuten in besseren Verhältnissen gruppierten sich die Zimmer um einen schön bepflanzten Innenhof, in dem sich manchmal ein erquickender Brunnen befand, auch waren Toiletten oder Badewannen nicht unbekannt. Im weiteren Umkreis, zum Teil außerhalb der Mauern, lagen die regellos aus Stangen und Schilfmatten errichteten Hütten der armen Bevölkerung. Insgesamt eine Einteilung, die uns heute noch vertraut ist.
Mit ihren Großbauten, Türmen, Palästen und Geschäftsblocks im Stadtkern, mit ihren Toren, Gärten, gepflasterten Straßen und weitläufigen Wohnvierteln, mit ihrem pulsierenden Leben und mächtigem Geschäftsbetrieb, mit ihrem Luxus, ihrer Kunst, Wissenschaft und Raffinesse der Vergnügungen war Babylon unzweifelhaft eine Weltstadt heutigen Zuschnitts, für das frühe Altertum ein geradezu unerhörtes Wunder, die Metropole des damals bekannten Erdkreises.

Der grosse Turm zu Babylon

Selbstverständlich konnte Herodot den Turm von Babylon nicht übersehen. Bei den Babyloniern hieß er Etemenanki. Er war ein Bestandteil des sogenannten Esagila, des Tempels Marduks, des Hauptgottes von Babylon, und seiner Gemahlin Sarpanitum. Esagila heißt wörtlich »Tempel, der das Haupt erhebt«, was schon an den großen Turmbau anklingt. Der ganze Tempelbezirk war in sechs Bereiche eingeteilt, zu denen auch ein »Platz der Ischtar« gehörte; dessen Front maß 40 Meter, die Seiten waren 65 Meter lang. Er schloß sich eng an den großen Turm an.
Der Turm selbst war ein rechteckiges Bauwerk. Nach den erhaltenen Grundmauern zu urteilen, hatte jede seiner vier

Seiten eine Länge von etwa 90 Metern. In der Mitte des Tempelbezirks, so Herodot, »befindet sich ein fester Turm, darauf steht ein zweiter Turm, wieder auf ihm noch ein dritter, im ganzen acht Türme übereinander. Der Aufgang zu ihnen ist eine Treppe, die außen im Kreise um alle Türme herum hinaufführt. Etwa in der Mitte des Aufstiegs befindet sich ein Rastplatz mit Ruhebänken, auf die sich die Aufsteigenden setzen und ausruhen können. Auf dem letzten Turm befindet sich ein großer Tempel«, von dem noch die Rede sein wird. 1876 fand der Assyriologe George Smith die sogenannte Esagila-Tafel, die eine genaue Beschreibung des Turmes und seiner Konstruktion enthält. Die Tafel verschwand auf rätselhafte Weise, tauchte 1912 in Privatbesitz wieder auf und kam ein Jahr später in den Louvre. Seither haben sich zwei Generationen von Fachgelehrten darum bemüht, die babylonischen Maßangaben möglichst genau in unser metrisches System zu übersetzen. Nach dem neuesten Befund hatten die einzelnen Stockwerke oder übereinander gebauten Türme folgende Höhen:

1. Stock	33 m
2. Stock	18 m
3. Stock	6 m
4. Stock	6 m
5. Stock	6 m
6. Stock	6 m
7. Stock	15 m
Insgesamt	90 m

Auf dem 7. Stockwerk stand dann noch der Tempel, den Herodot als 8. Stockwerk zählte. Für das Altertum ein wahrhaft gigantischer Turm. 689 v. Chr. wurde er mitsamt der ganzen Stadt Babylon vom Assyrerkönig Sanherib zerstört, doch dessen Enkel Assurbanipal vollendete einundzwanzig Jahre später die Wiederherstellung. Nach abermaliger Verwüstung errichtete Nebukadnezar II. einen großartig erweiterten Neubau, »der den Ruhm Babylons damals in alle Welt verbreitete, vor allem auch durch die Juden während ihrer Gefangenschaft in Babylonien« (Unger).

Diodoros aus Sizilien, ein späterer antiker Schriftsteller, behauptet von dem Turm, »daß die Chaldäer dort oben ihre Beobachtungen anstellten, da sie von einem so hohen Bau aus aufs genaueste den Auf- und Niedergang der Gestirne beobachten konnten.« Goldene Bildsäulen der drei babylonischen Hauptgötter standen auf der obersten Terrasse, flankiert von zwei Löwen »und neben diesen silberne Schlangen von außerordentlicher Größe.« Schlangen gehörten zu den zahlreichen Attributen Ischtars. Alexander der Große fand einen Trümmerhaufen vor und setzte zehntausend Arbeiter ein, um den Schutt beseitigen zu lassen, weil er den Turm neu erbauen wollte. Sein Tod beendete diese Räumungsarbeiten. Als Harpokration von Alexandrien Babylon um 355 unserer Zeitrechnung besuchte, konnte er nur noch die gewaltigen Reste des Etemenanki bestaunen.

In moderner Zeit benützte der Irak aus dem Schutt des Turmes Unmengen gebrannter Ziegel mit der Namensprägung Nebukadnezars zum Bau eines Staudammes. Ein Wunder, daß unseren Archäologen noch etwas zum Ausgraben übrigblieb.

Die prächtigste Ruine

Zu den mit »drei Sternen« bedachten Sehenswürdigkeiten des alten Babylon gehörte das Tor der großen Mutter- und Liebesgöttin Ischtar. An Pracht und ebenmäßiger Schönheit konnte sich wohl kein anderes Bauwerk der Stadt mit ihm messen.

Die Außenmauern des Tores, zu dem eine sanft ansteigende, mit großen Kalksteinplatten gepflasterte Prozessionsstraße führte, war mit glasierten blauen Ziegeln belegt und mit symbolischen Reliefs verziert, darunter auch Bilder schreitender Löwen, dem heiligen Tier der Göttin. Meist sind die Löwen auf dem blauen Grund entweder weiß mit gelben Mähnen oder gelb mit roten Mähnen.

Das Ischtar-Tor war zur Zeit der Ausgrabungen durch Robert Koldewey zwischen 1899 und 1917 »die größte und interessanteste Ruine Babyloniens, ja ganz Mesopotamiens« (Hedin). Nebukadnezar rühmt sich in einer Inschrift, das riesige Bauwerk mit »gewaltigen Stierkolossen aus Bronze und mächtigen Schlangenbildern« geschmückt zu haben.

Sven Hedin, der schwedische Forschungsreisende, besuchte Babylon im Jahre 1917. Abgesehen von den Grabungsarbeiten der Archäologen gab es von der einstigen Pracht »der Hauptstadt der Welt« nichts mehr als einige Mauerreste. In Tümpeln gediehen Algen, Frösche hausten zwischen Scherben, und Wüstensand wehte darüber hin: »Die lautlose Stille legt sich fast beklemmend auf die Brust.«

Zuletzt noch eine weitere Sehenswürdigkeit von weltgeschichtlichem Ausmaß, die 123 Meter lange Steinbrücke über den Euphrat. König Nabopolassar war ihr Erbauer. Sie hatte acht Pfeiler, war die längste Brücke des Altertums und die früheste Steinbrücke überhaupt. Erst Jahrhunderte später kamen Steinbrücken auf, die sich mit ihr hätten messen können.

So lebte man in Babylon

Im Privatleben herrschte auch bei reichen Leuten keine Prunkentfaltung. Man aß einfach; Hauptnahrungsmittel war das in Fladen gebackene Gerstenbrot; es gab zahlreiche Früchte, vor allem Datteln, auch Äpfel, Birnen und Nüsse, in den Gärten wuchsen vielerlei Gemüse, besonders die hochgeschätzte Zwiebel sowie Kopfsalat, Kohl, Hülsenfrüchte oder Kürbisse. Häufig gab es Geflügel und stets gute Fische aus dem Euphrat, aus den Kanälen und sonstigen Bewässerungsanlagen. An festlichen Tagen wurden Honigkuchen mit Feigen und Nüssen gebacken, man aß Fleisch von Hammel, Ziege, Rind oder in seltenen Ausnahmefällen auch vom Schwein; Schweinefleisch galt den Babyloniern als unrein, ebenso wie Hunde.

An den Brüsten der Unglücksdämonin Labartu saugen ein Schwein und ein Hund. Trotzdem war Schweinefleisch nicht verboten, nur an zwei bestimmten Tagen des Jahres durfte weder Schweine- noch Rindfleisch gegessen werden. Man kann annehmen, daß vornehme Kreise nie Schweinefleisch aßen. Die Juden dürften das Verbot aus der babylonischen Gefangenschaft mitgebracht haben, wenn nicht schon aus Ägypten, wo Schwein ebenfalls nicht gegessen wurde.

Zu den Getränken gehörten nicht nur Wein aus Trauben,

sondern auch Bier – 16 verschiedene Brausorten! – und andere berauschende Getränke, die aus Honig, Obst und mit vielerlei würzigen oder wohlriechenden Beigaben hergestellt wurden. Auch verstand man es, Schnaps zu brennen, der zumeist in anrüchigen Straßenkneipen zum Verkauf kam. Im allgemeinen aber trank man Wasser oder Milch.

ALLTAG IN BABYLON

Erwähnt sei auch, daß die Babylonier größten Wert auf Körperpflege legten, wozu nicht nur reichliches Waschen und Baden gehörte, sondern ebenso das Salben des ganzen Körpers mit nach Myrrhen duftenden Ölen und einer Basis aus Rinderfett. Den Frauen stand eine reichhaltige Auswahl kosmetischer Mittel zur Verfügung, es gab vielerlei Schminken für Wangen, Lippen und Augen, Henna zum Röten der Handflächen, Fußsohlen oder auch der Haare, Parfums, Elfenbeinkämme und Handspiegel aus Bronze.
Das Straßenleben war bunt und bewegt, wie wir es aus dem Orient von heute auch kennen. Es gab allerdings kein Hasten und schnelles Hin und Her wie in unseren Großstädten, sondern man bevorzugte äußere Haltung und Würde. Ein babylonisches Sprichwort sagte sinngemäß: »Eilen ist vom Bösen«, und so gab es selten einmal Gedränge, man schritt stolz und gelassen dahin.
Die hochgewachsenen, ebenmäßigen Babylonier und noch mehr die Babylonierinnen legten Wert auf schöne Kleidung. Die Damen trugen gerne Schmuck, vor allem Arm- und Fußreifen, geschmackvolle Spangen im Haar und an der Kleidung. Große breite Frisuren, die Fülle und Pracht des Haares betonten, waren durch Jahrhunderte nie aus der Mode. Zu den seit Jahrtausenden erprobten Künsten des ewig Weiblichen gehörte dann auch gelegentlich eine kokette Stirnlocke oder zu fragender Höhe aufgemalte Augenbraue; vielfach ließ das Gewand den rechten Arm und die rechte Brust frei. Reich durchwirkte Schals, gepflegte Hände und Nägel sowie zierliche Sandalen gehörten zu jeder Frau, die auf sich halten konnte; nur im Tempel und auf dem Lande ging man barfuß.
Anders auch als in Assyrien war es den Frauen im toleranten Babylonien nicht verboten, sich unverschleiert in der Öffentlichkeit zu zeigen. Höher gestellte Frauen benützten

den Schleier bestenfalls freiwillig als kokettes Statussymbol, das ihren gesellschaftlichen Rang betonte. In Assyrien dagegen herrschte strenge Schleierpflicht für alle Frauen, sobald sie das Haus verließen.

Die Männer trugen, wie Herodot berichtet, »einen leinenen, bis auf die Füße reichenden Leibrock; darüber zog man einen anderen wollenen, dann legte man noch einen kleinen weißen Mantel um.« Eine andere Bekleidung waren die sogenannten Zottenröcke, vermutlich Schafpelze, die man mit dem Fell nach außen oder nach innen tragen konnte. Meistens blieb beim Tragen der Zottenröcke der Oberkörper frei.

Das lange Haar hielten die Männer oben mit Bändern zusammen. Nicht alle liefen mit den auf Staatsreliefs verewigten Vollbärten herum. In jungen Jahren liebten sie es oft, glatt rasiert zu sein oder kurz gestutzte Bärte zu tragen; erst mit Alter und Würden wuchsen die Bärte dann zu der bekannten Fülle und Länge. Jeder Herr hat einen Spazierstock oder Wanderstab bei sich, »auf dessen Spitze ein Zierat angebracht sein muß, eine Lilie, ein Apfel, ein Adler oder eine Rose zum Beispiel«; ein gewöhnlicher Stock wäre nicht angemessen gewesen.

Das Berufsleben

Handwerker waren auf allen Ebenen des täglichen Lebens tätig. Oft waren es nur Familienbetriebe. Dazu zählten auch die Silber- und Goldschmiede, Juweliere, Elfenbeinschnitzer und andere Kunsthandwerker. Eine besonders hoch geschätzte Fertigkeit wurde von den Steinschneidern ausgeübt, die gravierte Siegel oder Rollsiegel herstellten. Käufe und Verkäufe waren nämlich rechtlich ungültig, wenn sie nicht schriftlich besiegelt und vor Zeugen abgeschlossen waren. Jeder Mündige, ob Mann oder Frau, hatte zumeist ein Rollsiegel bei sich, das neben bildlichen Darstellungen auch vertrauenerweckende Texte trug und natürlich den Namen des Inhabers. Solche Rollsiegel wurden in großen Mengen ausgegraben und sind oft wahre Wunderwerke der Steinschneidekunst. Auf der anderen Seite gab es auch Werkstätten, die massenweise billige Siegel mit standardisierten Motiven produzierten, in die dann nur noch der Name des Besitzers eingefügt wurde.

Manche Handwerker konnten auch Sklaven annehmen, mußten sich dann jedoch nach dem Gesetz verpflichten, sie innerhalb von drei bis fünf Jahren bis zur Meisterschaft auszubilden, widrigenfalls eine saftige Geldstrafe zu zahlen war. Nach dem Gesetz waren sie überdies verpflichtet, gediegene Waren herzustellen und zu liefern, und zwar für jedermann, ein Anspruch, der vor Gericht einklagbar war.

In den Handwerkerfamilien vererbten sich die jeweiligen Kunstfertigkeiten von Generation zu Generation. Beruflich folgten die meisten männlichen Kinder ihrem Vater nach. Die Mädchen konnten sich vorbereiten, zusammen mit einem Mann ein eigenes Hauswesen zu führen; sie hatten aber auch die Möglichkeit, in den Dienst eines Tempels zu treten oder sich in intellektuellen Berufen auszubilden, wie die Erwähnung von Frauen als Richterin, Notarin und in wirtschaftlichen Stellungen beweist.

Sie mußten also lesen und schreiben können, obwohl in den Schülerlisten der Schreiberschulen keine Mädchen erwähnt werden. Ihr Wissen beruhte möglicherweise auf Privatunterricht. Selbst Ereschkigal, die Göttin der Unterwelt, beschäftigte eine Sekretärin, die Protokoll zu führen hatte.

Für die Jungen standen außer den meist handwerklichen Berufen des Vaters vielerlei Ausbildungsmöglichkeiten offen. Sie konnten eine Schreiberschule besuchen, wo neben anderen Fächern auch Rechnen, Messen oder Buchführung gelehrt wurden, und später in den umfangreichen Verwaltungsdienst des Landes eintreten; sie konnten eine militärische Laufbahn einschlagen oder sich kaufmännischen Tätigkeiten zuwenden. Wenn sie sich entschlossen, Priester zu werden, verschrieben sie sich zugleich den Wissenschaften, die vorwiegend, wie etwa die Astronomie, in den Tempeln betrieben wurden.

Kleinindustrien stellten in großen Mengen Tonwaren, Krüge, Schüsseln, auch Gläser, Lederwaren, Holzgegenstände her. Wichtigste Industrie war aber die Weberei, da es alle Welt liebte, sich mit den schön gemusterten babylonischen Stoffen zu bekleiden. Textilien gehörten zu den wichtigsten Exportartikeln des Landes.

Der Handel war weit verzweigt. Es gab Groß- und Kleinhandel, Import und Export, bedeutende Handelshäuser, Transportunternehmen, Firmenangestellte, Prokuristen, Handelsvertreter und Hausierer, Gasthäuser und natürlich den unentbehrlichen Markt, der auch eine Art Börse war, an der Geschäfte abgeschlossen wurden, die nichts mit den Marktwaren zu tun hatten. Damals wie heute regulierten allein Angebot und Nachfrage den Preis einer Sache. Die Administration des Marduk-Tempels war gleichzeitig auch Bankgeschäft; ebenso arbeitete das Privatvermögen des Königs in Gestalt von Darlehen und Krediten, wobei die in ganz Babylonien geltenden Zinsen von 20% p. a. ziemlich gesalzen waren.

FAMILIENLEBEN

In einer Gesellschaft, in der die Fruchtbarkeit aller Kreatur höchsten Stellenwert hatte, konnte es keine Sexualmoral im heutigen Sinne geben. Im Gegenteil. Nach sumerischer und babylonischer Ansicht brachte geschlechtliche Enthaltsamkeit von Mann oder Frau Unglück und war ein Frevel gegen Natur und Götter. Eine Frau, die sich verweigerte, oder ein Mann, den Impotenz hinderte, konnte nur von bösen Dämonen heimgesucht sein, gegen die mit vielerlei magischen Mitteln vorgegangen werden mußte.
Im allgemeinen brachten die Männer ihren Frauen nicht nur Respekt und Liebe entgegen, wie wir aus keilschriftlichen Briefen wissen, sondern bedachten sie auch mit den zärtlichsten Kosenamen. Zumeist gaben schon die Eltern ihren Mädchen blumenreiche Namen mit auf den Lebensweg, wie etwa Lamazani »Mein kleiner Schutzengel«; weitere Beispiele sind Dadatum »kleiner Liebling«, Salimatum »Herzchen«, Hunatum »Weinrebchen«, Naditia »Schätzchen« oder Sikkutum »Mäuschen«; viel hat sich also seit 4000 Jahren nicht geändert.
Knaben und Mädchen waren ab dem zehnten Lebensjahr heiratsfähig. Eine Ehe in unserem Sinn gab es allerdings nicht. Mann und Frau lebten entweder einfach zusammen, oder sie erklärten vor Nachbarn, daß sie nun ein Paar seien. Bei dieser Gelegenheit reichte der Mann seiner Erkorenen einen Schleier, der noch in unserem Brautschleier fortlebt. Auch konnte das Paar einen Vertrag schließen, in welchem Rechte, Pflichten und Besitzverhältnisse geregelt

wurden. Darin konnte zum Beispiel auch bestimmt werden, ob es dem Mann gestattet sei, eine Prostituierte aufzusuchen, oder ob er sich eine Sklavin als Konkubine nehmen dürfe. Für einen seriösen Mann galt es allerdings selbst ohne Vertrag als unschicklich, neben seiner Frau, wenn sie ihm Kinder geboren hatte, eine Zweitfrau oder Sklavin zu nehmen. In Assyrien war es einem Mann auch erlaubt, sich eine Priesterin zur Frau zu erwählen; sie durfte ihm allerdings keine Kinder gebären. Zu diesem Zweck brachte sie aber eine Sklavin mit ins Haus, deren Kinder juristisch zwei Mütter hatten: die Sklavin und die Priesterin.

Der Mann hatte die häusliche Verfügungsgewalt und fungierte zugleich als Richter innerhalb der Familie. In alten Zeiten durfte er über Familienmitglieder sogar die Todesstrafe verhängen. Mit zunehmendem Rechtsbewußtsein wurde diese Willkür erheblich eingeschränkt. Allerdings war es ihm selbst unter den berühmten Gesetzen Hammurabis noch immer erlaubt, ein neugeborenes Kind in der Wildnis auszusetzen.

Aus Erbschaftsurkunden wissen wir, daß eine Familie nur selten mehr als sechs männliche Nachkommen hatte. Im Durchschnitt lag die Zahl bei zwei bis vier Kindern. Abtreibung stand unter den strengsten Strafen, doch kannte man zahlreiche pflanzliche Verhütungsmittel.

Jede Geburt – sie fand in Hockstellung statt – war von der grausamen Dämonin Lamaschtu umschattet, als babylonische Lilith auch in die Bibel eingegangen, bei den Griechen als Lamia gefürchtet. Manchmal wurde sie mit einem Löwenhaupt und mit den Klauen eines Raubvogels dargestellt. Sie liebte es, Säuglinge zu töten und Frauen am Kindbettfieber sterben zu lassen. Ihre Opfer fraß sie auf, nagte ihre Knochen ab und trank ihr Blut. Sie konnte auch Männer mit Impotenz schlagen. Möglicherweise ist sie das Urbild der Vampire (E. Bleibtreu). Natürlich bedurfte es sehr vieler Zauberkünste, Lamaschtu zu bannen und von Geburt und Säugling fernzuhalten. Von der Dämonin Lilith hören wir ähnliches.

Zumeist kam jede Geburt mit Hilfe einer Hebamme zustande. Sie übte zugleich die Pflichten einer Art Standesbeamtin aus, da sie Datum und Zeitpunkt der Geburten offiziell zu registrieren hatte.

Bei Kinderlosigkeit bestand die Möglichkeit der Adoption. Erwies sich eine Frau als unfruchtbar, konnte sich der Mann auch eine zweite Frau nehmen; sie blieb der Hauptfrau im Rang nachgeordnet. Außerdem war es bei Kinderlosigkeit oder Krankheit der Frau dem Mann gestattet, sich mit einem der heiligen Kultmädchen zu verbinden, das aber nicht im Haus leben durfte.

Im Gegensatz zu den Assyrern waren die Babylonier wenig kriegerisch und dafür mehr den Künsten und Wissenschaften zugetan. Beides erreichte bei ihnen ein hohes Maß an Vollendung. Mit ihrer Mathematik, die auf dem Sexagesimal-System beruhte, konnte bis in die Millionen gerechnet werden. Zur schnelleren Arbeit gab es Multiplikations- und Divisionstabellen und Listen von Kubik- und Quadratwurzeln. Die Himmelsbeobachtungen und -berechnungen der Babylonier sind noch heute das Gerüst, auf dem die moderne Astronomie ruht. So berechneten die Gelehrten zu Babylon bereits das Große Weltjahr, von dem auch Platon geheimnisvoll spricht, mit der vierten Potenz von 60, nämlich 12960000, die Zahl der Tage, aus denen das Weltjahr von 36000 Jahren besteht, wie Hermann Hilprecht aufgrund von Keilschrifttafeln nachweisen konnte. Weiterhin ist es uns noch heute ein Rätsel, wie die babylonischen Astronomen einige der Jupitermonde kennen konnten, obwohl diese mit bloßem Auge keinesfalls sichtbar sind; sie werden aber auf nun 4000 Jahre alten Keilschrifttafeln erwähnt.

MEDIZIN

Die Babylonier pflegten unter ihren Wissenschaften vor allem auch die Medizin. So gab es beispielsweise bereits Kliniken, die der Heilgöttin Gula anvertraut waren. Die Ärzte behandelten die Kranken selbst nach unseren heutigen Erkenntnissen »auf eine ganz und gar vernünftige Weise« (Dr. Elena Cassin) und gaben Besuchern jederzeit Auskünfte über Entwicklung und Stand der Erkrankung und das Befinden der Patienten.

Als sehr beachtlich galt die Kunst der im Gula-Tempel zu Nippur geschulten Chirurgen, besonders bei der Behandlung schwerer Verletzungen oder Verwundungen und bei Knochenbrüchen; sie konnten auch den grauen Star ste-

Vorhergehende Seite:
Torso einer Göttin (frühes 2. Jahrtausend v. Chr.)

Links:
Der König Melischipak II. weiht seine Tochter dem Mondgott (12. Jahrhundert v. Chr.)

Unten:
Assyrischer Königspalast zu Ninive (Rekonstruktion nach A.H. Layard, 1880)

Amazone (römische Plastik)

Parthische Plastik (1.-2. Jahrhundert)

Etruskischer Urnendeckel (um 140 v. Chr.)

chen. Das Gift der Schlangen, in kleinsten Mengen verabreicht, wurde schon in Sumer als Heil- oder Linderungsmittel erkannt. Der Stab mit den zwei geringelten Schlangen war in Babylon das Abzeichen der Ärzte.
Trotz allem waren Krankheiten verbreitet, neben der immer wieder auftretenden Pest der Aussatz und andere Leiden, denen auch die besten Ärzte ratlos gegenüberstanden. Man beobachtete und registrierte wohl alle Symptome wie Fieber, Appetitlosigkeit, Schüttelfrost, Husten, doch mußten sich schließlich Magier um die Heilung kümmern.

Rechtswesen

Oberste Instanz über allen Dingen war der König. Er wird allgemein als »der gute Hirte« bezeichnet. Zu seinen Aufgaben gehörte nämlich auch der Schutz der Schwächeren gegen Willkür und Übergriffe Stärkerer, und das wurde in der Öffentlichkeit sehr ernst genommen. Diese Pflicht war sogar in den Gesetzen schriftlich niedergelegt. Eine diesbezügliche Tafel im Britischen Museum beginnt mit den Worten: »Wenn der König nicht auf das Recht acht hat, werden seine Untertanen verstört und sein Land in Verfall gebracht.«
Die Gesetzesstele des Königs Hammurabi ist allgemein als Symbol babylonischen Rechtswesens bekannt. Allerdings wurden juristische Normen schon vor Hammurabi schriftlich niedergelegt und auch nach ihm weiter entwickelt. Praktisch gab es für alle Wechselfälle des Lebens einschlägige Richtlinien, von denen hier nur einige kurz herausgegriffen seien. Wie schon erwähnt, stand allem voran der Schutz des Schwächeren gegenüber dem Stärkeren. Auch die Macht des Königs war in dieser Hinsicht streng begrenzt, Willkür wäre ihm ganz unmöglich gewesen.
Sodann kamen wirtschaftliche Fragen wie Handel, Leih- und Pachtwesen, Kauf und Verkauf, Besitzverhältnisse, Erbrecht und zahlreiche ähnliche Tatbestände, gefolgt von strafrechtlichen Paragraphen. Auch für die Beziehung der Geschlechter gab es gesetzliche Regelungen, die vor allem dem Schutz der Frau dienten.
Zu den Gesetzen gehörten auch sehr strenge Bestimmungen zum Schutz der persönlichen Ehre, also gegen Verdächtigungen und Verleumdungen. Sie wurden mit drako-

nischen Strafen geahndet, denn schon viertausend Jahre vor Shakespeare galt das Wort (in »Othello«): Der gute Name ist das höchste Kleinod des Menschen.
Recht wurde entweder von einem Einzelrichter gesprochen, der Berufsrichter war, oder je nach Lage des Falles auch von zwei bis vier Richtern. Auf das Einhalten der Prozeßordnung wurde peinlich genau geachtet. Man kannte schriftliche Beweisstücke, Zeugenvernehmungen und Vereidigung. Ziel eines Zivilprozesses war es immer, ein Urteil zu finden, mit dem alle Beteiligten letzten Endes einverstanden waren. Nur wenn das nicht zu erreichen war, urteilten die Richter nach eigenem Ermessen. Das war in Strafsachen immer der Fall, obwohl auch hier Zeugenaussagen angehört, Hintergründe beleuchtet und mildernde Umstände erwogen wurden.

SKLAVEREI

Wie im gesamten Altertum, so gab es auch in Babylonien Sklaverei, doch waren Sklaven bei den Griechen einfach »Unpersonen«, bei den Römern gar nur Sachen, vergleichbar etwa mit Tieren, Möbeln oder Grundstücken. Wenn in Bibelübersetzungen verschämt von »Knechten« und »Mägden« gesprochen wird, handelt es sich nackt gesagt in Wahrheit immer um Sklaven oder Sklavinnen. Dagegen hatten Sklaven in Babylonien auch »Menschenrechte«, wie wir heute sagen würden.
Sie wurden selbst sprachlich als Personen betrachtet, durften persönliches Eigentum haben, genossen rechtlichen Schutz und konnten vor Gericht klagen. Ihren Herrschaften stand es zu, sie jederzeit freizulassen, was sehr häufig geschah. Oft wurden sie auch adoptiert. Wer als Babylonier wegen Schulden als Sklave verkauft wurde, mußte auf jeden Fall nach drei Jahren Dienst wieder auf freien Fuß gesetzt werden.

DIE FRAU, VORBILD DER GÖTTINNEN

Frauen waren den Männern weitgehend gleichgestellt, doch darf man nicht vergessen, daß wir von einer Zeit sprechen, in der bereits die Herrschaft des Mannes im Vordergrund stand. Immerhin konnten Frauen für sich selbständig Geschäfte betreiben, unabhängig von ihren Männern

Verträge abschließen und hohe öffentliche Stellen bekleiden. So übte zum Beispiel eine gewisse Ischtar-ummi im Sonnentempel von Babylon ein Amt als Richterin und Notarin aus.
Frauen konnten als Zeugen vor Gericht erscheinen, wurden zu Vormündern von Waisenkindern bestellt und zu Vorsteherinnen von Armenhäusern, um nur einige Beispiele zu nennen. Niemals wurden sie zur Feldarbeit herangezogen, und sie galten – was keilschriftlich belegt ist – als sehr geschäftstüchtig.

SCHUTZGESETZE

Im benachbarten Assyrien gab es sogar gesetzliche Bestimmungen darüber, wie Frauen zu behandeln waren. So gab es die Todesstrafe für Täter, die eine Frau schlugen, so daß sie eine Fehlgeburt erlitt; unter diesem Schutz standen auch Prostituierte.
In den sogenannten Harems-Edikten wurde genau festgelegt, wie sich das Palastpersonal gegenüber den Haremsdamen zu verhalten hatte. So war es zum Beispiel selbst Eunuchen verboten, sich einer Frau des Königs auf weniger als sieben Schritte zu nähern. Wenn Haremsdamen miteinander in Streit gerieten und Schimpfworte gebrauchten, mußten sich alle Bediensteten schleunigst entfernen, um nicht Augen- und Ohrenzeugen einer unschicklichen Szene zu werden. Auf der anderen Seite waren die Haremsdamen verpflichtet, ihre Dienerinnen gut zu behandeln und bei Verfehlungen »nicht zu streng« zu bestrafen.
Im Falle einer Scheidung konnte der Mann nicht – wie später bei den Juden – seine Frau einfach verstoßen, sondern er mußte ihr die Mitgift zurückerstatten und ihr außerdem eine meist ganz beträchtliche Abfindung zahlen. Allerdings gab es leicht nennbare Scheidungsgründe, wie etwa nachlässige Haushaltsführung, Verschwendungssucht oder Kinderlosigkeit.
Dagegen war es für Frauen sehr schwer, einen Mann wieder loszuwerden; es mußten dafür schwerwiegende Gründe vorliegen, wie zum Beispiel dauernde Mißhandlung, Grausamkeit oder Verurteilung des Mannes wegen eines Kapitelverbrechens. Im übrigen waren die Ansichten

der toleranten Sumerer für die Frauen bedeutend günstiger gewesen als die der Babylonier nach der Einwanderung semitischer Völkerschaften, die ihre überspitzt männlichkeitsbetonten Glaubensvorstellungen mitgebracht hatten.

Ehebruch sollte nach dem Gesetz mit dem Tode bestraft werden, und zwar waren Mann und Frau zusammenzubinden und in den Fluß zu werfen. Wenn aber der Ehemann seiner Frau verzieh, wurde auch der Ehebrecher am Leben gelassen. Zudem war die Möglichkeit vorgesehen, daß der Ehebrecher die Frau heiraten konnte, wenn er dem gehörnten Ehemann eine hohe Abfindung zahlte oder ihm eine andere Frau nach dessen Geschmack beschaffte.

Anzumerken ist jedoch, daß die geschriebenen Gesetze Babyloniens nur eine Art von »Leitgedanken« und keine zwingende Vorschrift waren. Nach allem, was wir wissen, dürfte die Todesstrafe wegen Ehebruchs nur in sehr seltenen Fällen vollzogen worden sein. Überdies hatte der König zuletzt immer noch das Gnadenrecht, und der Anblick einer zerknirschten Angeklagten dürfte ihn meistens milde gestimmt haben.

Eine Sonderstellung nahmen Priesterinnen ein, die sogenannten Naditum. Sie mußten sich zur Kinderlosigkeit verpflichten, durften aber heiraten. Im Tempel des Gottes Schamasch zu Nippur gab es deren stets mehrere Dutzend, vorwiegend aus reichen Familien. Sie hatten bedeutende Einkünfte, da sie Grundstücke verpachteten, Kredite und Darlehen vergaben und andere Finanzgeschäfte tätigten, so daß sie für damalige Begriffe einen beträchtlichen Wirtschaftsfaktor darstellten.

Götter und Dämonen

Für die Babylonier war die ganze Welt voll von Dämonen. Sie bedeckten wie Gras die Erde und verbreiteten überall hin Unbill und Schrecken, von Kopfweh bis Tod. Deshalb verlangte es die Sitte, sie ständig mit allerlei Wohltaten oder auch Drohungen zu besänftigen.

In hartnäckigen Fällen mußten Zauberer und Zauberinnen gegen sie auftreten; diese letzten, auch Hexen genannt, konnten den Dämonen gebieten, sie hatten den »bösen Blick«, brauten Zaubertränke für alle möglichen Gelegenheiten, vor allem bei Krankheiten oder in Liebesdingen, und sie kannten magische Sprüche und Giftrezepte. Außerdem verstanden sie es damals schon, für zahlungskräftige Auftraggeber Puppen mit Nadeln zu stechen oder ihnen andere Qualen zu bereiten, was die jeweiligen Vorbilder, also Feinde ihres Kunden, treffen sollte. Und gegen diese Praktiken wiederum mußte dann die andere Seite bezahlte »Dämonenbanner« ankämpfen lassen.

Erste Zweifel

Die Sumerer kannten den Begriff »Sünde« nicht. Sie glaubten auch nicht an Fortleben oder Vergeltung nach dem Tode. Man war ganz und gar auf das diesseitige Dasein eingestellt, und deshalb drücken die meisten Votivgaben, die den Göttern dargebracht wurden, den Wunsch nach einem langen Leben aus.

Erst im späteren Babylonien kam unter semitischem Einfluß der Gedanke an Sünde und ein Weiterleben nach dem Tode auf, wie aus Grabbeigaben geschlossen werden kann. Es verbreitete sich nun eine tiefgehende Skepsis gegenüber dem irdischen Leben und dem Wert des Daseins. Zum erstenmal wird die Frage gestellt, wie es komme, daß ein Mensch, der alle Gebote erfüllt, wohltätig ist, die Götter reinen Herzens anbetet und den König verehrt, dennoch mit Leiden überhäuft wird. Der babylonische Dulder Laluralimna erleidet trotz Gottesfurcht und guter Werke Not, Krankheit und Demütigungen; er gleicht dem Hiob des Alten Testaments. Beide zweifeln darob schließlich an der göttlichen Gerechtigkeit gegen sich und im ganzen Weltgeschehen.

Man glaubte nämlich, irdische Leiden seien eine Strafe für begangene böse Taten. Es gab sogar Listen, auf denen alle möglichen Vergehen verzeichnet waren – Fachausdruck: Babylonischer Beichtspiegel. Sie wurden Kranken zur Gewissenserforschung vorgelegt. Zu den Untaten gehörte es danach zu lügen, ein Versprechen nicht zu halten, Mangel an Barmherzigkeit oder Unterlassungen, wie etwa versagte Hilfe für Schwache und Bedrängte: »Hast du einen Nackten nicht bekleidet? Einen Gefangenen nicht sehen lassen das Licht?«

GÖTTER OHNE ZAHL

Die Babylonier waren leidenschaftliche Systematiker, Klassifizierer und Katalogisierer. Über alle erdenkbaren Dinge stellten sie Listen auf: von Ortschaften, Pflanzen, Tieren, Sternen; allein für das Schaf und seine verschiedenen Spielarten gibt es bei ihnen rund 200 Wörter, alle genau verzeichnet. Da konnte eine Liste der Götter und Göttinnen nicht fehlen; weil deren Zahl aber unendlich ist, mußten sich die Schreiber auf die wesentlichsten beschränken.
Die älteste dieser Götterlisten stammt aus dem 3. Jahrtausend vor Christus. Als Hauptgott erscheint hier Anu, daneben seine Frau Antum. Beide sind außerordentlich unbestimmt und ohne besondere Eigenschaften, so daß man eigentlich nicht viel mehr weiß als die Namen. Kein Wunder, daß diese abstrakten Wesen nicht Sache des Volkes waren, das sich allmählich konkreteren Gottheiten zuwandte. So trat an die Stelle des Anu Marduk, Schöpfer- und Sonnengott der Babylonier. Göttin Antum mußte einer neuen Gestalt weichen, die glorreich aufging wie der Morgenstern und bald alle Gottheiten Mesopotamiens überstrahlen sollte: Ischtar. Sie verkörperte schon in ihrer ursprünglichen Gestalt als Inanna, als Frau und Urmutter, die leicht faßlichen Begriffe der Erde und einer allumfassenden Fruchtbarkeit.
Die vielfachen familiären Beziehungen der Götter untereinander, die häufigen Mutter-Sohn-Bruder-Schwester-Geliebter-Gemahl-Konstellationen sind kaum zu entwirren, wie es überhaupt nicht gelingen zu wollen scheint, das sumerisch-babylonische Pantheon zu systematisieren. Man muß sich, zumindest als Laie, mit dieser widersprüchlichen Vielfalt abfinden.
In Fachkreisen sind heute mehr als tausend sumerische Götternamen bekannt, doch wie gesagt, nahmen die Sumerer selbst an, es gäbe deren unendlich viele. Sie glaubten auch, die Götter hätten die Menschen geschaffen, um ihnen zu dienen (Kultus) und sie mit Speise (Opfer) und Wohnung (Tempel) zu versorgen.

Als die Babylonier die sumerische Religion übernahmen, standen sie allerdings der unendlichen Anzahl von Göttern ratlos gegenüber. Deshalb reduzierten sie das Gewimmel auf eine mehr oder weniger überschaubare Gesellschaft. Immerhin werden in einer Liste der Hausgötter aus dem Hofstaat des Obergottes Marduk noch immer folgende Gottheiten aufgezählt: 2 Friseusen seiner Gemahlin Sarpanitum, 1 Bäcker, 1 Bierbrauer, 1 Trinkwassergott, 1 Waschwassergott, 2 Pförtner und 4 ebenfalls göttliche Wachhunde. Es scheint also nicht unbedingt ratsam zu sein, sich auf die Verwicklungen des sumerisch-baylonischen Pantheons einzulassen: Sie grenzen immer noch ans Astronomische.
Da die Zahl der Götter grenzenlos war und praktisch für alles, von den Wolken bis zum letzten Grashalm, eine Gottheit zuständig war, ging man mit der Natur im allgemeinen sehr einfühlsam um. Als es etwa den assyrischen König Tukulit-Ninurta gelüstete, nach der Eroberung neuer Gebiete dort für den Bau eines Palastes in Assur mächtige Zedern zu Dachbalken verarbeiten zu lassen, ließ er die ehrwürdigen Bäume von ausländischen Hilfstruppen fällen, um den Zorn der Götter für diesen Naturfrevel nicht auf sich und seine eigenen Leute herabzuziehen.
Neben den vielen offiziellen Göttern hatte jeder Babylonier und jede Familie noch private Gottheiten, deren Aufgabe es war, bei den großen Göttern Fürsprache zu halten, was an den katholischen Heiligenkult erinnern mag. Diese Hausgötter waren allerdings nur für alltägliche Belange und Sorgen zuständig. Die großen Gottheiten wurden bloß in wichtigen Dingen angerufen oder wenn die privaten bei einem Anliegen nicht genug tun konnten.
Trotz allem war es nach sumerischer und babylonischer Ansicht selbst den Göttern nicht möglich, einem Sterblichen das ewige Leben zu verleihen. Nach dieser Weisheit konnten sie den Menschen überhaupt nur drei Wohltaten gewähren: Frieden, männliche Nachkommen und ein köstliches Alter.

Marduk Unter der Herrschaft Hammurabis wurde der früher wenig bedeutsame sumerische Amar-Utuk zum Hauptgott der Stadt Babylon; sein Name war nun Marduk, der Sonnengott, mit welchem auch Altgott Enlil verschmolz. Es war babylonische Großmachtpolitik, Marduk zum allgemeinen Weltgott machen zu wollen. Er wird auch Bal, Baal oder Bel genannt, was ganz einfach »Herr« heißt. Man kann in diesem Vorgang einen endgültigen Sieg des (indoeuropäischen) Vaterrechts sehen; auch der Marduk-Mythos deutet darauf hin: Marduk ging nämlich als Sieger aus einem Titanenkampf hervor, den er gegen das weibliche Prinzip Tiamat – *»die«* Chaos – führte. Er zerteilte die Tiamat mit einem Streich in zwei Hälften, aus denen er Himmel und Erde bildete. Sehr wahrscheinlich handelt es sich hier um Nachklänge der mutter-vaterrechtlichen Umwälzung, die in vorgeschichtlicher Zeit stattfand.

Die Tempel Ursprünglich waren die Tempel Babyloniens Hochterrassen mit mehr oder weniger hohen Türmen. Später hatten sie die Form ebenerdiger Monumentalbauten, deren Mauern aus einer Art Beton gegossen waren. Diese Tempel waren zumeist in drei Schiffe eingeteilt und bis zu achtzig Meter lang.

Zu jedem Tempel gehörte nicht nur der Oberpriester, sondern auch zahlreiches anderes Personal, wie Schreiber, Verwaltungsbeamte, Sänger, Exorzisten und besondere Künstler, deren Aufgabe es war, erzürnte Götter durch Musik zu beruhigen. Die Priester hießen »maschmaschu«. Sie gliederten sich unter dem Oberpriester oder der Oberpriesterin in achtzehn weitere geistliche Ränge. Alle durften heiraten, doch war es Oberpriesterinnen und den ihnen direkt nachgeordneten Naditu verboten, Kinder zu bekommen. Sie hatten ihrem Gemahl eine noch niedrigere Priesterin oder eine Sklavin zu stellen, die dann das Kinderkriegen besorgte.

Im Götterbild des Tempels oder in privaten Statuetten zu Hause galt der Gott als persönlich und nicht nur symbolisch anwesend. Meist waren die Götterbilder aus kostbaren Hölzern und mit prächtigen Kleidern und Schmuck ausgestattet. Bei kriegerischen Auseinandersetzungen ver-

schleppten die Krieger häufig Götterstatuen der Feinde, um diese sicher unter ihrer Gewalt zu halten.
An den zahlreichen Feiertagen wurden die Götterbilder in feierlichen Umzügen durch die Straßen der Stadt getragen; dabei bewegten sich die Göttinnen am Anfang der Prozession, die männlichen Götter folgten hinterher.
Dem Kultbild einer Gottheit wurde in aller Form und bei Tafelmusik die Mahlzeiten serviert; der Gott oder die Göttin speiste dann hinter zugezogenem Vorhang. Die Speisen wurden anschließend dem König gebracht und unter Hof- und Tempelpersonal sowie unter Bedürftige verteilt. Ein Text aus Uruk sieht für eine einzige Mahlzeit einer Gottheit vor: 500 kg Brot, 40 Schafe, 3 Rinder, 8 Lämmer, 70 Vögel, 4 Eber, Zutaten an Eiern, Datteln, Feigen, Rosinen und 54 Gefäße mit Bier und Wein.
Eine Besonderheit der babylonischen Gottesverehrung oder Philosophie ist die Zahlenmystik, aus der schließlich die hebräische Kabbala hervorging. Alle Zahlen hatten einen geheimen Sinn, der nur von Eingeweihten, zumeist Priestern, gedeutet werden konnte. Möglicherweise geht auch die mysteriöse und bis heute ungelöste Zahl 666 der Apokalypse (Offb 13,18) auf babylonische Ursprünge zurück. Allen sumerischen und babylonischen Gottheiten waren Zahlen zugeteilt; Ischtar wurde durch die 15 symbolisiert.

Heilige Hochzeit

Die wichtigste Kulthandlung im sumerisch-babylonischen Festkalender war die Heilige Hochzeit, mit der zur Wintersonnenwende der neue Jahresbeginn gefeiert wurde. Vermutlich unter Hammurabi abgeschafft, vollzog sie sich in der Hauptstadt auf dem Gipfel des großen Turmes von Babel. Herodot sagt dazu bei der Beschreibung dieses gewaltigen Bauwerks: »Auf dem obersten Turm befindet sich ein großer Tempel, darin steht ein breites Ruhebett mit schönen Decken und daneben ein goldener Tisch. Aber kein Götterbild ist dort errichtet, und kein Mensch verbringt eine Nacht in dem Tempel außer einer Frau, die aus Babylon stammt; sie hat sich der Gott von allen erwählt. Dies behaupten wenigstens die Chaldäer, die Priester dieses Gottes. Diese erzählen auch – das klingt mir allerdings

nicht sehr glaubwürdig –, der Gott [Marduk] komme persönlich in den Tempel, schlafe auf dem Ruhebett« und werde dort, wie Herodot einige Zeilen weiter sagt, »nachts zusammen mit der Frau eingeschlossen.«
Die heilige Hochzeit war Höhepunkt gewaltiger Neujahrsfeiern und Prozessionen, die zwölf Tage lang die Stadt Babylon beherrschten. Der im König inkarnierte Obergott Marduk vollzog hier die rituelle Begattung seiner himmlischen Gemahlin Sarpanitum, vertreten von der irdischen Oberpriesterin oder – je nach Geschmack des Herrschers – von einer schönen Konkubine.
Die Heilige Hochzeit im Tempel auf der Spitze des Turms zu Babel war kein Einzelfall. Überall in den Städten Mesopotamiens ragten Tempeltürme gen Himmel, um den Göttern das Herabsteigen zur Erde einladender zu machen. Inanna vermählte sich beim Neujahrfest auf dem Turm ihres Heiligtums zu Uruk sogar mit ihrem Vater, ebenfalls unter freudiger Begeisterung der ganzen Bevölkerung. Auch die niedrigeren Ränge der Priester und Priesterinnen nahmen an diesem Tag liebend an der Heiligen Hochzeit teil.
Noch in der Renaissance pflegten die Dogen einmal jährlich auf ihrer festlich geschmückten Prunkbarke, dem Bucentaurus, aufs Meer hinauszufahren und mit dem Lebenselement Venedigs eine mystische Hochzeit einzugehen, indem sie einen goldenen Ring, das Symbol der Ehe, in den Fluten versenkten. Einst galt dieses Zermoniell wohl der Schaumgeborenen Aphrodite, an deren Stelle später die Madonna rückte.
Doch das nur nebenbei. Eines scheint festzustehen, daß es nämlich in den alten Kulturen nur eine weibliche Thronfolge gab – ein Fortbestehen matriarchalen Rechts –, so daß ein König oder auch ein Gott nur zur Herrschaft kommen konnte, indem er sich auf Erden oder in der Mythologie mit der Thronerbin verband, ob Schwester oder Mutter. Erst wenn der König in Sumer oder Babylonien die Heilige Hochzeit mit der Göttin Inanna oder Ischtar vollzogen hat, ist er wirklich Herrscher und darf seinem Namen das Wort Gott, »dingir«, voranstellen. Sargon I. ließ das auf den Tafeln, die seine Kindheit beschreiben, ausdrücklich festhalten: »Da gewann Ischtar mich lieb und erhob mich zum

König über die Menschen«. Die Frau also ist es, die den Mann legitimiert. Nach heutiger wissenschaftlicher Auffassung stand am Anfang der mesopotamischen Kultur einwandfrei eine Muttergöttin, und zweifellos leitet sich von dieser Tatsache die weibliche Souveränität in spirituellen Dingen und weltlicher Herrschaft her.

Babylons Göttinnen

Es ist unmöglich, zwischen Frauen, wie sie leiblich und sterblich auf Erden wandeln, und den unsterblichen Göttinnen des Himmels eine klare Grenze zu ziehen. Beide bedingen sich spiegelbildlich. Eine Göttin, gleichgültig in welcher antiken Religion, ist immer auch das Ebenbild irdischer Frauen. Das heißt nicht, die Göttin sei eine Idealgestalt des Weibes. Ganz im Gegenteil. In jeder Göttin sind alle Facetten weiblicher Natur enthalten.
Die Alten liebten es, diese oft irritierenden Möglichkeiten übersichtlich darzustellen. Das wurde möglich, indem sie die Varianten auf verschiedene Göttinnen verteilten, ihnen Interessensphären zuordneten. Ein kurzer Überblick mag das veranschaulichen.

Gula

Als eine für alles Volk außerordentlich wichtige Göttin wurde Gula verehrt, die große Ärztin, in deren Macht es stand, Krankheiten zu verhängen oder zu heilen. Ein achtstrahliger Kranz oder Schein umgab ihr Haupt, der »die Wärme des Lebens« symbolisierte, die gleichbleibend den Körper erhält oder ihn als Fieber zerstört (nüchtern gesagt 37° Celsius).
Gula lebte in einem Garten im Zentrum der Welt, die man sich nach babylonischer Anschauung als Scheibe vorstellte. Hier hegte sie einen Apfelbaum, die Weltachse, dessen Früchte sie ihren Anbetern darbot.
Ihr Tempel zu Nippur war berühmt als Ausbildungsstätte hervorragender Ärzte und darf als erste »medizinische Fakultät« der Geschichte betrachtet werden.

Nansche Die babylonische Wassergöttin Nansche konnte Träume und Vorzeichen deuten. Das Wichtigste war jedoch, daß ihrem Schutz das lebenswichtige Bewässerungssystem des Landes anvertraut war. Jedes Jahr befuhr eine festliche Flottenprozession mit Nansches Standbild die schiffbaren Kanäle Babyloniens, während ihre Anbeter die Ufer säumten und ihr huldigten.

Nidaba Eine Getreidegöttin, Nidaba, war ursprünglich Göttin des Schilfs. Da man auf Tontafeln mit einem Schilfrohr schrieb, wurde Nidaba zur Schutzgöttin der Schrift und der Literatur. Sie gab den Herrschern Weisheit und kannte die geheime Bedeutung der Zahlen, was man als kabbalistisches Wissen ansehen könnte. Auch war sie Beschützerin vor allem Bösen. Zu ihrem Kult gehörte es, Brote zu bakken, die als ihr wirklicher Leib angesehen und als Opfergaben für Ischtar verbrannt wurden. So wurde, wie Langdon bemerkt, ihr Leib zum Heil der Menschen geopfert.

Ereschkigal In der Unterwelt herrschte Ereschkigal, eine gefürchtete Göttin, der als Gemahl der wenig bedeutsame Nergal zur Seite stand. Man muß im Auge behalten, daß die Babylonier nicht an ein Fortleben nach dem Tode glaubten; die Unterwelt, Kigalla, war deshalb für sie nur ein Schattenreich ohne menschliches Dasein, das »Land ohne Wiederkehr«, wie sie es nannten.

Ursprünglich gebot Ereschkigal über die Erde, als diese noch unbewohnte Wildnis war, umgeben von Gärten aus Regenbogen. Doch eines Tages wurde ihre Idylle von einem Eindringling gestört, besagtem Nergal, dessen Drängen sie nachgab. Mit ihm gemeinsam nahm sie die Unterwelt in Besitz. In der sumerischen Literatur wird Ereschkigal stets nackt, mit Augen aus Stein und schwarzhaarig geschildert, in der Kunst manchmal auch mit einem Löwenhaupt oder in einem Boot, mit dem sie den Grenzfluß Chabur zwischen ihrem Reich und der Welt der Lebenden überquert, um die am anderen Ufer niedergelegten Opfergaben einzusammeln. Ihr tief im Inneren der Erde gelegener Palast bestand aus schimmerndem Lapislazuli.

Keilschriftliche Quellen Assyriens schreiben Ereschkigal unersättliches Liebesverlangen zu. Nach ihrer Vereinigung mit Nergal habe sie mit ihm sechs Tage und Nächte lang der Lust gefrönt, ohne davon genug zu bekommen. Nach heutiger psychologischer Ansicht ist Ereschkigal nichts anderes als die Nachtseite Inannas selbst.

Inanna und Dumuzi

Unter den verschiedenen Göttinnen, die mit Ischtar zusammenflossen, bildet natürlich die sumerische Inanna den wichtigsten Teil. Man könnte mit wenigen Einschränkungen sagen, Ischtar sei eine direkte Fortsetzung Inannas unter anderem Namen. So ist auch die Beziehung zwischen Inanna und Dumuzi mit der Beziehung zwischen Ischtar und Tammuz verwandt und doch verschieden.
Nach sumerischer Lehre war Inannas Großvater mütterlicherseits Enki, der Gott der Weisheit, der Gewässer und aller Kunstfertigkeiten, ihre Mutter die Mondgöttin Ningal. Man darf aber nicht vergessen, daß es sich hier um eine spätere Konstruktion handelt. In vorgeschichtlicher Zeit war Inanna selbst Große Mutter und Weltschöpferin, bis mit der Ankunft der indoarischen Sumerer die Mutterreligion vom Männerkult abgelöst wurde.

Inanna herrscht

Die neuen Glaubenslehren waren aber nicht stark genug, Inanna aus ihrer hohen Position zu verdrängen. Als Herrin der Stadt Uruk – Ur heißt in der Sprache der Sumerer »Mutterleib« – blieb sie zunächst Mondgöttin, was gleichbedeutend ist mit dem »ewig Weiblichen« am Beginn der Welt. Zur Blütezeit ihrer Verehrung war sie uneingeschränkt »Königin des Himmels und der Erde«, Göttin des Morgen- und Abendsterns, also des Planeten Venus, vor allem aber auch Göttin der Liebe, und das wiederum hauptsächlich in deren fleischlicher Form. Über den hebräischen Namen Anna hat sich ihr Name bis heute erhalten.
Von zwei Freiern, die sich um Inannas Gunst bewarben,

trug Dumuzi den Sieg davon. Er war ein Sohn von Inannas Großvater Enki, während andere Quellen behaupten, er sei ihr Bruder gewesen, und wieder andere, es habe sich um ihren eigenen Sohn gehandelt. Auf jeden Fall war er ihr Geliebter, obwohl er ursprünglich nicht zu Inanna gehörte; er war vielmehr ein Vegetationsgott, entwickelte sich aber langsam zu einem Gott des befruchtenden Wassers, das für das Land von so großer Bedeutung war.

Mythologisch widersprüchlich, so gilt Dumuzi auch als König des Stadtstaates Uruk. Wie fast alle Könige Mesopotamiens wurde er »der gute Hirte« genannt, oder schlicht »Schäfer«, geboren übrigens in einem Stall, was in Sumer sogar für Könige eine hohe Auszeichnung war; im Stall vollzogen sich die Geburten, und wer überhaupt einen Stall besaß, mußte schon herrschaftlich sein.

So lebten Inanna und Dumuzi wie im Märchen glücklich zusammen. Doch Inanna fühlte, sie sei zwar Königin des Himmels und der Erde, habe aber bisher keine Vollkommenheit erlangt, da ihr noch die Kenntnis der dritten, der unterirdischen Welt fehle. Sie entschloß sich daher, die Unterwelt, das Land ohne Wiederkehr, zu erforschen. Einige, die ihr keine philosophischen Ambitionen zutrauen mögen, legen ihrer Expedition einfach weibliche Neugier zugrunde.

Abstieg in die Unterwelt

Während sie die sieben Tore durchschreitet, die das Reich der Todesgöttin Ereschkigal vom Land der Lebenden trennen, muß die mächtige Himmelskönigin wie jeder Sterbliche alle Zeichen von Rang, Macht und Würde ablegen, ihr Geschmeide, Halsketten, Haarspangen, das funkelnde Diadem, Arm- und Fußreifen, kostbare Fingerringe, ihre prachtvollen, golddurchwirkten Gewänder, den Sternengürtel, die Sandalen, bis sie nach der siebenten Pforte endlich nackt vor der Schrecklichen steht, vor Ereschkigal.

Jedenfalls und zweifellos: Wer ins Reich der Toten eingeht, ist tot. So auch Inanna, und Ereschkigal scheint sich über die Niederlage der großen göttlichen Schwester gefreut zu haben. Doch nachdem diese drei Tage lang nicht in ihren himmlischen Palast zurückkehrte und alles Volk schon trauerte, in die Tempel strömte, Opfer darbrachte und Klagegesänge anstimmte, bat ihr Haushofmeister Ninschuba den Gott der Weisheit, Enki, um Rat und Hilfe. Immerhin hatte Inanna von ihm Weisheit, Fertigkeiten und allerlei Privilegien empfangen, darunter das Recht, in die Unterwelt zu gehen und daraus auch wieder empor zu steigen.

Der Großvater mußte also etwas tun. Unter Mitwirkung von zwei schlauen Dämonen gelingt es ihm wirklich, Ereschkigal zu überlisten und zu veranlassen, Inanna dem Leben zurückzugeben. Sie muß sich aber verpflichten, der Unterwelt Ersatz zu stellen. Beim Aufstieg zur Oberwelt erhält sie alle abgelegten Kleidungs- und Schmuckstücke wieder.

Doch siehe da, während ihrer Abwesenheit hat sich Dumuzi nicht etwa an Klage und Trauer um seine himmlische Gemahlin beteiligt, sondern ihre Abwesenheit dazu benützt, prächtige Kleider anzulegen und sich selber auf den heiligen Thron der Göttin zu setzen.

Nun ist der Ersatz gefunden, den Inanna Ereschkigal zu stellen versprach! Dumuzi wird von einer Flut dahingerafft und muß den Gang in die Welt der Toten antreten. Sein Frevel ist gerächt.

Indes, nicht lange kann sich Inanna ihrer Rache erfreuen. Sie bereut, den Geliebten so vorschnell geopfert zu haben. Sie erstirbt in Sehnsucht nach ihm, und die harten keilschriftlichen Tafeln übermitteln uns ihren zärtlichen Trauergesang:

> Um den Fernen erhebe ich Klage,
> Um meinen Sohn, den Fernen, erhebe ich Klage,
> Um meinen Dumu, den Fernen...

Da bringt sich Dumuzis Schwester Geschtinanna freiwillig als Opfer dar. Es gelingt ihr, Ereschkigal zu erweichen und einen Kompromiß auszuhandeln: Ein halbes Jahr lang soll Schwester Geschtinanna in der Unterwelt verweilen und Bruder Dumuzi sich in der Oberwelt aufhalten dürfen, im darauffolgenden Halbjahr steigt Dumuzi wieder hinab und Geschtinanna darf hinauf. Der ewige Wechsel zwischen Winter und Sommer, wenn sich Dumuzi und Inanna liebend vereinen, wenn alles sich fortpflanzt und verjüngt wieder erblüht.

In allen vorderasiatischen Kulturen spiegelte der sumerische Mythos von Sterben und Auferstehung, von Inanna und Dumuzi – des späteren Paares Ischtar und Tammuz – die hervorragendste Rolle. Auch Ischtars Sohn-Geliebter Tammuz ist »guter Hirte«, ist Vegetationsgott. Er stirbt, dann folgt seine Auferstehung. Kaum verändert zeigt sich das gleiche Muster bei Astarte und ihrem Sohn-Geliebten Adonis, fast identisch bei Isis und Osiris. Deutliche Anklänge finden sich auch im Neuen Testament. Dieses symbolische Spiel der Jahreszeiten, das Verhältnis Mutter-Sohn-Geliebter, Abstieg ins Reich der Toten und Auferstehung, findet sich in zahlreichen Religionen.

Inannas Klage um den verstorbenen Dumuzi stieg aus dem Schutt der Stadt Nippur, dem geistigen und kulturellen Zentrum des alten Sumer, ans Licht unserer Tage. Eine archäologische Expedition der University of Pennsylvania, die zwischen 1889 und 1900 in Nippur Grabungen veranlaßte, fand den größten Teil der Tafeln, auf denen der Göttin Abstieg in die Welt der Toten beschrieben wird. Sie stammen ungefähr aus dem Jahr 1750 vor Christi Geburt. Dann dauerte es bis in die siebziger Jahre unseres Jahrhunderts, ehe alle Bruchstücke und Teilchen zusammengefügt und der keilschriftliche Text auch übersetzt werden konnten. Der Schluß der Erzählung ist bis heute nicht aufgefunden worden.

Nachfolgend können nur einige wenige Zeilen von verschiedenen Stellen des umfangreichen Textes wiedergegeben werden, nicht nur um Stil und Qualität sumerischer Literatur so gut es in modernen Sprachen möglich ist zu veranschaulichen, sondern um auch den ausgeprägten Charakter Inannas als Liebesgöttin vor Augen zu führen. So spricht zunächst der Erzähler:

> Er legte seine Hand in ihre Hand.
> Er legte seine Hand an ihr Herz.
> Süß ist der Schlaf Hand in Hand.
> Süßer noch der Schlaf Herz an Herz.

Dann erklingt Inannas eigene Stimme:

> Mein honigsüßer Mann, mein honigsüßer Mann / beglückt mich immer.
> Mein Herr, der honigsüßeste der Götter,
> Er ist der Bestgeliebte meines Schoßes.

Seine Hand ist Honig, sein Fuß ist Honig.
Er beglückt mich immer.
Mein lechzender, atemberaubender Nabel-Liebkoser,
Der sanften Schenkel Liebkoser,
Er ist der Bestgeliebte meines Schoßes.
Er ist in Wasser gebeeteter Lattich.
Er umfing meine Lenden mit seinen milden Händen,
Der Schäfer Dumuzi füllte meinen Schoß mit
/ Milch und Sahne,
Er streichelte mein Schamhaar,
Er bewässerte meinen Mutterleib,
Er legte seine Hände auf meine heilige Vulva,
Er besänftigte mein schwarzes Boot mit Sahne,
Er erquickte mein enges Boot mit Milch.
Er liebkoste mich auf dem Lager.*

Wahrlich Zeugnisse erotischer Literatur höchsten Ranges, 3700 Jahre alt und weiterhin aktuell.

Ischtar

Niemals vor ihr und niemals nach ihr gab es eine einflußreichere Göttin als die babylonische Ischtar. Ihre Ausstrahlung überglänzte die Welt der Antike und schimmert noch deutlich durch unsere Gegenwart. In vielfältiger Gestalt manifestierte sie sich bei den unterschiedlichsten Völkern des Nahen Ostens, war Astarte unter den Phöniziern, herrschte als Isis in Ägypten, ergriff unter dem Namen Aphrodite uneingeschränkten Besitz von Griechenland und dem ganzen hellenistischen Kulturkreis, beschenkte als Venus das Römische Weltreich mit ihrer Gunst. Römische Legionen trugen den Kult ihrer Verehrung in die Gebiete der iberischen Halbinsel und über die Alpen bis nach Gallien, Germanien, Britannien und Schottland.

Ursprünglich war Ischtar eine semitische Vegetations- und Mondgöttin ohne überragende Bedeutung. Als diese

* Deutsch von Mara Kraus nach der englischen Version Diane Wolksteins.

Volksstämme allmählich ins Land der Sumerer einsickerten, gelangte sie mit ihnen in die damalige Hauptstadt Uruk. Hier wurde sie bald mit der einheimischen Göttin Inanna identifiziert und gewann dadurch rasch an religiösem Ansehen und spiritueller Macht. Wie ein Magnet zog sie nun auch Göttinnen aus anderen Regionen an, verleibte sie sich ein, und sie verschmolzen mit ihr.

Die tausend Möglichkeiten und Facetten der Frau vereinigten sich auf diese Weise allmählich in einer überhöhten Idealgestalt. Ischtar wurde zur einzigen Göttin, die nicht als Gemahlin von einem anderen Gott abhing, die einen eigenen Herrschaftsbereich besaß und ganz eigenständig regieren konnte. Sie war das mächtigste Symbol der damaligen Zeit.

Doch nicht nur das. Ischtars leibliche und religiöse Macht manifestierte sich zur Zeit der Könige und der Propheten auch auf hebräischem Boden im alten Juda und Israel. Während der »Babylonischen Gefangenschaft« unter Nebukadnezar, die von 586–538 v. Chr., also fast drei damalige Generationen lang dauerte, kamen die umgesiedelten Juden in engen Kontakt mit der babylonischen Kultur und Religion, ja auch unter deren Einfluß. Und als ihnen der Perserkönig Kyros II. die Heimkehr erlaubte, nahmen sie vieles davon mit nach Jerusalem. Es fand seinen Niederschlag in manchen Kapiteln des Alten Testaments, das nun geschrieben und redigiert wurde.

Bekanntlich ist das Alte Testament Bestandteil auch der christlichen Glaubenslehre. Auf diesem Umweg drangen ungezählte Gedankenelemente aus Babylon ins christliche Abendland. Sie begegnen uns auch heute noch auf Schritt und Tritt, auch wenn es uns nur selten bewußt wird. Klar ist natürlich, daß im jüdisch-christlichen Monotheismus eine Göttin keinen Platz finden durfte. Sie mußte sich in Volks- und sogenannten Aberglauben flüchten, wo sie unter den mannigfachsten Formen, Gestalten und Symbolen in Sage und Märchen weiterlebt. Die Folkore Europas ist reich an guten und bösen Feen, Hexen und Zauberinnen. Nicht zuletzt in den vielen geheimnisvollen Ritualen, die dazu dienen sollen, Liebe zu entfachen, findet sich noch immer die überirdische erotische Kraft der Ischtar unter allen ihren Namen gebannt.

Nach babylonischer Deutung war Ischtar eine Tochter des Mondgottes Sin, der bei den Sumerern Nanna hieß. Unter den Namen Geschtinanna oder Nins-Anna (die Silbe »anna« bedeutet Göttin) erscheint sie in sumerischen Texten, lange bevor andere Gottheiten genannt werden. Als Himmelskönigin ist sie aber zugleich Urmutter, aus der die ganze Welt hervorgegangen ist. Mit der Zeit wurde sie unter verschiedenen Namen zur »wichtigsten Göttin ganz West-Asiens. Sie überschattete in ihrer Bedeutung auch den Himmelsgott Anu. Ihr heiliger Bezirk umschloß schon im 4. Jahrtausend eine höchst stattliche Zahl öffentlicher Großbauten. Im 2. Jahrtausend war sie zur bekanntesten babylonischen Gottheit geworden, die auch die am weitesten verbreitete Verehrung genoß. Ihr Name wurde gleichbedeutend mit Göttin schlechthin« (Oates).

GÖTTIN DER GÖTTINNEN

Ischtar entstand allmählich aus dem Zusammenfluß von Göttinnen verschiedener Völkerschaften. Ihr Urbild ist zweifellos Inanna, zu der sich noch andere Kleingöttinnen aus Babylonien und Umgebung gesellten, wie etwa die akkadische Stadtgöttin Anunit, die libanesische Zederngöttin Irnini, die altsemitische Göttin der Promiskuität, Ischara, die ebenfalls semitische Kriegsgöttin Agassaya, Ninlil, die Mutter- und Mondgöttin aus Nippur, oder die zwiespältige Anath. Alle Aspekte und Möglichkeiten der Frau vereinigten sich auf diese Weise allmählich in einer einzigen Göttin und machten sie zur Geliebten und zur schützenden Mutter des ganzen Erdkreises.

Bei den Sumerern wurde Inanna der wenig bedeutende Dumuzi als Gemahl beigegeben, als Begleiter der Ischtar tritt er unter dem Namen Tammuz auf. Dumuzi/Tammuz war aber nicht nur Gemahl, sondern eben auch Bruder oder gar Sohn der Göttin, die auch mit ihrem Vater Hochzeit feierte. Es ist ganz unmöglich, im sumerisch-babylonischen Pantheon irgendwelche logischen Beziehungen herstellen zu wollen. Die verwandtschaftlichen Beziehungen wechseln ebenso oft wie die Namen. Welche Schlüsse beispielsweise könnte man aus folgender Ischtar-Hymne ziehen:

Meine Schwester, du bist meine Mutter!
O Bruder, wer ist deine Schwester?
Ich bin deine Schwester.
Wer ist deine Mutter?
Ich bin deine Mutter,
O mein Gemahl, mein Sohn!

Ischtar ist alles

Immer wieder beweisen die überlieferten Urkunden, wie wichtig es den Königen war, überall die Tempel der Ischtar zu verschönern oder wenigstens zu renovieren. So ließ beispielsweise der assyrische König Tukulit-Ninurta I. den uralten Tempel Ischtars in Assur ganz neu erbauen und erweitern. Einer seiner Nachfolger, Aschschurresch-ischi, beeilte sich, den bei einem Erdbeben eingestürzten Tempel der Ischtar in Ninive wieder aufrichten und erneuern zu lassen. Weitere Beispiele ließen sich anführen. Das Wohlwollen der Göttin durfte man sich eben keinesfalls verscherzen.

Das ebenso mächtige wie prächtige Ischtar-Tor an der großen Prozessionsstraße Babylons wurde als Zeugnis für die überragende Bedeutung Ischtars bereits erwähnt. Und mancher König führte in seiner Titulatur stolz die Bezeichnung »Geliebter Hirte der Ischtar«, oder sumerisch: »der Inanna«.

Die Himmelskönigin

Ischtar war Göttin der Liebe und des Geschlechtslebens, Schwester des Sonnengottes Marduk – des sumerischen Schamasch –, besonders in Assyrien wurde sie als Kriegsgöttin verehrt. Als astrale Erscheinung war sie im Planeten Venus, dem Morgen- und Abendstern, gegenwärtig. Deshalb hieß sie auch »Himmelskönigin«, eine Bezeichnung, die uns gewiß geläufig ist und uns noch öfter begegnen wird. Ein anderer ihrer Namen ist »die Gehörnte«, weil der Planet Venus als gehörntes Gestirn galt.

Ischtar ist in Babylonien auch Beschützerin der Gebärenden, stets Göttin der sexuellen Beziehungen, der Liebe, des Familienlebens, der Verführung und Promiskuität. Sie war aber auch Göttin der Gerechtigkeit. Es gab kaum ein menschliches Anliegen, dessentwegen man nicht Ischtar anrufen konnte. Das ist einer der Gründe ihrer allumfassenden Herrschaft. Selbst der mächtige Assurnasirpal II. richtete ein langes Gebet an Ischtar, an dessen Anfang er sich demütig mit den Worten vorstellt:

> Ich bin Assurnasirpal, der Unglückliche, der dich fürchtet, der die Schleppe deiner Göttlichkeit trägt und zu deiner königlichen Hoheit betet.

Ihre Macht, selbst Tote aus dem Land ohne Wiederkehr zurückzuholen, verlieh ihr den Ruf, besonders heilkräftig zu sein und zwischen Leben und Tod vermitteln zu können. So wurde beispielsweise das Standbild der Ischtar von Ninive zweimal nach Ägypten ausgeliehen und feierlich dorthin transportiert, dem erkrankten Pharao Amenophis III. Heilung zu bringen. Als Heilgöttin dargestellt, trägt sie den Aeskulapstab (caduceus) der Medizin in Händen, ist sie doch als Hüterin des paradiesischen Lebensbaumes auch Göttin der Schlangen.

Trotz ihrer vielfältigen sexuellen Beziehungen blieb Ischtar stets Jungfrau, zugleich aber auch Mutter, immer auf der Jagd nach neuen Liebhabern, ob Götter, Menschen, ja sogar Tiere. Sie ist es, wie uns eine keilschriftliche Bekundung mitteilt, »deren Hand die Männer auf Straßen und Feldern erregt und verführt, damit sie ihre Bestimmung, das Leben auf Erden fortzupflanzen, nicht vergessen.«

Ihr Sohn Tammuz war zugleich ihr Geliebter. Sie gilt allgemein als »ungestüm«; wer ihren Wünschen oder Befehlen nicht nachkommt, wird von ihr wütend mit verheerenden Krankheiten gezüchtigt.

In einer Inschrift sagt Ischtar von sich selbst: »Ich bin eine leidenschaftliche Hure« – was natürlich an der abwertenden Übersetzung aus dem vorigen Jahrhundert liegt, die von viktorianischer Prüderie und alttestamentarischem Eifer getragen war; man denke an »die Hure Babylon« der Bibel. Besser sollte es heißen »Geliebte«, denn die Göttin hat sich ja nie gegen Geld verkauft. Genaugenommen handelt es sich um »die stets empfangsbereite Mutter Erde«.

Vom König bis zu einfachen Leuten wurde sie stets als Schiedsrichterin und Ratgeberin angerufen. Von sich selber sagt sie auf einer Keilschrifttafel:

Größer als die Berge bin ich.
Die Herrin der Götter bin ich.
Des Himmels Herrin bin ich.
Der Erde Fürstin bin ich.

Zeichen der Macht

Ischtar ist häufig – wie die griechisch-römische Artemis/Diana – von einer Meute Jagdhunde begleitet. Oft reitet sie auf einem Löwen, ihrem heiligen Tier, als Göttin des Krieges erscheint sie bei den Assyrern mit Bogen, Köcher und Krummsäbel. Dort ist sie »Löwin der Schlachten«, ihr Thron ist mit Löwenornamenten geschmückt, ihr Fuß ruht auf dem Nacken eines Löwen, aus ihren Schultern züngeln Schlangenköpfe.
König Assurbanipal nennt sie »in Flammen gekleidet«, in einem anderen Text »Fackel des Himmels und der Erde«. Friedell sieht sie als »hartes und grausames Geschöpf, schrecklich blickend... bisweilen aber auch als milde, lieblich strahlende Himmelskönigin mit einem Kind an der Brust.«
Als Gürtel trägt Ischtar den Tierkreis. Ihr Symbol ist eine achtstrahlige Rosette. Wegen ihrer Verbindung mit Tammuz, dem Gott der befruchtenden Gewässer, wird sie gelegentlich auch mit Krabben und Hummern dargesellt. Andere Abbildungen zeigen sie mit Skorpionen, Symbol des Sternbildes Skorpion. Auch die Seeschlange gehört zu ihren Attributen.
Ursprünglich ist Ischtar (»Lichtgeberin«) eine Mondgöttin. Das ist einer der Gründe, weshalb sie den babylonischen Beinamen »Scharrat Schame«, Himmelskönigin, führt. Sie ist Verkörperung und Herrscherin des hellsten der Planeten, der Venus. Erscheint diese als Morgenstern (babylonisch »Dil-ba«), so legt Ischtar ihren Harnisch an und fegt auf ihrem Streitwagen, der von sieben Löwen gezogen wird, durch Dämmerung und Frühnebel auf der Jagd nach Tieren oder Menschen.
Sobald Venus aber als Abendstern (»Zib«) am Firmament erstrahlt, läßt sich Ischtar von lüsternen Tempeldienerinnen aufwarten, welche, wie es in einem Keilschrifttext heißt, »die mit frohlockenden Augen blickende Ischtar des Begehrens, die Göttin des Seufzens« anbeten.

Beide Energien, Dilba und Zib, Sinnbilder auch der mächtigen Ströme Euphrat und Tigris, können sich zu Zorn und Wut vereinigen, wenn Ischtars erotische Wünsche zurückgewiesen werden. So erging es dem Helden Gilgamesch, der Ischtar beschimpfte und ihr entgegenhielt, alle ihre Liebhaber hätten schließlich sterben müssen; er wurde von ihr sogleich mit einer schrecklichen Krankheit gezüchtigt. Auch sein Gefährte Enkidu erwies dem rasenden Liebesverlangen der Göttin eine kühle Absage. Für diese Beleidigung ließ Ischtar ihn sterben, doch nicht etwa auf der Stelle, sondern in einem zwölf Tage währenden grausamen Todeskampf.

Das Springseil der Mädchen ist ebenfalls ein Symbol der Ischtar. Es bildet beim Schwingen über den Kopf ein Omega, ein für Ischtar gebrauchtes Zeichen, lange bevor es bei den Griechen zum letzten Buchstaben des Alphabets wurde.

Zur Zeit ihrer Einwanderung nach Mesopotamien um 6000 v. Chr. kannten die Sumerer bereits den Wein. Seine berauschende Wirkung mußte ihnen wie eine Offenbarung erscheinen, zu taumelnder Ekstase verzückend oder niederwerfend unter der Übermacht der göttlichen Gegenwart. Der erotische Aspekt des Rauschzustandes konnte dabei nicht verborgen bleiben, und so wurde Göttin Inanna/Ischtar auch zur »Mutter des Weinstocks«.

Ischtar und Tammuz

Der Name Inanna pflanzte sich durch Jahrtausende fort. Am gegenwärtigsten ist uns der Begriff noch in Vornamen wie Anna und ähnlichen. Wie bereits erwähnt, war »anna« im Sumerischen die Nachsilbe, mit der Göttinnen bezeichnet wurden. Man darf sich nun fragen, ob es reiner Zufall ist oder eine hintergründige Beziehung, wenn in der Jesus-Legende die Mutter Marias Anna hieß. Nicht weniger bemerkenswert, wie das Baby zur Beschneidung in den Tempel gebracht und dort (Luk 2,36) von einer Prophetin namens Hanna erkannt und als Erlöser gepriesen wurde. Zuletzt noch die Anmerkung, daß die Frau des Mose Zippora hieß, babylonisch Schipporah, Taube, der heilige Vogel Ischtars, in dessen Gestalt sie sich gerne verwandelte, vielleicht auch bei der Taufe Jesu im Jordan über dessen Haupt schwebte (Luk 3,22) und bei uns noch als Friedenssymbol im Gebrauch.

TAMMUZ, SOHN UND GELIEBTER

Tammuz ist der babylonische Name für den sumerischen Dumuzi. Sein Kult war daher ebenfalls die Geschichte seines Todes und seiner Auferstehung, eine Geschichte, die den ganzen Kulturkreis der östlichen Mittelmeerwelt bis in frühchristliche Zeit hinein beherrschte. Soweit schriftliche Quellen vorliegen, lassen sich seine Wurzeln bis ins dritte Jahrtausend v. Chr. zurückverfolgen. Es gibt aber gewichtige Gründe, den Zeitpunkt sogar fünftausend Jahre v. Chr. zu suchen oder letztlich anzunehmen, es handle sich bei diesem Mysterienspiel des Sommer-Winter-Zyklus um den vielleicht frühesten religiösen Kult des Menschen überhaupt.

In der babylonischen Fassung tritt uns deutlicher als in der sumerischen die Meinung entgegen, Tammuz (»treuer Sohn«) sei zusammen mit »Mutter Erde« in einem Akt der Urzeugung in die Welt getreten. Zugleich war er Geliebter dieser Mutter, die gleichwohl intakt blieb, so daß wir in ihm das erste Produkt einer jungfräulichen Geburt vor uns haben. Um es ganz klar zu machen, war die Mutter des Tammuz auch seine Schwester.

In seiner göttlichen Gestalt regierte Tammuz alles Süßwasser in einem Land, das ganz von den Strömen Euphrat und Tigris und von seinem wunderbaren Bewässerungssystem abhing. Er trank auch heiliges Wasser und aß Brot vom sprießenden Korn, was ihm ewiges Leben verlieh. Zugleich war er heilkundig und Hirte und Beschützer der Herden. Wenn im Spätsommer die Wasser versiegten, betrachtete man das als den Tod des Gottes, des »guten Hirten«, der seine Schafe verlassen habe. Doch war man seiner Wiederkehr sicher, denn nach einer bangen Weile kehrten jedesmal Regen und Wasser zurück: Tammuz war von neuem geboren, alles wuchs, gedieh und vermehrte sich wieder.

Auferstehung

Leben, Sterben und Auferstehung waren den Babyloniern durch dieses Heilsgeschehen zum religiösen Mysterium geworden und richteten ihre Gedanken auf die Frage, was wohl zwischen Tod und Wiedergeburt eines Gottes liege. Sie rangen sich aber nie zu der Spekulation durch, es gebe ein Leben nach dem Tode, genau wie auch die alten Juden kein Leben nach dem Tode kannten. Für Sumerer, Babylonier, Assyrer und andere frühe Völkerschaften des Nahen Ostens gab es nur das »Land ohne Wiederkehr«, das Schattenreich, in dem die Gestorbenen Totenschlaf hielten. Nur einem Gott konnte es vorbehalten sein, zu sterben und zum Heil der Menschen aufzuerstehen.

Wenn Tammuz verschwindet, also mit Beginn der glühenden, alles versengenden und vertrocknenden Sommerhitze, irrt Ischtar verzweifelt über Felder und Fluren, um den Geliebten-Sohn-Bruder zu suchen. Klagend wendet sie sich an Gallu, einen bösen Dämon:

O Gallu, Herr der Verwüstung,
Warum muß ich verzweifeln?
O Gallu, warum hast du ihn genommen?
Bei den Wassern des Euphrat,
Warum hast du ihn genommen?

Wie die sumerische Inanna in die Unterwelt steigt, um Dumuzi erneut ins Leben zurückzuholen, so muß es schließlich auch Ischtar. Der Unterschied zwischen beiden ist immerhin beachtenswert. Während Inanna bestrebt ist, den gestorbenen und vielbeweinten Geliebten wieder ins Leben zu rufen, spielt dieses Motiv bei Ischtar eine zweitrangige Rolle. Ihre Liebe und ihr Errettungswille gelten anscheinend vor allem dem ganzen Menschengeschlecht, das mit der Unfruchtbarkeit der Natur dem Untergang geweiht ist.

Ischtar geht energisch zu Werk. Sie ist ja eine weiterentwickelte Inanna und hat inzwischen eine viel mächtigere Position unter Göttern und Menschen. Nicht demütig wie jene tritt sie an die Pforten der Unterwelt, sondern herrisch Einlaß fordernd. Als ihr nicht sogleich aufgetan wird, droht sie, das Tor zu zerschmettern, das Heer der Toten zu befreien und auf die Erde zurückströmen zu lassen.

Nackt vor der Todesgöttin

Dann aber muß auch sie sich dem Protokoll unterwerfen und beim Gang durch die sieben Tore allen Schmuck und alle Kleidung ablegen: vor Ereschkigal, der Herrscherin der Unterwelt, hat jedes Wesen nackt wie bei der Geburt zu erscheinen.

Die dunkle Königin des »Landes ohne Wiederkehr« kann als Nachtseite der strahlenden Ischtar gesehen werden; den Babyloniern waren psychologische Verschlüsselungen nicht unbekannt. Und so begegnen sich denn auch Ischtar und Ereschkigal als Schwestern. So trägt die Liebesgöttin ihrem dunklen Spiegelbild das Leid vor:

O Königin des großen Palastes, deiner Residenz,
Deinen Ruhm und deine Größe will ich überall künden!
Beende unsere Trauer um das Vieh auf den Ebenen,
Gib den Lämmchen auf den Weiden wieder Milch.
O meine Schwester, wie namenlos flehe ich hier.

Und so fort. Ereschkigal läßt sich rühren, und beide Göttinnen handeln die Rückkehr des Tammuz untereinander aus. Anders als bei Inanna bedarf es dazu keines Kompromisses, es muß kein Ersatz gestellt werden, der sich periodisch mit ihm ablöst. Die inzwischen auf Erden zelebrierten Klagen und Beschwörungen erwecken Tammuz aus dem Todesschlaf, Ischtar darf ihren Sohn und Geliebten an die Brust nehmen und mit ihm ins Leben zurückkehren. Das Erlösungswerk ist vollendet.

Als Mondgöttin und Herrscherin des Planeten Venus, des Morgen- und Abendsterns, ist Ischtars Abstieg in die Unterwelt auch astronomisch interessant. 583,9 Tage braucht das hellste Gestirn des Nachthimmels zu einem synodischen Umlauf zwischen zwei oberen Konjunktionen. An 92 Tagen ist Venus währenddessen auf der Erde nicht sichtbar. Für die Menschen des Zweistromlandes waren das unheimliche Nächte, in denen Ischtar ruhelos umherirrte, um nach ihrem verschwundenen Tammuz zu suchen.

Der Kult der grossen Göttin

Der Haupttempel der Ischtar zu Babylon, in akkadischer Sprache Eturkalamma, enthielt einen von Hammurabi gestifteten Thron, und aus der Zeit Samsuilunas eine Alabasterstatue der Göttin. Um 1250 v. Chr. ließ König Tukulit-Ninurta I. den Tempel renovieren; auch König Assurbani-

pal rühmt sich in einer Inschrift, ihn erneuert zu haben. Noch im Jahre 94 v. Chr. wird der Tempel erwähnt.
Den Hauptraum müssen wir uns als ein breites, langgezogenes Viereck vorstellen, an dessen Stirnseite in einem Schrein das Kultbild Ischtars auf einem Sockel stand. Entlang den Seitenwänden zog sich eine erhöhte Bank hin, auf der die Skulpturen der Beter aufgestellt waren. Dabei handelte es sich um »Stellvertreter« für Bewohner der jeweiligen Stadt, die immerwährend anbetend im Tempel anwesend sein wollten. Gerade diese steinernen oder tönernen Figuren haben der Wissenschaft mehr Aufschlüsse über Aussehen, Kleidung, Haartracht und andere Einzelheiten der durchschnittlichen Menschen von damals gegeben als alle offiziellen Darstellungen in Staatsroben, Priestergewändern oder Kriegsausrüstung.
Zur übrigen Ausschmückung des Tempels gehörten zahlreiche hohe und schlanke Ständer aus Ton, die zur Aufnahme von Blumen und Früchten dienten, andere zum Verbrennen wohlriechender Rauchopfer. Am ungewöhnlichsten sind gewiß Tonmodelle kleiner Häuschen, auf deren flache Dächer die Gläubigen Brot, Fleisch vom Opfertier oder andere Weihegaben niederlegen konnten, wozu oft auch wertvolle Schmuckstücke, Perlen, Elfenbeinschnitzereien oder Edelsteine gehörten. Den Archäologen machten diese 30 bis 50 cm hohen Häuschen anfänglich viel Kopfzerbrechen, da sie von den üblichen Hausbauten abweichen. Ihre in den Ton gegrabene Dekoration zeigt nämlich die primitive Bauweise ihrer Vorbilder, Stangen, zwischen denen Matten aus allerlei Material, wie etwa Binsen, aufgehängt oder sogar angenäht waren. Heute betrachtet man sie als archaische Erinnerung aus städteloser Vorzeit, als einfache Laubhütten. Ihre Nachbildungen in den Ischtar-Tempeln sind oft mit Löwen, Schlangen oder Tauben verziert, den heiligen Tieren der Göttin.
Der Ischtar-Tempel von Ninive war so prächtig, daß sich die Menschen noch ein halbes Jahrtausend später an seinen Erbauer, den akkadischen König Manischtuschu, erinnerten. Die Reste anderer Tempel erlauben es, viele Details zu einem Gesamtbild zusammenzufügen, zumal die Form der Ischtar-Heiligtümer bis zum Ende des babylonischen Reiches fast immer gleich blieb.

Wie man Ischtar dient

Die Priesterinnen der Ischtar hatten eine eigene Kultsprache, die sich von der gewöhnlichen Umgangssprache deutlich unterschied und für Laien kaum verständlich gewesen sein dürfte. Sie hatten für die ordnungsgemäße Vorbereitung und Darbringung der Opfer, für Weihwasser und Räucherwerk (Weihrauch) zu sorgen. In altsumerischer und babylonischer Zeit galt für Priester und Priesterinnen aller Heiligtümer das Gebot, Opfer nur in ritueller Nacktheit zu spenden. Zur Priesterschaft Ischtars gehörten als Diener oder als Sänger auch Eunuchen, die sich selber entmannt hatten. Die hohen Stimmen kastrierter Sänger waren noch in den Kirchenchören der Renaissance-Päpste hoch geschätzt.

In den Gebeten zu Ischtar, so sagt der Orientalist Jastrow, »wird sie zur Trägerin des Ausdrucks der höchsten religiösen und ethischen Gedanken, deren die Babylonier überhaupt fähig waren.«

Aus eines kranken Königs Anbetung Ischtars:

Dein Anblick ist Huld, dein Befehl ist Licht.
Habe Erbarmen mit mir, Ischtar, befehle Segen,
In Gnade blicke auf mich, nimm an mein Flehen!

Aus einer Dankeshymne:

O Licht des Himmels, Göttin,
Prächtig wie die Erde bist du.
Ein Löwe über die Flur hinschreitend bist du.
Eine stürmende Jungfrau ist Ischtar,
Schmuck des Himmels
Mit dem Glanz des funkelnden Edelsteins!

Inanna li-baal-li tuka! (Ischtar möge dich gesund erhalten) gehörte in Rede und Korrespondenz zur höflichen Umgangsform.

Zu den vielerlei Anbetungen und öffentlichen Zeremonien, die sich um Ischtar rankten, zählte es beispielsweise auch, monatlich ein Menstruationsfest zu feiern. Bei dieser Gelegenheit wurden in den Tempeln die Leinenbinden ihrer Statuen gewechselt.

Trauer

Beim Verschwinden des Tammuz und dem Abstieg Ischtars in die Unterwelt gab es in ganz Babylonien Trauerfeierlichkeiten, an denen sich die gesamte Bevölkerung beteiligte. Die Zeremonien galten natürlich nicht nur Ischtar, sondern ebenso dem verschwundenen Tammuz. Sie wurden jedoch immer in den Ischtar-Tempeln und um diese herum abgehalten, denn für Tammuz gab es keine eigenen Heiligtümer. Die allgemeine Trauer drückte sich aus in lautem Wehklagen, wozu auch berufliche Klageweiber beitrugen. Trommeln und schrilles Flötenspiel vermischten sich mit Gesängen und verzweifelten Schreien. Männer und Frauen weinten auf Straßen und Plätzen. Man fastete. Viele Teilnehmer zerrissen ihre Kleider, bestreuten sich mit Asche, zerkratzten sich das Gesicht. In den Tempeln wurden Trauerliturgien gesungen oder gebetet, die uns auf vielen Keilschrifttafeln überliefert sind. Hier nur eine kurze Probe:

Wir jammern um die Gerste –
ihre Ähren wachsen nicht mehr.
Um den großen Fluß –
er bringt die Flut nicht mehr.
Um die Teiche –
die Fische laichen nicht mehr.
Um die Wälder –
die Tamarisken wachsen nicht mehr.
Um die Gärten –
Wein und Honig sie spenden nicht mehr.

Das Weh ergriff alle Anbeter Ischtars weit über die Grenzen Babyloniens hinaus. Bei Ezechiel (Hesekiel 8,14) ist nachzulesen, wie der Prophet zu Jerusalem »das nördliche Tor am Tempel des Herrn« erreicht und die »Greuel« erblickt, die sich da breitmachten: »Dort saßen Frauen, die den Tammuz beweinten.« Alle Übel und Plagen, die durch sein Verschwinden über Land und Menschen gekommen sind, werden Tammuz überall in endlosen Litaneien immer und immer wieder ins Gedächtnis gerufen. Damals kam in Babylonien auch der Brauch auf, Blumen in Töpfe voll Erde zu pflanzen und sie fleißig zu begießen, um sie am Leben zu erhalten und dem verschwundenen Gott ein Vorbild zu zeigen, ihn zur Wiederkehr ins Leben zu bewegen.

JUBEL Beim Wiedererscheinen der beiden folgten dann überall Jubel- und Freudenfeste. Es gibt allerdings unter den vielen tausend archäologischen Funden keinerlei bildliche Darstellung von der Wiederkehr Ischtars und des Tammuz. Deshalb wird vermutet, daß dieses Ereignis in geheimen Gemächern der Tempel als Mysterienspiel zelebriert wurde, zu dem außer der Priesterschaft niemandem der Zutritt erlaubt war. Das ist gleichbedeutend mit dem Verbot, ein Bildwerk davon herzustellen.

Anders in der Öffentlichkeit. Um das Neuerblühen der Natur zu grüßen, die wiedererwachte Zeugungskraft von Pflanzen und Tieren zu feiern, fanden nun allenthalben ausgelassene Freudenfeste mit schallender Musik und Jubelhymnen statt:

Wo Gras nicht war, da ist Gras.
Wo Wasser nicht war, da ist Wasser.
Wo Feigen nicht wuchsen, da wachsen Feigen.
O Gemahl der Himmelskönigin!

Um auf Äcker, Weiden und Herden Gedeihen und reiche Frucht herabzuflehen, fanden in den Städten und auf dem Lande Prozessionen statt, in denen ein Bild der großen Muttergöttin Ischtar durch die Straßen und über die Felder getragen wurde.

Bei der Wichtigkeit der Bewässerung führten die Prozessionen auch zu Schiff über Flüsse und Kanäle. Tausende jubelnder Menschen säumten dann wohl die Ufer der Wasserläufe, wenn die Barken der Himmelskönigin und ihres Gefolges vorbeizogen. An wichtigen Punkten des Weges waren natürlich die Gottesdienerinnen (Hierodulen) der Tempel in Reih und Glied als eine Art Ehrengarde der Göttin der Liebe aufgestellt.

Mit anbrechender Nacht spannte sich schließlich der Sternenhimmel über den Turm zu Babel und über alle ähnlichen Zikkurati des ganzen Landes, auf deren Höhen Heilige Hochzeit gefeiert wurde. In der geschlechtlichen Vereinigung von Ischtar und Tammuz manifestierten sich hier Fortbestand und Gedeihen der Welt und des gesamten Kosmos. Der König und die Hohepriesterin, die den heiligen Akt stellvertretend zu vollziehen hatten, waren sich des sakramentalen Charakters ihrer Handlung sicher bewußt – so möchte man wenigstens hoffen.

In den niedrigeren Rängen der Priesterschaften und des Hofstaates pflanzte sich die Weihe der Fruchtbarkeit nach unten fort, und man darf annehmen, daß auch die übrigen Bewohner des Landes den hohen Vorbildern nicht nachstehen wollten und dem neu erwachten Begehren Ischtars ebenfalls reichen Tribut entrichteten.

Ischtars Nachkommen

Nach Oates wurde Ischtar »unter verschiedenen Namen später zur wichtigsten Göttin ganz West-Asiens«: Astarte bei den Phöniziern, Kybele bei den Phrygiern, Bendis bei den Thraziern, Rhea bei den Kretern, Artemis bei den Ephesern, Atargatis bei den Kanaanitern, Anaitis bei den Persern, Ma bei den Kappadoziern, zusammengefaßt in der Magna Mater, der Großen Mutter. Auch Isis gehört in den Kreis. Zur Zeit des Alten Testaments war sie schon stark mit Astarte, der biblischen Aschera, verschmolzen.

Anath

Die kanaanitische Mondgöttin Anath, auch Göttin von Ugarit, ist Urmutter, aus der am Anfang alle Götter und das ganze Weltall hervorgegangen sind. Platon setzt sie kurzerhand mit Athene gleich. Sie gehört aber historisch zweifelsfrei zu den Fortentwicklungen Ischtars unter anderem Namen.

Sie wird »Göttin des Begehrens« genannt. Wie Ischtar verliert sie niemals ihre Jungfernschaft, obwohl sie sich rühmt, Geliebte aller Götter zu sein. Ihr liebster Geliebter war – wie so oft im alten Götterhimmel – ihr Bruder Baal. Dieser wurde in der Mythologie als himmlischer Stier gesehen. In dieser Gestalt begattete er einmal seine Schwester, die deshalb als »heilige Kuh« galt, wie sie noch im heutigen Sprachgebrauch fortlebt. Das Ergebnis war natürlich die Geburt eines Kalbes. Es war männlichen Geschlechts, ein Jungstier.

Berühmtheit erlangt dieser jedoch nur als das biblische »Kalb«, um dessen goldene Skulptur die Kinder Israels mutterkultische Tänze aufführten, weshalb sie Mose nach seiner Rückkehr vom Berge Sinai von seinen jahwetreuen Prätorianern, den Leviten, haufenweise abschlachten ließ.

Anath ist Lebensspenderin und zugleich Todesgöttin. In dieser letzten Eigenschaft ist sie grausam und blutdürstig. »Mit Macht mähte sie die Bewohner der Städte nieder«, heißt es in einer Hymne, und »ihre Leber schwoll vor Lachen«. Auf altägyptischen Darstellungen reitet die Göttin nackt auf einem galoppierenden Pferd dahin. Und ähnlich der indischen Kali schmückt sie sich mit den Schädeln und Händen der von ihr Erschlagenen. Ihre unstillbare Sexualität und ihr unstillbarer Blutdurst sind Ausdruck der Lebensgier und der Sterblichkeit des Menschengeschlechts, ja der ganzen Natur.

In Anath leben Inanna und Ischtar fort. Sie ist auch die Aschera (Astarte) des Alten Testaments, die den patriarchalen hebräischen Propheten so greulich war, weil sie das Mutterrecht vertrat. In verschiedener Gestalt erscheint sie in der Bibel bald als männerverschleißende Tamar – einer ihrer Ehegatten war Onan –, als Dalila, die den Samson entmannte, oder als Abigail, die sich den König David zum Ehegatten erkor. Sie lebte fort in verschiedenen Beinamen Ischtars, wie etwa Absusu, »Schöpferin der Völker«, oder Abtagigi, »welche den Menschen die erotischen Wünsche sendet«.

Im Neuen Testament zählt eine Tamar zu den Vorfahren Jesu (Matth 1,3). Seit wenigen Jahrzehnten ist der Altertumswissenschaft durch entsprechende Funde auch bekannt, was das Alte Testament verschweigt, daß die matriarchale Opposition in Israel selbst und im ägyptischen Exil alljährlich sogar eine Heilige Hochzeit zwischen Jahwe und Anath feierte. Dazu paßt vielleicht der Bericht (1 Sam 2,21), wonach sich Jahwe »einer Frau annahm«, so daß sie drei Söhne und zwei Töchter gebar; sie hieß Hanna. Das unerkennbare Fortleben mancher Namen und ihre Wandlungen fallen hier erneut auf.

Auch Anahita darf hier als nächste Verwandte Ischtars und Anaths genannt werden. Sie galt den Persern als Kriegerin und Mutter, zugleich als Beschützerin des Samens, des Uterus und der Muttermilch. Wie Strabon berichtet, gehörte zu ihrem Kult sakrale Promiskuität.

Arinna

Die Hethiter waren die indoeuropäische Herrschaftsschicht im Großreich der Chatten. Hier hatten die weiblichen Gottheiten eindeutig die Vormachtstellung in der Religion. Wegen des Völkergemischs herrschte allgemeine Toleranz gegenüber jeder Art religiöser Vorstellungen und Kultgebräuche, doch blieb der kulturelle Einfluß Babyloniens vorherrschend.
Hauptgöttin war die Sonnengöttin von Arinna, in Gestalt und Wesen unverkennbar eine modifizierte Ischtar. Ihre Beinamen waren »Himmelskönigin, Herrin der Könige und Königinnen, Göttin, die die Regierung des Königs und der Königin von Chatti lenkt«. Aus einer Hymne:

Groß bist du, Göttin von Arinna.
Es gibt keine Gottheit größer als du.
Gerechten Gerichtes Herrin bist du.
Über Himmel und Erde übst du gnädige Herrschaft.

Aschera

Hauptgötter der Kanaaniter waren Il und seine Gemahlin Athirat, die im Alten Testament unter dem Namen Aschera eine bedeutende Rolle spielt. Ihre Kinder waren Baal und seine jungfräuliche Schwester, die kriegerische Anath, die zugleich Gattin ihres Bruders war. Als Widerpart der Götter fungiert der Gott des Todes und der Unterwelt Moth, der im Buch Hiob noch als Behemoth auftritt (und seltsamerweise in neueren Bibelausgaben mit »Nilpferd« übersetzt wird).

Astarte

Im wesentlichen ist Astarte mit Ischtar identisch. Sie ist eine kanaanitische Göttin und Hauptgöttin im kanaanitisch bevölkerten Phönizien, was auch das Alte Testament (1. Könige 11,5) bestätigt. In der phönizischen Handelsstadt Sidon stand ihr ältester Tempel. Noch der römische Staatsmann Cicero nennt sie »die vierte Venus«.
Phöniziens Obergott war El, der jedoch nebulös in der Ferne thronte, dafür um so deutlicher auf Erden durch sein Weib Astarte vertreten war. Beider Sohn war Baal, der in Sidon Eschmun hieß, in Tyros Melkart. Wie üblich, war er auch Geliebter seiner Mutter. Die Griechen setzten Astarte mit Aphrodite gleich, und in diesem Fall war ihr Geliebter Adonis.

Astarte regierte das Meer, das wichtigste Element der seefahrenden Phönizier. Sie konnte nicht direkt angerufen werden, sondern nur durch Vermittlung untergeordneter Gottheiten. Einer ihrer Beinamen lautete Baalat, »Herrin«. Auf phönizischen Skulpturen hebt sie als bevorzugte Haltung ihre Hände unterstützend an die Brüste. Ganz ähnliche Figurinen, die ein Alter von rund 7000 Jahren haben, wurden in Jericho gefunden.

Wenn ihr Sohn und Geliebter Adonis wieder aufersteht, herrscht Jubel, und die Frauen von Byblos scheren sich ihre Köpfe kahl, so berichtet Lukianos. Er fügt hinzu, daß jene Frauen, die sich nicht scheren lassen, zur Strafe einen Tag lang ihren Körper den Fremden feilbieten müssen in einem Bezirk, den Einheimische nicht betreten durften; aus dem Erlös wird zur Sühne eine Opfergabe für Astarte gekauft. Die Auferstehung des Baal wurde mit orgiastischen Festen gefeiert.

In der phönizischen Kolonie Karthago wurde Astarte zu Tanit.

Es ist auch schon die Theorie aufgestellt worden, Astarte gehe nicht nur auf Ischtar zurück, sondern noch viel weiter auf indische Ursprünge (Gruber). Gestützt wird diese Möglichkeit durch die Tatsache der uralten Handelsbeziehungen zwischen Kleinasien und Indien, aber auch durch Namensähnlichkeit; die Inder huldigten zum Beispiel einer »Göttin-Gebieterin«, die Ischta-Devata hieß. Der oberste Gott einer hinduistischen Sekte hieß Ischvara, »und so könnte es wohl seyn«, vermutete Johann Gottfried Gruber, »daß hier das Verbindungsglied zwischen indischer und ägyptischer Religion gefunden wurde.« Neueste Ausgrabungen im Industal zeigen, daß die dortigen Stadtkulturen bis in vor-sumerische Zeit zurückreichen; sie haben Grubers These glänzend bestätigt.

Vor allem in Assyrien ist Astarte eine kriegerische Version der Ischtar, als Verkörperung des Planeten Venus aber auch Göttin der Liebe und der sexuellen Wünsche. Ihre Farben waren rot und weiß, wie die Blüten der Akazie, die ihr Lebensbaum war. Sie liebte im Gegensatz zu Jahwe (Gen 4,3–5) nur unblutige Opfer. In Gestalt einer Schwalbe stürmte sie über die Schlachten dahin, in menschlicher Gestalt galoppiert sie auf jungen Hengsten, in lohende Flammen gekleidet, mit Schwert und zwei Köchern voll todbringender Pfeile bewehrt. In friedlichen Darstellungen steht sie oft nackt auf dem Rücken einer Löwin und hält in einer Hand eine Lotosblüte und einen Spiegel, in der anderen eine Schlange, ein ihr ebenfalls heiliges Tier. Im ägyptischen Isis-Mythos erscheint Astarte als Königin von Phönizien.

Kybele

Die phrygische Große Mutter Kybele ist mit ihrem Geliebten Attis eine Ischtar in anderer Gestalt. Zum Kult der Göttin gehörte die blutige Sitte der Selbstverstümmelung ihrer Priester. Das geht auf ihre Liebesgeschichte mit Attis zurück, die in mehreren, ganz verschieden lautenden Legenden berichtet wird. Attis, so sagt die wohl verbreitetste Version, habe das Verlangen Kybeles nicht erkannt und sich statt dessen um eine Tochter des Königs von Pessinus bemüht.

In rasender Eifersucht schlug die verschmähte Göttin Attis mit Irrsinn, so saß er sich in einem Tobsuchtsanfall selbst entmannte und an der Wunde starb. Als Kybele bereute, blieb ihr nichts anderes mehr übrig, als über seinem Grab einen Tempel zu errichten, einen Kult ewiger Beweinung zu stiften und Eunuchen für das Priesteramt zu bestimmen; diese mußten während der Kulthandlungen Frauenkleidung tragen.

Anders als bei Inanna, Ischtar, Astarte oder Isis war es jedoch der Göttin unmöglich, den Geliebten ins Leben zurückzurufen. Aber dort, wo sein Glied zur Erde gefallen war – Kybele ist ja selber »Mutter Erde« –, wuchs eine Pinie gen Himmel.

Angebetet wurde immer nur Kybele allein. Ihre Feste verliefen unter ekstatischen Tänzen und nächtlichen Umzügen, wobei ihre Anhänger, die Korybanten, mit Waffengerassel, Zimbeln, Flöten, Klappern und Handpauken lärmten. Gewöhnlich zogen die Priester wie Wandermönche umher, sammelten Opfergaben für die Göttin und erteilten den Spendern himmlischen Segen.

Im 5. Jahrhundert v. Chr. kam Kybele auch nach Athen. Die ersten Missionare der Göttin wurden getötet und in eine tiefe Schlucht, das Barathron, geworfen. Als aber eine

Pestwelle auftrat, riet ein Orakel zur Versöhnung mit der fremden Göttin. So erhielt sie dort sogar auf der Agora neben dem Gebäude der Ratsversammlung einen Tempel, das sogenannte Metroon. Die Hellenen setzten sie nämlich mit Rhea gleich, der Mutter des Zeus, so daß sie auch viele Griechen verehrten.

Im Jahre 204 v. Chr. wurde die phrygische Religion in Rom offiziell anerkannt und bald sehr volkstümlich. Sowohl die sibyllinischen Bücher als auch das Orakel von Delphi hatten den Römern geweissagt, sie würden den Krieg gegen Hannibal gewinnen, wenn sie die Große Mutter nach Rom brächten. So geschah es. Sogar in der Arena wurde ihr Kultbild an erhöhtem Platz aufgestellt, ihr jährliches Fest auf 4. bis 10. April festgesetzt. Abgesehen von orgiastischen Begleiterscheinungen dürfen dergleichen Freudentage immer an Ostern erinnern. Mittelpunkt der Feiern war es, unter Jubel und Tänzen einen Pinienstamm, Symbol des Attis, bunt zu schmücken, was Frauen und Mädchen besorgten, während ihn die jungen Männer dann aufstellten.

Begeisterte Anhänger ließen sich auch in die geheimen Mysterien des Tauroboliums einweihen. Hier wurde über einer Grube ein Ochse – ein kastrierter Stier also – geschlachtet, so daß sein Blut über die nackt darunter stehenden Teilnehmer rann. Blutig wie bei der Geburt stiegen sie dann wieder empor, feierten ihre Auferstehung in der Unschuld des Neugeborenen, gereinigt von vergangenen Verfehlungen und Sünden.

MYLITTA Herodot nennt diesen Namen in seiner Beschreibung Babylons, weshalb Mylitta hier ebenfalls erwähnt werden soll. Die Auffassungen über sie gehen allerdings stark auseinander. Einige Lexikographen setzen sie mit Ischtar oder Astarte gleich, andere, wie Monaghan, widmen ihr eigene Artikel; einmal ist sie in Phrygien beheimatet, dann wieder in Phönizien. Sie haust an einer heiligen Quelle namens Afka, so daß sie vielleicht zu den Nymphen zu zählen ist. Jährlich, so geht die leicht durchschaubare Legende, fällt in diese Quelle himmlisches Feuer, wodurch Mylitta ewige Jugend beschert ist. Außerdem verleiht ihr die vereinte

Energie von Feuer und Wasser unversiegliche Liebeskraft. Bildlich dargestellt reitet sie nackt auf einer Schildkröte oder einem Ziegenbock.

Ischtar und die Bibel

Auf Befehl Nebukadnezars II. – des Nabuchodonosor der Bibel – wurden die meisten Juden zwischen 587 und 567 v. Chr. nach Babylonien »umgesiedelt«. Kyros II. ließ sie 538 v. Chr. wieder in ihre Heimat zurückkehren. Die Babylonische Gefangenschaft dauerte also etwa 50 Jahre oder rund drei damalige Generationen.
Daher beginnt die Abfolge so mancher biblischen Geschichte von sumerisch-babylonischen Vorbildern schon mit Adam und Eva im Paradies. Auf einem babylonischen Rollsiegel* ist die Situation sogar bildlich sehr hübsch dargestellt: Mann und Frau sitzen zu beiden Seiten eines siebenarmigen Baumes, strecken die Hände nach seinen Früchten aus, während hinter der Frau eine hoch aufgerichtete Schlange zu sehen ist.
Zwischen babylonischen Vorstellungen und biblischen Texten befinden sich überhaupt viele, gelegentlich sogar wörtliche Übereinstimmungen. Besonders auffallend ist das bei der um Ischtar entstandenen Liebeslyrik und dem Hohenlied Salomos, wie auch zwischen dem Hiob des Alten Testaments und dem babylonischen Dulder Laluralimna.
Ziemlich gleichartig ist der alttestamentarische Sintflutbericht mit sumerisch-babylonischen Flutsagen, in denen Utnapischtim die Rolle Noachs vorwegnimmt, vom Schiffbau bis zum Aussenden der Vögel; natürlich gibt es in beiden Erzählungen auch Abweichungen, was aber nicht verwunderlich ist, wenn man bedenkt, daß die biblische Fassung um die tausend Jahre später niedergeschrieben wurde. Verblüffende Übereinstimmungen ergeben sich auch bei einem Vergleich zwischen den Gesetzen Hammu-

* Im Britischen Museum, London.

rabis und den »von Gott inspirierten« Gesetzen im 2. Buch Mose (Exodus).

König Sargon von Akkad ließ auf einer Stele keilschriftlich seine eigene Kindheit beschreiben. Die Namen seiner Eltern werden nicht genannt; wahrscheinlich waren es unbedeutende Leute aus dem Volk. Sie legten das Neugeborene in ein Körbchen und setzten es im Schilf aus. Es ist die babylonische Geschichte, die dann vom Alten Testament in die Geburtslegende des Mose übernommen wurde. Hier werden die Namen der Eltern ebenfalls nicht namentlich erwähnt (Ex 2,1–4).

An manchen Stellen greift das Alte Testament auf sumerisch-babylonische Weltschöpfungsmythen zurück, besonders auf den Kampf der Götter (des Gottes) mit den Titanen und Ungeheuern der Urzeit. Psalm 14,13–14, um nur ein Beispiel zu nennen: »Mit deiner Macht hast du das Meer zerspalten, die Häupter der Drachen über den Wassern zerschmettert. Du hast die Köpfe des Leviatan zermalmt, ihn zum Fraß gegeben den Ungeheuern der See.« Bei Daniel und noch in der Apokalypse des Johannes im Neuen Testament finden sich ähnliche Anklänge.

Die Hebräer stellten auf Bergeshöhen Pfähle als Symbol der Astarte auf. Ein Holzpfahl heißt im Griechischen Phallos, was die Bedeutung anschaulich erklärt. Aus dem ursprünglichen Namen der Astarte, Athtarath, was auf den fruchttragenden Mutterleib hindeutet, machten die den Kult der Astarte verfolgenden Hebräer die biblische Aschera, was »schamloses Ding« bedeutet, denn sie gehörte zu den Frauen, »die empfangen, aber nicht gebären«, was den Hebräern bei jeder Frau verächtlich war.

Biblische Vielgötterei zeigt sich auch versteckt: Bei den Verfassern des Alten Testaments unterscheidet man nach der Häufigkeit des Gottesnamens Jahwe oder Elohim zwischen Jahwisten und Elohisten. El ist der sumerische Name des höchsten Gottes und wird auch einfach als Bezeichnung für Gott schlechthin gebraucht. Der Plural von El ist im Hebräischen Elohim. Der biblische Name Elohim für den einen und einzigen Gott verrät, daß dahinter ursprünglich mehrere Götter standen.

Die Ausrottung

Mutterrechtliche Gesellschaftsstrukturen konnten ausschließlich oder auch nur überwiegend in den Händen von Frauen gelegen haben. Diese frühen, tief in der Vorgeschichte liegenden Verhältnisse sind nicht eindeutig belegbar. Ebensowenig kann restlos aufgeklärt werden, wie der Übergang zur Vorherrschaft des Mannes vonstatten ging, wenn auch wahrscheinlch gewaltsam im Verlauf langer Völkerverschiebungen.

Auf jeden Fall handelt es sich um eine große Umwälzung. Dennoch war sie nicht groß genug, den Rang der Frau zu zerstören. Zu schwer war doch das Gewicht einer Jahrtausende alten Muttertradition, als daß es den neuen Herren möglich gewesen wäre, sie ganz auszutreten; wobei noch die Frage bleibt, ob sie das jemals auch wollten.

Mit dieser Konstellation des antiken Pantheons stand jede Frau, bis herab zur einfachsten, in göttlichem Abglanz.

Das änderte sich schlagartig. Die wahre, von Männern gemachte Revolution, in der die Frau alles verlor, war nicht der vorgeschichtliche Übergang vom Mutter- zum Vaterrecht, sondern der Übergang vom Polytheismus zum Monotheismus. Seine Durchsetzung dauerte rund 1800 Jahre bis zum endgültigen Sieg des Christentums (313 n. Chr.) unter Kaiser Constantin.

Die gewaltsame und nur zu oft blutige Spur dieses Siegeszuges läßt sich anhand zahlloser schriftlicher Aufzeichnungen nachziehen. Ich möchte mich in diesem Kapitel über Ischtar nur an ein einziges dieser Dokumente halten, da es die Welt wie kaum ein anderes mitgeprägt hat: die Bibel.

Der Eine Gott

Vielleicht war es tatsächlich der Ägypter Echnaton – Amenophis IV. –, der als erster dem Gedanken verfiel, die Sonne zum alleinigen Gott zu machen und alle anderen Gottheiten zu verbieten. Seine Idee scheiterte am Widerstand des Volkes, das an den alten Göttern und Göttinnen festhielt, und am Widerstand der Priesterschaft.

Nach Echnaton setzte eine Verfolgung der Anhänger des alleinigen Sonnengottes ein. Sie betraf nicht nur Ägypter, sondern auch fremde Minderheiten, darunter die schon seit vierhundert Jahren in Ägypten ansässigen Hebräer.

Betont sei, daß es sich um Spekulationen handelt, die es jedoch wert sind, einmal durchdacht zu werden.

Ein Mann mit ägyptischem Namen, Mose, dürfte um diese Zeit gelebt haben (13. Jahrhundert v. Chr.). Er war am Hof der Pharaonen erzogen und konnte sich kaum hebräisch ausdrücken, so daß sein Bruder Aaron dolmetschen mußte, wenn er mit den Kindern Israels sprach (Ex 4,10–16). Unter seiner Führung, so geht die Vermutung weiter, flohen die verfolgten Aton-Anhänger – gleich welcher Volkszugehörigkeit –, um neues Land zu suchen und neue Wohnstätten zu gründen. Bei dieser Wanderung sollen sich die letzten Zeugen des Echnatonschen Monotheismus mit einem Nomadenstamm, der einen Vulkangott namens Jahwe anbetete, vermischt haben: die eigentliche Geburtsstunde des jüdischen Volkes, wenn man den Theorien Sigmund Freuds folgen will.

Laut Exodus, dem 2. Buch Mose 3,17, zogen die Juden »in das Land der Kanaaniter, Hethiter, Amoriter, Perisiter, Hiwiter und Jebusiter, in ein Land, in dem Milch und Honig fließen«, alles Völker, die nicht Jahwe, sondern andere Götter anbeteten; vor allem Ischtar/Astarte in ihren vielen Erscheinungsformen, die biblische Aschera und deren Sohn und Geliebten Baal.

»Ich bin Jahwe, dein Gott, der dich aus Ägypten geführt hat; aus dem Sklavenhaus. Du sollst neben mir keine anderen Götter haben... denn ich, der Herr, dein Gott, bin ein eifersüchtiger Gott: Bei denen, die mir feind sind, verfolge ich die Schuld der Väter an den Söhnen, an der dritten und vierten Generation« (Ex 20,2–5).

Das erste der zehn Gebote ist der Schlüssel zu allen weiteren Geschehnissen – bis heute.

Den alten Göttern treu

»Aus dem Sklavenhaus«, heißt es, obwohl die Kinder Israels bald murrten, sie wären lieber in Ägypten gestorben, »als wir an den Fleischtöpfen saßen und Brot genug zu essen hatten« (Ex 16,3). Auch nach ihren alten Göttern spürten sie Verlangen, und Aaron unterstützte sie darin. Denn als Mose mit den Gesetzestafeln vom Berge Sinai ins Lager zurückkam, fand er ein lärmendes Freudenfest vor. Es machte ihn so jähzornig, daß er die soeben von Jahwe emp-

fangenen Tafeln zerschmetterte. Folgen wir dem Alten Testament, dann waren die Israeliten offenbar der Meinung, »dieser Mose«, wie sie sagten, sei irgendwo im Gebirge verschollen. So forderten sie Aaron auf: »Komm, mach uns Götter, die vor uns herziehen.«
»Aaron antwortete: Nehmt euren Frauen, Söhnen und Töchtern die goldenen Ringe ab, die sie an den Ohren tragen, und bringt sie her!« So geschah es. Aaron »zeichnete mit einem Griffel eine Skizze und goß danach ein Kalb«, und schließlich »baute er vor dem Kalb einen Altar« und rief für den nächsten Tag ein Fest aus, in dessen Verlauf sich das Volk nach den Opfern für das Kalb zum Essen und Trinken niedersetzte, bis man aufstand, »um sich zu vergnügen« (Ex 32,1–6), oder »sie standen auf, um ihre Lust zu treiben«, wie es eine andere Übersetzung weniger prüde ausdrückt. Das Orgiastische des Festes kommt damit deutlich zum Vorschein. Rings um das Kalb – es ist ein Jungstier, ein den Ägyptern heiliges Tier – wird getanzt, gesungen und »Lust getrieben«. Nicht mehr lange, und damit beginnt die eigentliche Geschichte.

Die ersten Opfer

»Wer für den Herrn ist, her zu mir!« ruft Mose am Lagertor. Um ihn sammeln sich alle Leviten, nämlich seine ägyptische Leibgarde, die sich später zur Priesterkaste entwickelte. »Er sagte zu ihnen: So spricht der Herr, der Gott Israels: Jeder lege sein Schwert an. Zieht durch das Lager von Tor zu Tor! Jeder erschlage seinen Bruder, seinen Freund, seinen Nächsten. Die Leviten taten, was Mose gesagt hatte. Vom Volk fielen an jenem Tag gegen dreitausend Mann« (Ex 32,26–28).
Es ist das erste bezeugte Massaker an Andersgläubigen. Die Dreitausend sind die ersten Opfer monotheistischer Verfolgungswut. Und noch lange nicht die letzten.
Aaron, den das Gemetzel verschont hatte – war er doch selber Levit und Oberpriester – mußte dennoch ein schwereres Leid ertragen als den Tod. Seine Söhne Nadab und Abihu, ebenfalls Priester, machten bei einem Opfer für Jahwe offenbar einen rituellen Fehler. »Da ging vom Herrn ein Feuer aus, das sie verzehrte, und sie kamen vor dem Herrn um« (Lev 10,1–2).

Die Eroberung des Gelobten Landes durch die andrängenden Kriegsscharen der Hebräer bietet jedem, der sich der beträchtlichen Mühe des Nachlesens unterzieht, viel Gelegenheit, sich über die Natur des Menschen melancholische Gedanken zu machen. Wir müssen uns hier auf den Zusammenstoß des neuen Monotheismus mit dem Tausende von Jahren älteren Polytheismus beschränken, genauer: auf den Zusammenprall Jahwes mit Ischtar.

»Als sich Israel in Schittim aufhielt (sich dort niedergelassen hatte), begann das Volk mit den Moabiterinnen Unzucht zu treiben. Sie luden das Volk zu den Opferfesten ihrer Götter ein, das Volk aß mit ihnen und fiel vor ihren Göttern nieder. So ließ sich Israel mit Baal-Pegor ein. Da entbrannte der Zorn des Herrn gegen Israel, und der Herr sprach zu Mose: Nimm alle Anführer des Volkes, und spieße sie für den Herrn im Angesicht der Sonne auf Pfähle, damit sich der glühende Zorn des Herrn von Israel abwendet. Da sagte Mose zu den Richtern Israels: Jeder soll die von seinen Leuten töten, die sich mit Baal-Pegor eingelassen haben« (Num 25,1–5).

Pfählen ist eine der grausamsten Hinrichtungsarten, die menschliche – besser unmenschliche – Gehirne je erdacht haben. Dazu gehört noch eine weitere bezeichnende Einzelheit:

»Unter den Israeliten war einer, der zu seinen Brüdern kam und eine Midianiterin mitbrachte, und zwar vor den Augen Mose und der ganzen Gemeinde der Israeliten, während sie am Eingang des Offenbarungszeltes weinten. Als das der Priester Pinhas sah, stand er mitten in der Gemeinde auf, ergriff einen Speer, ging dem Israeliten in den Frauenraum nach und durchbohrte beide, den Israeliten und die Frau, auf ihrem Lager.«

So lautet die Stelle in der katholisch-evangelischen Einheitsübersetzung, die heute dem Kirchenvolk beider Konfessionen als Lesestoff dient. Bei dem sehr gewissenhaften Bibelübersetzer Hermann Menge ist der Text nicht zensiert und lautet: »... und durchbohrte beide, den israelitischen Mann und das Weib, und zwar letzteres durch ihren Unterleib.«

WAS DEM HERRN MISSFÄLLT

Gehen wir weiter in die Zeit, als der erste von Salomo erbaute Tempel zu Jerusalem schon stand. Die Situation stellt sich so dar:

»König Salomo liebte neben der Tochter des Pharao noch viele andere ausländische Frauen: Moabiterinnen, Ammoniterinnen, Edomiterinnen, Sidonierinnen, Hethiterinnen. Es waren Frauen aus den Völkern, von denen der Herr den Israeliten gesagte hatte: Ihr dürft nicht zu ihnen gehen, und sie dürfen nicht zu euch kommen; denn sie würden euer Herz ihren Göttern zuwenden. An diesen hing Salomo mit Liebe. Er hatte siebenhundert fürstliche Frauen und dreihundert Nebenfrauen. Sie machten sein Herz abtrünnig. Als Salomo älter wurde, verführten ihn seine Frauen zur Verehrung anderer Götter, so daß er dem Herrn, seinem Gott, nicht mehr ungeteilt ergeben war wie sein Vater David. Er verehrte Astarte, die Göttin der Sidonier… Damals baute Salomo auf dem Berg östlich von Jerusalem eine Kulthöhe für Kemosch, den Götzen der Moabiter, und für Milkom (Moloch), den Götzen der Ammoniter. Dasselbe tat er für alle seine ausländischen Frauen, die ihren Göttern Rauch- und Schlachtopfer darbrachten« (1 Kön 11,1–8).

Der Kampf gegen die Vermischung von Hebräern mit andersgläubigen Frauen war daher eine Überlebensfrage schon des alten Judentums – und dauert in der Orthodoxie bis heute an. Esra befahl allen Männern, sich von ihren fremden Frauen zu trennen und sie »samt ihren Kindern« wegzuschicken; unter den Betroffenen befanden sich auch Priester Jahwes (Esra 10,3 und 18–44). Nehemia sorgte dann dafür, daß alle »Mischvölker« (Mischlinge) aus Israel »ausgesondert« wurden (Neh 13,3).

»Damals sah ich auch Juden, die Frauen von Aschdod, Ammon und Moab geheiratet hatten«, erzählt er selbst. »Die Hälfte ihrer Kinder redete in der Sprache von Aschdod oder in der Sprache eines der anderen Völker, konnte aber nicht mehr Hebräisch. Ich machte ihnen Vorwürfe und verfluchte sie. Einige von ihnen schlug ich und packte sie bei den Haaren. Ich beschwor sie bei Gott: Ihr dürft eure Töchter nicht ihren Söhnen geben noch ihre Töchter zu Frauen für eure Söhne oder für euch selbst nehmen« (Neh 13,23–25).

So aber ruft der HERR beim Propheten Jeremia (11,13): »Denn so zahlreich wie deine Städte sind auch deine Götter, Juda, und so zahlreich wie die Straßen Jerusalems sind die schändlichen Altäre, die ihr errichtet habt, um dem Baal zu opfern!«
Er ist so ärgerlich darüber, daß er Jeremia befiehlt: »Du aber bete nicht für dieses Volk! Fang nicht an, für sie zu flehen und zu bitten. Denn ich werde dich nicht erhören. Siehst du nicht, was sie in den Städten Judas und auf den Straßen Jerusalems treiben? Die Kinder sammeln Holz, die Väter zünden das Feuer an, und die Frauen kneten den Teig, um Opferkuchen für die Himmelskönigin zu backen. Anderen Göttern spendet man Trankopfer, um mir weh zu tun« (Jer 7,16–18).
Im Tempel des HERRN ließ Salomo ebenfalls Statuen anderer Götter aufstellen, zu denen auch die »Himmelskönigin« Aschera gehörte. Wie es bei vielen Tempeln der Antike Brauch war, so gab es auch in und um den salomonischen Tempel zu Jerusalem heilige Liebesdienerinnen und echte Prostitution, die keinesfalls mit den geheiligten Tempeldiensten Babyloniens zu verwechseln ist. Nach den Forschungen George R. Scotts war Salomos Tempel »mit phallischen Symbolen und Hurenbildern« dekoriert »und nichts als ein Bordell, wo Perversitäten in Verbindung mit dem Kult für Baal und Moloch stattfanden«. Überall in Jerusalem gab es, was die Propheten »Hurenaltäre« nannten. Die Schwestern Ohola und Oholiba – was immer ihre sonstige symbolische Bedeutung als Samaria und Jerusalem sein mag – waren begehrte Dienerinnen der Astarte, wie bei Ezechiel 23,1–21 ausführlich nachzulesen ist. Drastisch klagt der Prophet: »An jeder Straßenecke bautest du dein Hurenlager und spreiztest deine Beine für alle, die vorübergingen« (Ez 16,24–26; nach der unbeschönigten Übersetzung Menges).
Die sogenannte »Tempelprostitution« gehörte zu den meisten Tempeln der antiken Welt (Scott) »und die hebräischen Tempel machten darin keine Ausnahme«.
Doch nicht »Sittenlosigkeit« an sich war eigentliche Zielscheibe der so oft geübten prophetischen Kritik. Diese wandte sich vielmehr gegen den Verkehr mit Fremden, weil hier konkurrierende Religionen auftraten. So waren

auch Sodom und Gomorrha vor allem Zentren einer konkurrierenden Religion (Scott).

Auf Leben und Tod

Es war für den Einen Gott eine Überlebensfrage, die blutige Maßnahmen erforderte. Es ist erstaunlich, wie man vorging und was dabei alles zutage kam. König Joschija von Juda schritt zur Tat:

Er befahl »dem Hohenpriester Hilkija, den Priestern des zweiten Ranges und den Wächtern an den Schwellen, alle Gegenstände aus dem Tempel des Herrn hinauszuschaffen, die für den Baal, die Aschera und das ganze Heer des Himmels angefertigt worden waren. Er ließ sie außerhalb Jerusalems bei den Terrassen des Kidrontals verbrennen und die Asche nach Bet-El bringen. Auch setzte er die Götzenpriester ab, die von den Königen von Juda bestellt worden waren und die auf den Kulthöhen, in den Städten Judas und in der Umgebung Jerusalems Opfer verbrannt, sowie dem Baal, der Sonne, dem Mond, den Bildern des Tierkreises und dem ganzen Heer des Himmels geopfert hatten.

Den Kultpfahl (der Astarte) schaffte er aus dem Haus des Herrn und aus Jerusalem hinaus in das Kidrontal und verbrannte ihn dort; er zermalmte ihn zu Staub und streute diesen auf die Gräber des einfachen Volkes. Ferner riß er die Gemächer der Hierodulen am Tempel nieder, in denen die Frauen Schleier für die Aschera webten.

Er holte alle Priester aus den Städten Judas weg und machte die Kulthöhen von Geba bis Beerscheba, auf denen die Priester geopfert hatten, unrein... Er entfernte die Pferde, die die Könige von Juda zu Ehren der Sonne am Eingang des Hauses des Herrn aufgestellt hatten, und verbrannte die Sonnenwagen im Feuer. Auch die Altäre, die die Könige von Juda auf dem Dach (des Tempels) errichtet hatten, sowie die Altäre, die (König) Manasse in den beiden Höfen des Tempels aufgestellt hatte, ließ der König abbrechen. Er schlug sie dort in Trümmer und warf ihren Schutt in das Kidrontal. Desgleichen entweihte der König die Kulthöhen östlich von Jerusalem, südlich vom Berg des Verderbens, die Salomo, der König von Israel, für Astarte, die Göttin der Sidonier, für Kemosch, den Götzen der

Moabiter, und für Milkom (Moloch), den Greuel der Ammoniter, erbaut hatte. Er zerbrach die Steinmale, hieb die Kultpfähle um und füllte ihre Stätten mit Menschenknochen.

Auch den Altar von Bet-El, die Kulthöhe, die (König) Jerobeam, der Verführer Israels, errichtet hatte, auch diesen Altar zerstörte er samt der Kulthöhe. Er steckte das Höhenheiligtum in Brand, zermalmte die Steine zu Staub und verbrannte den Kultpfahl... Auch beseitigte Joschija alle Höhentempel in den Städten Samariens, die die Könige von Israel errichtet und durch die sie den Herrn erzürnt hatten. Er verfuhr mit ihnen so, wie er es in Bet-El getan hatte. Alle Hohenpriester, die dort waren, ließ er auf den Altären niedermachen (H. Menge: »schlachten«) und Menschengebeine auf den Altären verbrennen... Auch die Totenbeschwörer und Zeichendeuter, die Hausgötter, Götzen und alle Greuel, die im Land Juda und in Jerusalem zu sehen waren, fegte Joschija hinweg« (2 Kön 23,4–24).

Eine beständige Auflehnung gegen die Alleinherrschaftsansprüche Jahwes ging diesen Ereignissen voraus, und sie sollte auch nach dem zelotischen Wüten Joschijas fortdauern.

Schon König Jerobeam hatte zwei goldene Kälber (Jungstiere) anfertigen lassen, stellte sie in Bet-El und Dan auf, wo sie vom Volk der Hebräer angebetet und gefeiert wurden. »Auch errichtete er Kulthöhen und setzte Priester ein, die aus allen Teilen des Volkes stammten und nicht zu den Söhnen Levis gehörten« (1 Kön 12,29–31).

Von König Rehabeam, einem Sohn Salomos, weiß die Bibel, daß er das Kind einer andersgläubigen Mutter, einer Ammoniterin namens Naama war. »(Das Volk) Juda aber tat, was dem Herrn mißfiel. Die Sünden, die sie begingen, reizten ihn mehr als alles, was ihre Väter getan hatten. Denn auch sie errichteten Kulthöhen, Steinmale und Kultpfähle (die Symbole Astartes) auf allen hohen Hügeln und unter jedem üppigen Baum. Sogar Hierodulen gab es im Land. Die Israeliten ahmten alle Greuel der Völker nach, die der Herr vor ihnen vertrieben hatte« (1 Kön 14,21–24).

Auch König Abija »verfiel allen Sünden, die sein Vater vor ihm begangen hatte« (1 Kön 15,3).

König Asa dagegen »tat, was dem Herrn gefiel. Er entfernte die Hierodulen aus dem Land und beseitigte alle Götzenbilder, die seine Väter gemacht hatten. Auch seine Großmutter Maacha enthob er ihrer Stellung als Herrin, weil sie der Aschera ein Schandbild errichtet hatte. Er ließ ihr Standbild umhauen und im Kidrontal verbrennen« (1 Kön 15.11–13). Sein Sohn Ela wurde durch Mord beseitigt, und der Usurpator, König Simri, ließ das ganze Haus Bascha ausrotten. »Dies geschah wegen aller Sünden, die Bascha und sein Sohn Ela begangen und zu denen sie Israel verführt hatten. Durch ihre Götzen erzürnten sie den Herrn, den Gott Israels« (1 Kön 16,13). Sein Nachfolger, König Omri von Israel, »trieb es noch schlimmer als alle seine Vorgänger« (1 Kön 16,25).

DER FALL ISEBEL

Mit König Ahab von Israel eilt die Geschichte ihrem Gipfel entgegen: »Es war noch das wenigste, daß er an den Sünden Jerobeams festhielt. Er nahm Isebel, die Tochter Etbaals, des Königs der Sidonier, zur Frau, ging hin, diente dem Baal und betete ihn an. Im Baalstempel, den er in Samaria baute, errichtete er einen Altar für Baal. Auch stellte er einen Kultpfahl (eine Aschera) auf und tat noch vieles andere, womit er den Herrn, den Gott Israels, mehr erzürnte als alle Könige Israels vor ihm« (1 Kön 16,31–33).
Das konnte nicht gutgehen. Gerade rechtzeitig traten nun auch die Propheten Elija und Elischa auf, denen der ganze Betrieb und zumal die ausländische Astartedienerin Isebel ein Greuel war. Zuerst einmal behauptete die Propaganda, ohne eine Begründung oder Beweise ins Buch der Könige aufzunehmen, die Königin habe »die Propheten des Herrn ausgerottet« (1 Kön 18,4). Dann wurde ihr angehängt, sie habe durch meineidige Zeugen die Steinigung eines Mannes veranlaßt, der sich geweigert hatte, dem König einen Weinberg zu verkaufen (1 Kön 21,7–16).
Dem verhaßten König Ahab aber ließ der HERR durch den Propheten Elija sagen: »Wo die Hunde das Blut Nabots geleckt haben, werden Hunde auch dein Blut lecken. Weil du dich hergabst, das zu tun, was dem HERRN mißfällt, werde ich Unheil über dich bringen. Ich werde dein Geschlecht hinwegfegen und von Ahabs Geschlecht alles, was männ-

lich ist, bis zum letzten Mann in Israel ausrotten. Weil du mich zum Zorn gereizt und Israel zur Sünde verführt hast, werde ich mit deinem Haus verfahren wie mit dem Haus Jerobeams und mit dem Haus Baschas. Wer von der Familie Ahabs in der Stadt stirbt, den werden die Hunde fressen, und wer auf dem freien Felde stirbt, den werden die Vögel des Himmels fressen« (1 Kön 21,19–24).

Der Fluch trifft auch Isebel, die Fremde: »Die Hunde werden Isebel an der Mauer von Jesreel auffressen« (1 Kön 21,23).

Israels neuer König Jehu, durch einen Putsch an die Macht gekommen und im Auftrag des Propheten Elischa gesalbt, begab sich nämlich nach Jesreel, wo die Witwe des in einem Kampf gefallenen Königs Ahab am Fenster stand, um ihn ein wenig maliziös zu begrüßen. Da befahl der Usurpator ihren Hofleuten:

»Werft sie herunter! Sie warfen sie herunter, und Isebels Blut bespritzte die Wand und die Pferde, die sie zertraten. Dann ging Jehu hinein, um zu essen und zu trinken. Schließlich befahl er: Seht nach dieser Verfluchten, und begrabt sie; denn sie ist eine Königstochter. Doch als sie hinkamen, um sie zu begraben, fanden sie von ihr nur noch den Schädel, die Füße und die Hände.

Er aber sagte: Das ist das Wort, das der Herr durch seinen Knecht Elija verkündet hat: auf der Flur von Jesreel werden die Hunde das Fleisch Isebels fressen. Die Leiche Isebels soll wie Mist auf dem Felde in der Flur Jesreels liegen, so daß man nicht mehr sagen kann: Das ist Isebel« (2 Kön 9, 33–37).

Märtyrer

Dann wütete Jehu gegen die Nachkommen König Ahabs, siebzig an der Zahl. Deren Erziehern befahl er schriftlich, die Kinder zu töten und ihm zum Beweis ihre Köpfe zu bringen. »Sobald der Brief angekommen war, ergriff man die Söhne des Königs, machte alle siebzig nieder, legte ihre Köpfe in Körbe und schickte sie zu Jehu nach Jesreel« (2 Kön 10,7).

Nicht genug damit. Jehu tritt vor das versammelte Volk und erklärt: »Ahab hat Baal nur wenig gedient; Jehu wird ihm eifriger dienen. Ruft jetzt alle Propheten Baals, alle

seine Diener und Priester zu mir! Keiner darf fernbleiben; denn ich will ein großes Schlachtopfer für Baal darbringen. Wer nicht erscheint, soll sein Leben verlieren. Jehu tat dies aus Hinterlist, weil er die Baalsdiener vernichten wollte. Alle Baalsdiener kamen, es gab keinen, der fernblieb. Sie betraten den Baalstempel, der sich von einem Ende zum anderen füllte... Jehu aber hatte draußen achtzig Mann aufgestellt und ihnen gesagt: Wer einen von den Männern, die ich in eure Hand gebe, entkommen läßt, wird mit seinem Leben dafür büßen... Kommt her und macht sie nieder! Keiner darf entrinnen. Die Läufer (Fußsoldaten) und ihre Hauptleute erschlugen sie mit scharfem Schwert und warfen die Leichen hinaus. Dann machten sie sich über den Tempel des Baal her. Sie zerschlugen das Steinbild des Baal, rissen den Baalstempel nieder und machten ihn zu einer Stätte des Unrats. So beseitigte Jehu den Baal aus Israel« (2 Kön 10,18–28).
»Doch von den Sünden, zu denen Jerobeam Israel verführt hatte«, so bescheinigt ihm das Buch der Könige, »den goldenen Kälbern in Bet-El und Dan, ließ Jehu nicht ab« (2 Kön 10, 29).

JÜDISCHE EMIGRANTEN

Genug der Greuel, die im Namen des Einen Gottes – des Monotheismus überhaupt – an Andersgläubigen verübt wurden. Vergebens übrigens. Bis zum Sturz der Reiche Juda und Israel durch die Römer ließ sich der Polytheismus nicht ausrotten. Schon während der Religionsverfolgungen hatten viele andersgläubige Juden die Emigration gewählt. Nun gab es einen neuen Schub von Flüchtlingen, als der Prophet Jeremia die Worte des HERRN verkündete: »Eure Väter haben mich verlassen; sie liefen anderen Göttern nach, dienten ihnen und beteten sie an. Mich aber haben sie verlassen und meine Weisung nicht befolgt. Ihr selbst aber habt es noch schlimmer getrieben als eure Väter. Darum schleudere ich euch aus diesem Land hinaus, in das Land, das euch und euren Vätern unbekannt war. Dort mögt ihr anderen Göttern dienen Tag und Nacht« (Jer 16,11–13).
Die meisten zog es nach Ägypten, wo sie Religionsfreiheit genossen. Doch Jahwe bedroht sie auch dort, »weil ihr an-

deren Göttern opfert in Ägypten, wohin ihr ausgewandert seid... Habt ihr denn all das Böse vergessen, das eure Väter und die Könige von Juda und ihre Frauen, dann auch ihr selbst und eure Frauen im Land Juda und in den Straßen Jerusalems getan haben...? Darum seht: ich richte mein Angesicht gegen euch zu eurem Unheil, um ganz Juda auszurotten. Ich raffe den Rest Judas hinweg, der darauf bestand, nach Ägypten auszuwandern und sich dort niederzulassen. Sie alle werden in Ägypten umkommen; sie werden fallen durch Schwert und Hunger; klein und groß wird umkommen. Durch Schwert und Hunger werden sie sterben und zu einem Bild des Entsetzens werden« (Jer 44,8–12).

Der Einschüchterungsversuch mißlingt: »Da antworteten alle Männer, die wußten, daß ihre Frauen anderen Göttern opferten, und alle Frauen, die dabeistanden, eine große Schar, sowie alle Leute, die in Ägypten und Patros wohnten, dem Jeremia:

Was das Wort betrifft, das du im Namen des Herrn zu uns gesprochen hast, so hören wir nicht auf dich. Vielmehr werden wir alles, was wir gelobt haben, gewissenhaft ausführen: Wir werden der Himmelskönigin (Astarte) Rauchopfer und Trankopfer darbringen, wie wir, unsere Väter, unsere Könige und unsere Großen in den Städten Judas und in den Straßen Jerusalems es getan haben. Damals hatten wir Brot genug; es ging uns gut und wir litten keine Not. Seit wir aber aufgehört haben, der Himmelskönigin Rauchopfer und Trankopfer darzubringen, fehlt es uns an allem... Geschieht es etwa ohne Wissen und Willen unserer Männer, daß wir der Himmelskönigin Rauchopfer und Trankopfer darbringen, daß wir für sie Opferkuchen bereiten, die ihr Bild wiedergeben, und Trankopfer spenden?« (Jer 44,15–19)

Bis zum bitteren Ende

Nach dem Zerfall des Weltreichs Alexanders des Großen (323 v. Chr.) kamen die Juden in Palästina und Ägypten unter den Einfluß der hellenistischen Kultur. In Jerusalem wurde nun vorwiegend Griechisch gesprochen, das Volk sprach Aramäisch, und das Hebräische sank zu einer toten Kultsprache herab. Schnell befreiten sich die Knechte Jahwes auch von den hundert komplizierten und unbequemen Vorschriften des mosaischen Monotheismus und wandten sich der heiteren und sinnenfrohen Vielfalt der Götter Griechenlands zu, wie es ihre Ahnen mit Baal und Astarte gehalten hatten. Zwar gab es noch den Tempel zu Jerusalem, doch seine Diener waren ganz verweltlicht. Priester beteiligten sich sogar nackt an den Leibesübungen im Gymnasium, was altgläubigen Juden ein Greuel gewesen wäre. Niemand protestierte, als Zeus dem Jahwe gleichgestellt wurde, oder als man im Tempel neben dem Altar des HERRN einen Altar für Dionysos errichtete. König Herodes schmückte den Bau entgegen dem biblischen Bildverbot mit griechischen Statuen.

Als sich die Römer 70 n. Chr. anschickten, Jerusalem zu erobern, war ein beträchtlicher Teil der Bevölkerung für Mäßigung und Verständigung. Er setzte sich nicht durch. Die Stadt wurde erobert und verwüstet, der Tempel zerstört, was man in Flavius Josephus' dramatischer Schilderung einmal nachlesen sollte. Zur gleichen Zeit begann die jüdische Sekte der Christen ihre Ausbreitung über die damalige Welt. Mit ihr trat auch der Monotheismus, bisher allein von den hebräischen Priestern verfochten, seinen Siegeszug an und setzte die Verfolgung und Ausrottung Andersgläubiger unterm Zeichen des Kreuzes fort.

Eva

Die Versuchung
des Adam
(Sumer)

Nur ein irdisches Wesen

Eva, nach althebräischer Tradition Urmutter des Menschengeschlechts, ist keine Göttin. Niemals hat sie göttliche Verehrung genossen. Und so ist die Frage angebracht, was Evas Auftritt hier im Kreise Jahrtausende alter, wahrhaft geglaubter Göttinnen rechtfertigen mag.
Spitzfindig könnte man geltend machen, Eva sei letzten Endes die einzige Frau, die sich jemals wirklich im Paradies befunden hat. Etwas auffallend Überirdisches ist ihr daher tatsächlich eigen, wenn es auch keine Göttlichkeit konstituiert.
Zugegebenermaßen handelt es sich hier einfach um eine Abschweifung, die allerdings nicht allzu weit vom Hauptthema dieses Buches wegführt. Denn in Eva können wir zumindest den verzweifelten Versuch eines streng männlichen Monotheismus erkennen, mit dem Fremdkörper Frau fertig zu werden, den älteren, matriarchalen Urmutterglauben zu verdrehen und zum Bösen umzumünzen. Die Gewalt, die dabei der Natur angetan werden mußte, und die Folgen, die rabulistische Theologen daraus zur Erniedrigung ungezählter Frauengeschlechter ableiteten, sind tief beschämend, wenn sie auch zugleich ihre Urheber immerwährender Lächerlichkeit preisgeben.
Das Christentum, das als jüdische Sekte begann, übernahm die hebräische Bibel vollinhaltlich in den eigenen Glaubenskanon, also auch den Adam-und-Eva-Roman, ein altbabylonisches Relikt. Ebenso konnte sich der Islam, die dritte Weltreligion des Männergottes, nicht enthalten, Adam und Eva in den Koran einzubauen.* So ist Eva, wenn auch nicht Göttin, doch für mehr als 1,8 Milliarden Erdenbewohner (Juden, Christen, Muslime) geglaubtes

* Sure 2:30ff

Urbild allen Frauenlebens. In der religiösen Kultur des Abend- und des Morgenlandes steht sie am Anfang und an der ersten Stelle aller Frauen. Allerdings mit geteilter Wirkung. Vorwiegend ist sie, noch immer ganz nach den Wünschen der hebräischen Bibelschreiber, gefährliche Verführerin und Sünderin, Urheberin der Sterblichkeit und folglich zur strikten Unterwerfung unter die Vormundschaft und den Befehl des Mannes verurteilt.

Auf der anderen Seite mag diese Verdammung auch Evas durch die Jahrtausende andauernde Faszination erklären. Denn die mythologische Urmutter des Menschengeschlechts hat bis heute niemals aufgehört, die Phantasie zu beschäftigen, zumal der biblische Text schon immer für unbefriedigend gehalten worden ist. Er wirft Fragen auf, ohne Antworten zu bieten. Er ist psychologisch armselig, bricht unmotiviert ab, und der Protagonisten wird weder im Alten noch im Neuen Testament noch einmal wesentliche Erwähnung getan – wenn man den Brief des Paulus an Timotheus nicht verschweigen möchte, wo es 2,11–13 heißt: »Eine Frau soll sich still und in aller Unterordnung belehren lassen. Daß eine Frau lehrt, erlaube ich nicht, auch nicht, daß sie über ihren Mann herrscht; sie soll sich still verhalten. Denn zuerst wurde Adam erschaffen, danach Eva.«

Wenn man an dieser Stelle einen Seitenblick auf den jüngsten Sproß des Männergottes wirft, den Islam, so zeigt jeder Tag unserer Gegenwart die brutale Zurücksetzung, Entmündigung und Verfolgung der Frau unter der Herrschaft des Fundamentalismus. In Sure 24:32 verlangt der Koran, daß Frauen »ihre Augen niederschlagen… und daß sie nicht ihre Zierde (ihre Reize), außer nur was notwendig sichtbar sein muß, entblößen und daß sie ihren Busen mit einem Schleier verhüllen sollen.« Sure 33:60 bekräftigt: »Sage, Prophet, deinen Frauen und Töchtern und den Frauen der Gläubigen, daß sie ihr Übergewand über ihr Antlitz ziehen sollen, wenn sie ausgehen.«

In oben zitierter Sure 24:32 läßt der Koran jedoch einen Spalt der Verhüllungen offen: Sie sollen ihre Reize nur vor ihren Ehemännern zeigen, und weiter wörtlich: »oder vor ihren Vätern oder vor den Vätern ihrer Ehemänner oder vor ihren oder den Söhnen ihrer Ehemänner, den Stiefsöh-

nen, oder vor ihren Brüdern oder vor den Söhnen ihrer Brüder und Schwestern oder vor ihren Frauen (Kammerfrauen, Gespielinnen) oder vor ihren Sklaven oder vor den Dienern, welche kein Bedürfnis zu Frauen fühlen (Eunuchen)...« Ganz generell sagt Sure 4:34: »Männer sollen vor Frauen bevorzugt werden, weil Allah auch die einen vor den anderen mit Vorzügen begabte... Rechtschaffene Frauen sollen gehorsam, treu und verschwiegen sein... Denjenigen Frauen aber, von denen ihr fürchtet, daß sie euch durch ihr Betragen erzürnen, gebt Verweise, enthaltet euch ihrer, sperrt sie in ihre Gemächer und züchtigt sie.«
Kein Wunder also, wenn die so schmählich abgetane Frau in der Gestalt der Urmutter Eva immer wieder den Scharfsinn der theologischen Welt herausgefordert und die Schöpferkraft der Schriftsteller und bildenden Künstler beschäftigt und beflügelt hat. Dieser legendäre Nachruhm – Fluch und Preis in sich vereinend – mag das vorliegende Kapitel rechtfertigen.

Adam

Schon die Geburt des ersten Menschen brachte die Verfasser des Alten Testaments offensichtlich in arge Verlegenheit, als sie den männlichen Gott Jahwe einen Menschen erschaffen lassen sollten. Seit Jahrtausenden war doch jedem klar, daß nur Frauen Menschen »erschaffen« können; das war ja sogar der Grundpfeiler des damals noch weit verbreiteten Mutterrechts. Alle Schöpfungsmythen beginnen in der Regel mit einer Urmutter, die aus sich selbst heraus zumeist einen Sohn zur Welt bringt, der dann ihr Geliebter oder Gemahl wird, aus welcher Verbindung die eigentlichen Menschen hervorgehen. Jede andere Vorstellung mußte den Zeitgenossen absurd erscheinen.
Der Herr also konnte es nicht, und ein Weib war nicht zur Stelle. So blieb den althebräischen, dem Vaterrecht verpflichteten Schriftstellern nur eine Verlegenheitslösung: Gott mußte zur (weiblichen) »Erde vom Ackerboden« greifen (Gen 2,7) und sich als Modellbauer betätigen, um den Adam zur Welt bringen zu können.
Aber auch das war kein problemloses Unterfangen. Was wirklich hinter den Kulissen geschah und nicht in der biblischen Schöpfungsgeschichte steht, haben Generationen

von gottgelehrten Rabbinern aus den Texten erschürft und ergründet. Die Ergebnisse ihres Scharfsinns sind im sogenannten Midrasch Bereshit Rabba niedergelegt, einem umfangreichen Buch der Auslegungen. Im folgenden werde ich mich, wenn nicht anders angezeigt, ganz allgemein auf das genannte Werk stützen*, und nur dort in Fußnoten auf einzelne Stellen verweisen, wo ansonsten Zweifel entstehen könnten. Ist es doch so, daß sich der grüblerische Geist der Schriftgelehrten bis ins Mittelalter hinein mit jedem noch so unscheinbaren Punkt abquälte, wie etwa der Frage, ob Adam und Eva wohl einen Nabel gehabt hätten.

Jahwe nun also – immer nach jener althebräischen Quelle – muß sich seiner Sache nicht ganz sicher gewesen sein und bat deshalb zunächst einmal die Engel um Ratschläge, wie das geplante Wesen aussehen solle. Worauf die Befragten eine Grundsatzdebatte veranstalteten, bei der heftig um das Problem gestritten wurde, ob die Erschaffung eines »Menschen« überhaupt zweckmäßig sei oder besser zu unterbleiben habe.

Im Midrasch Bereshit Rabba »teilten sich die Engel« laut Rabbi Simon »in viele Parteien; einige sagten: er soll nicht, andere sagten: er soll erschaffen werden. Die Wahrheit (ein Dienstengel) sprach: Er werde nicht erschaffen, denn es wird Lug und Trug geben; der Friede (ein anderer Dienstengel) sprach: Er werde nicht erschaffen, denn es wird Streit und Zank geben.« Im Koran fragen die Engel sogar entsetzt: »Willst du dort einen einsetzen, der zerstörend wütet und Blut vergießet?«** Allahs lakonische Antwort: »Ich weiß, was ihr nicht wißt.«

In allen Himmeln wogten die Meinungen der erhitzten Engel hin und her. Dem Herrn aber dauerte der Streit zu lange, so daß er sich allein ans Werk machte und seine geflügelten Berater dann einfach vor vollendete Tatsachen stellte.

Der erste Mann (Mensch) war nach hebräischer Ansicht in jeder Hinsicht ziemlich bemerkenswert. Der Midrasch be-

---

* Siehe Literaturverzeichnis

** Sure 2:31

schreibt ihn anfangs als ein lebloses Lehmgebilde (hebr.: Golem) – Engel schafften Erde aus Babylonien, Palästina und anderen Weltgegenden herbei –, bis ihm durch die Nase eine Seele eingehaucht wurde. Der Koran weiß sogar ganz genau, daß es die Erzengel Gabriel, Michael und Israfil waren, die auf Allahs Befehl das Grundmaterial holen sollten. Die ersten beiden ließen sich aber von der Erde dazu überreden, sie in Ruhe zu lassen. Nur Israfil entriß ihr die befohlene Materie mit Gewalt, ein Akt von beachtlicher Symbolik.

Doch weiter beim biblischen Erstmenschen: Er war »von außerordentlicher Schönheit und so groß, daß er die ganze Erde erfüllte«. Wenn er stand, stieß sein Kopf an den Himmel, wenn er lag, reichte sein Körper von Sonnenaufgang bis Sonnenuntergang. Die Engel zitterten vor ihm, was den HERRN ihnen zuliebe bewog, das Geschöpf auf tausend Ellen (525 m) Länge zu verkleinern. Er verkleinerte ihn übrigens noch mehrmals, zunächst auf hundert Ellen, so daß sich Adam beklagte: »O Herr der Welt, warum beraubst du mich?« Und Jahwe tröstete: »Ich will es dir wieder geben. Nimm diese Stücke deines Fleisches, streue sie über die ganze Erde, und wo sie zu Staub werden, wird alles von deinem Samen bewohnt sein.« Sein Name soll vom hebräischen »adama«, Erde, herstammen oder aus den Anfangsbuchstaben von »afar«, Asche, »dam«, Blut, und »mara«, Galle, gebildet sein. Beim Sündenfall werden noch andere Seltsamkeiten zutage kommen.

Weiteren althebräischen Auffassungen zufolge war Adam ein androgynes Wesen, also zugleich Mann und Frau, »auf der rechten Seite Mann«, so heißt es im Midrasch, »auf der linken Seite Weib, aber Gott hat ihn in zwei Hälften gespalten.« Oder, mit den Worten Rabbi Samuel bar Nachmans: »Gott durchsägte ihn aber in zwei Hälften.« Wieder andere Kommentatoren meinen, bei einer der Verkleinerungen, die Jahwe am Erstmenschen vollzog, sei dieser in zwei Teile zerfallen, einen männlichen und einen weiblichen.

In der Antike lassen sich übrigens androgyne Wesensmerkmale oft finden; besonders gerne wurden sie Heroen oder Göttern angedichtet, wie etwa Attis, Adonis, Dionysos oder der Göttin Kybele. Zu den merkwürdigen Erschaffungen gehört auch der Begleiter des tragischen babylonischen Helden Gilgamesch, Enkidu. Der war aus Lehm gemacht und halb Mensch, halb Tier. Gilgamesch verschaffte diesem chimärischen Gebilde eine Hure, so daß Enkidu zum Leben erwachte und ganz Mensch wurde. Möglicherweise sind Nachklänge dieser babylonischen Episode in hebräische Texte eingegangen oder vom Redaktor der Genesis unterdrückt worden.*

Eva Aus einem Mann heraus wurde dann das Weib geboren, indem Jahwe dem Adam unter Totalanästhesie (Genesis 2,21) eine Rippe entnahm – die 13. rechte, wie der Talmud zu wissen vermeint – und sich abermals als Bildhauer ohne Modell betätigte. Es scheint aber nicht auf Anhieb gelungen zu sein.

In den zwei Schöpfungsgeschichten der Bibel (Gen 1,26 und 2,7) werden einmal Adam und Eva gleichzeitig erschaffen, das andere Mal wird Eva aus Adam entnommen. Wahrscheinlich handelt es sich da um eine spätere Redaktion, bei der etwas Unerwünschtes weggelassen werden sollte.

Nach dem babylonischen Talmud nämlich wurde Eva aus dem Schweif Adams gebildet – und seither haben die Menschen nur noch das Steißbein, aber keinen Schwanz mehr. Ein anderer hebräischer Text berichtet, Gott habe mehrfach versucht, ein Weib zu schaffen, doch seien diese Experimente stets zur Unzufriedenheit des Mannes ausgefallen, so daß sich der Herr entschloß, Adam als Ratgeber bei der Erschaffung des Weibes hinzuzuziehen. Dabei mußte dieser zusehen, wie Gott zuerst die Knochen bildete, sie dann mit Gewebe, Fleisch und Muskeln umgab, die Organe Herz, Lungen, den Verdauungsapparat einsetzte und schließlich das Ganze mit einer Haut überzog – »sie war voller Flüssigkeit und Blut«, wie Rabbi Jehuda bar Rabbi sagt. Adam wurde so von Übelkeit befallen, daß er das fertige Produkt verabscheute.

Jehuda: »Da schuf Gott sie ihm zum zweiten Male.« Da-

* Siehe auch Schiwa, S. 273

nach hatte Eva den ausgebildeten Körper einer Zwanzigjährigen und war von überragender Schönheit. Jahwe machte also, wie es in der Einheitsübersetzung heißt, »eine Frau und führte sie dem Menschen zu« (Gen 2,22). Die Gegenüberstellung, hier eine Frau, dort ein Mensch, ist wohl auch nicht zufällig. Es verbessert da nichts mehr, wenn sich die Rabbiner Simeon ben Jochai und Simeon ben Lakisch im Midrasch darüber uneins sind, ob der Herr seine neue Kreation vor der Vorstellung »mit 24 Zierrathen« oder »mit nur elf« schmückte. Adam akzeptierte, nannte seine »Gehilfin« aber nicht Eva, sondern Ischa (Männin oder Menschin), aramäisch Chiwja, was auch »Schlange« bedeutet.

Daß in der Schöpfungsgeschichte zwei Versionen der Erschaffung Evas genannt sind, mag auf diese schwankenden Geschmacksrichtugnen des Mannes hindeuten, läßt aber auch die Möglichkeit der Erschaffung mehrerer Frauen offen – zum Beispiel Liliths und deren Schwestern Lilu und Maanah.

In der Tat wird in rabbinischer Literatur gesagt, nicht Eva, sondern Lilith sei Adams erste Frau gewesen. Diese kam nicht aus Adam, nicht als zweite – was Theologen im Falle Evas als Grund der Unterordnung des Weibes unter den Mann interpretieren; die erste Frau wurde vielmehr gleichzeitig mit Adam erschaffen (Gen 1,27). Wie sich so oder so noch zeigen wird, hatte Adam sowohl mit Lilith als auch mit Eva keine ungeteilte Freude – und umgekehrt.

Eine ganz andere Auffassung der mythischen Menschwerdung wird heute von verschiedenen Forschern vertreten. Danach ist die ganze alttestamentliche Erschaffung des Menschen eine Fälschung zu dem einzigen Zweck, die patriarchalische Doktrin der theologischen Führungsschicht bei der Masse des hebräischen Volkes durchzusetzen und den Glauben an eine oberste weibliche Gottheit, die Urmutter, zu zerstören. Dieser ideologische Kampf ist bereits geschildert worden.

Folgerichtig ging ursprünglich alles nach weltweitem Mythologem vor sich: Die Große Mutter bringt jungfräulich einen Sohn hervor, vereinigt sich mit ihm und gebiert die ersten Menschen. Im Klartext: Eva – hebräisch Chawwa, was »Leben« bedeutet – ist Urmutter, ihr jungfräulich ge-

borener Sohn ist Jahwe, beider Kind Adam. Schwestern Adams lassen sich beliebig denken, eine davon wird vielleicht nach dem Namen der Mutter Eva genannt. Auch Kain und Abel könnten demnach als unmittelbare Kinder von Eva und Jahwe angesehen werden.
Selbstverständlich sind dies nur Spekulationen im Leeren wie alle Schöpfungssagen. Im Falle von Adam und Eva sind sie nur deshalb von Bedeutung, weil sie bis in unsere Gegenwart hinein einen großen Teil der Menschheit mit geprägt haben, und weil sie zu den Grundlagen des jüdisch-christlich-islamischen Weltbildes gehören. Der Untergang der alten Götter hat hier seine Wurzeln.

Der Sündenfall

Der Auftritt der Schlange wird in den hebräischen Kommentaren sehr verschieden geschildert. Einmal geht das Tier sogar aufrecht wie ein Stab und bewegt sich auf zwei Hinterbeinen fort. Einer der Schriftgelehrten des Midrasch, Rabbi Josua ben Karcha, legt die Bibelstelle so aus: Die Schlange, ganz offenbar ein männliches Exemplar, näherte sich Adam und Eva »und sah diese mit dem Beischlaf beschäftigt und in Folge dessen bekam es (das Wesen) Lust auf Eva.« Es wurde auf Adam eifersüchtig und sann, ihn zu töten und sein Weib zur Frau zu nehmen. Daraus wurde allerdings nichts, doch gelang es dem Schlängerich, Eva (oder Modell Nr. 2?) zu verführen.
Die rabbinische Tradition bietet allerdings auch noch eine andere Version der Geschichte. Danach erschuf Jahwe nicht nur den Menschen, sondern zu dessen Aufwartung noch eine Schar von Dienern und Dienerinnen. Bei dieser Tätigkeit wurde der Allwissende jedoch vom anbrechenden Sabbat überrascht; so mußte er zu arbeiten aufhören, und das Werk blieb unvollendet. Die angefangenen Wesen hatten noch keinen Leib, den Menschen sind sie als Dämonen bekannt, und ihr Oberhaupt ist Sammael, auch Asasel genannt, ein gefallener Seraph mit sechs Flügeln.
Sammael und sein Dämonenheer waren eifersüchtig auf das vollendet gestaltete Menschenpaar, und das erst recht, als der Herr eine prunkvolle Hochzeit veranstaltete. Dieser ganzen Geschichte ist ihre Entstehungszeit in mittelalterlichen Gettos wohl anzumerken. Jahwe selbst salbte

Eva, führte sie zu Adam und tanzte vor ihm mit der Braut. Zehn Millionen himmlischer Heerscharen waren zu Gast geladen, die Tafeln, jede tausend Ellen lang und sechzig Ellen breit, waren mit den ausgesuchtesten Speisen des Paradieses beladen. Alles glänzte von Gold, Edelsteinen und Perlen. Ungezählte Engel waren damit beschäftigt, Fleisch zu braten*, den Wein zu kühlen und »mit Geigen, Cymbeln, Harfen und Pauken« Musik zu machen. Viele Engel tanzten mit der schönen Eva, und »selbst Sonne, Mond und Sterne hüpften und tanzten wie die Mägdlein«.

Neidisch beschloß Sammael, dem Übermut des Glücks ein Ende zu machen. Er beriet sich mit den siebzig Höllenfürsten, die ihm untertan waren, und ließ sich mit seinen Scharen auf Erden nieder. Sein Plan war es, Adam zu töten und Eva zu besitzen. Als Verbündete erkor er sich die Schlange.

Nach Rabbi Levi, einem anderen Schriftgelehrten des Midrasch, führte die Schlange unter dem Lebensbaum des Paradieses mit Eva ein hintergründiges Gespräch. Sie sagt: »Von diesem Baum hat Gott gegessen und die Welt erschaffen, jetzt spricht er zu euch: Esset nicht davon, damit ihr nicht andere Welten erschafft. Niemand hat gerne Konkurrenz.« Eva scheint das einzuleuchten.

Nimmt man Genesis, Midrasch und den Sabbat-Traktat des Talmud zusammen, dann müssen sich die Ereignisse sofort nach der Erschaffung Adams in verwirrender Weise geradezu überstürzt haben. »Drei Wunder geschahen an diesem Tage«, faßt es Rabbi Eleasar ben Asarja in Worte, »einmal wurden Adam und Eva erschaffen, sodann begatteten sie sich.« »Sie stiegen zu zweien ins Bett«, ergänzt Rabbi Josua ben Karcha, »und zu sieben wieder heraus, nämlich Kain und seine Zwillingsschwester und Hebel (Abel) und seine Zwillingsschwester.«

Wenn sich Rabbi Josua nicht geirrt hat, was beim Abzählen an zwei Händen unwahrscheinlich wäre, muß sich in jenem paradiesischen Bett noch eine weitere Person befunden haben. Aber wer? »Der« Schlange? Lilith? Es müssen

---

* Hatte man Tiere des Paradieses geschlachtet?

jedenfalls gespannte Verhältnisse geherrscht haben. Eva, im Bewußtsein, sterblich geworden zu sein, stellt Adam mißtrauische Fragen: »Glaubst du etwa, daß dir, wenn ich sterbe, eine andere Frau erschaffen wird? Oder glaubst du, wenn ich sterbe, daß du etwa ledig bleiben wirst?« formuliert es Rabbi Simlai im Midrasch.

Die Frage bleibt offen, denn blitzschnell folgt nun schon das Gericht. Jahwe verhört die Beteiligten und spricht die Urteile. Zur Schlange sagt er: »Auf dem Bauch sollst du kriechen und Staub fressen alle Tage deines Lebens«, was die rabbinische Meinung stützt, sie sei zuvor aufrecht gegangen. Außerdem fügt er hinzu: »Feindschaft setze ich zwischen dich und die Frau«, denn zuvor hatte Eva gestanden: »Die Schlange hat mich verführt, und so habe ich gegessen.« (Gen 3,13–15) Was auch bedeutet, Eva habe sich dem Schlangenwesen hingegeben.

So berichten die Rabbiner Asi und Hosaja im Midrasch, Jahwe habe eine ganz andere Urteilsbegründung gegeben, die bei der Redaktion des Genesis-Textes offenbar unterdrückt wurde. Da heißt es nämlich: »Du wolltest Adam töten und Eva besitzen, darum sei Feindschaft zwischen dir und dem Weibe.« Was bedeutet, Sammael selbst sei der Geist in der Schlange gewesen. Auch wird an anderer Stelle bemerkt, die Schlange habe »einen Unflath in die Eva geworfen, woher auch die Nothwendigkeit der monatlichen Reinigung des Weibes komme«.

Zum Weibe sprach Jahwe: »Viel Mühsal bereite ich dir, sooft du schwanger wirst. Unter Schmerzen gebierst du Kinder. Du hast Verlangen nach deinem Mann...« Und nun die entscheidenden Worte: »...er aber wird über dich herrschen.« (Gen 3,16) Damit hat der männliche Eine Gott die männliche Oberhoheit über die Familie endgültig als sein Gesetz verkündet.

Für die patriarchalischen Hebräer war das deutlich genug. Alles in ihren Schriften hatten die Verfasser ja auf die Auslöschung jeglicher Gleichstellung der Frau gerichtet. So machte denn auch der Midrasch-Gelehrte Rabbi Eleasar bar Simon in der ganzen Bibel keine einzige Stelle aus, wo Jahwe ein freundliches Wort zu einer Frau gesagt hätte, ja überhaupt: »Noch nie hat Gott sich in ein Gespräch mit einem Weibe eingelassen, außer mit Eva und Sara.« Und

Europa auf dem Stier (6. Jahrhundert v. Chr.)

Vorhergehende Seite: Statue der Ephesischen Artemis (2. Jahrhundert)

Rechte Seite: Die rasende Medea (Gemälde von Delacroix, 1838)

Orpheusrelief (5. Jahrhundert v. Chr.)

Athena (6. Jahrhundert v. Chr.)

Dionysos und Semele (6. Jahrhundert v. Chr.)

beidemale zornig: zuerst bei der Verurteilung Evas und dann gegen Abrahams greise Frau Sara, weil sie gewagt hatte, zu lachen (Gen 18,15). Rabbi Huna, ebenfalls als Schriftgelehrter im Midrasch vertreten, faßt das ganze nach dem Studium der Heiligen Schrift in der höhnischen Frage zusammen: »Wo finden wir, daß Eva Mensch genannt wird?«*

Merkwürdigerweise ist es gerade der Frauenfeind Paulus, der in seinem Brief an die Römer Evas Schuld ausdrücklich verneint: »Durch einen einzigen Menschen kam die Sünde in die Welt und durch die Sünde der Tod... Sünde war schon vor dem Gesetz in der Welt, aber Sünde wird nicht angerechnet, wo es kein Gesetz gibt; dennoch herrschte der Tod von Adam bis Mose auch über die, welche nicht wie Adam durch Übertreten eines Gebots gesündigt hatten...« (Röm 5,12–19).

Nun, kaum fristlos aus dem Paradies vertrieben, kaum jenseits des Tores, kam das Weib mit Kain und Abel nieder – was der Geschichte mit dem Bett widerspricht –, und einige althebräische Schriftgelehrte schließen die Möglichkeit nicht aus, es habe sich bei diesem Paar um Früchte der verführerischen Schlange gehandelt – »denn Eva hatte ihr Geschlecht dem Feinde des Lichts ausgeliefert«, wie Forscherin Bernarda Alma vermutet. Immerhin gibt zu denken, daß sich Adam nach der Vertreibung »130 Jahre lang von Eva fernhielt« (Jüdisches Lexikon). »Weshalb«, so will er nach rabbinischer Tradition gesagt haben, »weshalb soll ich Kinder zeugen zum Schrecken und zum Raube des Todes?« So ging er hin, stellte sich büßend in den Fluß Gichon und fastete.

Diese 130 Jahre haben oft den Scharfsinn der rabbinischen Gelehrten herausgefordert. Um noch einmal den Midrasch heranzuziehen und Rabbi Simeon ben Eleasar zu Wort kommen zu lassen: »In den 130 Jahren, in welchen Eva von Adam getrennt war, erwärmten sich die männlichen Dämonen an ihr und sie gebar weibliche, welche sich wieder an Adam erwärmten und mit ihm zeugten.«

In milderem Licht erscheint der Sündenfall, wenn man

* Midrasch XIX. Kap. II, 25

neueren jüdischen Ansichten folgt, wonach Eva als »argloses Weib mit verhaltener Neugier« zu beurteilen ist. Nachdem sie naiv von der verbotenen Frucht gekostet hatte, erinnerte sie sich erschrocken der Worte des HERRN: »Denn sobald du davon ißt, mußt du sterben.« Sie wollte aber nicht allein sterben, zumal sich Adam dann gewiß eine andere Frau beschafft hätte! Deshalb, so läuft die etwas zynische Argumentation, habe sie ihn dazu verführt, ebenfalls in den Todesapfel zu beißen. Dem Adam hingegen wird in einigen rabbinischen Texten lediglich vorgehalten, er habe sich als Dieb betragen, weil er eine Frucht nahm, die ihm nicht gehörte.

Dabei muß man daran erinnern, daß im Text des Alten Testaments nur von einer nicht näher identifizierten »Frucht« die Rede ist. Daraus wurde erst bei der lateinischen Übersetzung ein »Apfel«. Denn Apfel heißt auf Lateinisch »malum«, und ganz genau das gleiche Wort bedeutet auch Übel, Unglück, Unheil, Laster oder Übeltat. So hat der Apfel seine heilsgeschichtlich so erwünschte Doppelbedeutung erhalten.

Im Legendenkranz, der sich um Eva rankt, wird erwähnt, wie die biblische Urmutter viele Kinder gebar; ihr viertes, mit Adam, nachdem sie 130 Jahre von ihm getrennt gelebt hatte, war Set, aus dessen Linie Noach hervorging, der einzig Überlebende der Sintflut; alle Nachkommen aller anderen Kinder Adams und Evas sind demnach ertrunken und ohne Folgen für die Menschheit geblieben. Doch mit dem Gebären und der Aufzucht ihrer Kinder unter den von Jahwe auferlegten Mühsalen soll Eva rasch gealtert sein: »Sie ermüdet leicht und ihr Schritt ist unsicher geworden«, zitiert Alma an anderer Stelle.

Nach dem Alten Testament lebte Adam 930 Jahre (Gen 5,5). Über Eva schweigt sich die Bibel diesbezüglich aus. In ihrer Todesstunde, so sagt die Legende, soll Kain bei ihr gewesen sein, sowie »alle Kinder, Enkel und Urenkel«; sie werden gesondert erwähnt, was die Vermutung stützt, Kain zähle nicht zu ihren Kindern. Sowohl Adam als auch Lilith kommen in diesem Text nicht vor. Die einsame Trauer am Ende eines tragischen Schicksals spricht hier aus jeder Zeile.

Adam und Eva wurden gemäß einer anderen Legende in

der Höhle Machpela begraben, die einst als Mittelpunkt der Welt angesehen wurde; heute erhebt sich an dieser Stelle die Stadt Jerusalem. Nach dem Alten Testament liegt die Höhle Machpela jedoch bei Hebron, im einstigen Land der Hethiter. Sie wurde von Abraham gekauft und als Grabstätte für seine verstorbene Gemahlin Sara bestimmt (Gen 23).
Doch als er die Verstorbene hineinlegen wollte, so sagen nun die rabbinischen Schriften, standen Adam und Eva aus ihren Grüften auf und traten Abraham in den Weg. Er wolle sie mit seiner Anwesenheit und seiner Frömmigkeit nur beschämen, hielten ihm die Ureltern vor. Der Patriarch versprach, sich bei Gott einzusetzen, damit alles Schimpfliche für immer von ihnen genommen werde. Adam war's zufrieden, und er kehrte in sein Grab zurück. Eva dagegen redete mit immer neuen Einwendungen weiter, »bis sie Abraham selbst mit eigener Hand zu dem Adam brachte und zugleich mit der Sara wieder begrub.«

LILITH

In der jüdischen Folklore wird angenommen, der Name Lilith leite sich von dem hebräischen Wort Layla (Nacht) her. Sie ist demgemäß ein Nachtgespenst und nach wissenschaftlicher Annahme ein Abkömmling der assyrischen Sturmdämonin Lilitu. Einer ihrer Beinamen ist Abyzu, ein anderer Igirit und nach rabbinischer Tradition Agrat Bat Mahalat, die Anführerin von 180 000 Dämonen, die mittwochs und Freitag nachts – man scheint das sehr exakt zu wissen – eine wilde Jagd »auf alles Lebende« machen. Selbst Goethe ist in seiner Walpurgisnacht auf dieses Thema eingegangen.
Nach gleicher rabbinischer Literatur war Lilith die erste Frau Adams. Da er ihre Unterwerfung verlangte, verließ sie ihn, floh und wurde Dämonin. Andere behaupten, so Alma, Lilith sei selber eine Tochter Adams mit Eva gewesen, mit der er einen Knaben und ein Mädchen zeugte. Dafür kann eine rabbinische Episode stehen:
Als Adam einmal die Hütte betrat, soll seine halbwüchsige Tochter Lilith ihr herabgerutschtes Gewand über die entblößte Brust heraufgezogen haben. Die zufällig anwesende Eva sei darob »erschauert« und habe sich gefragt, woher

»das Kind« wisse, daß es sich bedecken solle. Sie erkannte schweigend die heimliche Liebesbeziehung zwischen den beiden. Ein weiterer Zwischenfall enthüllte dann auch rasch die gestärkte Position des Töchterleins gegenüber der Mutter. Als Lilith einmal eine unreife Frucht essen wollte, schalt Eva: »Habe ich es dir nicht verboten?« Worauf sie die Antwort erhielt: »Warum soll ich dir gehorchen? Du hast ja auch nicht gehorcht, als Gott es verboten hatte.«

Im Alten Testament wird Lilith nur einmal erwähnt, und zwar bei Jesaja 34,14–15. Der Prophet läßt Jahwe in einem seiner zahlreichen Racheanfälle alles Land verwüsten. Danach herrschen nur noch Öde und Leere. Wörtlich: »Wüstenhunde und Hyänen treffen sich hier, die Bocksgeister begegnen einander. Auch Lilith, das Nachtgespenst, ruht sich dort aus und findet für sich eine Bleibe.« So die katholisch-evangelische Einheitsübersetzung. Beim Übersetzer Hermann Menge lautet dieselbe Stelle: »Wüstenwölfe werden mit wilden Hunden zusammentreffen und Feldteufel einander begegnen; nur dort halten die Nachtgespenster Rast und machen sich's dort behaglich. Dorthin verlegt die Pfeilschlange ihr Nest und legt Eier und hegt die Brut im Schatten.« Wobei die Identität von Schlange und Lilith überraschend deutlich wird.

Die Schilderung paßt gut zu der talmudischen Behauptung, Lilith lebe »zwischen Dornen, Brennesseln, Schakalen, Vipern und Geiern«. Im Gegensatz dazu wird in einem der zahllosen nicht kanonischen Bücher des Alten Testaments behauptet, König Salomo habe hinter der pompös und mit aller Pracht auftretenden Königin von Saba Lilith vermutet.*

Außer der babylonischen Lilith und deren Schwester Lilu gab es auch noch ein ungreifbares »Nachtmädchen«, Ardat Lili, »das die Leidenschaften der Menschen weckt, ihnen aber nicht gestattet, sie zu befriedigen«. Der Talmud gibt Lilith noch eine weitere Schwester an die Seite, Naamah, die darauf aus ist, Neugeborene zu erwürgen. Sowohl bei Ardat als auch bei Naamah handelt es sich wahrscheinlich nur um andere Erscheinungsformen Liliths selbst.

---

* Sogen. 3. Buch der Könige 16,8ff

Sie ist Hauptperson und selbstbewußt. Keinen Augenblick dachte sie daran, sich von Adam in eine untergeordnete Stellung verweisen zu lassen. Sie beharrte darauf, aus demselben Stoff gemacht zu sein wie er und ihm deshalb auch gleich zu sein. Sogar in der Umarmung erlaubte sie ihm nicht, sich auf sie zu legen, weil sie damit hätte dulden müssen, »daß Adam über ihr und sie untertan sei«, wie es Ben Sira in seinem »Buch der Sprüche Alpha-Beta« erklärt. Als Adam Gewalt anwenden wollte, berichtete der Rabbiner weiter, verließ sie ihn und flüchtete ans Rote Meer. Verzweifelt bat Adam den HERRN, ihm die Entschwundene zurückzugeben.

Jahwe, allwissend, wie er war, behandelte den Fall mit Vorsicht. Er schickte drei Engel los, Senoy, Sansenoy und Semangelof, um Lilith an den Gestaden des Roten Meeres zu besuchen und zur Umkehr zu bewegen. Ohne Erfolg. Die Entflohene weigerte sich standhaft, zu jenem eingebildeten Protz zurückzukehren. Die himmlischen Boten versuchten es mit einer Drohung: sie würden Lilith töten, falls sie ungehorsam bleibe. Erstens, so lächelte die Dame, habe sie nicht vom Apfelbaum gegessen und sei daher nicht sterblich, und zweitens habe sie von Gott persönlich den Auftrag, über alle Knaben bis zum Tag der Beschneidung (achter Tag nach der Geburt) zu wachen und über alle Mädchen bis zu deren zwanzigstem Lebenstag.

Keine guten Nachrichten für Adam. Denn, wie schon berichtet, lebte dieser auch von Eva getrennt, da er sich weigerte, mit ihr Kinder zu zeugen, weil sie durch die Sünde befleckt sei. Doch als er nun so allein büßend und fastend im Flusse Gichon stand, scheint Lilith wieder ein Herz für ihn gefaßt zu haben. Dankbar für die Abwechslung und das neue Glück, »zeugte er nun mit ihr zahlreiche Dämonen und Gespenster«. Wenn Lilith einmal ermüdete, zeigte sich ihm »eine zweite Teufelin«, Naamah, geneigt. Ebenso, heißt es in der gleichen Quelle, erfuhr auch Eva in den Jahren der Trennung die Zärtlichkeit vieler Dämonen, denen sie »viele Geistinnen der Nacht« gebar.

Nach Ablauf der 130jährigen Trennung fanden Adam und Eva wieder zusammen. Das Ergebnis war ein weiterer Sohn, der den Namen Set (Setzling) erhielt, »für Abel, weil ihn Kain erschlug«, wie Eva sagte (Gen 4,25). »Nach der

Geburt Sets lebte Adam noch achthundert Jahre und zeugte Söhne und Töchter« (Gen 5,4), wobei der Name Evas von den Autoren des Alten Testaments allerdings nicht mehr erwähnt wird.

ADAMS TESTAMENT

Diese etwas dunklen Verhältnisse gaben einem ägyptischen Zweig gnostischer Sekten reichen Stoff für Spekulationen. Der neben dem Urchristentum aufblühende Gnostizismus ließ nämlich die biblische Legende vom Sündenfall nicht gelten. Statt dessen behaupteten die Gnostiker, es habe sich ganz im Gegenteil bei der Schlange-und-Apfel-Geschichte um einen Akt der Befreiung gehandelt. Denn nach ihrer Ansicht war der Schöpfergott – der Jahwe der Juden, der Gottvater der Christen – ein böser Gott, der eine Welt der Schrecken und des Jammers geschaffen habe, in der er die Menschen eingesperrt hielt, unterworfen seinen Geboten, die nichts anderes waren als eine Art Gefängnisordnung.

Jenseits dieser Welt aber thronte der wahre Gott, doch darüber würden die Menschen von Jahwe in Unwissenheit gehalten. Deshalb das Verbot, vom Baume der Erkenntnis zu essen. So galt die Schlange den Gnostikern als Botin des Guten, die Eva dazu ermutigte, das Gesetz des bösen Gottes – des Demiurgen – zu brechen, damit ihr die Augen aufgetan würden.

So kommt es auch in einem koptisch verfaßten Papyrus aus urchristlicher Zeit zum Ausdruck. Es handelt sich um eine Sammlung von Apokalypsen, »Offenbarungen«, eines der heiligen Bücher der frommen Gnostiker Ägyptens. Darin ist auch eine eigentümliche »Apokalypse des Adam« enthalten, als deren Empfänger sein Sohn Set angegeben wird. Der erste Abschnitt der Schrift handelt von Adams Leben mit Eva. Und hier erhält der Paradies-Bericht ein ganz anderes Aussehen.

Nachdem Eva vom Baum der Erkenntnis gekostet hatte, »wandelte ich mit ihr«, so spricht Adam, »in einer Herrlichkeit, die sie gesehen hatte... Sie lehrte mich ein Wort der Erkenntnis Gottes, des Ewigen. Und wir glichen den großen ewigen Engeln. Denn wir waren höher als der Gott, der uns geschaffen hatte, und die Kräfte, die mit ihm wa-

ren, die wir nicht kannten.«* Eva also war es, die den Adam belehrte und in ihm alle künftigen Geschlechter.
Natürlich fährt der Demiurg zornig dazwischen und verjagt das wissend gewordene Menschenpaar in die Wüste dieser Welt und des Todes. Doch eines bleibt von Generation zu Generation immerfort, wie Adam seinem Sohn Set in der gnostischen Apokalypse zartfühlend gesteht: »In meinem Denken und in meinem Herzen erkannte ich eine süße Begierde nach deiner Mutter...«
Der Reigen um die ewige Eva vollendet sich: »Zur Sanftheit und zum süßen Liebreiz geschaffen, mit goldnen Flechten bis zu des Leibes Mitte, lustig gewellt und lose wie die Rede. O holde Frist verliebten Widerstrebens! Jene geheimnisvollen Reiche auch, sie waren damals nicht verdeckt. Es gab kein schuldig Schamgefühl... Verlogne Scham vor dem, was nur Natur, wie sehr hast du das Menschenbild getrübt!«
In seinem Menschheitsepos »Das verlorene Paradies« setzte John Milton Eva dieses Denkmal.

* Deutsch von Alexander Böhlig; siehe Literaturverzeichnis.

Aphrodite

Venus von Milo
(2. Jahrhundert
v. Chr.)

Vom Philhellenismus zur Realität

Zu Beginn des 19. Jahrhunderts zogen sie aus, um den Griechen in ihrem Befreiungskrieg (1821–1829) gegen das Osmanische Reich der Türken beizustehen. Freiwillige aus vielen Ländern Europas griffen zur Waffe und unternahmen die Reise ins ferne Hellas. Die Welle des Philhellenismus, wie die Bewegung hieß, führte überall zur Gründung von Vereinen, zu einer Flut begeisterter Literatur, und illustre Geister beteiligten sich mit Wort und Tat an den griechischen Unabhängigkeitsbestrebungen, darunter auch Lord Byron, Chateaubriand, Lamartine, Victor Hugo, Chamisso; Delacroix schuf engagierte Gemälde, und der Berliner Architekt Karl Friedrich Schinkel präsentierte einen riesigen, klassizistischen Entwurf zum Wiederaufbau und zu einer pompösen Erweiterung der Akropolis (den der federführende König Ludwig von Bayern glücklicherweise ablehnte).

Sie alle suchten ein Hellas, das es seit zweitausend Jahren nicht mehr gab. Ihnen schwebte ein idealistisches Bild vor Augen, dem vor allem die altgriechische Literatur, wie sie in den humanistischen Gymnasien dargeboten wurde, zugrunde lag. Und noch heute sehen wir vieles so, wie es etwa Winckelmann, Lord Elgin, Schliemann, Droysen und viele andere – darunter auch Roman- und Drehbuchautoren – zur Darstellung gebracht haben.

Der Prozeß, das klassische Griechenland realistischer zu betrachten, ist noch nicht abgeschlossen. Am Glanze Hellas und seiner Bedeutung für die menschliche Kultur mag niemand rütteln. Es geht mehr darum, nun auch das zu sehen, was die Philhellenen und ihre Sympathisanten im Enthusiasmus des vorigen Jahrhunderts nicht sahen, übersahen oder einfach nicht sehen wollten. Und das ist, von uns aus betrachtet, oft der Blick in eine Gruselkammer.

Die vielen Stadtstaaten des alten Hellas brachten es nie zur

Einheit, obwohl die Griechen als ein durch und durch politisch geniales Volk gerühmt werden. Abgesehen von strategischen Bündnissen, die zumeist schnell wieder zerfielen, kämpften sie untereinander beständig in wahren Vernichtungskriegen. Die Besiegten, sofern man sie überhaupt am Leben ließ, wurden als Sklaven abgeführt.
Richtete sich ein Krieg gegen auswärtige Länder, gegen Barbaren oder Halbbarbaren, kam es fast immer zur Verwüstung von Feldern, Pflanzungen, Ortschaften und häufig genug auch zu Raub- und Brandfrevel gegen Tempel und andere heilige Stätten. Die Bevölkerung, meist viele tausend Menschen, siedelte man nach dem Sieg ganz einfach um und beugte sie unter das griechische Sklavenjoch.

Ein Sklavenleben

Das Lebensziel des griechischen Stadtbürgers waren Muße, politische, wissenschaftliche oder sportliche Betätigung. Für Beschäftigung und Arbeit hatten banausoi (Banausen) und Sklaven zu sorgen. Banausen waren alle, die von ihrer Hände Arbeit lebten; sie waren allgemein verachtet, und wir gebrauchen den Ausdruck noch heute als herablassendes Schimpfwort, wenn wir einen Menschen ohne höhere Interessen treffen wollen.
Sklaven waren in ihrer Mehrheit Kriegsgefangene und hatten vor allem – immer gefesselt – in Bergwerken, in Steinbrüchen, auf den Feldern und, wenn sie besserer Art zu sein schienen, im Haushalt zu dienen (hier allerdings ohne Fesseln, wenn keine Fluchtgefahr bestand). Andere arbeiteten in Großbetrieben, wie etwa in einer Flötenfabrik, bei der Herstellung von Schilden, Speeren, Töpferwaren oder in der Textilindustrie.
Man schätzt die Zahl der in Griechenland beschäftigten Sklaven und Sklavinnen auf einige Hunderttausend. Sie bildeten deshalb auch eine beständige Gefahr für die Herrenschicht. Immer geht aus zeitgenössischen Texten hervor, wie Herrschafen, die Sklaven im Haus beschäftigten, Angst vor ihnen hatten und wie tief der Haß der Versklavten gegen ihre Besitzer saß. Über Leben und Tod konnten die griechischen Sklavenhalter nicht entscheiden, sonst aber war ihnen alles erlaubt, auch gegenüber Sklavinnen. Diese konnten ebenso wie ihre männlichen Leidensge-

fährten sogar der sogenannten Sklavenfolter unterworfen werden, wenn nach irgendeiner verborgenen »Wahrheit« gesucht wurde. Auf der anderen Seite waren Sklaven »Wertgegenstände«, wie Xenophon sagt: »Freunde läßt man kaltblütig Not leiden und untergehen, den kranken Sklaven führt man zum Arzt und pflegt ihn sorgsam.«

In Sparta sprach man von Perioken und Heloten. Perioken waren Halbfreie, standen aber tief unter ihren Herren. Heloten waren völlig rechtlose Sklaven. Jedes Jahr einmal wurden sie summarisch verprügelt. Wenn es ihrer zu viele wurden, brachte man sie einfach um. Während des peloponnesischen Krieges (424 v. Chr.) ließ man zweitausend von ihnen in einer einzigen Nacht »verschwinden«. Das Verfahren hieß Krypteia, ein antiker Vorläufer von »Nacht und Nebel«.

Niemand machte sich Gedanken über Sklaven und deren Lebensschicksal. Man sagte ihnen sogar »Lebensliebe« nach, also Furcht vor dem Sterben, was freien Griechen als äußerst schimpflich und verächtlich galt. Selbst Platon, der auf Syrakus selber einmal in Sklaverei geraten war und nur durch Vermittlung eines Freundes, des Archytas von Tarent, die Freiheit wieder erlangt hatte, sagt kalt: »Nichts ist gesund an einer Sklavenseele.«

Nur von Aristoteles ist bekannt, daß er »für gute Behandlung *tüchtiger* Sklaven« eintrat. Als ihm aber einmal einer seiner Freunde, Mnason, berichtete, er beabsichtige jetzt, tausend (!) Sklaven in Dienst zu nehmen, verlor der große Denker kein Wort des Tadels darüber. Selbst der Philosoph des schlichten Lebensgenusses, Epikur, hielt sich mehrere Sklaven, die mit ihm philosophierten, darunter die schöne Mys, die allerdings auch seine eifrigste Schülerin war. Demokrits Sklave Diagoras wurde später selber ein bekannter Philosoph.

Selbstverständlich gibt es aus der Antike auch zahlreiche Beispiele guter und sogar inniger Beziehungen und Anhänglichkeit zwischen Herren und Sklaven; Freilassungen waren nicht selten. Doch im Verhältnis zu den Massenheeren der Sklaven und Sklavinnen handelt es sich eben doch um Ausnahmen.

Die Frau als Haussklavin

Außer Sklaven gab es in Hellas kaum ein bedauernswerteres Menschenwesen als die verheiratete Frau. Schon die Mädchen wurden zu äußerster Zurückhaltung und zum Schweigen erzogen. Das galt auch für die Erwachsene. »Schweigen gibt der Frau ihren Schmuck«, sagte Sophokles in seinem »Aias«. Zur Schicklichkeit einer Frau gehörte aber nicht nur, daß sie nicht sprach; sie sollte sich so verhalten, daß auch nicht über sie gesprochen wurde.

Am gesellschaftlichen Leben durften Frauen nicht teilnehmen. Der Besuch des Theaters oder sportlicher Veranstaltungen war ihnen verboten. Jede Art von Bildung blieb ihnen vorenthalten. Sie durften nur gerade so viel lernen, wie zur Führung des Haushalts erforderlich war. Innerhalb des Hauses mußten sie sich in abgesonderten Gemächern, der Gynaikonitis, aufhalten. In Gesprächen, soweit wir sie aus der Literatur kennen, wird der Frauen häufig geringschätzig gedacht, ihr Bild ist im allgemeinen nicht strahlend, sondern eher verdunkelt, wie es uns von der unglücklichen Xanthippe, der Gemahlin des Sokrates, überliefert ist. Nur auf religiösem und kultischem Gebiet hatten auch freie Frauen uneingeschränkte Freiheit.

Fast überall in Hellas war die Ehe der Bürger lediglich eine vom Gesetz gestützte Institution, da Kinder nur als Freie galten, wenn sie von einer freien Mutter stammten. Die Mädchen wurden einfach verschachert, kannten weder Werbung noch seligen Brautstand; und wenn der Künftige merkte, daß da keine Erbschaft zu erwarten war, ließ er die Zugesprochene auch häufig sitzen. Eine Liebesbeziehung zwischen Eheleuten war selten, zumal Liebe von den meisten Hellenen als eine Krankheit angesehen wurde, die nur durch sofortigen Genuß geheilt werden konnte. Im Lauf der Geschichte verschwand auch noch der letzte Rest von Herzlichkeit aus der häuslichen Gemeinsamkeit. Übrig blieb die Frau als Haushaltssklavin und Gebärmaschine.

Nie ist die Lage der griechischen Ehefrau dramatischer geschildert worden als von Euripides. Die von ihrem Gemahl Jason verstoßene Medeia bricht in die bewegte Klage aus:

> Von allen Wesen, die vernunftbegabt auf Erden leben,
> fiel das schlimmste Los dem Weibe zu.
> Mit schwerem Gelde müssen wir uns den Gatten kaufen
> und leibeigen ihm werden; dieses auch. Das drückt noch

> schwerer. Und ob wir einen Guten oder Schlechten bekommen, daran hängt das Lebensglück. Denn für den Ruf der Frau ist jede Scheidung verderblich, und den Freier abzuweisen ist uns verwehrt.
> Aufs Ungewisse treten wir in ein neues Haus, ein neues Leben, und mögen raten, wie wir unseren Gatten behandeln, denn zu Hause hat uns das niemand gelehrt.
> Wenn es uns dann gelingt, die Ehe nicht zur Last dem Manne wird, beneidenswertes Glück! Sonst – lieber sterben.
> Denn wenn's dem Manne zu Hause nicht behagt, sucht er Erholung draußen sich und Trost. Wir haben nichts, nichts anderes als den einen.

Und in der Tat: Bei Hetären, bei leichten Mädchen und in der Knabenliebe suchten und fanden die edlen Griechen, was ihnen die unterdrückte Ehefrau zu Hause nicht zu geben vermochte. Ein landläufiges Sprichwort sagte es ganz ungeschminkt: »Hetären gibt es des Vergnügens wegen, Frauen unfreien Standes zum täglichen Gebrauch und Ehefrauen, um rechtmäßige Kinder zu erzeugen.«
Bei dem viel beredeten und in der Tat weit verbreiteten homosexuellen Umgang der Griechen handelte es sich in erster Linie um Freundschafts-, Lehr- und Kampfbündnisse, deren erotische Aspekte, wie sie bei allen engeren Beziehungen zweier Menschen herrschen, nicht unterdrückt wurden. Gerade das Hetärenwesen, die überall sich aufdrängende Prostitution und die literarischen Zeugnisse beweisen, daß Männer mit ausschließlich homosexuellen Neigungen selten gewesen sein dürften. Bezeichnend ist ferner die Ablehnung, auf die sich weibisch gehabende Männer in der Gesellschaft trafen. Forschungen der Archäologin Koch-Harnack ergaben überdies auch das Bestehen homosexueller Beziehungen zwischen Frauen der griechischen Antike.

Frauen in Sparta

Nur Sparta machte in dieser Gesellschaftsordnung Altgriechenlands eine Ausnahme. Hier waren Frauen vollkommen gleichgestellt. Die Verfassung des Landes stammt von Lykurgos, der irgendwann zwischen dem 9. und 7. Jahrhundert v. Chr. die ganze Welt von Indien bis Ägypten bereist haben soll, um alle Gesetze zu studieren. Er entschied sich schließlich für das kretische Vorbild; auf Kreta herrschte zu jener Zeit dorisches Frauenrecht. So konnten die spartanischen Mädchen vor der Ehe völlig frei über sich verfügen, geschlechtlich wie sozial. Es gab keinen Unterschied zwischen ehelichen und unehelichen Kindern. Es gab Vielmännerei, eine verheiratete Frau wurde von Männern Herrin (Kyria) genannt. Sie hatte auch das Verfügungsrecht über ihr eigenes Vermögen. Nach Euripides mischten sich die Töchter Spartas zu den jungen Männern, »die Hüften nackt, zu gleichem Ringkampf«.

Für die Athener war das alles skandalös. Sie lachten denn auch hämisch, als sich Euripides in seinem Stück »Andromache«* darüber ausließ. Es sei klar, deutete er an, daß es dem Paris leicht gefallen sei, die Spartanerin Helene (die schöne Helena) zu ver- und entführen, denn, so läßt er Peleus ausrufen: »Selbst wenn sie will, kann eine Frau zu Sparta nicht enthaltsam sein, wo Frauen das Haus verlassen und mit Jünglingen – nachlässig offen ihr Gewand, die Schenkel nackt – im Lauf und Ringerkünsten vereint sich üben. Kann es da ein Wunder sein, wenn ihr in Sparta keine keuschen Frauen erzieht?«

Kinderkriegen wurde mit Geld belohnt. Es bestand allerdings aus Eisen, weil Gold, Silber und Schmuck in Sparta verboten waren; als verpönt galten sogar kunstvolle Frisuren. Ehelosigkeit wurde bestraft, doch war es den verheirateten Frauen erlaubt, auch anderen Männern ihre Gunst zu gewähren. Mit dieser Regelung strebte Lykurgos zwei Ziele an. Einmal glaubte er, damit die Eifersucht aus der Welt schaffen zu können; zum anderen wollte er das Zeugen des Nachwuchses nicht allein »dem zufälligen Gatten« überlassen, sondern die Möglichkeit zum Zusammenfinden der beiden »Trefflichsten« offenhalten. Es ging ihm, modern gesagt, um Rassenzucht.

Der Versuch, Übermenschen heranzuziehen, gelang allerdings nicht. Als Epaminondas nach der siegreichen Schlacht bei Leuktra (371 v. Chr.) über Sparta herfiel, gab es Panik unter den Frauen: »Nachdem keine von ihnen jemals den Rauch eines feindlichen Wachfeuers gesehen

* 412 v. Chr. in Athen uraufgeführt.

hatte, schrien und liefen sie wild durcheinander und waren gänzlich außer sich« (Burckhardt). Die Männer Spartas flüchteten übrigens ebenfalls.

Die Hetären

Bei Homer verstand man unter hetairoi noch Freunde, Gefolgsleute, Begleiter und Ratgeber eines Königs.
Im späteren Hellas hat das Wort eine Bedeutung, für das die Übersetzer noch kein passendes deutsches Wort gefunden haben; einmal nennen sie die in Frage stehenden Damen »Gefährtin«, dann wieder »gute Freundin«, »gefällige Mädchen« oder einfach »Freudenmädchen«. Wieland stellte sie Künstlerinnen gleich. Zumeist waren sie in der Tat hochgebildet, besonders in Literatur, Philosophie, Musik und anderen Künsten, darunter nicht zuletzt der Ars amandi. Es ist deshalb nicht richtig, sie einfach als Prostituierte anzusehen. Für Straßendirnen hatten die Griechen das Wort »pornai«, wovon unsere Pornographie (Hurenschrift) abstammt. Ungefähr vergleichbar mit einer Hetäre wäre die Kurtisane der Renaissance, die Maitresse des Ancien Régime oder vielleicht auch die moderne »ständige Begleiterin« so mancher Prominenz.
In schroffem Gegensatz zu verheirateten Griechinnen waren Hetären fast die einzig wirklich freien Frauen in Hellas. Sie waren unabhängig, keinem Mann untertan und in gesellschaftlich hoch angesehener Position. Niemand nahm Anstoß an ihrem Gewerbe; im Gegenteil, Hetären verkehrten bei gesellschaftlichen Anlässen – von denen Ehefrauen stets ausgeschlossen waren – mit den berühmtesten und gebildetsten Männern des Landes, weilten beim Symposion unter Staatsmännern und Philosophen. In Kunst, Literatur und Theater nahmen sie durch die Jahrhunderte eine geradezu zentrale Stellung ein, man beschäftigte sich ständig mit ihnen, beim Volk genossen sie Bewunderung. Im späteren hellenistischen Alexandrien gehörten die meisten Paläste Hetären und berühmten Flötenspielerinnen, Künstlerinnen, neben deren musikalischen Qualitäten auch Fellatio vermutet werden darf.

Aspasia

Zu den berühmtesten Hetären zählt Aspasia aus Milet, die sogar eine Liebesschule unterhielt, in der sie junge Nachfolgerinnen ausbildete. Auf Wunsch fortschrittlicher Männer nahm sie auch deren Ehefrauen an, um ihnen das »gewisse Etwas« beizubringen. Sie war Geliebte des großen Staatsmannes Perikles und wurde schließlich seine Gemahlin. Mißgünstige erhoben gegen sie eine Anklage wegen Unzucht, doch traten zahlreiche Geistesgrößen Athens, unter ihnen Platon und Xenophon, für sie ein. Perikles, dem sie junge Mädchen ins Ehebett gelegt haben soll, vergoß zu ihrer Verteidigung sogar öffentlich Tränen. Nach seinem Tod widmete sich Aspasia einem kleinen Politiker namens Lysikles, den sie zu einem der ersten Männer Athens aufbaute. Sogar Sokrates ließ es sich lächelnd gefallen, wenn er von manchen Zeitgenossen ironisch »Schüler der Aspasia« genannt wurde.

Phryne

Nicht weniger berühmt war Phryne, »deren Schönheit das Altertum verklärte« (Dieckmann). Im Gegensatz zu anderen Hetären bedurfte sie keiner Schminke und zeigte sich in der Öffentlichkeit nur ein einzigesmal nackt, um bei einem Fest des Poseidon ins Meer zu steigen, was in ganz Griechenland ehrfürchtig als religiöse Huldigung Aphrodites gewertet wude; sah man sie doch als irdische Inkarnation der Liebesgöttin an. Der Anblick der Nackten inspirierte die Töpfer Athens, nach Phrynes jungen Brüsten zierliche Gefäße, sogenannte »mastos«, herzustellen.
Diese Brüste, die ihr Verteidiger Hypereides überraschend enthüllte, als Neider Phryne wegen Gottlosigkeit angeklagt hatten, waren es auch, die das Richterkollegium so blendeten, daß es die Angeklagte unverzüglich freisprach. »Die Richter«, so zitiert Athenaios nach alten Quellen, »wurden von heiliger Erkenntnis der Göttlichkeit ergriffen«, sie fühlten die Anwesenheit der Göttin, unter deren Schutz die Angeklagte stand.
Dem großen Bildhauer Praxiteles war Phryne nicht nur Freundin, sondern auch unentbehrliches Modell für seine Aphrodite-Statuen, deren eine er ihr widmete, während seine Meisterleistung, die Aphrodite von Knidos, vergoldet im Heiligtum von Delphi aufgestellt wurde.

Ihre Einkünfte als Hetäre waren für unsere Zeit unvorstellbar. So konnte sie es sich beispielsweise leisten, die von Alexander zerstörten Mauern ihrer Heimatstadt Thespiae auf eigene Kosten wieder aufbauen zu lassen. Im dortigen Aphrodite-Heiligtum waren ebenfalls zwei von Praxiteles geschaffene Statuen Phrynes aufgestellt, eine als sie selbst und eine als Göttin; zwischen beiden stand vom gleichen Bildhauer ein Eros, den er Phryne geschenkt hatte.

Lais

Weiter ist noch Lais zu nennen, die sich die Annehmlichkeiten ihrer Gesellschaft ebenfalls mit märchenhaften Summen entgelten ließ. Immerhin machte sie eine einzige Ausnahme und gab sich dem armen Philosophen Diogenes – zu Unrecht hauptsächlich wegen seiner Tonne berühmt – ohne Bezahlung hin, da sie ihn liebte.

Diese Abschweifung soll nur zeigen, welche Unbefangenheit Erotik und Sexualität im Altertum umgab. Selbst Aristoteles scheute sich keineswegs, sich (schriftlich) mit den ganz und gar durchsichtigen Schleiergewändern von der Insel Kos zu befassen, die übrigens nicht nur von Hetären getragen wurden. Auch Darstellungen der freien Liebe in Skulptur, als Vasenbild oder Wandgemälde erregten keinerlei Anstoß, wie zum Beispiel ein Relief, das den großen Staatsmann und Feldherrn »Alkibiades unter den Hetären« zeigt. Von der Malerei ist uns außer Beschreibungen nichts erhalten. Man weiß aber, daß große Meister wie etwa Apelles oder Zeuxis gerne verschiedene Hetären als Modelle benützten, allerdings immer nur die schönsten Teile von ihnen, die dann von den Künstlern zu vollendeten Figuren zusammenkomponiert wurden.

Vor allem belegt wohl die in höchsten und einfachsten Kreisen der Bevölkerung lebendige Gleichsetzung der Phryne mit Aphrodite beispielhaft, wie die Begriffe Frau und Göttin zwanglos miteinander verschmelzen konnten. Wirklich freie Frauen außer den Hetären gab es eigentlich nur auf dem Gebiet der Dichtkunst, der Philosophie und im Dienst eines Tempels und seiner Göttin. Zu Platons Hörerinnen gehörten Axiothea und Lastheneia. Arete, die Tochter des Sokrates-Schülers Aristippos, ließ sich von ihrem Vater ausbilden und lehrte dann selber Philosophie.

Bei den breitesten Volksschichten, die nicht zu den Vollbürgern zählten, bei den Banausen also, den Handwerkern, Handeltreibenden oder den Armen, lagen die Verhältnisse anders. Wie in jeder Gesellschaft, so eiferten auch sie der Oberschicht im Guten und Schlechten nach. Den Vätern war es erlaubt, unerwünschte Mädchen – ausgenommen erstgeborene – nach dem dritten Lebensjahr zu töten. Poseidippos sagt sogar, daß »jeder, auch der Arme, einen Sohn aufzieht, ein Mädchen aber selbst der Reiche aussetzt.« Bei den Ärmsten herrschte wie in der ganzen Antike vielfach eine verzweifelte Einsicht, worüber Plutarch schreibt: »Die Armen ziehen die Kinder aus Besorgnis nicht auf, dieselben möchten ein elenderes Leben führen als billig ist, geknechtet, ohne Erziehung, ohne alle Teilnahme am Schönen; denn die Armut halten sie für das äußerste aller Übel und bringen es nicht über sich, den Kindern diese große und schreckliche Krankheit mitzugeben.«

Es gab nur wenige ganz unabhängige Frauen. Zu ihnen zählten, wie schon angedeutet, vor allem Künstlerinnen, Dichterinnen und Frauen, die sich mit Philosophie und anderen Wissenschaften, vorwiegend Mathematik, beschäftigten. Poetinnen wie Myrtis und Korinna konnten mit männlichen Kollegen in öffentlichen Wettstreit treten, wobei einmal sogar der große Pindar von Korinna geschlagen wurde. Priesterinnen standen ebenfalls über den gesellschaftlichen Schranken. Ausnahmeerscheinungen waren auch Schönheitswettbewerbe, wie einer in Arkadien nachgewiesen ist, oder traditionelle Männerberufe, die von Frauen ausgeübt wurden. So ist etwa auf einer Grabinschrift eine Jägerin genannt, die so gewaltig gewesen sein soll, daß sogar »noch ihr Gebein die Tiere erzittern« ließ.

SAPPHO

Mit Sappho tritt uns die wohl berühmteste Dichterin des alten Griechenlands entgegen. Von ihrem umfangreichen Werk – Liebeslyrik, Götterhymnen und Hochzeitslieder – sind leider nur Bruchstücke erhalten; dennoch kann sich durch ihre einfache Sprache und die Höhe des Ausdrucks kein Leser einer tiefen Ergriffenheit entziehen.

Sappho lebte um 600 v. Chr. Sie stammte aus Mytilene auf

der Insel Lesbos, war gelehrt und führte ein ganz eigenwilliges, unabhängiges Leben, was ihr bei den zynischen Griechen des ausgehenden Hellenentums den Ruf einer »Buhlerin« eintrug. Noch in unserer Zeit wird sie – der Name der Insel hat es bewirkt – als Lesbierin angesehen. Sei dem, wie ihm wolle, Sappho hatte einen Kreis von jungen Mädchen um sich versammelt, die sie betreute und denen sie Lebenskultur, musische Künste und anmutiges Benehmen vermittelte, bis sie heirateten. In einigen Versen himmelt sie die Schönheit junger Frauen an, ebenso wie die Vorzüge attraktiver Jünglinge. Sie nennt auch einen Liebhaber, verschweigt aber seinen Namen. Phaon, den sie erwähnt, ist nur eine Sagengestalt der Insel. Zwischen den Frauen gab es auch dichterischen Wettstreit, wobei sich Sapphos Konkurrentinnen Damophila und Erinna besonders hervortaten. Ihr Bruder Charaxos interessierte sich für eine Hetäre namens Rhodopis, die zusammen mit dem Dichter Aesop in Sklaverei lebte. Er kaufte sie frei, und sie erlangte danach große Berühmtheit und bedeutenden Reichtum.

Die Götter des Olymp

Bei der Eroberung der griechischen Halbinsel durch die indo-arischen Hellenen kamen mit ihnen die fremden, vorwiegend männlichen Götter ins Land. Das Pantheon wurde patriarchalisch, doch behaupteten die Göttinnen eine souveräne Rolle nicht nur im Volksglauben, sondern auch im offiziellen Kult, was dem Göttervater Zeus nicht selten Verdruß bereitete.

Die zwölf olympischen Götter sind: Zeus, Hera, Athene, Poseidon, Demeter, Apollon, Artemis, Ares, Aphrodite, Hermes, Hephaistos, Hestia. Das sind sechs Männer und sechs Frauen. Alle anderen Gottheiten zählten nicht zu den gewaltigen Olympiern. Als oberste Göttin war nur Hera dem Zeus ebenbürtig, durchaus selbständig und keineswegs unterwürfig.

Olympische Komödie

Neben Hera, seiner Schwester und Gemahlin, zählt man 28 Geliebte, denen der Göttervater in vielerlei Gestalt beiwohnte und die ihm eine zahlreiche Nachkommenschaft schenkten. Es handelt sich wahllos um Göttinnen, Halbgöttinnen oder Sterbliche. So stammt der Held Herakles aus der Verbindung des Zeus mit Alkmene; mit Demeter, einer anderen seiner Schwestern, zeugte er Persephone; Aphrodite stammt aus seiner Zuneigung zu Dione; Eros aus dem Geplänkel mit seiner Tochter Aphrodite; Perseus von Danae; Leda beschenkte ihren Schwan mit der schönen Helena und den Zwillingen Kastor und Polydeukes (Castor und Pollux bei den Römern); von Leto stammen Apollon und Artemis; von Maia Hermes; von Metis Athene; von Semele Dionysos; von Antiope Amphion; von Elektra Iasion und Harmonia; von Europa Sarpedon und Minos. Die Liste ließe sich fortsetzen. In anderen Überlieferungen, die wahrscheinlich noch aus mutterrechtlicher Zeit herrühren, wird die Abstammung mancher dieser Kinder allerdings nicht auf Zeus zurückgeführt.
Gegen Ende seiner Laufbahn wurde der Olympier nur noch als alter Schürzenjäger und belächelnswerter Wettermacher angesehen. Seinen schlechten Ruf verdankt er fast ausschließlich den Klatschgeschichten, die Homer und Hesiod in ihren Werken verbreiteten. Beide haben den Olymp mit all seinen Intrigen, Eifersüchten und Betrügereien als Schauplatz einer wahrhaft klassischen Commedia dell'arte verewigt. Gewiß zeigten die Götter den Menschen oft Wohlwollen, gewährten ihnen Hilfe, doch ebenso scheint es ihnen Vergnügen gemacht zu haben, die Irdischen in Versuchung zu führen, sie zum Bösen anzureizen und zuzuschauen, was daraus werden würde.
Dieser Götterhimmel konnte dem Volk kein Vorbild sein, es sei denn ein schlechtes. Manche Stimmen beklagten denn auch den Mangel an Würde und Heiligkeit, und der große Pythagoras drückte ganz offen seinen Abscheu aus, indem er hoffte, Homer und Hesiod würden für ihren Frevel mit den schwersten Bußen im Tartaros bedacht werden, einer von der übrigen Unterwelt abgesonderten Strafabteilung. Heraklit tat es seinem Zeitgenossen im Haß gegen Homer und dessen groteske Götter zumindest gleich.
Glücklicherweise scherten sich die Hellenen selbst kaum

um derlei Polemiken. Sie machten gerne überall mit, weil der Dienst an den Göttern zumeist kurzweilig gestaltet und oft von Musik, Spiel, Tanz, Gesang und pantomimischen Aufführungen begleitet war. Schon bevor die heiligen Handlungen vor dem Tempel stattfanden, gab es fast immer einen Umzug festlich geschmückter Teilnehmer(innen), auf prächtigem Prozessionswagen erhob sich das Bildnis der Gottheit, deren Symbole von auserlesenen Dienern und Dienerinnen einhergetragen und zur Schau gestellt wurden. Opfertiere, die kostbaren Kultgeräte, Gaben und Weihgeschenke konnten besichtigt werden. Häufig wurde nach dem Brandopfer das Fleisch des geschlachteten Tieres zur Volksspeisung verteilt. Im Umfeld des Geschehens boten Kuchenbäcker, Garköche, Weinschenke und Händler mit Keramiksachen, Andenken und anderem Krimskrams ihre Waren an. Fast alle diese Elemente finden sich noch heute bei Prozessionen und ländlicher Kirchweih.

Überdies wußten die verschiedenen Obrigkeiten schon damals den Wert der Religion »fürs Volk« zu schätzen. Wer aber durchblicken ließ, nicht an die Götter zu glauben, wurde von den sogenannten Asebie-Gesetzen mit schwersten Strafen bedroht. Priestermacht gab es allerdings nicht. Eine Besonderheit der griechischen Religion war nämlich Offenheit nach allen Seiten, das Fehlen von Theologie und eines Priesterstandes. Zwar wurde, wie gesagt, sogar mit dem Tode bedroht, wer Atheismus erkennen ließ, die Götter selbst aber machten den Menschen keine Vorschriften, weder moralische, noch sittliche oder kultische. Diese Religion »lehrte nichts und war deshalb auch nicht zu widerlegen« (Burckhardt). Ihre Priester waren stets Laien, die im Turnus abwechselten und nicht zu einem Klerus zusammengeschlossen waren. Außer persönlicher Achtung genossen sie keinerlei Autorität im öffentlichen Leben.

Sicherheitshalber waren aber wohl die meisten Menschen damit einverstanden, wenn den Göttern regelmäßig die vorgeschriebenen Opfer dargebracht wurden, schon wegen des Gemeinwohls, sodann in Kriegszeiten oder wenn es um persönliche Anliegen ging.

Das alles hängt wohl mit dem zwiespältigen Charakter der

Griechen zusammen. Sie erscheinen uns als heiteres Volk, doch waren sie eigentlich nur verspielt, ihre Grundstimmung eher pessimistisch; in keinem Land der Antike gab es so viele Selbstmorde wie in Hellas. Der Glaube an ein unabänderliches Schicksal, das allein im Belieben der Moiren stand, wäre ohnehin mit theologischen oder gar klerikalen Vorschriften nicht vereinbar gewesen.

Welche Melancholie des Religiösen spricht schon allein aus dem Verhältnis der Hellenen zur Natur: Da sie in allen Dingen, vom Lauf der Gestirne bis zum Wachsen des kleinsten Grashalms, das Walten ewig gleicher kosmischer Kräfte sahen, gingen sie mit der Natur besonders ehrfürchtig um. Quellen, Wasserläufe, der Wind, Grotten, Bergesgipfel, alles besaß geheimnisvolles Leben. Fichten und Eichen galten als besonders heilig. In jedem Baum wohnte eine Waldnymphe. Sie mußte sterben, wenn der Baum gefällt wurde oder abstarb. Die Verehrung ging so weit, daß man Bäume küßte oder sich in besonderen Fällen sogar mit ihnen vermählte; man lagerte in ihrem heilsamen Schatten und goß Wein auf ihren Stamm.

Ein Hauch dieses Gefühls wird spürbar im »Hippolytos« des Euripides. Er spricht darin von einer Wiese, »die unberührte, von keiner Herde beweidete, von keinem Eisen verletzte, nur von Bienen überflogene, von heiliger Scheu geschützte, mit fließenden Bächlein befeuchtete...«.

Außer in Krieg und Wettkampf ließen die Männer gerne die Zügel schleifen, gaben sich den elegischen Freuden des Weins, der Liebe und eines ewig blauen Himmels hin. Was sie von der offiziellen Religion glauben mochten, hat Epikur wohl ganz richtig mit dem Ausspruch getroffen: ob die Götter existieren, gehe uns nichts an, »es kann so sein, kann aber auch anders sein«.

Eigentlich waren es immer die Frauen, die der religiösen Tradition Griechenlands neue Impulse gaben. »Sie sind es«, sagt der griechische Geograph und Historiker Strabon, »welche die Männer antreiben zu stets neuem Dienst der Götter, zu Festen und Anrufungen; ein für sich lebender Mann wird selten so gesinnt sein.« In seiner »Lysistrata« ergänzt Aristophanes: »Wenn man die Frauen aufrufen würde, nach dem Bacchus-Tempel oder dem Pan-Heiligtum oder dem Tempel der Aphrodite zu ziehen, dann wäre vor Handpauken nicht mehr durchzukommen.«

Da kommt ein wichtiger Unterschied zum Vorschein. Seit den vorgeschichtlichen Zeiten des Matriarchats bestand ein besonderes, nie unterbrochenes Verhältnis zwischen Frauen und Göttinnen fort, ein mystisches Verhältnis, wie es Männer und männliche Götter nie miteinander verband.

Deshalb auch genossen Griechenlands Frauen wenigstens in religiösen Dingen ihre völlige – und auch einzige – Freiheit. Sie übten sogar eigene Kulte, zu denen Männer nicht zugelassen waren, wie etwa die jedes Jahr im November zur Herbstaussaat und bei Neumond veranstalteten Thesmophorien zu Ehren von Demeter und Kore. Da die Riten streng geheim waren, wissen auch wir nur andeutungsweise, was sich dabei abspielte. Sicher ist, daß die Ackerfurchen mit frisch gesammeltem Menstruationsblut beträufelt wurden, ein Wachstumszauber, da sich das Nachtgestirn erneuerte, und zugleich eine Huldigung der Urmutter aller Dinge, der Mondgöttin Demeter. Ihr zeigten sich die jüngeren Teilnehmerinnen auch nackt, um die Göttin mit dem Anblick ihrer schönen Geschlechtsgenossinnen zu erfreuen.

Abgesehen von wenigen ausländischen Kulten, wie etwa dem der Kybele (S. 99), hatte die olympische Religion nur zwei Konkurrenten, die hier eine kurze Erwähnung verdienen. Der berühmte Sänger Orpheus – übrigens von eifersüchtigen Mänaden in Stücke gerissen – steht im Mittelpunkt einer mystischen Verkündung von Wiedergeburt und Erlösung, die mit Erfolg auf Volkstümlichkeit gerichtet war. Viele Forscher halten die Bewegung für unseriös, für zu geschäftstüchtig und im übrigen für ein mit dionysischen Elementen durchsetztes Zerrbild der Lehren des Pythagoras. Dennoch bildete sie bis zum Ende des Hellenismus ein unerschöpfliches Glaubensthema und ein dankbares Sujet für bildende Künstler.

Der Orden des Pythagoras ist durchaus ernster zu nehmen. Der große Mathematiker sah nicht nur die mathematische Ordnung des Kosmos – die »Harmonie der Sphären« – und die Beziehung zwischen Mathematik und Musik. Er verband auch das ewige Gesetz von Werden und Vergehen mit der indischen Lehre der Wiedergeburt, die er Metempsychose nannte. Seit der griechische Geograph und Seefahrer Skylax von Karyanda im Auftrag des Perserkönigs Darius I. im 6. Jahrhundert v. Chr. den Indus erforscht hatte, waren ja genügend Berichte über das Wunderland Indien nach Hellas gelangt.

Von seiner Heimat Samos emigrierte Pythagoras nach Unteritalien, weil er nicht unter der Diktatur des Tyrannen Polykrates leben wollte. Im fernen Kroton gründete er dann seinen Bund auf ethischer und religiöser Grundlage, wozu auch Askese, Bußfertigkeit, Gütergemeinschaft, wissenschaftliches Forschen und einfaches Leben gehörten. Nur wer die strenge Sittlichkeit einhalte, der Fromme, der Eingeweihte, werde eines Tages geläutert aus der Last beständiger irdischer Wiederkehr entlassen – ins Nichts, das buddhistische Nirwana*, oder zu Gott? Darüber führen die Gelehrten einen fruchtlosen Streit.

Frauen waren bei Pythagoras zum erstenmal in der Geschichte Griechenlands den Männern gleichgestellt. Mit der Wiedergeburt wäre es doch auch unvereinbar gewesen, Frauen von diesem Kreislauf auszunehmen. Schließlich konnten bei der Seelenwanderung nicht nur einmal Tiere oder Pflanzen der neuen Verkörperung dienen, sondern auch Menschenwesen des anderen Geschlechts. Theano, die Gemahlin des Meisters, und Damo, seine Tochter, waren zugleich seine eifrigsten Anhänger und Schülerinnen.

DIONYSOS

»Dionys ist in vollstem Sinne des Worts der Frauen Gott… Der dionysische Kult hat dem Altertum die höchste Ausbildung einer durch und durch aphroditischen Zivilisation gebracht, und ihm jenen Glanz verliehen, von welchem alle Verfeinerung und alle Kunst des modernen Lebens verdunkelt wird.«

Dionysos verdient nach diesen überraschenden Worten Bachofens einen besonderen Platz, da er dem Bild der hellenischen Frauen und Göttinnen eine ganz spezielle Note verleiht. Als er aus Thrakien oder Phrygien eintraf, er-

* Buddha, ca. 560–ca. 480 v. Chr. Pythagoras ca. 582–497 v. Chr.

oberte er sofort die Herzen der Hellenen – besonders der Helleninnen –, traf aber auch auf Widerstand und Ablehnung.
Seine Anziehungskraft beruhte gewiß nicht allein darauf, ein schöner Jüngling zu sein. Er eilte nicht dahin auf den etwas ausgefahrenen Straßen der Herren Zeus, Apollon oder Hermes, wie Homer sie geschaffen hatte. Dionysos war dynamisch, wie wir heute sagen würden, innovativ, ja revolutionär. Er liebte extravagantes Auftreten, fuhr auf einem von Leoparden gezogenen Wagen, war dazu ein fröhlicher Trinker und stets mit einem Gefolge von Nymphen, Silenen und lüsternen Satyrn umgeben, Förderern und Beschützern der Fortpflanzung. Er war gegen Ehe und Bindungen überhaupt, befürwortete die freie, sinnliche und orgiastische Liebe. Durch die ekstatischen Riten seines Kultes versprach er den Menschen Erlösung – und mit dem Erlösungsgedanken brachte er nach Griechenland ein tatsächlich religiöses Motiv, das vor ihm noch niemand – Pythagóras vielleicht ausgenommen – bedacht hatte.
Hingerissen schreibt Bachofen in seiner »Orphischen Theologie«: »An der Stelle des jeder Sinnlichkeit entrückten himmlischen Gesetzes erscheint jetzt das heiße Tigerleben und die tropische Naturüppigkeit, jeder Fessel entledigt, jeder hemmenden Schranke entzogen, als die wahre Manifestation der Gottheit. Die höchsten Weltpotenzen, der ganze planetare Kosmos dient nur Einem Zwecke, nur Einem Schöpfungsgedanken, der Befruchtung und dem natürlichen Geschlechtsleben jeder Kreatur. Nicht nach der geistigen Reinheit, vielmehr nach der sinnlich-phallischen Kraft wird alles gemessen , die wuchernde Sumpfschöpfung als hervorragende Offenbarung spontaner Zeugungslust in Pflanzen und Tieren mit besonderer Heiligkeit umgeben, in den üppigsten Gründen unter ewig grünender und blühender Natur Dionysos am liebsten gesucht und der erotische Enthusiasmus des animalischen Lebens im Sinnentaumel des ungezügelten Weingenusses als Gegenwart des weltbesiegenden Gottes gefeiert.«
Der neue Gott des Weins, der Liebe und der Erlösung erwies sich vom ersten Augenblick an als absolutistische Herrschernatur. Er verlangte von jedem und jeder sofort unbedingte Anhängerschaft. Widerstrebende verfolgte er

bis zur Vernichtung; am liebsten schlug er sie mit Wahnsinn, der sie in den eigenen Untergang trieb. Als sich zum Beispiel die Töchter des Königs Minyas von Orchomenos weigerten, an den Festivitäten zu Ehren des Dionysos teilzunehmen, machte er sie geisteskrank, worauf sie ihre eigenen Kinder zerfleischten; dann verwandelte er die bedauernswerten Prinzessinnen in häßliche Fledermäuse.
Auf der anderen Seite nahm Dionysos gerne das Gastgeschenk des Königs Oineus von Ätolien an, eine Nacht mit dessen Gemahlin Althaia zu verbringen. Der Verbindung entsprang Deianeira, die spätere Gattin des Herakles. Mit Aphrodite zeugte er den grotesken Priapos.
Selbstverständlich erhob der vielseitige Gott auch Anspruch darauf, in den Kreis der zwölf olympischen Götter aufgenommen zu werden, wogegen sich Hera, die Schirmherrin der Ehe, heftig sträubte. Es half nichts: Hestia, die uralte Göttin des Herdfeuers, stellte ihm bescheiden ihren eigenen Platz zur Verfügung – womit das bisherige 6:6-Gleichgewicht um eine Stimme zugunsten der männlichen Olympier verschoben wurde und das Patriarchat endgültig etabliert war. Die Zeitgenossen erkannten das natürlich nicht. Es war nur wichtig, den ausländerfeindlichen Hellenen die Einbürgerung mit der rasch erfundenen Legende schmackhaft zu machen, Dionysos sei ein Sohn von Zeus und Semele. Eine noch wichtigere Eroberung war es für den neuen Gott, die Oberhoheit über das Orakel von Delphi mit Apollon teilen zu können.
Mit Charme und Ellbogen brachte er es am Ende dazu, in ganz Griechenland anerkannt zu sein. Im späteren Hellenismus war er eindeutig die oberste Gottheit, neben dem die traditionellen Olympier im Schatten standen, sofern sie überhaupt noch eine Rolle spielten. Im großen Heiligtum der Juden, im Tempel von Jerusalem, wurde mit Erlaubnis des Hohepriesters Menelaos ein Dionysos-Altar errichtet, wo man zuvor schon Zeus dem Jahwe gleichgestellt hatte. In Ägypten gründete man auf des Gottes Geheiß das Orakel des Amon-Re. Die dionysische Religion erreichte sogar Indien. Selbst Rom unterwarf sich dem Kult des phrygisch-griechischen Aufrührers unter dem lateinischen Namen Bacchus. Daraus entstand ein Skandal, von dem noch gesprochen werden wird.

Die ohnehin schon recht weltlichen religiösen Feste Griechenlands wurden unter dem Zepter des neuen Herrn zu einer Art Karneval. Wie beim Umzug jeder griechischen Gottheit deren heilige Symbole mitgeführt und so dem Volk gezeigt und eingeprägt wurden, so geschah es auch bei den Feierlichkeiten zu Ehren des Dionysos. Dessen wichtigstes Symbol aber war ein hoch aufgerichteter Phallos, der geschmückt und bekränzt der Prozession vorangetragen wurde. Tanzende Mänaden und als Satyrn herausgeputzte Mimen umschwärmten ihn. Zum »guten Ton« gehörte es bei diesen Veranstaltungen, daß sich Frauen und Männer zum Gaudium des Publikums gruppenweise gegenseitig wüst und obszön beschimpften, als gelte es, einen Siegespreis zu gewinnen. Des Nachts waren dann alle Freiheiten erlaubt.

Dionysos galt bei den alle zwei Jahre stattfindenden trieterischen Opfern als persönlich anwesend (Fachausdruck: Parusie). »Um diese Zeit glaubte man«, so Burckhardt, »daß der Gott seine Erscheinung bei den Menschen vollziehe, und da versammelten sich in vielen Griechenstädten die bacchischen Schwärme der Frauen, und die Mädchen tragen Thyrsen* und man besingt die Parusie des Gottes: ›Macht frei den Pfad, denn der Gott will hocherregt durch eure Mitte schreiten!‹« Dieses Fest war jedesmal auch der unmittelbare Anlaß für das spontane Zusammenfinden der großen Frauenschwärme bei Fackelschein in den winterlichen Wäldern.

Euripides schildert in seinen »Bacchen«, die in Athen ein Jahr nach seinem Tode uraufgeführt wurden, was sich in den Wäldern des Berges Kithairon abgespielt haben könnte, als dort die Anbeterinnen des Gottes, die Mänaden, ihr orgiastisches Fest feierten. Männern war es unter Todesstrafe verboten, sich zu nähern. Doch Pentheus, König von Theben, ein Gegner des Kultes, klagt, daß die Frauen »das Waldgebirg im Wahn durchschwärmen und mit Reigen ihn, den neuen Gott Dionysos, verherrlichen.« Irgendwie will er selber gesehen haben: »Eine schleicht

* Thyrsos = Stab mit Efeubüscheln oder Pinienzapfen an der Spitze, oft auch mit Weinlaub und flatternden Bändern umwunden, phallisches Zeichen des Dionysos.

sich hier, die andere dort davon, sich in der Stille buhlerischer Lust zu freuen. Sie heucheln, Bacchen wären sie, Begeisterte, doch Aphrodite ziehen sie dem Bacchos vor.« Die weitere Schilderung spricht von »ledigen Mädchen, jungen und bejahrten Frauen... die mit nackter Ferse wahnentflammt dahinstürmen. Nattern haben sie ins Haar geflochten, einige tragen im Arm junge Wölfe und Rehe: diesen spenden sie die weiße Milch aus vollen Brüsten. Und ihrer eine sah man hier ein fettes Kalb in Stücke reißen mit der bloßen Hände Kraft, die dort zerfleischten Kühe, scharenweis erhascht... und Stiere, die voll Kampfesmut die Hörner kaum in Wut erhoben, wurden auf den Grund gestreckt, bewältigt von der tausendfachen Frauenhand.«

Ein besonderer Leckerbissen in diesem Text: »Und eine nahm den Thyrsos, schlug und traf den Fels, daß hellen Taues kühler Quell dem Stein entsprang.« Sollte Mose mit diesem Kunststück (Ex 17,5–6) nicht allein gewesen sein? Allerdings ist rätselhaft, wie der gute König Pentheus dies alles hat berichten können. Nachdem er sich nämlich angeschlichen hatte, um die tollen Weiber persönlich mit Augen und Ohren zu belauschen, wurde er entdeckt und von den Rasenden in Stücke gerissen. Noch im Rausch der Tat packte Agaue, die Mutter des Königs, den blutenden Kopf des Zerfleischten und rannte nach Hause; erst dort erkannte sie, daß es sich um ihren Sohn handelte.

Die historische Tatsache der rasenden Frauenschwärme kann nicht geleugnet werden. Die Lenaia, wie die wilden Feste genannt wurden, fanden – nach unserem Kalender gerechnet – jeweils im Januar statt. Nach einigen Quellen trugen die schwärmenden Mänaden lange weiße Gewänder mit Rehfellen darüber, stürmten dahin mit aufgelöstem Haar, in den Händen Schlangen, Dolche oder den Thyrsosstab. Daß sie Kühe und selbst Stiere niederwarfen und zerfleischten, sagt außer Euripides niemand; dagegen wird sehr wohl berichtet, die Frauen pflegten Rehkitze zu fangen, mit Händen und Nägeln zu zerlegen und das blutig rohe Fleisch mit den Zähnen zu reißen.

Für die psychologischen Ursachen, »welche das weibliche Wesen in Aufregung brachten« (Burckhardt) stehen nur schwache Beispiele aus späteren Zeiten zur Verfügung.

Religiöser Massenwahn brach sich wohl Bahn in den Geisslerprozessionen des Mittelalters, bei den St. Veits- und St. Johannistänzen, bei den ekstatischen Verzückungen Tausender im Anblick einer angeblichen Marienerscheinung, bei den Schüttlern und Rollern amerikanischer Sekten, bei den hysterischen Orgien in manchen Frauenklöstern. Wie hier die moderne Wissenschaft längst sexuell Unterschwelliges entdeckt hat, so spielte dieses Motiv beim Kult eines hocherotischen Gottes wie Dionysos ganz gewiß ebenfalls eine bedeutende Rolle.

Bachofen meint, Dionysos entfache durch die Verbindung von religiöser Erregung und sinnlicher Sehnsucht in seinen Anhängerinnen »eine Mania, deren begeisterter Rausch die Grenzen der Menschlichkeit hinter sich zurückzulassen scheint. Nicht auf der Unterdrückung, sondern auf der Entwicklung des Sensualismus ruht dieses durch und durch aphroditische Frauenleben, das der ganzen antiken Zivilisation seinen Stempel aufdrückt.«

Im übrigen wurden die Teilnehmerinnen des Massenwahns von den Griechen hoch geachtet, ja auch geschützt, wenn sich ihnen etwa Gegner des Kultes oder fremde Söldner, wie zu Delphi geschehen, ungebührlich nähern wollten. Als sich einige Mänaden einmal bei Sturm im verschneiten Gebirge verloren hatten, wurde eine *Mann*schaft zu ihrer Rettung ausgeschickt. Wie immer der Einzelne zu all dem stehen mochte, im alten Griechenland wurde der dionysische Taumel ruhig als ein normales Geschehen zur Kenntnis genommen. Nur die Behörden waren mißtrauisch, da sie argwöhnten, in geschlossenen Zirkeln werde nächtlich nicht nur göttlichem Sinnenkult gehuldigt, sondern auch politisch geklüngelt.

Hellas' Göttinnen

Die Göttinnen Griechenlands stammen ausnahmslos aus der Zeit des Mutterrechts. Wie in Mesopotamien, so sind auch hier verschiedene Gottheiten allmählich in einer einzigen zusammengeflossen, wie etwa Göttinnen, die ursprünglich nur lokale Bedeutung hatten. Ein wichtiges

Indiz für diesen Vorgang einer Rangerhöhung sind Berichte, wonach es sich durchwegs um Mondgöttinnen gehandelt hat. Zu ihnen werden neben zahlreichen anderen auch Helena, Kirke, Medeia oder Iphigeneia gerechnet. Nachfolgend stehen die sechs olympischen Göttinnen – Aphrodite, Artemis, Athene, Demeter, Hera und Hestia – im Vordergrund, andere von größerer Bedeutung können nur weniger ausführlich erwähnt werden. Aphrodite ist ein eigener Abschnitt gewidmet.

Artemis

Artemis, die römische Diana, kann griechischen Ursprungs sein, obwohl manches auf eine phrygische oder auch eine andere urtümliche Herkunft hindeutet. Dazu gehört beispielsweise der Kultbrauch, die Göttin zu verspeisen, und zwar in Gestalt der von ihr erlegten Tiere – ob Wachtel oder Bär –, deren Fleisch durch die Berührung mit dem göttlichen Geschoß eine Transsubstantiation in das wahre Fleisch und das wahre Blut der Artemis erfuhr.
Andere Indizien deuten auf Beziehungen zu alten Göttinnen umliegender Barbarenvölker hin, wie etwa Bendis oder Anaitis. In der antiken Kunst wird sie häufig mit vielen Brüsten als Allnährerin dargestellt. Ganz klar ist sie ursprünglich Mondfrau und Große Mutter, die am Beginn aller Mythologien steht. Das mag manche Widersprüche erklären. So ist sie einmal vielseitige Beschützerin der fleischlichen Liebe und der Fortpflanzung von Tier und Mensch; in Sparta feierte man sie unter dem Namen Korythalia mit orgiastischen Tänzen. Dann wieder erscheint sie als züchtige, Männer abweisende Jungfrau, weshalb man sie für die Herrin der Amazonen hielt. So soll in vorgeschichtlicher Zeit einmal eine von den Griechen verfolgte Gruppe von Amazonen im Tempel der Göttin Zuflucht gefunden haben, weshalb noch heute in der armenischen Sprache das Wort Amazone »Mondfrau« bedeutet.
Der schillernde Charakter der Artemis kommt in zwei ihrer Legenden deutlich zum Ausdruck. Einmal geht es um das Geschick des jungen Aktaion, der selber ein großer Jäger war. Als er einst durch die Wälder streifte, kam er an die Ufer des Kithairon, wo Artemis mit einem Schwarm von Nymphen, die sie stets begleiteten, nackt badete. Die-

ser holde Anblick wurde dem unschuldigen Waidmann zum Verhängnis. Er wurde entdeckt und von der wütenden Artemis auf der Stelle in einen Hirsch verwandelt, worauf seine eigenen Jagdhunde über ihn herfielen und ihn zerfleischten.

Der hl. Hippolytus des katholischen Kalenders (13. August) wurde nach der Märtyrer-Legende auf Befehl Kaiser Valerians 258 mit den Füßen an den Hals eines Pferdes gebunden und zu Tode geschleift. Er ist kein anderer als der griechische Hippolytos, ein geliebter Jagdgefährte der Göttin Artemis, der einer ersten Legende zufolge die Liebe seiner Stiefmutter Phaidra verschmähte, die ihn mit Hilfe Poseidons von dessen Rossen zertrampeln ließ, bevor sie sich selber tötete. Eine zweite Version sagt, Hippolytos sei ein Geliebter des Kentauren Chion gewesen und von der eifersüchtigen Aphrodite den wilden Pferden Poseidons vorgeworfen worden. Artemis aber, die ihn wahrhaft liebte – ihr altrömischer Festtag als Diana war der 13. August! – habe Aesklepios (Äskulap), den Gott der Heilkunst, bewogen, den Geliebten ins Leben zurückzurufen. Das wiederum erzürnte Zeus, doch verbarg Artemis den Auferstandenen in einer Wolke vor den Blicken des Göttervaters und brachte ihn nach Italien. Dort lebte Hippolytos versteckt unter dem Namen Virbius in den Albaner Bergen, in Liebe umhegt von der Nymphe Egeria. Sein Heiligtum im Hain von Nemi bestand noch in christlichen Zeiten, und als verwandelter Heiliger lebt der Geliebte der Göttin Artemis bis heute fort.

»Groß ist die Artemis von Ephesus!« Dieser tausendstimmige Ruf einer euphorischen Menschenmenge ist sogar im Neuen Testament überliefert (Apg 19,28 und 34). Der monumentale, mit aller Pracht ausgestattete Tempel der Artemis zu Ephesus – der Artemision – zählte in der Antike zu den sieben Weltwundern. Im Jahre 356 v. Chr. steckte ihn ein gewisser Herostratos in Brand, um seinen Namen in die Geschichte eingehen zu lassen (was ihm tatsächlich gelang). Das Heiligtum wurde nachher wieder aufgebaut; heute sind nur noch wenige Reste davon erhalten.

Infolge ihres Jägerlebens in der Wildnis ist Artemis kräuterkundig und daher auch Heilgöttin. Auf der anderen Seite gilt die Pfeilbewehrte als »Bringerin des raschen Todes«. Dennoch ist sie zugleich Beschützerin des Wildes und der Pflanzen. Deshalb ließ sie auch Windstille eintreten und hinderte damit die griechische Flotte an der Ausfahrt nach Troja, weil König Agamemnon eine ihrer heiligen Hirschkühe erlegt hatte, oder, wie andere sagen, weil er sich gebrüstet habe, er sei ein größerer Jäger als selbst Artemis. Um die Göttin zu versöhnen, so riet der Seher Kalchas, sollte der König seine eigene Tochter Iphigeneia (lat. Iphigenia) opfern, was er auch tat, wie Aischylos und Lukrez berichten, während Euripides die Sache beschönigt und sagt, Artemis habe das Mädchen in letzter Sekunde nach Tauris entrückt und den Schlachtmessern der Opferpriester eine Hirschkuh unterschoben.

ATHENE

Athene, die »Eulenäugige«, wie Homer sie gerne nennt, wird zumeist mit Helm, Speer und Schild dargestellt. Dabei ist sie überaus friedliebend, haßt das blutige Getümmel der Schlachten, besitzt nicht einmal eigene Waffen, die sie sich im Bedarfsfall von Zeus ausleihen muß. Zu ihren Attributen – Eule und Schlange – gehört auch ein Ölzweig, den Menschen bis heute ein Symbol des Friedens.
Nach Platon stammt die Schutzgöttin Athens aus mutterrechtlicher Zeit; er nennt sie eine Verkörperung der ägyptischen Neith, deren verschleiertes Bildnis im Wallfahrtstempel zu Sais stand. Dagegen hörten die Griechen lieber, Athene sei dem Haupt des Zeus entsprungen; ausländische Herkunft galt ihnen als barbarisch. In ihrer Jugend soll Athene eine Freundin beim Spiel durch einen unglücklichen Zufall getötet haben. Deren Namen, Pallas, fügte sie dann ehrenhalber ihrem eigenen hinzu. Als Beschützerin des Staatswesens mußte sich Pallas Athene auch mit dem Kriegswesen befassen. Das wiederum macht sie zur Erfinderin; und hier, im Geistigen, im Genialischen, liegt der Göttin eigentliche Bedeutung. Dazu kommt ihr ausgesprochener Sinn für das Praktische. Sie brachte den Menschen vielerlei nützliche Künste bei, wie etwa den Schiffbau oder die Goldschmiedekunst. Fast jede Neuerung wird ihr von den Hellenen zugeschrieben, von der Flöte bis zum Pflug und zum Zaumzeug der Pferde; sogar das Kochen, Weben und Spinnen sollen die Frauen

von ihr gelernt haben. Als Kriegsgöttin sind es nicht Waffen und Angriff, die sie vorab interessieren, sondern die intellektuelle Seite, nämlich Strategie, geschickte Verteidigung und raffinierte Kriegslist: Das trojanische Pferd soll Athene erfunden und sogar mitgebaut haben. Schließlich wird sie ganz allgemein als Göttin der Wissenschaften angesehen. Kein Wunder also, wenn auch geniale Menschen, wie etwa Odysseus, stets mit ihrer Huld und Hilfe rechnen können.

Athene ist neben Hestia die einzige olympische Göttin, die nicht verheiratet war, keine Kinder gebar und im Ruf untadeliger Keuschheit steht. Nicht einmal die Klatschsucht der Hellenen vermochte ihr irgendeine Affäre anzuhängen, wenn man von einem Versuch des Hephaistos absieht, sie zu vergewaltigen, den sie abschmetterte.

Im Rat der Götter hatte nicht Zeus, sondern Athene die entscheidende Position. Bei gleichmäßig geteilter Meinung (6:6) obsiegte die Partei, der Athene angehörte. Und handelt es sich um einen Rechtsfall – bei Stimmengleichheit also um einen Zweifelsfall –, so stimmt sie stets und immer für den Angeklagten; ein Grundsatz, der später ins römische und damit auch in unser geltendes Recht eingegangen ist: in dubio pro reo – »im Zweifel für den Angeklagten«.

Einen der bedeutendsten Reichtümer Griechenlands haben die Hellenen immer Athene gedankt: Nach der Sage war sie es, die dem Land die Olive brachte, deren Anbau lehrte und die erste Ölpresse konstruierte. Natürlich war Öl im Altertum schon lange vor den Griechen bekannt, aber erst durch die Hand Athenes kam ihm nun eine gewisse heilige Bedeutung zu, als Salböl (chrisma) zumal, was wohl höchsten Ausdruck in dem griechischen Wort »Christos«, der Gesalbte, findet.

Demeter

Demeter, »die Schönbekränzte«, auch Deo genannt, ist eine Weiterbildung der alten Göttin Gaia. Damit ist sie Allmutter des Lebens, Herrin der Natur, ordnende Macht des Daseins, oberste der Göttinnen.

In Darstellungen trägt sie einen Apfel in der Rechten; er ist in den geheimen Mysterien von Eleusis ein Symbol der

Fruchtbarkeit. Auch zu Hera, der Gemahlin des Allvaters Zeus, gehört ein Apfel, im Paradies hat er die gleiche Bedeutung, und schließlich erscheint er im Mittelalter auch in der Hand Marias.

Demeter ist eine dreifaltige Göttin, die fast immer im Plural angesprochen wird: »Die Mütter«, »Die Göttinnen« oder auch einfach »Die Drei«. In Demeter-Tempeln fanden sich für sie drei Altäre. In alter Zeit dachte man sie als Erdgöttin Gaia und deren Töchter Themis und Phoibe in einer Person. Eine spätere Deutung sieht in ihr eine Allegorie des jungen Mädchens, der reifen Frau und der Greisin; wieder andere sagen, es handle sich um die Göttinnen Kore, Persephone und Hekate. Aber auch Hekate ist wiederum eine dreifaltige Göttin in Gestalt der drei sichtbaren Phasen des Mondes – zunehmend, voll und abnehmend – und Beherrscherin der drei Weltbereiche Himmel, Erde und Unterwelt. Diese Kombinationen lassen sich schier endlos fortsetzen, führen jedoch zu keinem Ergebnis. Sie zeigen Demeter immerhin als eine allumfassende Urgöttin, die in Griechenland lange vor der hellenischen Einwanderung und der Errichtung des klassischen Olymp herrschte. Erst danach wird sie zur Schwester des Zeus umgedichtet.

Auf dreimal gepflügtem Feld vereinigte sie sich mit ihrem Neffen Iasion, einem Sohn ihres Bruders Zeus mit Elektra, wie einige sagen – andere meinen, Iasion sei ein Sterblicher gewesen. Demeter jedenfalls gebar einen Sohn, Plutos (Reichtum). Von ihrem Bruder Zeus hatte sie bereits eine Tochter, Persephone, einfach Kore, »das Mädchen« genannt.

Demeters Leiden beginnen, als ihre Tochter Persephone – Kore, »das Mädchen« – eines Tages spurlos verschwindet. Zuletzt war sie im Begriff gewesen, auf einer üppigen Wiese Blumen zu pflücken. »Da klaffte plötzlich gähnend die Erde…«, weiß Homer zu berichten, und »heraus stürmte der große Umfasser… raubte die Jungfrau, so sehr sie sich sträubte und führte jammernd auf goldenem Wagen sie fort.« Der Übeltäter ist ein Onkel der Geraubten, Hades, der Gott der Unterwelt, die weder Menschen noch Götter mit einer Hoffnung auf Wiederkehr betreten können.

Überall in der Welt sucht Demeter nach der verschwundenen Tochter, Tag und Nacht. Eine Nymphe berichtet ihr, Hilferufe gehört zu haben, doch weitere Nachforschungen ergeben nichts. Am neunten Tag ihrer verzweifelten Suche gelangt die Göttin unerkannt an den Hof des Königs Keleus von Eleusis. Hier verwandelt sie einen Prinzen, der sie unehrerbietig angesprochen hatte, mit einem einzigen Blick in eine Eidechse. Als Wiedergutmachung verspricht sie dem König und Metaneira, seiner Gemahlin, dafür deren jüngeren Sohn Demophoon unsterblich zu machen.
Die Prozedur zu diesem Ziel ist eine umständliche Zauberzeremonie. Zu ihr gehört es, den Knaben über ein Feuer zu halten. Doch da springt die Königin entsetzt hinzu und entreißt ihr das Kind. Der Bann ist durchbrochen, die Unsterblichkeit verspielt: Demophoon bleibt eine Beute des Todes. Die Episode ist bemerkenswert, weil sie in gleicher Weise auch der ägyptischen Göttin Isis bei ihrer Suche nach Osiris widerfährt.
Trotz der peinlichen Zwischenfälle lohnt sich der Aufenthalt bei König Keleus für Demeter. Ein anderer seiner fünf Söhne, Triptolemos, war nämlich beim Schweinehüten Zeuge geworden, wie sich die Erde öffnete und seine Schweine verschlang. Ein von schnellfüßigen Pferden gezogener Wagen war in die aufgetane Öffnung nachgefolgt – und der Rosselenker hatte ein junges Mädchen im Arm gehalten.
Nun sucht Demeter Hilfe bei Hekate und erfährt alles: Zeus hatte von den Raubabsichten seines Bruders Hades gewußt und sie stillschweigend gebilligt. Die Göttin fühlt sich tief gedemütigt, zumal Bruder Zeus ihr Liebhaber gewesen war, das Mädchen die Folge. Klar gesagt: Vater Zeus hatte die eigene Tochter seinem Bruder preisgegeben. In ihrem Zorn befiehlt Demeter der Natur, hinfort keine Früchte und keine Jungtiere mehr hervorzubringen, damit alle Menschen auf der Erde sterben sollen. Für Zeus und die anderen Olympier ist das ein schwerer Schlag, denn wenn es keine Menschen mehr gibt, wer soll ihnen opfern und sie mit Speise und Trank versorgen? Versöhnende Geschenke von den Höhen des Olymps weist Demeter stolz zurück. Hades soll das Mädchen herausgeben, oder die Erde bleibt unfruchtbar.

So muß sich denn Zeus entschließen, persönlich mit seinem Höllenbruder zu verhandeln. Hades läßt sich breitschlagen, die Geraubte herauszugeben, falls diese während ihres Aufenthalts in der Unterwelt nicht von den Speisen der Toten gegessen habe. Das hatte sie nicht, und so übernahm Götterbote Hermes den Heimtransport. Frohgemut fährt er mit dem Mädchen dem Ausgang entgegen. Dort aber hält sie Askalaphos, ein Gärtner des Hades, auf, denn es war von ihm beobachtet worden, wie Kore sieben Kerne eines Granatapfels gegessen hatte.
Das Spiel scheint verloren. Doch nach weiteren Verwicklungen finden sich die Beteiligten auf ungleich langen Wegen zu einer Lösung zusammen: für jeweils neun Monate des Jahres darf Kore frei sein, drei Monate jedoch (nach Homer ein Drittel des Jahres) muß Persephone an der Seite des Hades verbringen – allerdings als Königin der Unterwelt. Sie ist ihrem grimmigen Gemahl, der sie ständig mit Nymphen zu betrügen sucht, treu, schenkt ihm aber keine Kinder. Wenn sie ihn bei der Jagd ertappt, verwandelt sie die Objekte seiner Begierden in Blumen oder Bäume. Den Menschen gegenüber ist sie zumeist huldreich. Die Geschehnisse wurden zu Ehren Demeters im berühmten Mysterienspiel von Eleusis verewigt. Von einem anderen Fest der Demeter ist oben schon gesprochen worden (S. 153).

HERA

Hera, Zwillingsschwester und Gemahlin des Zeus, gilt als Vertreterin der Monogamie, der Einehe, während Aphrodite das Naturrecht verkörpert. Alle ihre Eigenschaften deuten darauf hin, daß sie nicht orientalischen Ursprungs ist, sondern entweder schon Göttin der Ureinwohner Griechenlands war oder mit den indo-europäischen Eroberern ins Land kam. Sie war auch immer eine erbitterte Gegnerin des Dionysos und wohl nicht nur, weil dieser die Institution der Ehe verabscheute, sondern auch, weil er östlicher Abkunft war.
Ursprünglich wollte Hera von Zeus nichts wissen; da nahm dieser die Gestalt eines zerzausten Kuckucks an, tat recht leidend und fand so ihr Erbarmen. Als er sich ihr endlich enthüllte, war es zu spät: sie gebar dem Spezialisten für

fremde Nester den Kriegsgott Ares, den hinkenden Kunstschmied Hephaistos und die beiden Töchter Hebe und Eileithyia.

Heras Eifersucht und Zänkerei mit ihrem Gemahl, wovon Homer als erster der Dichter spricht, ist gewiß nicht als Parodie gemeint, sondern als ein souverän über den Dingen stehendes Abbild ewig menschlichen Ehelebens. Dafür spricht auch Heras kultischer Beiname Chera (die Gehörnte), der auf ihre zunehmende Vereinsamung hindeutet, während der Göttervater weiter seinen amourösen Abenteuern nachjagt. Doch gerade wegen dieser Konstellationen gelten Hera und Zeus als das klassische Ehepaar, wobei Hera Göttin und himmlische Beschützerin der Ehe ist. Man muß allerdings in Erinnerung halten, daß im alten Hellas die Ehe zwar als ein Lebensbund, nicht aber als eine »moralische Anstalt« verstanden wurde.

Auf alle Fälle war Hera als Gemahlin des Zeus oberste aller Göttinnen und wurde von den Hellenen auch stets als deren nobelste angesehen. Das ging so weit, daß man sie selbst als Gattin und Mutter für ewig jungfräulich ansah. Wenn sie nämlich ihr Bad in der Quelle Kanathos nahm, stieg sie jedesmal wieder als Jungfrau aus dem Wasser empor. So wurden denn auch ihre Statuen im Tempelkult zu gewissen Zeiten gebadet.

Hera war Beschützerin der Frauen, wachte über dem Kindbett und über den Neugeborenen. So förderte sie auch Heiraten und war Gegnerin des Zölibats. Ein grausiges Beispiel dafür ist die Bluttat der 49 Töchter des Danaos, die gegen ihren Willen verheiratet worden waren und ihre Männer in der Brautnacht umbrachten; nur die Fünfzigste, Hypermnestra, verschonte den ihren. Für Hera lag das Verbrechen nicht im Mord, sondern in dem Willen der Frauen, ehelos zu bleiben.

So wurden aus den störrischen Töchtern im Hades die Danaiden, die mit Sieben Wasser in ein durchlöchertes Faß schöpfen müssen.

Als Wohltäterin der Menschen gehörte Hera zu den in Not und Bedrängnis am meisten angerufenen Gottheiten. Die Auffassungen darüber können verschieden sein, aber zweifellos gibt uns die folgende Geschichte, von Herodot überliefert, noch heute zu denken:

Als eines Tages die Demeter-Priesterin Kydippe von Argos zum unweiten Hera-Tempel fahren wollte, um dort zu opfern und zu beten, waren die Zugochsen nicht zur Stelle. Da spannten sich ihre Söhne Kleobis und Biton vor den Wagen und zogen ihn zum Heiligtum. Alle Leute dort beglückwünschten die Frau dafür, so wohlgeratene und mutterliebe Söhne zu haben. Kydippe opferte und flehte Hera an, ihren Söhnen zum Dank »das Schönste zu verleihen, was ein Mensch erlangen kann«. Des Nachts legten sich Kleobis und Biton im Tempel der Göttin zum Schlafen nieder und wachten nie wieder auf.*

HESTIA

Hestia, von den Römern Vesta genannt, ist eine so bescheidene Göttin, daß es nicht einmal den phantasiebegabten Hellenen gelang, Legenden um sie zu spinnen. Zweifellos stammt sie aus den ältesten Zeiten der menschlichen Vorgeschichte, was allein schon aus ihrem Aufgabenbereich hervorgeht: sie hatte ausschließlich das Hauswesen zu hüten und dafür zu sorgen, daß das kostbare Herdfeuer nie ausging, war doch der Herd kultischer Mittelpunkt jedes Heims.

Zwei bedeutende Götter, Apollon und Poseidon, hatten sich um ihre Gunst beworben. Doch Hestia wollte unvermählt bleiben und blieb es auch. Sie führte ein keusches Leben und verlangte das auch von ihren Priesterinnen, den besonders aus Rom bekannten Vestalinnen. Zum religiösen Brauch gehörte es, ihr von jeder Mahlzeit eine kleine Gabe auf den Herd zu legen. Als Dionysos in Griechenland einbrach und einen Sitz unter den zwölf olympischen Hauptgöttern forderte, zog sich Hestia still und ohne Groll in die niedrigen Räume des Pantheons zurück.

* Man denke an König Midas, der einen Silen zwang, ihm zu sagen, was das beste Los des Menschen sei, und zur Antwort bekam: »Das beste Los des Menschen ist es, nicht geboren zu werden.«

Im Schatten der grossen Götter

Mit den zwölf Olympiern ist die Zahl der Götter Griechenlands noch lange nicht erschöpft. Leider muß ich mich darauf beschränken, nur einige zu erwähnen, schon weil sie weithin bekannt sind, aber auch, weil uns ihre Gestalten jene ferne Zeit, ihre Menschen und deren Gedankenwelt noch deutlicher vor Augen bringen.

Eros

Für einige gelten Poros und Penia als Eltern des Eros, nämlich Überfluß und Mangel: Je vollkommener die Erfüllung, desto mächtiger wird neue Sehnsucht nach ihr. Die klassische Auffassung besagt, der kleine Schütze mit den Liebespfeilen sei vom Kriegsgott Ares mit Aphrodite gezeugt worden. Eine dritte Auslegung geht tiefer. Nach ihr ist Eros eine aus sich selbst entstandene Urkraft, der allein es möglich war, am Anfang Chaos und Ordnung zu trennen.
Des Eros Geliebte war Psyche. Beide wurden nach vielen Abenteuern ein vom Olymp gesegnetes Paar, das der römische Dichter Apuleius mit seinem Märchen »Amor und Psyche« unsterblich machte. Aus der Verbindung ging übrigens ein Sohn namens Voluptas (Lust, Wollust) hervor. Aphrodite behauptete zwar, sie habe die Liebespfeile in Verwahrung und Eros dürfe sie nur nach ihren Anweisungen abschnellen, doch der eigenwillige Knabe war der nachgiebigen und oft ratlosen Mutter nicht selten ungehorsam und richtete mit seinem Herumschießen im Himmel und auf Erden viel Verwirrung und Unbill an.

Hekate

Als Mutter dieser geheimnisvollen Göttin gilt die Titanin Asteria, andere nennen Leto, die Nacht; um die Vaterschaft streiten sich Zeus und der Titan Perses. Hekate ist eine chthonische, erdhaft-unterweltliche Gestalt, die sich in allen göttlichen Herrschaftsbereichen bewegt, im Himmel, auf Erden und in der Unterwelt. Sie ist Herrin der Kreuzwege. Dort, wo sich Straßen gabeln, wurden ihr bei Neumond nächtliche Opfer dargebracht. Der Volksglaube setzte sie mit Selene gleich, der Göttin des Mondes.

Ganz allgemein gilt Hekate als Göttin der Zauberei, des Spuks und der Totenbeschwörung. Sie flößte Furcht ein, weil sie nachts, von einem unheimlichen Geisterschwarm begleitet, umherzog. Andererseits war ihr von Zeus das Beschützen der Kinder anvertraut, und wenn man ihr opferte, so deshalb, weil sie böse Dämonen von Haus und Hof fernhalten konnte. Beim Liebesakt aber wollten Gläubige niemals die Frau über dem Mann liegen lassen, weil ihr sonst Hekate Herrschaft über ihn verleihen würde. Alle diese Eigenschaften lassen auf mesopotamische Ursprünge der Göttin schließen; sie erinnert in vielem an Lilith und die dunklen Seiten Ischtars oder Astartes.
Die griechischen Hexen verehrten Hekate als ihre Hauptgöttin. Auch ist sie Oberherrin der Prostituierten. Die verführerische Zauberin Kirke und die ebenfalls zauberkundige, halbgöttliche Mörderin Medeia werden als Schwestern Hekates angesehen, Medeia außerdem noch als ihre mächtigste Priesterin.

MEDEIA Sie ist hier aufgenommen, weil sie vielfach zu den niederen Göttinnen der Hellenen gerechnet wird, vor allem bei denen, die sie als eine Enkelin des Sonnengottes Helios ansehen, zumindest aber wegen ihrer Ehe mit Jason, einem Sohn des Herrschers von Iolkos. Andere Fassungen betrachten sie lediglich als eine Tochter des Königs Aietes von Kolchis und dessen Gemahlin Eidyia. Immerhin ist sie als göttliche und trotzdem sterbliche Frauengestalt ein durch die Geschichte fortdauerndes und fortwirkendes psychologisches Problem.
Es beginnt mit den Argonauten, einer Mannschaft, unter der sich auch Herakles und Orpheus befinden; sie sind unter Führung Jasons auf dem Schiff »Argos« unterwegs nach Kolchis. Ihre Absicht ist es, für Hellas das Goldene Vlies an sich zu bringen, das dort von König Aietes verwahrt und bewacht wird. Medeia, des Königs Tochter, verliebt sich sogleich in Jason.
Da sie zauberkundig ist – ihre Tante Kirke hatte ihr das beigebracht –, hilft sie ihm mit einer kräftigenden und schützenden Salbe, alle Hindernisse und Gefahren zu bewältigen und das Goldene Vlies ihres Vaters zu gewinnen;

auch den Drachen, der das Vlies bewacht, kann sie durch Zauberkünste einschläfern. Dann flieht sie mit Jason und seiner Beute zum Schiff, doch werden sie vom erzürnten Aietes verfolgt. Um ihn abzuschütteln, ermordet Medeia ihren Bruder Apsyrtos und zerstreut die zerstückelte Leiche, damit Aietes mit dem Auflesen Zeit verliert. Auf der Heimreise nimmt Jason sie zur Gattin, die ihm dann zwei Kinder gebiert.
In Iolkos, der Heimat des Jason, läßt sie den dortigen Herrscher, Pelias, umbringen, weil er Jasons Vater, König Aison, gestürzt hatte. Sie redet den Töchtern des Pelias ein, sie wolle ihn verjüngen und bewegt sie dazu, in einer angeblichen Zauberzeremonie den Vater zu zerstückeln und die Teile zu kochen. Begreiflicherweise müssen Medeia und Jason nachher schleunigst aus Iolkos entweichen. In Korinth finden sie Zuflucht. Dort herrscht König Kreon, in dessen Tochter Glauke sich Jason verliebt und ihretwegen Medeia verläßt. Medeia nimmt furchtbare Rache: Sie tötet ihre Nebenbuhlerin Glauke, indem sie ihr ein vergiftetes Hemd schickt, das in Flammen aufgeht, wodurch auch König Kreon, der ihr zu Hilfe eilt, verbrennt. Dann tötet Medeia ihre eigenen beiden Kinder Mermeros und Pheres, die sie von Jason empfangen hatte.
Nach dieser letzten Bluttat flieht sie auf einem von geflügelten Drachen gezogenen Wagen, den Großvater Helios geschickt hatte, nach Athen, heiratet König Aigeus und gebiert ihm einen Sohn, Medos. Dem Jason, der nach seiner Tragödie heimatlos durch die Welt irrt, können wir einige melancholische Gedanken nachsenden, ehe wir ihn aus den Augen lassen.
Medeia indessen stiftet weitere Unruhen. Einmal will sie aus Eifersucht Theseus vergiften, was mißlingt, worauf sie nach Kolchis zurückkehrt, wo sie wegen einer Verwechslung beinahe ihren eigenen Sohn Medos zerstückelt und gekocht hätte. Außerdem wird ihr die Ermordung des Königs Perses von Kolchis zugeschrieben. Auf dem Thron des Beseitigten setzte sie sich dann zur Ruhe, wurde vom Olymp der Unsterblichkeit für würdig befunden und konnte während des ganzen Altertums göttliche Verehrung entgegennehmen.
Nüchtern dargestellt soll die Sage in poetisch verschlüssel-

ter Form nur den kolonialistischen Vorstoß der Griechen an die Küsten des Schwarzen Meeres zum Inhalt haben. Man mag dieser banalen Auslegung wohl kaum folgen wollen. Vielmehr gehört es ja zum Wesen der griechischen Tragödie, unentrinnbare Grundmuster menschlicher Psyche und menschlichen Verhaltens in einmaliger und immer gültiger Form den Zuschauern aufzudecken und ihnen zu sagen: Das bist du. Deshalb, und nur deshalb, konnte und mußte die göttliche Mörderin Aufnahme in diesen Kreis finden.

Pandora

Pandora, »die Allbegabte«, kann als eine der vielen Gestalten angesehen werden, die Gaia, die Urmutter der Welt, im Lauf der Zeiten annahm. Zeus, so geht die Sage, war verärgert darüber, daß Prometheus den Menschen das Feuer – das Licht, die Erkenntnis – gebracht hatte. Aus Rache ließ er vom olympischen Kunsthandwerker Hephaistos aus Lehm Pandora erschaffen, die Frau, um den Menschen das Übel zu schicken. Von Athene bekam das Machwerk Leben eingehaucht, Aphrodite schenkte der Dame unwiderstehliche Schönheit, »so daß die Männer die neue Plage lieben würden«, Hermes, der Gott der Kaufleute und Diebe, brachte ihr die Künste von List und Verrat bei.

Auf ihre Reise zur Erde bekam Pandora eine versiegelte Amphora mit, einen Krug also, der seltsamerweise als »Büchse« der Pandora in die deutsche Literatur eingegangen ist. In diesem Gefäß befanden sich alle Übel, die sich die Götter in langem Grübeln ersonnen hatten. Am Ziel angelangt, öffnete die Unheilsbotin neugierig den Deckel, worauf sich alle Plagen über die Erde und die bis dahin sorgen- und frauenfreie Männermenschheit ergossen.

Auf dem Grund des Gefäßes befand sich die Hoffnung, und an ihr scheiden sich die verschiedenen Auslegungen. Pandora hatte nämlich erschrocken den Deckel der Amphora schnell wieder geschlossen, so daß die Hoffnung darin eingesperrt blieb. Nach anderer Meinung kam die Hoffnung nur etwas verspätet heraus, und zwar nur als vermeintlicher Trost, in Wirklichkeit aber als das größte aller Übel, den Menschen Erlösungserwartung vorzugaukeln, wo es nur Verderben und Untergang geben konnte.

Semele

Beim Namen Semele handelt es sich um eine gräzisierte Form der phrygischen Bezeichnung der Göttermutter Zemelo. Sie wird als Mutter des Dionysos angesehen, den sie von Zeus empfangen hatte. Wahrscheinlich aber war der aus Phrygien gekommene Gott schon in seiner Heimat als ein Sohn der Zemelo betrachtet worden. Dionysos holte seine Mutter aus dem Hades, gab ihr den Namen Thyone und stieg mit ihr in den Himmel. Das soll vermutlich der Inhalt des dionysischen Mysterienspiels gewesen sein.

Thetis

Thetis gilt als Tochter einer greisen Meeresgottheit, des Nereus, der mit seiner Gemahlin Doris fünfzig Töchter zeugte, die sogenannten Nereiden. Zeus lechzte nach ihr, besann sich aber rechtzeitig eines Orakels, wonach ein Sohn, den er mit Thetis zeugen würde, stärker wäre als er selbst. So vermählte er sie vorsorglich mit einem Sterblichen, dem König Peleus von Phthia. Aus der Verbindung zwischen Landbewohner und Wassergöttin entsproß dann ein Sohn, ohne den Homer die ganze Ilias nicht hätte dichten können: Achilleus. Das fortwährend innige Verhältnis zwischen Zeus, Achill und dessen Mutter Thetis ist ein Glanzlicht der klassischen Literatur.

Aphrodite

Aphrodite, die Göttin der Schönheit und der Liebe, ist im Grunde nichts anderes als eine griechische Version der phönizischen Astarte und wie diese eine Weiterentwicklung der babylonischen Ischtar. Herodot setzt beide gleich. Die hellenische Mythologie schildert ihre Herkunft in zwei verschiedenen Versionen, nach denen sie natürlich nicht Ausländerin sein durfte. Die jüngere besagt, Aphrodite sei eine Tochter des Zeus und der Dione, des Göttervaters erster Gemahlin, die dann nach bekanntem Muster von Hera verdrängt wurde.
In der anderen, älteren Version ist Aphrodite »die Schaumgeborene«, nach dem griechischen Wort »aphros«, Schaum. Einer der Titanen, die vor den olympischen Göt-

tern herrschten, Uranos, war nämlich im Kampf um die Macht von seinem Sohn Kronos entmannt worden, und sein Glied schaukelte umspielt von den Wellen im Meer. Aus dem Schaum tauchte die Göttin empor und wurde sodann von einer Muschel an die Gestade der Insel Kythera getragen, die deshalb zum legendären Freudeneiland der Liebenden wurde. Wohin die Unirdische ihren Fuß setzte, sprossen Blumen aus dem Boden, Tauben und Sperlinge, den Griechen Sinnbilder der Lüsternheit, umschwirrten sie. Doch da sie auf der kleinen Insel nicht genügend Anbeter vorfand, übersiedelte sie nach Paphos auf Kypros (Zypern). Hier erheben sich noch heute die Ruinen ihres Heiligtums, das während des ganzen Altertums Zentrum ihres Kultes blieb.

Mit Aphrodite war auch der schöne Adonis ins Land gekommen, für den sich schließlich auch Persephone heftig interessierte. Beide Göttinnen riefen Zeus um eine Entscheidung an, der Olympier aber drückte sich, da er nur Ärger voraussah, wie immer sein Schiedsspruch ausfallen mochte. Seine Tochter Kalliope, eine der neun Musen, zuständig für epische Dichtung, nahm ihm die Bürde ab und sprach Adonis in halbjährigem Turnus jeder der beiden Nebenbuhlerinnen zu; ein Motiv, das uns seit Sumer in seiner Frühlings- und Winterbedeutung immer wieder begegnet.

Als Gemahl war Aphrodite außerdem der hinkende olympische Kunstschmied Hephaistos zugedichtet, den sie jedoch bedenkenlos mit Kriegsgott Ares betrog; er zeugte mit ihr drei Kinder, Phoibos, Deimos und Harmonia. Der Gehörnte ahnte aber alles und warf eines Tages ein feines bronzenes Netz, das er selber gesponnen hatte, über das Liebespaar und gab so die nackten Umarmten dem Spott der übrigen Götter preis; die Göttinnen allerdings waren aus Zartgefühl für Aphrodite nicht zu dem Schauspiel erschienen, und Zeus tadelte Hephaistos wegen seiner Taktlosigkeit.

Für die Liebesgöttin war der Zwischenfall keine Lehre, die sie daran gehindert hätte, sich ihrer göttlichen Berufung weiter hinzugeben. Zu ihren zahlreichen Geliebten zählte auch ihr Zwillingsbruder Hermes, der Götterbote, dem sie zwei Problemkinder gebar, nämlich Narkisos – unseren

Narziß – und Hermaphroditos, den Zwitter. Ferner sind unter ihren Begünstigten der Argonaut Butes, dann der grimmige Meeresgott und Erderschütterer Poseidon, weiterhin Phaeton, strahlender Sohn des Sonnengottes Helios, und natürlich der unvermeidliche Dionysos, göttlicher Verkünder der freien Liebe. Ihm gebar sie den häßlichen, zwergwüchsigen Priapos, dessen Manko jedoch durch einen besonders großen Phallos ausgeglichen wurde, mit dem er in Hainen und Gärten wandelnden Mädchen und Damen lustvolles Erschrecken zu bereiten pflegte.
Es erübrigt sich, dem Reigen weitere Namen anzufügen. Nur einmal aber gewährte sie auf des Zeus Drängen ihre Liebe einem Sterblichen, Anchises, dem Herrscher von Dardanos, der sich dummerweise hinterher brüstete, die Liebesgöttin unbekleidet gesehen zu haben. Zornig befahl Aphrodite den Bienen, dem unverfrorenen Liebhaber die Augen auszustechen. Nach einer anderen Version lähmte ihn Zeus durch Blitzschlag. Immerhin entsprang der Verbindung Aeneas, der schließlich seinen Vater aus dem brennenden Troja trug und nach vielen Irrfahrten zum Ahnherrn Roms wurde, womit er Generationen von Bildhauern und Malern unerschöpflichen Stoff bescherte.

LIEBE UND SCHÖNHEIT

Aphrodite gilt als Verfechterin des Naturrechts, während Hera/Juno das Matrimonium vertritt. Dennoch darf man sie nicht als Fruchtbarkeitsgöttin betrachten. Ihre »aphrodisische« Liebe verschenkt sie nicht eines materiellen Zweckes wegen, sondern um der Liebe selbst willen, sozusagen l'art pour l'art. Sie ist ungebunden, und selbst Homer übergeht schweigend ihre ganz unpassende Ehe mit Hephaistos. Allerdings steht auch die körperliche Liebe innerhalb der Ehe unter ihrem Schutz.
Hellas größte Lyrikerin, Sappho von der Insel Lesbos, wendet sich in unerfülltem Liebessehnen einmal flehend an Aphrodite, damit sich erfülle, »was ich maßlos wünschte, daß mir geschähe, rasend in der Seele«. Huldvoll antwortet die Göttin: »Wer, o Sappho, verschmäht dich?« Und verspricht, den Sinn des ausersehenen Mädchens zu wandeln: »Ist sie heut noch lieblos, wie bald schon liebt sie, auch wenn sie nicht will.«

Einer der Beinamen Aphrodites ist Urania, da sie ihr Vater Uranos ohne Begattung einer Frau gezeugt haben soll. In eruditer Sprache werden deshalb auch Homosexuelle Uranisten genannt, und Uranismus ist gleich Homosexualität. Merkwürdigerweise deuten die meisten ihrer Beinamen auf wenig schmeichelhafte Bezüge hin. Einige antike Schriftsteller rechneten Aphrodite sogar zu den Erinnyen, den Rachegöttinnen, weshalb sie manche Melainis, die Schwarze, nannten, andere Skotia, die Dunkle. Androphonos, Männertöterin, ging noch weiter, und Plutarch berichtet gar von Epitymbria, »die aus den Gräbern«.
Aphrodite Porne, die Hure oder die Geile, war dagegen ganz geläufig und bezog sich vorwiegend auf ihre Stellung in den Tempeln von Byblos, Korinth und auf dem Eryx, wo laut Strabon hunderte Mädchen und junge Frauen im Dienst des Kultes standen. Berühmt war auch ihre Statue als »Aphrodite Kallipygos«, nämlich die »mit dem schönen Popo«. Zahlreiche Inseln und Ortschaften rühmten sich, von Aphrodite besonders begünstigt zu sein. In Paphos fanden regelmäßig Aphrodisien statt, Wallfahrten weißgekleideter Pilger aus allen Teilen Hellas'. Man darf sie sich nicht »feierlich« vorstellen; vielmehr gab es da Jahrmarkt, Wettkämpfe, nächtliche Bäder bei Fackelschein im Meer, Festessen, im heiligen Tempelbezirk die Entjungferung neuer Mädchen-Jahrgänge und die Einweihung frisch herangewachsener Jünglinge in die Künste der Liebe durch erfahrene Gehilfinnen des Kultes.
Platon und andere alte Schriftsteller fanden überdies, Aphrodite sei nicht allein Göttin der sinnlichen, sondern auch der vergeistigten Liebe. So unterschied der Philosoph genau zwischen Aphrodite Urania, der himmlischen, und Aphrodite Pandemos, der irdischen. Hellas verehrte sie jedenfalls in beiderlei Gestalt, und viele altgriechische Münzen tragen Aphrodites Bildnis.
Auf künstlerischen Darstellungen ist die Göttin oft mit ihren Attributen abgebildet. Dazu gehören die bereits erwähnten lüsternen Tauben und Sperlinge, aber auch der fortpflanzungsfreudige Hase und ein Myrtenzweig. Zu ihrer mystischen Rolle als wiedergeborene Ischtar, Urmutter und Mondgöttin, gesellte sich dem fruchtbaren Hasen auch das Ur-Ei der Welt, so daß noch heute am mondge-

bundenen Osterfest (immer am ersten Sonntag nach Frühjahrsvollmond) Hasen Eier zu bringen haben; unterm Schutz Aphrodites, ihrem Myrtenzweig, durften sich in puritanischen Zeiten Verliebte küssen.

GÖTTLICHE LAUNEN

Dem Bildhauer und Weiberfeind Pygmalion zeigte sich Aphrodite in besonderer Weise gefällig. Da er keine Frau gefunden, die seinen erlesenen Ansprüchen genügt hätte, schuf er sich selber eine Idealstatue, in die er sich schließlich verliebte. Leider war sie eben nur kühle Materie. »Was nützen mir nur Gold und Elfenbein und Zedernholz«, klagte der bekümmerte Künstler immer wieder – natürlich in wohlgesetzten Versen –, »oh, Aphrodite, belebe sie mit deiner Flamme!« Die Göttin lächelte, berührte die Statue, die sogleich lebend von ihrem Postament in die Arme Pygmalions hüpfte; sie erhielt den Namen Galateia, »die Milchweiße«.

Aphrodite ist aber nicht nur huldvoll, hilfreich und von allumfassender Liebe. Sie kann ebenso launisch sein und im Zorn beträchtliches Unheil anrichten. Als beispielsweise Myrrha, die Tochter des kyprischen Königs Kinyras, den Kult der Göttin nicht so eifrig betrieb, wie es Aphrodite wohl zu erwarten gewohnt war, machte sie das Mädchen in ihren Vater verliebt, so daß es ihn im Dunkeln verführte. Als es aufkam, mußte Myrrha fliehen, war aber schwanger. Die anderen Götter hatten Mitleid und verwandelten die Verfolgte in einen Baum, der seither ihren Namen trägt. Der Baum brachte übrigens auch das erwartete Kind namens Adonis zur Welt, nachdem ein wilder Eber mit seinen Hauern den Stamm zur rechten Zeit gespalten hatte.

Wie überglücklich wurden Pyramos und Thisbe von Aphrodite in gegenseitige Liebe verstrickt! Gegen den Willen der Eltern, wie es auch damals schon so war, wollte sich das Paar des nachts heimlich bei einem Wäldchen treffen. Während Thisbe auf den Geliebten wartete, erschien eine Löwin, die gerade ein Schaf gerissen hatte, mit blutigem Rachen. Das Mädchen floh, sein Schleier blieb zurück, wurde von der Löwin hin und her gezerrt und blieb blutbesudelt liegen. Pyramos erscheint. Er hat das Brüllen des Raubtiers gehört, er findet den Schleier, wähnt Thisbe zer-

rissen und aufgefressen, nimmt sein Schwert und ersticht sich im Gram.
Zurückkehrend zum Ort des Stelldicheins sieht Thisbe das Drama, zieht das Schwert aus dem Herz des Toten, stößt es sich in die Brust und sinkt an der Seite Pyramos' entseelt nieder. Aphrodite rührt keinen Finger.
Schlimm steht es mit dem Vorwurf, Aphrodite habe letzten Endes auch den blutigen, zehn Jahre währenden Trojanischen Krieg heraufbeschworen. Die schöne Helena, Tochter des Zeus und der Leda, ist nur zu oft in der Geschichte als Ehebrecherin, ja als Hure beschimpft worden. Sie war aber, obwohl mit König Menelaos von Sparta vermählt, von Aphrodite dem Troer-Prinzen Paris versprochen worden, falls er ihr den goldenen Apfel der Göttin des Haders, Eris, reichen würde, um sie als Schönste unter den Mitbewerberinnen Athene und Hera zu erwählen. Er wählte und vergaß dabei geflissentlich, bereits mit der Nymphe Oinone verheiratet zu sein. Schon daß Paris von Troja nach Sparta reiste, war von Aphrodite eingefädelt worden. Um Wort zu halten, mußte sie nur noch Helena heftig in Paris verliebt machen, und zwar so sehr, daß sie ohne weitere Bedenken ihren Gemahl und ihre Tochter Hermione aufgab und dem Paris zu Schiff nach Troja folgte. Was von den Griechen als Raub und Entführung ausgelegt wurde und ihren Rachefeldzug auslöste. Während des zehnjährigen Krieges, der nun folgte, stand Aphrodite zum Ärger von Zeus und Athene immer auf der Seite Trojas.

Kult und Verehrung

Zu den Kulthandlungen gehörte bei Frühlingsbeginn ein Bad, das die Priesterinnen der Aphrodite im Meer nahmen. Da Aphrodite einst dem Meer entstiegen war, bedeutete dieser Brauch Verjüngung und Wiedergeburt. Auch wurden dabei die Badenden – wenigstens symbolisch – wieder in Jungfrauen verwandelt.
Junge Bräute und deren Mütter riefen vor einer Ehe die Liebesgöttin Aphrodite an und brachten ihr Opfer dar. Es ging ja darum, nicht nur Liebesglück zu erflehen, sondern auch Liebeslust, damit aus der Hochzeit wirklich eine »Hohe Zeit« werde. Mimnermos, der griechische Schöpfer der Liebeslyrik, fragte doch schon in seiner unsterblichen

Liebe zu einer Flötenspielerin, ob es denn »Leben und Genießen des Lebens ohne die ›güldene Aphrodite‹ überhaupt gibt, ob das Leben ohne sie noch Leben ist«. Aphrodite ist eben nicht Göttin der dumpfen Vereinigung und erdhaften Fruchtbarkeit, sondern der »goldenen«, der bewußt erlebten und in ihrer Ganzheit beglückenden Liebe.

Orakel und Mysterien

Weissagung und Prophetie sind so alt wie die Menschheit selbst. Der Blick in die Zukunft, die Frage nach dem eigenen künftigen Schicksal treffen auf eine unüberwindliche Schranke. Dennoch gab es immer Menschen mit seherischen Gaben, deren Spuren selbst die moderne Wissenschaft in Laboratoriumsversuchen nachweisen zu können vermeint.

Daß es zu allen Zeiten vorwiegend Frauen waren und noch sind, die Zukünftiges vorausahnen, verborgene Zusammenhänge erschauen können, ist eine Besonderheit des Phänomens. Eine der ältesten Nachrichten stammt von dem Philosophen Heraklit. Er spricht von einer Sibylle, die »ernst und ungeziert für tausend Jahre aus Antrieb des Gottes (Apollon) ungeschminkt weissagte.« Auch Platon wußte nur von einer einzigen. Später wurden es mehr, worunter die Sibyllen von Erythrai und Kyme (das italische Cumae) besondere Berühmtheit erlangten. Die sogenannten sibyllinischen Bücher waren im alten Rom Staatsgeheimnis, wurden erst im Jupiter-, dann im Apollon-Tempel aufbewahrt und durften nur auf Senatsbeschluß eingesehen und befragt werden. Um das Jahr 400 n. Chr. ließ sie Flavius Stilicho, Christ und Regent für den späteren Kaiser Honorius, verbrennen.

Delphi

Dämpfe aus einer Erdspalte in unberührter Landschaft sollen Hirten, die dort Ziegen weideten, in einen entrückten Zustand versetzt haben, wobei sie unverständliche Wörter stammelten. An dieser Stelle, so sagt man, entstand deshalb schon etwa zweitausend Jahre vor der Zeitwende

eine Kultstätte der Ureinwohner Griechenlands. Ins 6. Jahrhundert v. Chr. gehen die Anfänge des Heiligtums zurück, das in klassischer Zeit vom delphischen Apollontempel gekrönt wurde.
Apollon galt den Hellenen als Gott der Weissagung. Ihm unterstand Delphi in älterer Zeit allein, später wurde er dabei in halbjährigem Turnus von Dionysos abgelöst. Ganz offensichtlich handelt es sich da jedoch um einen patriarchalischen Überbau, denn der Ursprung des Orakels liegt ja in vorgeschichtlicher, also mutterrechtlicher Zeit. Und tatsächlich war und blieb die Hauptperson von Delphi immer eine Frau, die Pythia. Um den Zusammenhang zu verdunkeln, wurde nun einfach behauptet, es sei Apollon, der Pythia ihre Prophezeiungen eingäbe. Trotzdem blieb auch in klassischen Tagen allgemein die Gewißheit bestehen, es sei Gaia, die Erd- und Urmutter, die das Heiligtum erschaffen habe. Kamen nicht die inspirierenden Dämpfe aus der Tiefe der Erde?
Nach alten Berichten saß die delphische Pythia auf einem Dreistuhl und atmete die berauschenden Dämpfe ein. In ekstatischem Zustand offenbarte sie sodann in dunkler, oft nur lallender Rede die Geheimnisse der Zukunft und beantwortete Fragen – bange Fragen zumeist –, die an sie gerichtet wurden. Oft genug waren diese Antworten doppeldeutig, wobei der Lyderkönig Kroisos (Krösus) wohl das bekannteste Opfer wurde. Bevor er die Perser angreifen wollte (546 v. Chr.), befragte er Delphi und erhielt die Antwort: »Wenn du den Halys überschreitest, wirst du ein großes Reich zerstören.« Zuversichtlich begann er den Krieg, wurde von Kyros II. vernichtend geschlagen und verlor sein eigenes Reich.
Nun muß man allerdings wissen, daß die Aussagen der Pythia stets von Priestern interpretiert wurden. Die Prophetin sprach ja meist wirr und für Laien gewiß ganz unverständlich. So wurden die Weissagungen redigiert, auf Bleitäfelchen geschrieben und in dieser Form den Fragestellern überreicht. Daß es dabei zu Mißbrauch kam, in späteren Zeiten sogar zu Bestechungen, liegt in der Natur der Sache. Manchmal gab die Pythia auch Antworten, noch ehe sie gefragt worden war, »denn der Gott hört auch den, der nicht redet.«

Obwohl im Lauf der Zeit viele Orakelstätten in Griechenland entstanden – wie etwa das zweitberühmte Dodona, wo Zeus aus dem Blättergeflüster einer heiligen Eiche weissagte –, blieb der Ruf Delphis doch so groß, daß Pilger und zahlreiche Gesandtschaften mit kostbaren Gaben und Weihgeschenken aus der ganzen damaligen Welt herbeiströmten. Delphi verwandelte sich in einen wahren Jahrmarkt mit allen Begleiterscheinungen massenhaften Fremdenverkehrs wie Kriminalität, Prostitution und Überteuerung.
Es spricht immerhin für die Seriosität des delphischen Orakels, daß man diesen Rummel nicht zum eigenen Vorteil ausbeutete. Im Gegenteil, die Pythia beschränkte ihre Prophezeiungen auf einen Monat im Jahr, später auf einen einzigen Tag in jedem Monat. Heute ist Delphi wieder zum Tourismusziel geworden. Ein Museum zeigt Stücke, die bei Ausgrabungen ans Licht kamen. Der Spalt, aus dem die Dämpfe gestiegen waren, wurde von den Archäologen nicht gefunden; vermutlich wurde er bei einem der zahlreichen Erdbeben für immer verschüttet.

Die Eleusinischen Mysterien

Demeter selbst, die große Urgöttin und Gebärerin alles Seins, soll die Mysterien von Eleusis ins Leben gerufen haben, an jenem Orte unweit von Athen, wo sie Kore, ihre verschwundene Tochter Persephone, wiederfand. Es handelt sich um einen Geheimkult. Keiner der zeitgenössischen Schriftsteller oder Philosophen, die sich haben einweihen lassen und uns eine Nachricht hätten hinterlassen können, hat jemals sein Gelübde lebenslangen Schweigens über alles Gesehene und Gehörte gebrochen.
»Glücklich, wer von den Erdenmenschen dieses geschaut hat!« singt Homer.
Tatsächlich reicht das Alter der heiligen Stätte bis in vorgeschichtliche, in mutterrechtliche Zeit zurück. Und so ist Eleusis nicht nur ein von Göttinnen gestifteter und gehüteter Kult, sondern ein echtes Frauenmysterium, zu dem sich erst viel später auch Dionysos gesellte. Ob er sich eindrängte oder hereingebeten worden war, bleibt offen. Bemerkenswert ist nur die dadurch – zufällig oder beabsichtigt? – entstandene Götterdreiheit.

Von vielen Hellenen wurde Eleusis sogar höher geschätzt als Delphi oder der Olymp. Die Hauptfeierlichkeiten fanden beim Herannahen des Winters statt, im griechischen Monat Boedromion, der etwa unserem September entspricht, und dauerten zehn Tage, in Ausnahmefällen auch mehr.
Wer sich in die Geheimnisse einweihen lassen wollte, mußte zwei vorbereitende Stufen und eine dritte, die eigentliche Weihe, absolvieren. Nach anderen Erkenntnissen – die Quellen sind sehr widersprüchlich – waren es vier. Vermutlich mußten sich die Anwärter zuerst symbolischen Reinigungen unterziehen, wurden sodann mit den Bedeutungen geheimer Zeichen und heiliger Geräte vertraut gemacht, auch über den tieferen Sinn des Mysteriums belehrt und geprüft. Sicher ist ihre Einführung in die Kunst des Schweigens, der Verschwiegenheit und der Reinheit. An diesem Punkt dürfte übrigens eine Zeremonie stattgefunden haben, über die wir vage Bescheid wissen, daß nämlich den Novizen aus goldenem Becher ein geweihter Mischtrank gespendet wurde.
Die nächste Stufe bestand in einer nächtlichen Prozession von Athen zum Heiligtum von Eleusis, etwa 20 Kilometer weit. Der Weg wurde bei Fackelschein zurückgelegt, man sang, tanzte und opferte an den zahlreichen Schreinen, die beide Seiten der Straße säumten. Zumeist wurde auch ein Bildnis des Dionysos im Zuge mitgeführt. Ältere Teilnehmer wurden von jüngeren gestützt, seltener auch auf Wagen gefahren. Immer wieder wurde eine Rast eingelegt, wobei es oft mit Musik und Picknick, synagogion genannt, recht fröhlich zuging.
Bevor die eigentlichen Weihen stattfanden, hatten die Mystai – ebenfalls des nachts – einen Stationsweg zurückzulegen, nämlich an der Küste von Stelle zu Stelle, wo einstmals Demeter in Pein und Verzweiflung nach ihrer verschwundenen Tochter gesucht hatte. Bei diesem Umzug waren alle Verrichtungen, die zu singenden Strophen, ja jede Bewegung genau geregelt, so daß die Teilnehmer leicht unter einen massenpsychologischen Eindruck geraten konnten. Eine Identifizierung des leidensfähigen Menschen mit dem Schmerz der Göttin war das erwünschte Resultat. Zuletzt besiegelte eine zeremonielle Verabreichung von Speise und Trank das Gemeinschaftserlebnis.

Wie gesagt, wissen wir wegen des nie gebrochenen Schweigegebots über die eigentlichen Weihen so gut wie nichts. Sie fanden im Tempel statt, und zwar sowohl in dessen unterirdischen Gemächern als auch in der großen Halle der Initiation. Es scheint, die Anwärter gelangten auf labyrinthischen, in Finsternis getauchten Wegen empor zu hellstem Licht, ein symbolischer Akt der Wiedergeburt. Wahrscheinlich schloß sich daran in der großen Halle ein dramatisches Schauspiel von Tod und Auferstehung.

Nochmals: in diesem Punkt ist alles Vermutung aufgrund oft widersprüchlicher Indizien. Sicher ist für die Gläubigen eine Läuterung, eine Befreiung von der Last übler Taten, von Jenseitsangst und weltlichem Kummer. In der Unschuld neugeborener Kinder beginnen sie ein zweites Leben. Demeter, die Schöpferin allen Seins, und Persephone, die Göttin der anderen Welt, haben sie gesegnet. Die Geweihten, so hieß es, erfahren auch nach dem Tode ein besseres Los als gewöhnliche Sterbliche.

An mehreren Orten Griechenlands entstanden den Eleusinischen Mysterien Konkurrenzen; sie gelangten damit zu mehr oder weniger großem Ansehen und entsprechend einträglichem Fremdenverkehr. Am berühmtesten unter ihnen war das Heiligtum von Samothrake, das den drei Kabiren geweiht war, niederen kleinasiatischen Göttern, Beschützern der Fruchtbarkeit und der Seeleute.

An das prächtige Heiligtum von Eleusis legten frühchristliche Eiferer Feuer. Zuvor hatten selbst die wildesten Feinde und Eroberer die mystische Stätte niemals angetastet. Ein provisorischer Wiederaufbau konnte den alten Glanz nicht wieder herstellen. Nach dem Verwüstungssturm von Alarichs Westgoten über Griechenland (395 n. Chr.) gab es nur noch Trümmer. Kaiser Theodosius hatte schon drei Jahre zuvor die Ausübung aller »heidnischen Kulte« verboten, und so verliert sich die Spur im Dunkel der Geschichte.

Heute liegt der Ort in einer verschmutzten Industrielandschaft – die dritte Entheiligung – und nur wenige archäologisch erschlossene Reste lenken noch fragende Gedanken auf die Vergänglichkeit alles Irdischen.

Triumphzug nach Rom

Bei dem gewaltigen Einfluß, den die Kultur Griechenlands nach dessen Unterwerfung (148 v. Chr.) auf die römischen Eroberer ausübte, ist es nicht verwunderlich, wenn auch die hellenischen Götter siegreich in Rom einzogen. Die ziemlich farblosen Götter der nüchternen Römer behielten zwar ihre alten Namen, erfüllten sich aber mit dem Leben ihrer griechischen Vorbilder. Zeus schlüpfte in die Gestalt des Jupiter, und die recht unbedeutende Gartengöttin Venus nahm den Schönheits- und Liebescharakter Aphrodites an, um nur diese zwei Beispiele zu nennen. Roms einstige Hegemonie über das Abendland führte schließlich dazu, daß die lateinischen Namen vorherrschend wurden und wir zum Beispiel heute »Venus von Milo« sagen, obwohl es sich um eine griechische Skulptur handelt, nämlich um eine Aphrodite von Melos.

Vestalinnen

Vesta war die jungfräuliche römische Göttin des häuslichen Herdes, die griechische Hestia, und des heiligen Herdfeuers, das zu Rom in einem Rundtempel am Fuß des Palatins von den Vestalinnen gehütet wurde; es galt als Garantie für das Heil und den Fortbestand des römischen Staatswesens. Das rote Altarlämpchen, das »Ewige Licht« in katholischen Kirchen, ist ein Nachglanz dieses Feuers. Der Tempel der Vesta kann noch heute am östlichen Ende des Forum Romanum besichtigt werden.

Vestalinnen mußten gleich ihrer Göttin Jungfrau sein und aus vornehmen Familien stammen. Sie waren auf 30 Jahre zum Dienst am heiligen Feuer verpflichtet, hießen »virgines sanctae«, heilige Jungfrauen. Anfangs gab es vier, später sechs Vestalinnen. Während der ersten zehn Jahre dienten sie als Novizinnen, für die nächsten zehn Jahre waren sie die eigentlichen Dienerinnen des Kultes, und in den letzten zehn Jahren widmeten sie sich der Ausbildung neuer Novizinnen. Nach 30 Jahren durften sie auf Wunsch ins bürgerliche Leben zurückkehren und auch heiraten; beim Eintritt in den Orden waren sie zumeist zehn Jahre alt.

Das hohe Ansehen der Vestalinnen läßt sich aus einigen Bestimmungen ablesen. Beim Eintritt in den Orden bekamen sie vom Kaiser eine stattliche Mitgift. Von nun an waren sie keinem Menschen mehr untertan, weder dem Vater noch dem Kaiser oder dem Senat; sie waren völlig frei. Wenn sie ausgingen, bahnten ihnen Liktoren den Weg durch die Menge, und selbst Konsuln und Prätoren mußten dann zur Seite weichen und vor ihnen das Haupt neigen, wie Plutarch berichtet. Bei den öffentlichen Spielen durften sie auf erhöhten Sitzen Platz nehmen. Jede Beleidigung einer Vestalin wurde mit dem Tode bestraft. Auf der anderen Seite wurde ein Verbrecher, wenn ihm auf dem Weg zum Strafvollzug zufällig eine Vestalin begegnete, sofort freigelassen.

Die Vestalinnen hatten auf dem Forum Romanum ein eigenes Gebäude, das Atrium Vestae, das einzige antike Nonnenkloster, unter Vorstand einer Äbtissin (virgo Vestalis maxima). Sie durften das Kloster nur bei ganz besonderen Anlässen verlassen. Ausgrabungen haben ergeben, daß das Gebäude freundlich, mit schönem Brunnen und Garten eingerichtet war, wohl auch wegen der vornehmen Herkunft der Vestalinnen. Im Garten standen die Büsten der Äbtissinnen; auch befanden sich hier drei Zisternen, da die Bewohnerinnen des Hauses nur Regen-, aber kein Leitungs- oder Brunnenwasser trinken durften; das Kloster war mit einer großen Küche ausgestattet, in der, an der geringen Zahl der Vestalinnen gemessen, üppige Mahlzeiten zubereitet werden konnten.

Doch wehe, wenn eine Vestalin ihre Jungfernschaft verlor! Nach der Vorschrift wurde sie dann lebendig begraben. Im Jahre 114 v. Chr. gab es deshalb in Rom einen unerhörten Skandal, weil gleich drei Vestalinnen nicht nur ihrem Gelübde der Keuschheit untreu geworden waren, sondern dazu auch noch des Inzests mit ihren Vätern oder Brüdern überführt wurden.* Sie wurden verurteilt und lebendig begraben. Die Behörden verdächtigten Venus verticordia, die Vestalinnen zu der Tat verführt und angestachelt zu haben, aus Zorn darüber, daß man der Göttin nicht genügend

* Das Wort Blutschande vermeide ich; siehe S. 43

Ehre erwiesen habe. Darauf beschloß der Senat, ihr einen prächtigen Tempel zu errichten.
382 n. Chr. wurden die Vestalinnen von den Christen abgeschafft, das Atrium Vestae diente nun der kaiserlichen, dann der päpstlichen Hofhaltung. Seit dem 12. Jahrhundert ist es verfallen.

Dionysos wurde zu Bacchus

Auf einem der sieben Hügel Roms, der Velia, stand in den ältesten Zeiten der Besiedlung ein kleiner Tempel. Er enthielt nichts weiter als das steinerne Kultbild, einen aufgerichteten Phallos, genannt Mutunus Tutunus. So wenigstens berichten die Kirchenväter Tertullian, Augustinus und andere übereinstimmend. Damals war die italische Halbinsel Bauernland und nichts wichtiger als segenvolle Fruchtbarkeit.
Alljährlich bekränzten auserwählte Landfrauen das Standbild mit frischen Blumen, Blüten und Früchten. Kleine Abbilder des Mutunus Tutunus standen in der Frühzeit Roms auch in vielen Häusern. Später zierte es zumeist die Eingangspforte von Lupanaren (Bordellen), wo es unsere Archäologen, wie etwa in Pompeji, mit allerlei Verschlägen den Blicken mündiger Bürger entziehen. Gustave Flaubert schrieb von hier an seinen Freund Bouilhet: »Ich schicke Dir Blumen, die ich in einem Freudenhaus gepflückt habe, über dessen Tür ein Phallus steht. Das auf den Boden getropfte antike Sperma wird die Erde befruchtet haben.«
Auch im Heiligtum der jungfräulichen Vestalinnen war ein Phallos aufgestellt. Gegen den Bösen Blick wurde er als kleines Amulett um den Hals getragen. Der Triumphwagen, mit dem siegreiche Feldherren in Rom einzogen, war mit dem gleichen Symbol geschmückt. Die Darstellung löste keinerlei Schamgefühle aus, es war den Menschen ganz natürlich.
Mit dem Einzug der Frauenkulte aus Hellas trafen mehrere Ströme zusammen. Dionysos fand den erwähnten Mutunus Tutunus vor, sodann aber auch einen einheimisch italischen Fruchtbarkeitsgott und Schutzherrn der Obstgärten und Weinberge namens Liber. Um diesen rankte sich bereits ein reicher Kultus, besonders bei der

Landbevölkerung. Vergil berichtet, wie bei seinem jährlichen Fest, den Liberalia (jeden 17. März), überall unter freiem Himmel getanzt, gesungen und allerlei obszöner Brauch getrieben wurde; dazu gehörte es zum Beispiel, unanständige Wörter und Zurufe zu gebrauchen, »um Unheil abzuwenden und die Fruchtbarkeit der Eheleute anzuregen«. Das Symbol Libers, ebenfalls ein bedeutender Phallos, wurde dann von den Landleuten mit Jubel und Händeklatschen auf einem geschmückten Wagen über die Felder gefahren. Der aufrechte Gott hieß übrigens Fascinus*, was noch in unserem Wort Faszination nachklingt.

Dionysos, bei den Römern Bacchus genannt, riß alles, was er im alten Italien an Brauchbarem vorfand, an sich. Um seine Mysterien zu feiern, bildeten sich schon ab dem 3. Jahrhundert v. Chr. im ganzen Land sogenannte Bacchantenkollegien. Die Anhänger Libers fanden in Bacchus eine Entsprechung ihres Gottes, so daß die Gemeinden in allen Orten rasch anwuchsen. Und wie einst in Griechenland, so bildeten nun auch wieder die Frauen den Kern der Mysterien. In Rom war zu beobachten, wie die Bacchantinnen am Fuße des Aventin ihre wilden Feste in einem Hain abhielten, der ursprünglich Stimula, einer altrömischen Keimgöttin, geweiht gewesen war. Hier liefen die Frauen nachts mit wehendem Haar schreiend zwischen den Bäumen und Gebüschen umher, in den Händen lodernde Fakkeln, die sie ins Wasser des Tiber tauchten und brennend wieder herauszogen.

Was in den geschlossenen Veranstaltungen der Kollegien vorging, ist bis heute nur vage bekannt. Neben Weihezeremonien – und vielleicht als Teil von ihnen – wird die Veranstaltung von Orgien mit Sicherheit angenommen. Natürlich wurde in der ausgeschlossenen Öffentlichkeit auch der Verdacht laut, es würden geheime Menschenopfer dargebracht. Das kann gewiß ausgeschlossen werden, denn dieser Vorwurf traf alle fremden Kulte – Ritualmord – und wurde selbst gegen die ersten Christen erhoben: aßen sie nicht das Fleisch und tranken sie nicht das Blut des Zimmermannssohns aus Nazareth?

---

* Fascinum bezeichnet im Lateinischen das männliche Glied.

Die greisen Männer des römischen Senats waren jedenfalls beunruhigt; sie nannten das dionysische Treiben, dem auch immer mehr vornehme Römerinnen anheimfielen, eine »Geißel«. Endlich, im Jahre 186 v. Chr., fand sich ein willkommener Anlaß, gegen den Dionysos-Kult amtlich einzuschreiten. Bei den Behörden hatte nämlich eine Kurtisane namens Hispala Fecina Anzeige erstattet. Sie behauptete, ihr Geliebter solle während einer Bacchus-Orgie umgebracht werden; ihre eigene Mutter habe die Priester des Gottes zu dem Mord angestiftet, um den unerwünschten Liebhaber zu beseitigen.

Die Folgen waren verheerend. Alle Dionysos-Priester wurden verhaftet, den Anhängern des Kultes wurde befohlen, sich bei den Behörden registrieren zu lassen, widrigenfalls sie für gesetzlos erklärt würden. Es gab Folterungen und Massenhinrichtungen. Nächtliche Veranstaltungen wurden verboten. Eine Bronzetafel mit dem Gesetz und den Ausführungsbestimmungen ist uns erhalten. Um nicht als Unterdrücker einer weit verbreiteten Religion dazustehen, erlaubte der Senat angemeldete und amtlich genehmigte Bacchanalien, an denen aber höchstens drei Frauen und zwei Männer teilnehmen durften; es war verboten, Obere einzusetzen oder zu wählen, eine Eidgenossenschaft zu bilden oder ein gemeinsames Vermögen zu halten.

Immerhin bewirkte gerade das Verbotene Neugier und neuen Zustrom. Die höchsten Gesellschaftskreise, die nicht so leicht gerichtlich zu belangen waren, hielten unkontrollierte Bacchanalien ab, und mit der Kaiserzeit waren die senatorischen Vorschriften ganz vergessen. Der Dionysos-Kult erlebte eine wahre Hochblüte, von der die geheimnisvollen Fresken in der Villa dei Misteri in Pompeji noch heute Zeugnis ablegen.

Aphrodite bei den Römern

Ursprünglich, so sagen einige, war Venus eine lateinische Kleingöttin, die sich vorwiegend um das Gedeihen der Obst- und Gemüsegärten zu kümmern hatte. Neuere Forscher meinen, Venus lasse sich als Liebesgöttin sehr weit in der Geschichte der Apenninenhalbinsel zurückverfolgen. Mit Sicherheit ist ein ihr geweihter Tempel in Lavinium im 7. Jahrhundert v. Chr. nachgewiesen.

Auf alle Fälle war Venus die einzige römische Göttin, mit der sich die griechische Aphrodite verbinden konnte. Sie entwickelte Macht über Körper und Seelen, herrschte über die weiblichen Verführungskünste und wurde dadurch dem republikanisch-puritanischen Senat Roms verdächtig. Sie war so beunruhigend für die Väter des Staates, daß man sich weigerte, Venus ein Heiligtum zu errichten. Sie wurde als »Dämonin des Fleisches« verketzert, man witterte Leidenschaft, Unruhe, sittliche Auflösung, Anarchie.

Das änderte sich. Es häuften sich nämlich in Rom immer skandalösere Liebesaffären, in die stets weitere Kreise der Gesellschaft verwickelt waren, wobei besonders verheiratete Frauen aus den vornehmsten Familien im Mittelpunkt standen.

Bald verbreitete sich die Vermutung, Venus, erzürnt über die Vernachlässigung ihrer Verehrung, gebe aus Rache den hohen Damen lüsterne Wünsche ein, stachle sie damit zu Sittenlosigkeit und Unzucht auf. Der schockierte Senat beschloß also, die Göttin zu besänftigen und ihr nun doch in Rom einen Tempel errichten zu lassen.

So konnte sich Quintus Fabius Gurges, Sohn eines Konsuls, im Jahre 295 v. Chr. ans Werk machen. Als Bauplatz war das Tal ausersehen, wo sich bereits der Circus maximus befand.

Für die Finanzierung machte sich Gurges das römische Sittengesetz zunutze. Eine Bestimmung daraus setzte Geldstrafen für Frauen fest, die bei einem Fehltritt ertappt wurden, was sich allerdings nicht auf Ehebruch bezog, sondern nur auf die Sittsamkeit von Witwen, Töchtern höheren Standes und unverheirateten Damen. Die hereinströmenden Bußbeträge waren so horrend, daß der Tempel mit aller Pracht errichtet werden konnte. Gurges gab der ersten Liebesgöttin Roms den Namen »Venus obsequens« – gehorsame Venus.

Damit war das Eis gebrochen. Als Hannibal im zweiten Punischen Krieg (218–201 v. Chr.) mit seinen Elefanten über die Alpen gegen Rom vorrückte, ließ der bedrängte Senat jede Zurückhaltung fallen und wandte sich an die »Venus des Berges Eryx«, in Wahrheit eine sizilianische Aphrodite mit allem, was die Herren Roms verabscheuten, nämlich Tempeldienerinnen und orgiastischem Kult. Da aber die Römer ihre Abstammung auf den trojanischen Helden Aeneas zurückführten, dessen Mutter Aphrodite gewesen war, paßte alles gut zusammen. Die Urahnin wurde nun also mit Ehren überschüttet, erhielt einen Tempel auf dem Kapitol, dem heiligen Hügel unter dem Schutz Jupiters. Und richtig wurde Hannibal 202 im letzten Moment von Scipio Africanus entscheidend geschlagen.

Jedenfalls hatte nicht Hannibal, sondern Venus Italien endgültig erobert. In allen Städten und größeren Ortschaften des Landes wetteiferte man mit der Errichtung von Tempeln und Altären. Der Senat hatte sich überdies dazu bequemt, nun auch die orgiastische Komponente der menschlichen Natur nicht mehr zu leugnen, doch war er noch immer von seiner sittlichen Mission überzeugt. Er beschloß, die Statue einer Venus verticordia in Rom aufstellen zu lassen; der Name bedeutet, »die die Herzen wendet«, nämlich, wie es die Senatoren auffaßten, weg von den Leidenschaften. Im Volk legte man es andersherum aus.

Wie einst in Hellas, wo Platon noch eine himmlische über die irdische Aphrodite zu stellen versuchte, so ging auch in Rom die Praxis ganz zugunsten der irdischen Venus aus. Alle späteren Größen in republikanischen und in kaiserlichen Zeiten verehrten allein die irdisch-sinnliche Göttin der Liebe und der Schönheit, der Jugend, des Glücks, des Luxus, des Genusses. Caesar nannte sie seine Mutter, der Diktator Sulla nahm den Beinamen Epaphroditos, »Liebling der Aphrodite«, an. Ihr Kult als alleinige Himmelskönigin überstrahlte schließlich das ganze römische Weltreich. Gegen sie verblaßten alle anderen Gottheiten des griechisch-lateinischen Pantheons.

Einige berühmte Orte des alten Italiens hatten Venus zur Schutzgöttin erkoren, so zum Beispiel Pompeji und der luxuriöse Badeort Bajae, wo das Meerwasser ursprünglich kalt gewesen sein soll, sich aber wohltuend, anregend und heilsam erwärmte, nachdem einst Amor seine Fackel hineingetaucht und Venus in den Fluten gebadet hatte. In Sorrent flehte Vergil Venus an, ihm zur Vollendung seines Werkes ihren Beistand zu leihen. Und schließlich ist Venus auch mit dem alten deutschen Wort Wonne verwandt, das »Frauenschönheit« bedeutet.

Freya

Statuette einer
Opfernden
(ca. 200 v. Chr.)

Die Nordische Welt

Als die alten Kulturen des Mittelmeerraumes mit der Welt nördlich der Alpen in nähere Berührung kamen, war noch ganz Europa von dichten Wäldern bedeckt. Urwälder waren es, in denen es nur da und dort besiedelte Lichtungen gab, manchmal untereinander durch Pfade verbunden, deren Verästelungen wenigen bekannt waren. Sümpfe, Regen, kalter Wind und gespenstischer Nebel jagten Südländern, die sich hierher verirrten, Schauder ein. Im Winter lag alles erstarrt unter Eis und dichtem Schnee begraben.

Unerträglicher Anblick

Von den keltischen Galliern und von den Germanen machten sich die heranrückenden Römer die schlimmsten Vorstellungen. Diese Nordmänner wären so tapfer und wild und so groß und schrecklich, daß es unmöglich sei, auch nur den Anblick ihrer Gesichter und ihrer funkelnden Augen zu ertragen. Auch Tacitus beschrieb ihre »wilden blauen Augen«, ihr »rötliches Haar« und ihren Kampfgesang, »ein rauher Ton und ein dumpfes Dröhnen, wobei sie die Schilde vor den Mund halten, damit durch den Widerhall die Stimme voller und tiefer anschwelle«. Als der irische König Suibne in der Schlacht von Moira dieses fürchterliche Grollen der Feinde hörte, so geht die Sage, verlor er den Verstand.

Selbst die erprobten Legionen Julius Caesars zauderten bei ihrem Vormarsch; kriegserfahrene Soldaten und Offiziere äußerten »Bedenken« wegen der »ungeheuren Wälder«, und in den Zelten des Gefolges bejammerten die Begleiter des Feldherrn ihr Schicksal, konnten sich sogar »der Tränen nicht enthalten«, und »alles überhaupt im ganzen Lager«, schreibt Caesar selbst, »machte sein Testament«.

Wie sah nun wirklich die Welt aus, in die Roms Streitkräfte vordrangen, altgediente Legionen, neu ausgehobene Soldaten aus der Gegend um Aquileia, einheimische Hilfstruppen, numidische Leichtbewaffnete, kretische Bogenschützen, balearische Schleuderer, römische Ritter zu Pferd. Ihre anfänglichen Siege und ihre späteren Niederlagen prägten dem Antlitz Mitteleuropas erste historisch faßbare Spuren auf.

Kelten und Germanen

Wie die Völker der Germanen und Kelten vor dem Eindringen der Römer oder vor dem Beginn der Christianisierung lebten, läßt sich nur vage aus Indizien erschließen. Ihre Tradition beruhte auf mündlicher Überlieferung und ging mit ihren Trägern unter, sofern sich nicht Bruchstücke in Märchen und Sagen retten konnten. Was römische Schriftsteller und christliche Mönche aufgezeichnet und überliefert haben, ist von deren Standpunkten beeinflußt, stellt aber dennoch unser fast einziges und daher unschätzbares Quellenmaterial dar. Tacitus selbst sah dieses Problem der verschiedenen Betrachtungsweisen und prägte das Wort von der »interpretatio romana«, also der römischen Auslegung des Gesehenen, Erfahrenen und Erlebten. Man muß das bei allen Schilderungen sowohl aus römischer als auch aus christlicher Hand im Auge behalten.

Die Kelten waren zunächst in Frankreich (Gallien), im westlichen Spanien und in Süddeutschland ansässig. Im Verlauf weniger Jahrhunderte breiteten sie sich über die britischen Inseln und Irland aus, im Süden bis zur Eroberung Roms (386 v. Chr.), dann bis Böhmen, Mähren, Dalmatien, Makedonien, Griechenland. 279 v. Chr. plünderten sie Delphi, stießen schließlich bis Kleinasien vor, so daß sie noch in der Bibel im Brief des Paulus an die Galater (Gallier) vorkommen. Allein ihr Name war für Römer ein ständiger Schrecken.

Eine Vielzahl zumeist feindlicher Völkerschaften jenseits ihrer Grenzen wurde von den Kelten unterschiedslos mit dem Sammelnamen »Germanen« bedacht. Caesar übernahm das keltische Wort, bei den Römern bürgerte es sich ein und ist noch heute in Gebrauch, obwohl es so etwas wie *die Germanen* eigentlich gar nicht gibt. Ihre einzigen gemeinsamen Merkmale sind Sprachverwandtschaft, Ähnlichkeiten im Brauchtum – darunter eben auch die Religion – und gelegentliches Zusammengehen bei kriegerischen Unternehmungen.

Das Siedlungsgebiet der Germanen – um bei dem Wort zu bleiben – umfaßte Dänemark, Süd- und Mittelschweden, Süd-Norwegen und Teile Finnlands. Später reichte ihre Ausdehnung bis in die Niederlande und zur Weichsel, schließlich entlang der Donau bis in die Gegend des Dnjestr. Vandalen erreichten die Oder, Langobarden die Elbe, Markomannen Böhmen, Quaden den Main, die Triboker Schwaben, die Hermunduren Schlesien. Nur wenige Jahre vor Christi Geburt überschritt der swebische Heerkönig Ariovist mit über hunderttausend Germanen – Haruden, Tribokern, Nemetern und Vangionen – den Rhein, drang ins Gebiet der Kelten vor und gab damit Caesar Gelegenheit zum Beginn des Gallischen Krieges (58–51 v. Chr.).

Zersplitterung

Leider verhält es sich mit dieser so übersichtlich erscheinenden Zweiteilung nicht so einfach. Bei den Germanen, besonders aber bei den Kelten herrscht bei den Göttern, Göttinnen und kultischen Überlieferungen eine Zersplitterung in vielfache regionale Verschiedenheiten. Germanische, gallische, irische, dänische, norwegische oder britannische Eigenarten bilden ein buntes und oft auch weithin lückenhaftes Mosaik.

So zeigt sich uns die nordische Götterwelt in vielen geographischen und regionalen Gruppen. Namen und Bedeutung von Gottheiten können ganz verschieden sein, je nachdem, ob sie beispielsweise in Irland, Schweden, Germanien, Dänemark oder Gallien beheimatet sind. Zahlreiche ihrer Eigenschaften, Merkmale und Kulte sind einander ähnlich oder gleich, aber ebenso häufig sind die Unterschiede. Wotan und Odin nehmen die gleiche Stellung ein, sind auch weitgehend identisch. Wotan (Wodan, Woden)

gilt als die bei Sachsen, Angelsachsen, Langobarden und anderen Westgermanen gebräuchliche Variante, die Form Odin – sie wird hier durchgehend benützt werden – entstammt dem skandinavischen Geltungsbereich.
Ein wenig besser sieht es bei den Göttinnen aus, die sich in Sage, Märchen oder Volksglauben retten konnten: als Feen, Elfen, Wassergeister oder Hexen.
Hinzu kommt, daß die Schar der nordischen Götter heute zum größten Teil verblaßt ist, so daß außer ihren Namen kaum noch etwas greifbar blieb. Bei den Kelten sorgte die Priesterschaft der Druiden für strenge Geheimhaltung aller religiösen Gebräuche; obwohl sie der Schrift mächtig waren, machten sie keine Aufzeichnungen.

FRAUEN WAREN »HÖHERE WESEN«

»Armbandgöttin«, »Halsbandgöttin« und andere überschwenglich sinnliche Synonyme verwendet die Edda häufig, wenn von Frauen die Rede ist.
Auch Tacitus fiel sofort der Glaube der Germanen auf, den Frauen wohne »etwas Heiliges und Seherisches inne«, und die Männer »verschmähen nicht ihre Ratschläge, schätzten gering nicht ihre Bescheide«. Beim Feldzug in Gallien wunderte sich Caesar, weil die über den Rhein gekommenen Germanen nicht wie erwartet angriffen. Man erklärte ihm, bei den Germanen sei es Brauch, »daß die Weiber durch Lose und Wahrsagungen offenbarten, ob es gut sei zu schlagen oder nicht. Und diese hätten erklärt, die Germanen könnten nach dem Willen des Schicksals nicht siegen, wenn sie vor Neumond ein Treffen lieferten.«
Germanische und keltische Seherinnen weissagten auch den Römern. Mit germanischen Hilfstruppen gelangten sie in die entferntesten Teile des Römischen Reiches. Das bestätigt eine in Ägypten gefundene Tafel, die in griechischer Schrift eine semnonische Prophetin namens Waluburg erwähnt (Valoburg semnoni sibylla). Sueton kannte eine hessische Wahrsagerin. Dem römischen Feldherrn Drusus trat aus den nordböhmischen Wäldern eine markomannische Seherin vor's Auge, hob den Arm gegen ihn und sagte ihm Umkehr und Tod voraus. Auf dem Rückzug stürzte er vom Pferd und starb daran.
Zumindest in der gehobenen Klasse der Krieger waren

Frauen den Männern völlig gleichgestellt. In der keltischen einjährigen Probeehe kam das besonders zum Ausdruck: Männer und Frauen hatten das gleiche Recht, sich nach Belieben zu vereinen oder wieder zu trennen. Als Volksbrauch lebte die keltische Probeehe noch bis in unser Jahrhundert in einigen Gegenden des östlichen Irland fort.

Caesar erwähnt allerdings, daß in Britannien oft mehrere Männer, etwa zehn oder zwölf, gemeinsam eine Frau hatten, was, wie der Keltologe Jacques Moreau sagt, »der sexuellen Ungebundenheit und erotischen Aktivität der Frauen im irischen und gälischen Epos entspricht« und ihre Sonderstellung begründet. Auf der anderen Seite war zu Caesars Zeit auch die Polygamie in Gallien noch verbreitet.

Sehr merkwürdig ist eine weitere Bekundung des Römers. Man wird an eine ähnliche Erscheinung bei den Griechen erinnert, wenn er über die sogenannten »Soldurier« bei den Kelten des südlichen Galliens spricht. Es handelt sich um homoerotische Freundespaare, die stets gemeinsam kämpfen, wobei jeder sich selbst den Tod gibt, wenn der geliebte Partner fällt. Der gallische Feldherr Adiatuanus z. B. machte mit 600 Solduriern einen Ausfall aus einer belagerten Stadt Aquitaniens.

Kultgebräuche

Mit wenigen Ausnahmen wurden Gottheiten bei den nordischen Völkern nicht bildlich dargestellt. Der keltische Feldherr Brennus brach 279 v. Chr. in Gelächter aus, als er nach der Eroberung von Delphi das dortige Heiligtum betrat und sah, wie die Griechen ihre Götter in Gestalt menschlicher Statuen anbeteten. Eine solche Vorstellung erschien den Nordleuten ganz unmöglich.

Die Tempel der Germanen waren die Wälder. Erst mit den Römern entwickelten sich feste Gebäude. Den Göttern wurden Speisen und Trank geopfert, auch Tieropfer waren verbreitet. Einige Götter forderten Menschenopfer. Bei Mißwuchs opferten Schweden und Burgunder sogar ihre Häuptlinge. Im allgemeinen wurden Kriegsgefangene geopfert, oft nach schrecklichen Martern. So führten bei den Cimbern weißgekleidete, barfüßige Priesterinnen, mit ehernem Gürtel geschmückt, die Gefangenen zu einem großen eisernen Kessel. Sie stiegen eine Leiter hinauf, durchschnitten die Kehle des Opfers und wahrsagten aus dem in den Kessel rinnenden Blut. In Frauengräbern der Bronzezeit sind bei Skeletten eherne Gürtel und Dolchmesser gefunden worden.

Die Kelten

Wenn man von ältesten Spuren absieht, traten die Kelten zwischen 1000 und 500 v. Chr. in die eigentliche Geschichte ein. Ihre Sprache, Religion und Sozialordnung sind deutlich den indoeuropäischen Völkerschaften verwandt, die etwa tausend Jahre zuvor das Indus-Tal erobert hatten.

Ein einheitliches keltisches Volk im heutigen Sinn hat es aber nie gegeben; es handelte sich immer um unabhängige Stämme, die nur durch die Verwandtschaft keltischer Dialekte und verschiedener anderer kultureller und sozialer Eigenheiten miteinander verbunden waren. Als einziger keltischer Volksstamm ragt in unsere Gegenwart nur noch das Volk der Iren herein.

Sieger zu sein in unentwegten Kämpfen und Schlachten galt den keltischen Kriegern als höchstes Ideal. Römer und Griechen wunderten sich darüber, daß sie völlig nackt kämpften, mit einem Schild als einzigem Schutz. 387 v. Chr. machte sich der Feldherr Marcus Furius Camillus, als er das römische Kapitol zu verteidigen hatte, in einer Rede vor seinen streng militärisch ausgebildeten Truppen über die Kriegsbräuche der Feinde lustig: »Was können uns schon ihre langen Haare, ihre wildblickenden Augen und ihr grimmiger Gesichtsausdruck antun? Und ihre ungezügelten Tänze, das zwecklose Herumfuchteln mit den Waffen, das wiederholte Schlagen auf die Schilde und alle anderen Äußerungen barbarischer und unvernünftiger Prahlerei durch Geste und Stimme, mit denen sie ihre Gegner einzuschüchtern versuchen?«

Über ihre Religion, ihre Sitten und Gebräuche fließen die historischen Quellen schon deshalb sehr spärlich, weil, wie

gesagt, die Priesterschaft der Kelten, die Druiden, möglichst alles mit einem Schleier des Geheimnisses umgaben. Außerdem hat es die Geschichtswissenschaft mit zwei verschiedenen Siedlungsgebieten der Kelten zu tun, jenen auf den britischen Inseln und diesen auf dem Kontinent. Am einfachsten sagt man mit einer Faustregel: Von den keltischen Göttern des Kontinents gibt es (seit der Römerzeit) viele Monumente, aber keine überlieferten Mythen; bei den insularen Kelten ist es gerade umgekehrt.
Historische Quellen berichten übereinstimmend, daß die Kelten Kopfjäger waren. Poseidonios begegnete ihnen im zweiten Jahrhundert vor Christus und schrieb: »Wenn sie die Schlacht verlassen, hängen sie die Köpfe ihrer Feinde an die Mähnen ihrer Pferde, und zu Hause angekommen nageln sie das Schaustück an die Haustür.« Andere Verfahren bestanden darin, die Hirnschalen berühmter Feinde in Zedernöl aufzubewahren, um sie Besuchern zeigen zu können, oder sie zu vergolden und als Trinkgefäße zu benützen, wie Livius, Diodoros und Strabon übereinstimmend berichten.

Die Druiden

Die Druiden waren an ihren weißen Gewändern und einer Art Bischofsstab erkenntlich, einer Stange, auf der eine oftmals vergoldete Sichel befestigt war. Sie unterstanden keiner weltlichen Obrigkeit, mußten nicht mit der Waffe dienen und brauchten keinerlei Abgaben zu entrichten. Ihrem Stand waren Wissenschaften und Gerichtsbarkeit vorbehalten. Sie konnten Zeichen deuten, besonders aus der Gestalt der Eichen, und betrieben andere magische Geheimpraktiken.
»Die Druiden waren außer für Naturwissenschaft auch für die Moralphilosophie zuständig«, bestätigt Strabon. In der Tat haben die Griechen die Druiden als Philosophen bezeichnet und anerkannt, obwohl ihre Philosophie der griechischen diametral entgegenstand. Während die Griechen noch am Begriff der »Wahrheit« festhielten, predigten die Druiden bereits »Relativität« und setzten der griechischen »Ethik« den Hinweis auf deren Nichtvorhandensein in der Schöpfung entgegen; auch die Schönheit, um deren Definition die griechischen Philosophen rangen, betrachteten

die Druiden als emotive Kategorie, also das, was uns auch jenseits der Maßstäbe klassischer Ästhetik zu bewegen vermag.
Dem aus der griechischen Philosophie kommenden Aufklärungsgedanken unserer Tage, alles sei mit der Zeit schließlich wissenschaftlich erforschbar, erklärbar, technisch begreifbar und machbar, steht druidische Weisheit gegenüber: So weit wir auch fortschreiten, so gehen wir doch stets auf einer unendlichen Strecke dahin, wo sich uns das Unzugängliche immer weiter entzieht, »im gemessenen Schritt der Göttin Rhiannon«*.
Nach heutigen anthropologischen Maßstäben waren die Druiden im Grunde genommen Schamanen, die Zauber und Magie mit einem hohen Grad geistiger und naturwissenschaftlicher Bildung zu verbinden wußten. Schon vor rund 15000 Jahren zeichnete ein Künstler in der Höhle Trois Frères in Frankreich einen als Tier verkleideten »Zauberer« an die Felswand. Der keltische Gott Cernunnus trägt auf gallo-römischen Reliefs ebenfalls ein Geweih. Schamanen und Medizinmänner in Asien und Afrika verfremden sich noch heute mit animalischen Attributen, um in Trance Zugang zur »jenseitigen« Welt zu erlangen. Die kreatürliche Identität von Menschen-, Tier- und Pflanzenwesen ist ein hervorstechendes Element der druidischen Religion, oder besser: der Naturphilosophie.
Die Druiden kannten schon die homöopathische Verdünnung von heilenden Kräutersäften, neben Amuletten und Beschwörungen ein Hauptelement ihrer Heilkunst. Sie waren Richter und damit keinem Oberherrn untertan, auch nicht dem König.
Die Beschäftigung mit Grammatik, Dichtung und guter Rede- und Vortragskunst trug ihnen besonderen Ruhm ein. Aus dieser Schule gingen Barden hervor, die ein siebenjähriges Studium absolviert haben mußten, bevor sie öffentlich auftreten durften.
Den ausführlichsten Bericht haben wir wieder von Caesar.

---

* Walisische Todesgöttin. Prinz Pwyll of Dyfed, der das schnellste Pferd der Welt besaß, konnte sie nicht einholen, obwohl sie nur langsam voranschritt.

Wenn auch aus römischer Sicht, so lohnt es sich doch, die Stelle aus dem »Gallischen Krieg« hier zu zitieren:

»In ganz Gallien gibt es zwei Gattungen von Einwohnern, die etwas gelten und geachtet sind. Denn der gemeine Mann wird hier beinahe wie ein Sklave behandelt, er wagt nichts von sich aus zu unternehmen und wird zu keiner Beratung zugezogen. Die meisten begeben sich Schulden halber oder der schweren Abgaben wegen oder auch, um sich gegen die Gewalttätigkeiten der Übermächtigen zu schützen, unter eine (freiwillige) Dienstbarkeit des Adels. Dieser kann dann mit ihnen ebenso umgehen wie ein Herr mit seinen Sklaven.
Die beiden (vornehmen) Stände aber sind die Druiden und die Ritter.
Die ersten versehen den Gottesdienst, besorgen die Opfer für den Staat und für Privatleute und legen die heiligen Satzungen aus. Eine Menge von jungen Leuten kommt zu ihnen, um Unterricht zu empfangen, und sie genießen überhaupt bei den Galliern ein hohes Ansehen. Denn fast bei allen Zwistigkeiten, sie mögen nun Staatsangelegenheiten oder Privatvorfälle betreffen, entscheiden sie. Hat jemand gefehlt, ist ein Mord geschehen, ist etwa über Erbschaft und Gemarkung ein Streit entstanden, so fällen sie das Urteil, setzen Strafen und Belohnungen fest.
Unterwirft sich jemand, es mag nun ein Privatmann oder ein Volksstamm sein, ihrem Spruch nicht, so schließen sie ihn vom Gottesdienst aus. Das ist bei ihnen die härteste Strafe. Denn wer so mit dem Bann belegt ist, den betrachtet man als einen Ruchlosen und Bösewicht. Alles entfernt sich von ihm, alles flieht den Umgang und die Unterhaltung mit ihm, um ja nicht von ihm angesteckt zu werden. Einem solchen Menschen wird auch auf sein Gesuch keine Rechtsentscheidung zuteil, noch wird ihm irgendwie eine Achtung erwiesen.
Die gesamten Druiden haben einen Oberdruiden, der bei ihnen eine ungemein wichtige Person ist. Stirbt er, so folgt ihm der von den Druiden nach, der sich durch Ansehen vor den übrigen auszeichnet. Sind mehrere an Würde und Ansehen sich gleich, so wird durch Stimm-

abgabe von den Druiden selbst gewählt; zuweilen streiten sie aber auch um das höchste Amt mit den Waffen.
Zu einer bestimmten Zeit im Jahr sitzen die Druiden im Gebiet der Karnuten, das als die Mitte von ganz Gallien gilt, an einer geheiligten Stätte zu Gericht. Alle, die in Streitigkeit verwickelt sind, kommen dorthin und unterwerfen sich ihrem Spruch und ihren Entscheidungen. Die Lehre soll ihren Ursprung in Britannien haben und von da nach Gallien gebracht worden sein. Es reisen deshalb auch jetzt noch alle, die das Druidenwesen genauer kennenlernen wollen, zumeist nach Britannien.
Die Druiden sind gewöhnlich von Kriegsdiensten und den Abgaben frei, zu denen sich die übrigen Gallier verstehen müssen. Sie machen einen Stand aus, der nebst der Freiheit von Kriegsdiensten aller Staatsbeschwernisse überhoben ist. Viele widmen sich daher, teils dieser großen Privilegien wegen, teils aus eigener Neigung diesem Stande oder werden von ihren Eltern und Anverwandten dazu bestimmt. Es heißt, daß sie dann eine große Menge von Versen auswendig lernen; daher müssen einige wohl zwanzig Jahre lang bei dem Unterricht aushalten. Sie sind der Meinung, man dürfe ihre Lehren nicht schriftlich abfassen, obschon sie sonst bei ihren Staats- und Privatangelegenheiten die griechische Schrift benutzen.
Nach meiner Meinung haben sie bei diesem Verfahren zwei Absichten: Sie wollen ihre Lehre vor dem gemeinen Manne geheimhalten, und sie wollen vermeiden, daß die Schüler sich auf die Schrift verlassen und weniger Fleiß beim Auswendiglernen anwenden; denn durch das Hilfsmittel der Schrift geschieht es meistens, daß man in dem Eifer, etwas auswendig zu lernen und tiefer ins Gedächtnis einzuprägen, nachläßt. Ihre Hauptlehre ist, die Seele sei nicht sterblich, sondern wandere nach dem Tode des Menschen von einem Körper in den anderen. Sie glauben, daß diese Lehre, welche Todesverachtung einflößt, vor allem zur Tapferkeit ansporn. Übrigens tragen sie noch viele Lehrsätze vor über die Sterne und ihren Lauf, die Größe der Welt und der Erde, über

die Natur (der Dinge), die Gewalt und Macht der unsterblichen Götter und bringen sie den jungen Schülern bei.«*

Blut, der besondere Saft

Auf der Grundlage dieser organisierten allgemeinen Kenntnisse schufen die Druiden ein Band, das die nur lokker verbundenen keltischen Stämme von Irland bis zum Schwarzen Meer umschlang. Das gab ihnen eine Machtposition und Führungsrolle von fast unumschränktem Ausmaß. Man darf jedenfalls nie die angesehene Stellung vergessen, die sie in der damaligen Welt einnahmen. Druiden verkehrten als Gesandte am Hof Alexanders des Großen, Cicero pflegte die persönliche Bekanntschaft mit einem Druiden des latinisierten Namens Diviciacus. Aber gerade die überragende Rolle der Druiden im keltischen Völkergefüge wurde ihnen zum Verhängnis. Unter den Kaisern Tiberius und Claudius begann ihre unbarmherzige Verfolgung und Ausrottung, man würde heute sagen: die »Intelligenzia« als Hort der politischen Opposition. Dabei spielte auch ein allgemeiner Abscheu der Römer gegen gewisse druidische Religionspraktiken eine nicht geringe Rolle. Es handelt sich um die Nachtseite des Bildes. Blut, dieser »ganz besondere Saft«, stand da an erster Stelle, obwohl die Römer in blutigen Gebräuchen selber nicht gerade zimperlich gewesen sind. Die Kopfjäger und die oftmals damit verbundene kultische Menschenfresserei waren ihnen ein Greuel. Doch das war nicht alles. Nach Tacitus trafen die römischen Legionen überall auf »blutbefleckte Haine, heulende Priester und schwarzgekleidete, kreischend fackelschwingende Weiber«. Durch Diodoros erfahren wir von einem spezialisierten Stand druidischer Priesterinnen, denen es oblag, bei Menschenopfern die Omen zu deuten und wahrzusagen: »Sie weihen einen Menschen«, heißt es da, »und stoßen ihm ein Schwert in die Herzgrube über dem Zwerchfell. Und wenn der so Getroffene stürzt, dann erkennen sie aus der Art des Hinfal-

* Sechstes Buch, 13,1–14,6, neugefaßt von Walter Hess nach der Übersetzung von Ph. L. Haus.

lens, aus dem Zucken der Glieder und schließlich aus dem Fließen des Blutes die Zukunft.«
Nach Ansicht einiger Forscher scheint es eine gewisse Verbindung zwischen den Kulturen der Kelten und der frühen Indoarier zu geben, beziehungsweise zwischen den Brahmanen Indiens und den Druiden Irlands und Galliens. Besonders verblüffend tritt diese Möglichkeit im keltischen Glauben an Wiedergeburt hervor. Ob sie diesen Gedanken bei Berühungen mit pythagoreischen Griechen aufgriffen oder – wahrscheinlicher – schon aus ihrer indoarischen Urheimat mitbrachten, kann lediglich Stoff für Spekulationen sein. Ihre Kopfjägerei und der mit Schädeln behangene Gürtel der indischen Göttin Kali geben allein schon zu denken. Bezeichnender noch ist eine irische Sage, Ethlenn (auch Ethne), die Mutter des keltischen Sonnengotts Lug, habe nie etwas anderes zu sich genommen als »die Milch einer heiligen Kuh aus Indien«.

Keltische Götter

Solange die keltischen Stämme noch suchend durch Europa zogen, hatten sie nach Meinung vieler Forscher keinen festen Götterhimmel, sondern wie die meisten Nomaden nur die allgemeine Vorstellung von einem Großen Geist. Nachdem sie seßhaft geworden waren, bildeten sich da und dort Kultplätze, heilige Stätten, und Quellen, Steine, Höhlen, Bäume oder andere Naturgebilde nahmen allmählich die numinose Gestalt von Gottheiten an.
Eine besondere Rolle etwa spielte das Wasser. Quellen genossen bei den Kelten besondere Verehrung, denn hier öffnete sich der Schoß der Mutter Erde und spendete allenthalben neues Leben. Um bedeutende Quellen wurden Heiligtümer gebaut, aus deren Resten unsere Archäologen zahllose Opfer- und Votivgaben bergen konnten. Auch haben viele Wasserläufe Europas keltische Namen. So heißt beispielsweise die Seine nach Sequana, ihrer Quellgöttin. Der irische Shannon River geht auf die Göttin Sinann zurück. Andere keltische Göttinnen gaben ihre Namen der Donau, dem Rhein und seinen östlichen Nebenflüssen,

Neckar, Main, Lahn, Ruhr und Lippe. Auch Isar, Lech, Tauber und viele weitere entstammen ursprünglich dem Kult von Quell- und Flußgöttinnen.
Die Wissenschaft kennt heute über hundert wesentliche Götter des keltischen Pantheons, von denen man sich allerdings in den meisten Fällen nur ein undeutliches Bild machen kann.
Was noch in der Erinnerung des Volkes übriggeblieben war, schrieben gelehrte Missionare etwa im 6. Jahrhundert auf – in gälischer oder kymrischer Sprache. Oft verstanden sie selber den tieferen Sinn der Erzählungen nicht oder nur halbwegs. Vieles wurzelte in druidischem Geheimwissen und hatte daher esoterische Bezüge. Schon Plutarch war die Gewohnheit der Kelten aufgefallen, hinter jedem gesprochenen Satz einen zweiten, unausgesprochenen zu verbergen.
Als einer der höchsten Götter der Kelten wird der Riese Dagda angesehen. Er ist Vater der großen Göttin Dana (bei den Festlandkelten Nantosuelta genannt). Nach der Sage ist er ungeheuer gefräßig und trägt einen entsprechend dicken Bauch vor sich her. Auf der anderen Seite spielt er gefühlvoll die Schicksalsharfe, auf der nur drei Weisen erklingen: eine Melodie des Lachens der Jugend, des Seufzens im Alter und des Totenschlafs. Auf einem gallisch-römischen Relief wird der Gott mit nach drei Seiten gewendeten Köpfen dargestellt, worin eine Dreieinigkeit verschiedener göttlicher Aspekte beschlossen liegt. Das kommt auch auf keltischen Münzprägungen mit dreigehörnten Kronen zum Ausdruck.
Zu Dagdas Attributen gehören Keule und ein Umhang aus Tierfellen, was ihm viel Ähnlichkeit mit dem keltischen »Herkules« verleiht; mit der Keule kann er töten, aber auch wieder zum Leben erwecken.
Der erwähnte Herkules scheint jeweils einen Stammeshäuptling oder König symbolisiert zu haben, der nur ein Jahr herrschte und dann geopfert wurde. Bei Forscher John Sharkey klingt das so:

> »Zur Sommersonnenwende, gegen Ende seiner einjährigen Herrschaft, wird Herkules mit Met trunken gemacht und in der Mitte eines Kreises aus zwölf, um eine Eiche herum angeordneten Steinen geführt. Die Eiche

war in die Form eines T gestutzt worden. Herkules wird mit Weidenruten in der fünffachen Weise, die Handgelenke, Hals und Knöchel zusammenbindet, an ihr festgeschnürt. Dann wird er geschlagen, geschunden, geblendet und kastriert, auf einen mit Misteln umwundenen Pfahl gespießt und schließlich auf dem Altarstein in Stücke gehackt. All dies geschieht mit äußerster Feierlichkeit, und sein Blut, das in einem Steinbecken aufgefangen worden ist, wird über den ganzen Stamm gesprengt. Alle Anwesenden essen vom Leichnam des Königs, um kräftig und fruchtbar zu werden.«*

Eine Bestätigung dieses rituellen Königsmordes erscheint unabhängig im Mythos der irischen Göttin Nar (Nair). Ein König, der mit ihr schläft, so geht die Überlieferung, muß sterben. Die heilige Hochzeit mit Mutter Erde, die dem Jahr Fruchtbarkeit bringt, weiht ihn zum Herrscher und zugleich als Dankopfer.

Am Anfang war das Ei

Dem Ei, das noch bei unserem Auferstehungsfest zu Ostern eine folkloristische Rolle spielt, kommt in fast allen alten Religionen eine symbolische Bedeutung zu. Bei den Kelten steht es ganz am Anfang des Anfangs. Es ist ungeteiltes Ur-Gefäß, in dem die ganze Welt beschlossen ruht, es ist »Weltenei«, »Mutterei«, Embryo und selbstgebärende Schale des Lebens.

In Gallien fiel bereits dem römischen Naturhistoriker Plinius die Bevorzugung des Schlangeneis auf, eine Verbindung zweier numinoser Chiffren größter Kraft. Die Schlange – weil ohne Gliedmaßen noch als Urwesen gesehen – kann sich bei der Häutung immerwährend verjüngen wie die Natur selbst und ist zugleich mit ihren Giftzähnen beständige Todesdrohung. Im Schlangenei ist den Kelten die ewige Fortpflanzung von Tod und neuem Leben beschlossen.

Dazu gehört auch ihre Vorstellung vom »zeugenden Tod«, zweigeschlechtlich, tötend und gebärend, gebärend und tötend, ein Grundthema keltischer Metaphysik. Diese Lehre will den Tod als einen wesentlichen Bestandteil des

* In der Übersetzung von Friederun Meyer-Jürshof.

Lebens verstanden wissen. Und Ladhra, »der erste Tod«, starb an einem »Übermaß an Frauen« – es waren ihrer sechzehn –, mit denen er zahllose Geschöpfe ins Leben gerufen hatte. Die Frau erscheint dabei als dominierende Komponente.
Nach allem überwiegt auf den ersten Blick der Eindruck, die Kelten wären fast die einzigen, denen der universelle Mythos einer alles gebärenden Urmutter fremd geblieben sei. Wenn man vom weiblichen Ei-Symbol absieht, beginnt ihr Sagenschatz mit einem aus dem Meer aufsteigenden, offenbar männlichen Wesen, Bartholan genannt, der in Irland ein fußloses Geschöpf – eine Schlange? – namens Cichol Gri Cen-Chos besiegen soll. Vermutlich verbirgt sich hier eine vaterrechtliche Einwanderungswelle, die auf eine mutterrechtliche Urbevölkerung – die späteren Fomori – trifft und sie niederringen muß. Doch damit ist die Geschichte nicht zu Ende. Alle weiteren Einwanderer müssen nämlich abermals mit dem fomorischen Geschlecht der Gri Cen-Chos kämpfen, und das verrät wohl, daß es den männlichen Göttern nie gelungen ist, die weiblichen auszurotten.

TUAN MAC CAIRIL

Bartholan hinterließ einen Sohn, Tuan Mac Cairil. Dieser hatte die Fähigkeit, sich je nach wechselnden Gegebenheiten zu verwandeln, einmal in einen Hirsch, dann in einen Eber oder in einen Adler. Zuletzt nahm er die Gestalt eines Lachses an, wurde gefangen, köstlich zubereitet und beim Festmahl von einer Königin verspeist. Die gekrönte Dame wurde davon schwanger und brachte Tuan Mac Cairil zur Welt – doch nun als Mensch.
Eine namenlose Königin als Urmutter des Menschen. Auf solchem Umweg könnte man doch noch dazu kommen, eine Frau an den Beginn der Welt zu stellen.
Besondere Bedeutung kommt ferner dem Mond und seiner Symbolik zu. Ebenso wie andere Völker der alten Kulturen, so kannten auch die Kelten den Zusammenhang zwischen Mond, Ebbe und Flut, Pflanzenwuchs oder Vermehrung. Der mondverbundene Menstruationszyklus war ohnehin offensichtlich und trug wesentlich dazu bei, den Frauen eine besondere Stellung im Mythos zu sichern. Es

gibt ja auch in allen Mythologien kaum eine Göttin, die ihren Anfang nicht als Mondgöttin genommen hätte. Auf keltischen Münzen mit ihren oft rätselhaft abstrakten Prägungen geben Geheimzeichen diesem Urwissen um weibliche Abkunft vielfachen Raum. Sie müssen einstmals, als die verborgenen Kenntnisse der Druiden noch lebendig waren, von der Nordsee bis zum Schwarzen Meer allen Eingeweihten verständlich gewesen sein.

Die Göttinnen der Kelten

Römische Zeugnisse belegen die große, ja höchste Verehrung, die gerade den Göttinnen von den Kelten erwiesen wurde; das ging so weit, daß man ihnen auch Menschenopfer darbrachte. Berühmt dafür wurde die britannische Königin Boudicca (auch Boadicea). Cassius Dio, der griechische Historiker, schildert sie als »groß, abstoßend und mit blonden Haaren bis zu den Hüften«. Sie ließ der Kriegsgöttin Andraste (die Unbesiegliche) eingefangene Römerfrauen opfern, bevor sie 61 n. Chr. einen erfolglosen Aufstand gegen die römische Besatzungsmacht begann; danach nahm sie Gift.
Nach wissenschaftlicher Erkenntnis gab es besonders drei keltische Siedlungsgebiete, in denen Göttinnen und mutterrechtliche Sozialstrukturen vorherrschten, nämlich die Provence, das Rheinland und Irland. Besonders in der altirischen Mythologie sind männliche Gottheiten den weiblichen völlig untergeordnet.
Von den Göttinnen der Flüsse war schon die Rede. Sie hausten in den Quellen-Heiligtümern und achteten auf genaue Einhaltung des Kultes; je nach ihren gerade anwesenden Verehrern schlüpften sie dann in den Körper einer Katze, eines Vogels, eines Fisches oder nahmen auch launenhaft einmal die Gestalt einer häßlichen Hexe oder eines wunderschönen Mädchens an. Viele unserer Märchen haben hier ihre Ursprünge.

Göttinnen beherrschten das Leben

Creiddylad war eine walisische Göttin der Seen und anderer stehender Gewässer. Shakespeare ließ sie in ihrer menschlichen Gestalt als Cordelia im »König Lear« bis heute fortleben. In Flidais finden sich Züge der griechischen Artemis; sie ist Göttin der Wildnis und aller Tiere, Geliebte des Hirsches. Maeve ist eine irische Göttin, die sich liebeshungrig zahllosen irdischen Königen hingibt. Ihre Faszination wird in Sagen geradezu als »Vergiftung« bezeichnet. Sulis, ebenfalls für Gewässer zuständig, war Göttin warmer, vor allem aber heilender Quellen. Die Römer machten von den Bade- und Trinkkuren gerne Gebrauch, wobei sie es nicht versäumten, der Göttin unter dem Namen »Minerva Medica« vorsorglich oder aus Dankbarkeit Opfer darzubringen.

Von einer wichtigen dreieinigen Göttin kennen wir leider nicht den keltischen Namen, sondern nur ihre von den Römern überlieferte Bezeichnung; es handelt sich um die Matronae, oft in Gestalt dreier Mütter dargestellt, die Säuglinge, Füllhörner und Fruchtkörbe tragen. Im allgemeinen sind die Matronae mildtätig, wie zahlreiche Inschriften aus römischer Zeit belegen. Sie können aber auch blutdurstig sein und dann sehr ihrer indischen Stammesmutter Kali ähnlich werden, wenn sie ihre Opfer verschlingen.

Anders Steinbildnisse, die sie in dämonischer Gestalt darstellen und dann Sheila-na-Gig genannt werden. Zumeist zeigen diese Figuren ein häßlich grinsendes, maskengleiches Totenschädelgesicht, skelettartige Rippen, aber volle Brüste und gebeugte Beine. Immer ist die betont groß dargestellte Vagina exponiert, die Figuren halten die Schamlippen mit beiden Händen weit auseinander. Viele solcher Skulpturen sind im Mauerwerk mittelalterlicher Kirchen und Burgen der ehemals keltischen Siedlungsgebiete gefunden worden, manchmal verschüttet, gelegentlich auch umgearbeitet und als Wasserspeier an den Türmen irischer Kathedralen angebracht.

Vielleicht handelt es sich bei diesen Darstellungen um den Tod – er ist in vielen Sprachen weiblich: la mort – im Augenblick einer Geburt, da er neues Leben ans Licht bringt. Vielleicht aber auch sind solche Figuren ein Gleichnis dafür, daß »Lachen und Leidenschaft, Geburt und Tod, Sex

und Alter den Kelten nicht so unvereinbar erscheinen wie der modernen Welt« (Monaghan).
Die Matronae sind nicht die einzige Göttinnen-Trias. Es gibt eine ganze Reihe solcher Dreieinigkeiten, wie etwa die irische Macha, die in einer Person »starke Frau«, »sanfte Königin« und »Kriegerin« in sich vereinigt.
Als Zwillingsgöttin dagegen herrschten Ain und Iaine, auf welche die »Gesetze von Brehon«* zurückgeführt werden. Sie bestimmten, daß kein Kind als »illegitim« (unehelich) gelten durfte; außerdem waren darin völlige Eigentums- und persönliche Freiheitsrechte der Frauen Irlands garantiert. Mit der Eroberung durch die bereits christianisierten Wikinger – ab dem 9. Jahrhundert – verloren diese Errungenschaften wieder ihre Gültigkeit.

Kleinere Göttinnen

Es wäre unmöglich, alle keltischen Göttinnen, zumal die oft nur lokal bedeutsamen, zu erwähnen. Wir müssen uns auf wenige beschränken.
Da ist zunächst die schottische Göttin Aife. Sie wird zwar als Gemahlin des Meeresgottes Mananaan angesehen, führt aber ein ziemlich unabhängiges Dasein. Aife lag in ständigem Krieg mit der Amazonenkönigin Scathach, war aber zugleich von deren schnellen Pferden und den schönen Reiterinnen fasziniert. Ihr Verdienst ist es, den Göttern »das geheime Alphabet« entwendet und es den Menschen geschenkt zu haben, eine wahrhaft prometheische Tat. Es handelt sich um die sogenannte Oghamschrift, Holzkerbungen, die Gott Ogma erfunden haben soll. Später benützten die Kelten, wenn sie überhaupt schrieben, griechische Buchstaben, die sie auf ihren Kriegszügen und von hellenischen Kaufleuten gelernt hatten.
Arduinna war Göttin der Jagd, aber auch Beschützerin aller lebenden Kreaturen des Waldes, ob Pflanzen oder Tiere. Für jedes Tier, das in ihrem Reich getötet wurde, mußten ihr die Jäger eine Buße darbringen, früher in Naturalien, seit der römischen Besetzung in Geld. Ihre engere Heimat waren die Ardennen, die ihren Namen tragen.

* The Brehon Laws.

Arianrhod, die blumengesichtige Blodewedd von Wales, spiegelt nach Ansicht mancher Forscher den vorgeschichtlichen Wechsel vom Mutter- zum Vaterrecht. Nach der Sage lebte sie, umgeben von vielen Frauen und Dienerinnen, auf einer Insel vor der Küste von Wales. Ihr Bruder, ein Dichter namens Gwydion, geriet in Zorn, weil Arianrhod einen Sohn, den sie von ihm erwartete, nicht austrug. Mit magischer Hilfe gelang es ihm aber, den abgetriebenen Fötus aufzuziehen, den späteren Helden Llew Llaw Gyffes, der dann mit seiner Mutter zusammenlebte. Sie bekam ihn jedoch bald satt, als sie sich in einen vorüberziehenden Jäger verliebte. Deshalb lockte sie ihren Sohn-Geliebten in eine Falle, wo ihn der frisch erkorene Waidmann tötete. Dichter Gwydion, erbost über die Weiberlaunen seiner Schwester, nahm erneut Zuflucht zur Magie und bewirkte, daß Insel, Göttin und alle ihre Frauen für immer im Meer versanken.

Die keltische Pferdegöttin Epona nahm einen natürlichen Platz bei Stämmen ein, die als Reitervolk so eng mit dem Pferd verbunden waren. Der Kult der Göttin verbreitete sich von Gallien her in fast alle Teile des römischen Weltreiches, ausgenommen die semitisch besiedelten, wo als Reittier das Kamel diente. Auf dem Balkan und in Süddeutschland gibt es zahlreiche Funde, auf denen die Göttin verewigt ist. Von einem Torbogen in Bregenz blickt sie erhaben auf die Besucher der Stadt herab.

Wer auf dem Rücken eines Pferdes sitzt, ist gegenüber nicht Berittenen »erhöht«, er nimmt eine hervorgehobene Stellung ein. So gehen, wie Hildegard Urner nachgewiesen hat, alle Reiterstandbilder direkt oder indirekt auf die keltische Idee der reitenden Göttin zurück. Während die Griechen in klassischer Zeit keine Reiterstandbilder schufen, treten sie in hellenistischer Zeit massenhaft auf – die Kelten waren gerade bis Kleinasien vorgedrungen. Römische Herrschaftsbilder, wie etwa Marcus Aurelius über dem römischen Kapitol oder der uns vertraute Bamberger Reiter, Theoderichs Reiterstandbild in Aachen oder Otto I. zu Pferd auf dem Marktplatz von Magdeburg, sie alle stehen in der Tradition der keltischen Göttin.

Morrigan, eine weitere Göttin, ist in der keltischen Mythologie des nordeuropäischen Festlandes leicht als Rest eines mutterrechtlichen Kultes der Vorzeit zu erkennen. Von manchen wird sie zu den dreifaltigen Göttinnen gerechnet, die sich in numinosen Gestalten wie Badb, Macha oder Nemain manifestiert, während andere meinen, die Genannten seien selbständige Kleingottheiten. Oft wird Morrigan als schwarze, leichenfressende Krähe gedacht, zugleich Seherin alles Unglücks in Kampf und Menschenschicksal. Einige Forscher möchten die Krähe auch mit einem der beiden Raben in Verbindung bringen, die auf den Schultern Odins saßen und ihm über alles Gute und Böse berichteten, das in der Welt vorging. Als schwarz vermummte Todesbotin lebt Morrigan noch in der mittelalterlichen Kundrie fort, wie sie Wolfram von Eschenbach im »Parzival« verwendete.

Nantosuelta (oder auch Natosuelta) ist die gallische Ausprägung der großen Keltengöttin Dana, von der gleich gesprochen werden soll. Die Festlandkelten sahen in dieser Göttin die Erschafferin der Welt, doch besaß sie auch die Macht, ihr Werk eines Tages wieder zu zerstören. Nantosuelta war daher nicht nur Spenderin allen Lebens und Schutzpatronin jeder aufbauenden Tätigkeit – sie wurde zumeist mit einem Füllhorn oder ein Häuschen tragend dargestellt –, sondern auch Göttin der Unterwelt.

In Wales verbindet sich ihre Gestalt mit Rhiannon, die als Todesgöttin über die Welt dahinzieht; man fühlt sich an den galoppierenden Tod des Mittelalters erinnert. Begleitet wird ihre nächtliche Jagd von magischen Vögeln, deren Schrei die Toten weckt und Lebenden den Tod ankündigt. Der verliebte, schon erwähnte Prinz Pwyll of Dyfed, der ihr auf dem schnellsten Pferd der Welt nachgaloppierte, ohne sie erreichen zu können, kam aber schließlich doch ans Ziel – einfach deshalb, weil die Göttin stehenblieb und ihn erwartete. Sie hatte sich, da inzwischen die christliche Ära angebrochen war, in eine schöne Fee verwandelt, und bekanntlich pflegen in Märchen Prinzen und Feen zu heiraten. In der keltischen Mythologie aber lebte sie fort nicht nur als Königin der Unterwelt, sondern auch als Göttin der Freude und des Vergessens.

Dana

Mit Dana begegnen wir einer der beiden größten Göttinnen der Kelten; die andere, Brigid, soll anschließend den Reigen krönen.
Herrscherin der keltischen Tuatha De Danann, wurde Dana auch unter den Namen Danu oder Ana (!) angerufen, zugleich identisch mit Airmed, Göttin der Magie und der Heil- und Zauberkräuter. Die Iren verstanden Dana als Mutter Erde und Fruchtbarkeitsgöttin, obschon das Pantheon bereits sonnenbezogen, also patriarchalisch war. Bei den Galliern entsprach ihr Göttin Nantosuelta, die schon oben angeführt wurde. Überdies ist Dana Königin der Elfen, mit deren Schwarm sie sich einst in Irland niederließ.
Dana gilt als Mutter bedeutender Kinder. An erster Stelle unter ihnen der oberste aller Götter, Dagda, oder der Heilgott und Schutzpatron der Ärzte, Dian Cecht. Ihre Tochter Bekuma lebte im Herzen Irlands auf dem magischen Berg Tara, wo jeder, der legitimer König sein wollte, mit ihr die Heilige Hochzeit vollziehen mußte. Über ihren Sohn Dagda, so geht eine Überlieferung, ist Dana Großmutter der großen irischen Keltengöttin Brigid, während eine andere Fassung sagt, Dana habe unter den Römern den Beinamen Brigantia geführt und komme deshalb nur selber als Mutter der Brigid in Frage.
Die Tuatha De Danann waren Gegner der Fomori, einer Heerschar schrecklich-phantastisch gestalteter Dämonen der Unterwelt und aller Greuel. Sie waren nach irischer Überlieferung auch die im Boden wirkenden Kräfte der Fruchtbarkeit. Ihr König hieß Tethra, und auf sein Weib, eine Verwandte der Göttin Morrigan, dichteten Barden die bezeichnenden Strophen:

Wonach verlangt das Weib des Tethra?
Nach dem Feuer des Kampfes,
Nach Reihen von Kriegern, vom Schwerte zerrissen,
Nach Blut
Und nach Leichnamen unter Leichen,
Nach Augen in Todesstarre,
Nach Köpfen, vom Rumpf getrennt.
Solches vernimmt sie mit Freude.

Ein Forscher wie Lancelot Lengyel warnt übrigens davor, an solche Zeilen moralische Maßstäbe anzulegen. Geht es doch hier nur um eine realistische Darstellung von Tatsa-

chen, denn das Grauen des Krieges und der Schlachten war den Menschen des Nordens ebenso bewußt wie allen anderen Völkern. Und nur überirdische Mächte konnten solches Unheil stiften.
In der ersten der beiden sagenumwobenen »Schlachten von Mag Tured« wurden die Fomori von den Tuatha De Danann fast geschlagen, König Tethra getötet. Doch auch die Götter sind nicht gegen höhere Mächte gefeit: Dana verliebte sich in den fomorischen Gott Bress, Gott Cian in Eithnu, Tochter des fürchterlichen Balor, eines Riesen mit sieben Lidern, die er nacheinander öffnen konnte; wenn er das letzte hob und sein Auge erschien, entströmte diesem ein Glutstrahl, der alles vernichtete.
Cian zeugte Lug, und dieser erhob sich bald über alle anderen Götter. Darin liegt der Versuch, zwei gegensätzliche Prinzipien zu versöhnen, Himmels- und Erdgötter, Sonnen- und Mondprinzip, männliche und weibliche Kräfte. Doch die Verwicklungen daraus waren grenzenlos. Die Verschmelzung von Sonne und Mond ist übrigens nirgends jemals gelungen. Der von der Sonne regierte Tag ist offen, nackt, »ohne sakrale Wertigkeit« (Lengyel); nur unterm Gestirn der Nacht können sich Geheimnisse entfalten, die neues Leben zeugen.
Im zweiten Treffen von Mag Tured unterlagen die Fomori jedenfalls vollständig – ein scheinbarer Endsieg des Patriarchats –, verschwanden aber keineswegs aus dem Dasein. Conchobar nämlich, ein sagenhafter »Sonnen«-König von Ulster aus dem 1. nachchristlichen Jahrhundert, geriet mit Mac Da Tho, »Mond«-König von Leinster, über der Verteilung eines Schweinebratens in Streit. Geringer Anlaß, schwerwiegende Folgen. Denn Conchobar wurde im sofort aufflammenden Kampf von Fer-Loga, einem Vasallen Da Thos, unter Todesdrohung zu dem Gelübde gezwungen, er werde von nun an jede neunte Stunde »von allen mannlosen Frauen von Ulster und allen erwachsenen Mädchen« ein Lied mit dem Refrain »Fer-Loga ist mein Geliebter« singen lassen. Im Klartext: Fer-Loga vertritt den Mond und verhilft dem lunaren Frauenkult zu neuem Gewicht.

Brigid

Genealogisch ist Brigid paradoxerweise eine direkte Nachkommin des höchsten keltischen Gottes Lug, des Oberherrn der Tuatha De Danann und Streiters gegen die Fomori, die mutterrechtlichen Wesen der Finsternis. Zu seiner Dreifaltigkeit gehören die ihm untertanen Gottheiten Dagda und Ogma. Dieser letzte hat eine Doppelnatur, nämlich als Krieger und Verwüster, aber auch als freundlicher Helfer und Erfinder der Oghamschrift. Während der Christianisierung wurde er zum zwiegesichtigen Satan umstilisiert. Dagda hingegen gilt als Vater Brigids.
Mit ihren jungfräulich empfangenen Söhnen Brian, Iuchar und Lucharba war sie den Kelten Urgrund der Welt, »große Mutter«, und auch sie wieder eine dreifaltige Göttin. Ihre zweite und dritte Person galten als Musen der Dichter, der Heilkunst und der Schmiede, besonders der Goldschmiede. Brigids Kult erstreckte sich zunächst von Irland und Schottland bis tief nach Frankreich, das damalige Gallien. Die Verehrung dieser Göttin war in der Bevölkerung seit prähistorischen Zeiten tief verwurzelt. Das belegen auch zahlreiche steinerne Reliefbilder der drei göttlichen Aspekte; Gestalten, die zumeist Blumen und Früchte tragen. Schließlich wurde Brigid das mächtigste weibliche Gottheits-Symbol im keltischen Siedlungsgebiet von Irland bis nach Kleinasien.
Jeden 1. Februar, dem keltischen Imbolic, »wenn die Milch der Mutterschafe reift«, fand das Fest der großen Göttin statt. Im nordirischen Kill-Dara wurde dann zu Ehren der Brigid – ihr Name bedeutet heller Pfeil – eine ewige, immer wieder von neuem geborene Flamme entzündet und zeremoniell von neunzehn Jungfrauen besungen. Kein Mann durfte jemals die Hecken überqueren, die ihre Heiligtümer umfriedeten. Ein aus Messingfäden gewirkter Schuh, der den Fuß der Göttin geziert hatte, wurde noch lange nach ihrer Verdrängung als Reliquie verehrt. Selbst tausend Jahre und mehr konnten Brigid nicht auslöschen.
Als die christlichen Mönche auftauchten, sahen sie sich daher genötigt, die starke Heidengöttin einer Wandlung zu unterziehen und sie in die katholische Gestalt einer »Brigid Thaumaturga« (Wuntertätige Brigida) einfließen zu lassen. In der Tat hatte sich ein christianisiertes Mädchen na-

mens Brigida gefunden, das sich ganz einem Leben in Christo verschrieb. Nun wurde behauptet, Brigida sei die Tochter eines Druiden und von St. Patrick persönlich getauft worden, dem ersten Missionar auf irischem Boden (und Zerstörer des großen druidischen Heiligtums Cromm Cruaich).*

Andere Genealogien wurden ebenfalls angeboten; nach einer sei sie die Tochter eines Prinzen von Ulster und einer Leibeigenen gewesen. Sie war so schön, heißt es weiter, daß sich viele edle Jünglinge um sie bewarben. Da bat sie ihren »himmlischen Bräutigam«, ihr die Schönheit zu nehmen, »um sie von ihren irdischen Bewerbern zu befreien«, wie eine ihrer Lebenslegenden berichtet. Jesus tat ihr den Gefallen »und ließ ihr ein Auge ausrinnen«. Brigida stiftete sodann den Brigidenorden (von Heinrich VIII. verboten), gründete im alten Kill-Dara das Kloster Kildare, wurde dessen Äbtissin und verschied, nachdem sie manch Wunder gewirkt, 523 im Alter von 70 Jahren.

Einige Forscher vermuten, das Kloster von Kildare sei über dem alten Heiligtum der Göttin Brigid errichtet worden. Jedenfalls hat es die Kirche verstanden, die verschiedenen Merkmale und Eigenschaften der keltischen Göttin auf die fromme Äbtissin zu übertragen. Ganz zufällig wurde Brigida, wie ihr dreifaltiges Vorbild, zur Schutzpatronin der Schmiede, der Dichter und der Heilkunst. In dieser letzten Eigenschaft soll die katholische Heilige Fürbitte in Krankheitsfällen leisten, wenn auch ihr keltisches Vorbild selber fähig gewesen war, Schmerzen zu lindern und Leiden zu heilen.

Sodann mußte auch der hohen Stellung und tiefen Verehrung Brigids im Volk Rechnung getragen werden: Brigida avancierte zur Schutzpatronin Irlands und ist es unangefochten noch heute. Zu ihren vielen Ehrennamen gehört auch »Maria der Gallier«. Ihre Gebeine zerstreuten sich als Reliquien über halb Europa, der Schädel soll im Mosteiro do Jeronimos, einem Kloster im portugiesischen Belém, aufbewahrt sein. Bis in unsere Zeit wurde in der Grafschaft

* 432 Beginn der Christianisierung Irlands, 453 Brigida geboren, um 461 Tod des Missionars Patricius.

Kildare noch die ewige Flamme gehütet, die der einstigen Göttin und der von Papst Lucius III. Allucingoli 1185 Kanonisierten heilig war – früher von 19 Jungfrauen, nach der Wende allerdings von 19 Nonnen.

Das Ende der Herrlichkeit

Auf dem europäischen Festland nimmt die keltische oder enger gefaßt: die druidische Religion ein jähes Ende mit dem Sieg Caesars über das gallische Bundesheer des Averner-Königs Vercingetorix. 52 v. Chr. wurde dieser mit 80 000 seiner Krieger in Alesia (dem heutigen Alise-Sainte-Reine) umzingelt. Auch eine riesige keltische Streitmacht, die zum Entsatz herbeieilte, konnte den Eingeschlossenen nicht mehr helfen. Da beschloß Vercingetorix, um Schonung für sein Volk zu erreichen, sich selbst freiwillig den Römern auszuliefern. 46 wurde er in Caesars Triumphzug durch Rom mitgeschleppt und anschließend schmählich hingerichtet.
Ein letzter Widerstand der Gallier in der Stadt Uxellodunum wurde nach erbitterten Kämpfen von Caesar gebrochen. Danach ließ er allen, die dort gegen ihn gekämpft hatten, die Hände abhacken. Napoleon erwähnt in seinen Anmerkungen zum »Gallischen Krieg« diese Maßnahme mit Abscheu.
Das Ende einer ganzen Kultur war gekommen. Von nun an gerieten in Gallien selbst die Namen vieler keltischer Gottheiten in Vergessenheit. Sie wurden durch römische ersetzt. Sowohl Caesar als auch Tacitus sprechen von »Mercurius«, wenn sie Odin meinen, was nur anhand anderer Quellen ermittelt werden konnte. Bei weiteren lateinischen Götternamen wissen wir nicht, welche ursprünglich keltische oder germanische Gottheit dahinter gemeint ist.
Zu dieser Umwälzung gehört auch die plötzlich auftretende bildliche Darstellung der bisher nur abstrakt gedachten Götter und Göttinnen, freilich nicht im glatten griechisch-römischen Schönstil, sondern zumeist im groben Geschmack der Legionen und ihrer Hilfsvölker.
Nur in verschlüsselter Form ist die keltische Mythologie mit ihrem weiblichen Vorwiegen in patriarchalischem Gewand am Leben geblieben. In England, Schottland, Irland und Teilen Skandinaviens überdauerte sie kriegerische In-

vasionen und christliche Mission. Sowohl König Artus (Arthur) mit seiner Tafelrunde und dem Zauberer Merlin, die Heldentaten Cuchulainns, der keltische, dann französische »Tristran« (deutsch erstmals im 12. Jahrhundert), Tannhäuser, die Suche nach dem Heiligen Gral, Undine oder die von Macpherson leider verschlimmbesserte Wiederbelebung Ossians im 17. Jahrhundert gehen alle direkt auf das Leben und Walten keltischer und germanischer Gottheiten zurück.

Bei König Artus kommt noch der Name seiner Gemahlin hinzu, Guenhuvara (oder Ginover), die niemand anderer ist als die keltische Mondgöttin Gwenhyfar (oder Guinevere). In einigen Sagen heißt es sogar, Artus sei mit drei Frauen verheiratet gewesen, die alle drei Guinevere geheißen hätten – denn in der Tat galt Guinevere in der Mythologie stets als dreifaltige Wesenheit. Erst eine Heilige Hochzeit mit ihr legitimierte nach mutterrechtlichem Brauch einen König als wahren Herrscher.

In diesen Kreis gehört auch die Legende von Lady Godiva, die um 1040 nackt durch die Straßen von Coventry ritt, um Leofric, ihren Gemahl, den Earl of Mercia, zu Steuererleichterungen für die Bevölkerung zu bewegen. Alle Fensterläden mußten geschlossen bleiben. Überdies verbarg Godivas langes Haar ihren Körper vor neugierigen Blikken; nur ein Mister Peep spähte durch eine Ritze und vermachte damit seinen Namen den modernen Peep Shows. Der Ritt wurde bis ins 17. Jahrhundert hinein jede Dekade einmal wiederholt. Er beruht auf alten keltischen Bräuchen, vor allem auf Darstellungen der reitenden Pferdegöttin Epona. Schon Plinius berichtet von druidischen Priesterinnen, die rituelle Nackttänze pflegten. Sodann diente die Entblößung des Körpers zur Abschreckung und Vertreibung böser Geister, zum Herbeirufen von Regen bei anhaltender Trockenheit, zur Heilung von Sterilität und – last but not least – zur Einleitung orgiastischer Zeremonien.

Die Germanen

Leider stammt fast alles, was wir über die Germanen wissen, wieder von Römern oder christlichen Missionaren, von Menschen also, die aus ihrer Tradition heraus alle Bewohner des Nordens grundsätzlich als »Barbaren« oder »Wilde« ansahen und sich zumeist gar nicht die Mühe machten, deren Eigenart und Kultur zu begreifen; es ging ihnen doch nur darum, sich diese Stämme zu unterwerfen und sie mit der Lebens- und Glaubensart der Sieger – ihrem »Way of Life« – zu beglücken.

Soviel wir also erfahren, lebten die Germanen in weit verstreuten Gehöften, selten in Siedlungen, da sie gerne viel Platz um sich hatten und keine anderen Menschen. Den Ort, wo sie sich niederließen, suchten sie einfach nach Gefallen aus, ohne strategische Überlegungen. Ein Bach, ein Wiesengrund, ein Wäldchen konnten den Ausschlag geben. Oft schloß sich dem Wohnhaus noch ein »heiliges Haus« an, von einem ebenso »heiligen Zaun« umgeben. Hier hatte eine Gottheit ihren Sitz, zumeist in der Gestalt eines unbehauenen Felsblocks.

Wie Tacitus schreibt, besteht die Kleidung dort, wo der Handel hindringt, manchmal aus Leinen, weiter verbreitet sind jedoch Tierfelle, die eher nachlässig getragen werden. Wo die Frauen Tuch zur Verfügung haben, färben sie es rot; daraus entstehen dann ärmellose Sackkleider, die auch die Brüste freilassen. Die Kinder wachsen nackt auf, und es scheint, als hätten auch die Erwachsenen ein gut Teil ihrer Zeit nackt beim Herd oder Feuer liegend zugebracht.

Ihre Hauptnahrungsmittel sind wildes Obst, Wildbret und Quark. Bei Gastmählern und anderen Festlichkeiten, ihr größtes Vergnügen, wird auch kräftig getrunken, »eine Flüssigkeit aus Gerste oder Weizen, zu einer gewissen Weinähnlichkeit vergoren«, wonach es unter den Trunkenen »selten Zänkereien, häufiger Mord und Wunden« gibt (Tacitus). Die Zubereitung des Gerstensaftes lag ausschließlich bei den Frauen, und die Qualität des Getränks scheint Rückschlüsse auf die hausfrauliche Qualität der Brauerin zugelassen zu haben. Alle wichtigen Absprachen,

auch bei Ehevereinbarungen, mußten Punkt für Punkt mit je »einem Bier« gültig gemacht werden.
Archäologische Beweisstücke zeigen indes die Einseitigkeit mancher antiker Berichte. So weiß man heute aufgrund zahlreicher Funde etwa, daß die Germanen Rasiermesser benützten, Vorläufer unserer Eßbestecke kannten und daß ihre Frauen allerlei Instrumente zur Körperpflege hatten, wie etwa Ohrlöffelchen, Zangen zum Entfernen unerwünschter Haare oder Schaber zum Bearbeiten der Finger- und Fußnägel.

HEILIG UND TREU

Die Bedeutung der Frau bei den Germanen wird durch die Tatsache bestärkt, daß es bei ihnen viel mehr Göttinnen als Götter gab. Und während die Götter rauh und kriegerisch sind, zeigen die Göttinnen zumeist Klugheit, seherische Gabe und Verständnis für menschliche und auch allzumenschliche Dinge.
Schon lange bevor Tacitus über die Stämme des Nordens schrieb, hatten andere Römer Schauder empfunden, als sie unter den kimbrischen Kriegern weißgekleidete alte Frauen bemerkten, die prophetische Rufe ausstießen und bei der Opferung von Kriegsgefangenen Zeichen deuteten. Strabon, der es von Poseidonios hat, berichtet über die kimbrischen Gebräuche:

> »Ihre dem Heereszuge sich anschließenden Frauen waren begleitet von Priesterinnen mit grauen Haaren, weißen Gewändern, linnenen, durch eine Spange befestigten Oberkleidern, einem Gürtel aus Erz. Mit nackten Füßen schritten sie den Gefangenen durch das Lager gezückten Schwertes entgegen, bekränzten sie und führten sie zu einem ehernen, etwa zwanzig Amphoren fassenden Kessel. Eine der Priesterinnen stieg auf einer Stufe hinauf, ließ die Gefangenen einen nach dem anderen emporheben, über das Becken beugen und schnitt ihnen dann die Kehle auf. Aus dem in den Kessel strömenden Blute veranstaltete sie eine Art Wahrsagung, während andere den Leib aufschnitten und aus der Eingeweideschau den Ihrigen den Sieg verkündeten.«*

* Übersetzung von Eduard Norden

Zumeist merkten die Germanen an der veränderten Stimme von Frauen, wenn diese wahrsagten; kein Beschluß wurde ohne ihren Rat oder gar gegen ihn gefaßt. Eine jungfräuliche Seherin, Veleda, war es auch, die in Wahrheit den Kampf der Germanen im sogenannten Bataverkrieg (69 n. Chr.) gegen die Römer lenkte und dafür die besten Beutestücke als Ehrengabe erhielt.* Sie wurde übrigens selbst von den Römern hoch geschätzt. Einer anderen germanischen Seherin, Ganna, erwies sogar der mit allerlei esoterischen Praktiken beschäftigte Kaiser Domitian seine Reverenz, als sie einmal nach Rom kam, wie Cassius Dio berichtet. Frauen mit dem Zweiten Gesicht galten überall als heilig und unverletzlich.

Wer das lockere Leben im alten Rom kannte und verachtete wie Tacitus, konnte kaum der Versuchung widerstehen, die Sittenstrenge der germanischen Frauen zu loben und sie den Römern als Idealbild entgegenzuhalten. Dabei ist Tacitus selbst niemals in Germanien gewesen. Er saß gemütlich in Rom und schrieb nach unterschiedlichsten Quellen, nach den Aussagen römischer und auch germanischer Gewährsleute, nach den Berichten von Veteranen und allgemein kursierenden Erzählungen. Vor allem studierte er fleißig die Aufzeichnungen griechischer Historiker, die tatsächlich einmal in Germanien gewesen waren, allen voran der geniale Ethnograph Poseidonios von Apameia. Ihnen gegenüber hat Tacitus stark geschönt, weshalb ihn die moderne Forschung in manchen Punkten für durchaus tendenziös hält.

Brautkauf – das übliche Verfahren – ging je nach Stand und Preis mit reichen Gaben vonstatten, Rinder, Pferde, vorwiegend aber Waffen, die der Mann dem künftigen Schwiegervater übergab. Dafür beschenkte die Frau ihren Mann zur Hochzeit als Ehrenzeichen mit einer Waffe, einem Schwert, einem Speer vielleicht. Damit war die Ehe nicht nur als Lebens-, sondern auch als Kampfbündnis beschlossen. Von inniger Zuneigung ist nirgends die Rede,

* Tacitus, Historien IV.

eher von einem kühl-sachlichen Verhältnis, wo jeder Partner seinem Aufgabengebiet lebte. Beide taten aber immer alles, um Ansehen und Ehre des anderen in der Öffentlichkeit hochzuhalten.
Liebesheiraten kamen kaum jemals vor; sie galten als unseriös und waren wegen ihrer »kurzen Dauerhaftigkeit« sogar verpönt; noch zur Wikingerzeit konnte das Thing Sänger mit einer »Achtstrafe« belegen, wenn sie ein Liebesgedicht verfaßt hatten.
Neben dem erwähnten Brautkauf war auch Frauenraub nicht grade selten; für solche Verbindungen ist auch das Wort »Gewaltehe« geprägt worden. Bekanntester Frauenräuber ist wohl der Cheruskerfürst Arminius (Hermann), Sieger der Schlacht im Teutoburger Wald (9 n. Chr.). Er entführte Thusnelda, die Tochter des Stammesfürsten Segestes, obwohl das Mädchen bereits mit einem anderen Mann verlobt war. Die Unglückliche fiel später in die Hände der Römer und wurde zusammen mit ihrem Söhnchen Thumelicus im Triumphzug des Germanicus durch Rom geführt und dann in die Sklaverei verkauft; ihr weiteres Schicksal ist unbekannt.

Die Kehrseite

Die Lobpreisungen der germanischen Sittenstrenge, wie sie Tacitus überliefert, ist von Generationen gerade deutscher Schriftsteller gerne weitergetragen worden, so daß sich allmählich das Phantasiebild hehrer Frauengestalten verfestigte, wie sie uns aus völkischer Literatur oder auf Opernbühnen entgegenwallen. In Wahrheit aber waren doch die damaligen Menschen in ihrer Substanz nicht wesentlich anders als wir.
Daß die Germanen den Freuden der Liebe und des Sexus keineswegs abgeneigt waren, lassen Kultfeste im vorchristlichen Schweden erkennen. Es gab, wie etwa Saxo Grammaticus überliefert, Zeremonien »sexueller Leidenschaft und fieberhafter Erregung, voll von wollüstigen Tänzen, obszönen Liedern und menschlichen Schlachtopfern« (Grönbech). Bei Aufführungen des Schöpfungsdramas wurde die Fruchtbarkeit für Tier und Feld oft als Heilige Hochzeit von zwei Darstellern vor aller Augen geführt.

Immer muß man sich vergegenwärtigen, daß zumindest Nordeuropa bis ins 12. und 13. Jahrhundert hinein noch weithin heidnisch war. Das Christentum setzte sich, je weiter es nach Norden vordrang, nur sehr langsam durch. Besonders Schweden und Norwegen leisteten hartnäckigen Widerstand, »und nur unter Anwendung von Gewalt gelang es den norwegischen Königen, das Volk zum Christentum zu bekehren« (Reinhold Bruder). So überraschen uns mittelalterliche Jahreszahlen nicht, zumal in längeren Übergangszeiten oft noch christliche und germanische Religion nebeneinander existierten.

Der deutsche Geschichtsschreiber Adam von Bremen berichtete noch im 11. Jahrhundert von der Promiskuität, legitimer Polygamie und dem »maßlosen Geschlechtsverkehr« der in Schweden lebenden Germanen. Am deutlichsten drückt sich der französische Historiker Dudo de Saint-Quentin in seiner Abhandlung über die »Sitten und Taten der Normannen« (im 10. Jahrhundert) aus. Diese sind, wie er sagt, »durch übermäßige Ausschweifungen entzündet«, während »die unzüchtigen Frauen schamlos unzählige Nachkommen durch viele absonderliche und unsittliche Liebesverhältnisse erzeugen«. Der Spezialist für nordgermanisches Recht, Konrad Maurer, findet die Berichte Adams und Dudos durch norwegische und isländische Quellen bestätigt. Und noch 1616 kann der Historiker Philip Clüver in seiner »Germaniae antiquae« von »ungehemmtem und unverhülltem Geschlechtsverkehr« der alten Germanen schreiben.

Selbstverständlich ist dieses ganze Thema bis heute umstritten. Sofern die Berichte aus den Anfängen der Christianisierung oder von kirchlichen Schreibern stammen, wurde auch von einer »Sicht aus dem Klosterfenster« gesprochen, also von mehr oder weniger lüsternen Übertreibungen. Wenn man die sittengeschichtliche Wende nicht überschreiten mag, die mit dem Untergang des sogenannten Heidentums gesetzt ist, darf sich das Urteil wohl mehr antiken Quellen und den Befunden moderner Forschung anschließen.

Sklavinnen der Sippe

Über allem darf man nie vergessen, daß die germanischen Frauen in einer patriarchalischen Gesellschaftsordnung lebten. Ihr gerühmt keuscher Lebenswandel mußte deshalb nicht immer freiwillig sein. Dem Mann stand alle Gewalt zu; wie Tiere und Kinder, so durfte er auch seine Frau schlagen, ihr allerdings (!) keine tödlichen Verletzungen beibringen. Auf der anderen Seite konnte eine Frau sogar wegen Mordes nicht gerichtlich bestraft werden. Nicht etwa wegen heiliger Unantastbarkeit, sondern einfach, weil sie als unmündig galt; bestraft wurde ihr nächster männlicher Angehöriger.

Überdies wachte jede Sippe streng über dem sexuellen Verhalten ihrer weiblichen Mitglieder. Allerdings ging es dabei nicht um moralische Repression, wie sie später erst mit der Christianisierung ins Land kam. Vielmehr war die Frau den Germanen als Gebärerin des Volkes heilig wie das Herdfeuer, Mittelpunkt des häuslichen und des allgemeinen Friedens. Das Wort »Frieden der Frau« war göttliche Losung. Jeder Fehltritt galt daher als Entweihung dieser Werte. Und im übrigen war »Ehebruch« ein Delikt, das nur Frauen begehen konnten.

Wenn sich eine freie Germanin mit einem Unfreien einließ, wurde sie selber unfrei und ebenso wurden es ihre Kinder. Sie hatte ihre Seele verloren, war damit aus der Sippe ausgestoßen. Aber auch Kinder aus der Ehe eines Freien mit einer niedriger Geborenen wurden als nicht vollwertig erachtet. So durften, wie in der Egilsaga überliefert, die Kinder Björgulfs nicht ihres Vaters Namen tragen, da seine Frau, die schöne Hildrid, von geringerer Geburt war; sie hießen Hildridsöhne, litten darunter und konnten auch keine Erbansprüche geltend machen. Selbst Schwager Thorolf stieß die »Kebssöhne« zurück.

Strenger noch wurde die »Ehre« der unverheirateten Mädchen und Jungfrauen überwacht. Unter den zahlreich gefundenen Runenkerbungen erotischen Inhalts konnte die Forschung bis heute keine einzige entziffern, die auf eine freie Entscheidungsmöglichkeit der Frau hindeutet; sie war – jedenfalls was eine eheliche Bindung betrifft – ganz von den Männern abhängig. Nicht nur der Vater, auch die Brüder bemüßigten sich als Sittenwächter, und wenn sie diese Pflicht vernachlässigten, mahnte die Mutter, wie etwa in der Gudrunarkvida: »Jörmunrek ließ eure (unvorsichtige?) Schwester Svanhild von Rossen zertreten!« Zugleich beklagte sie das Schicksal, das bei diesem Tod dem prächtigen Haar Svanhilds widerfuhr, denn alles Heil der Frau lag nach dem Glauben der Germanen in schönen langen Haaren.

Das Haar wurde geflochten getragen, denn offenes Haar deutete auf leichtfertigen Lebenswandel und konnte Frauen mit beginnendem Christentum auch als Hexen verdächtig machen. Wer einer Frau das Haar abschnitt, durfte mit tödlicher Rache rechnen.

Der heute oft gelästerte Gretchenzopf der Germanin war also ein Heiligtum, das sie mit beiden Händen umfaßte, wenn sie einen Schwur zu leisten hatte. Ganz ähnlich liegt ja auch die alte männliche Sitte, beim Eid die Hand an die Geschlechtsteile zu legen: man schwor bei den »testis« (Hoden), wobei das gleiche Wort auch Zeuge oder Zeugin – etwa vor Gericht – bedeutet, im deutschen Zeugen (Fortpflanzen) oder Zeugnis ebenso fortlebt wie in Test, Testament, Attest und ähnlichen Verbindungen.

Frauen im Krieg

In den Kriegen der Germanen spielten Frauen gelegentlich eine überaus wichtige Rolle. Im allgemeinen wurden sie zusammen mit den Kindern vor dem Beginn von Kampfhandlungen in rückwärtige Gebiete oder Fluchtburgen verbracht. Das war aber nicht immer möglich, besonders wenn sich ein Stamm gerade auf einer Wanderung befand.

Die Frauen blieben in solchen Fällen dicht hinter den vordersten Linien, zumeist auf Wagen, und feuerten ihre kämpfenden Männer mit wildem Geschrei an. Wenn die Front zu wanken und sich die Reihe zu wenden drohte, hielten sie ihre geöffneten Arme, ihr gelöstes Haar oder ihre nackten Brüste den Weichenden entgegen und flehten, sie nicht in Gefangenschaft und Sklaverei fallen zu lassen. Es kam sogar vor, wenn auch selten, daß sich die Frauen in letzter Not selber mit ins Kampfgewühl und auf die Feinde stürzten. Normalerweise fochten allein die Männer.

Dafür teilten die Frauen nach dem Kampf ihren Kriegern

als Schiedsrichterinnen reichlich Lob oder Tadel aus. Sie untersuchten deren Wunden, Schrunden, Kratzer, Striemen, Beulen, gebrochene Knochen, Blutergüsse und blaue Flecken, wobei denn eine hohe Anzahl der Male auch für hohe Tapferkeit im Getümmel der Schlacht zeugte. Geringe Blessuren galten als schmählich, und wer gar seinen Schild verloren hatte, geriet in so große Schande, daß manche es vorzogen, sich zu erhängen. Ihre Wunden mußten die Männer selber versorgen.

Es konnte aber auch anders kommen, wie Prokopius berichtet: Als einmal ein Germanentrupp von Römern geschlagen wurde und die Frauen in Gefangenschaft gerieten, deuteten diese mit Hohn auf die italischen Legionäre und riefen ihren Männern zu, wie schändlich es für sie sei, sich von so kleinen Soldaten besiegen zu lassen; dabei spuckten sie ihnen ins Gesicht.

Drastischer ist der Bericht Plutarchs über die Frauen in den Schlachten von Aquae Sextiae und Vercellae (101 v. Chr.), bei denen Zimbern und Teutonen von dem römischen Feldherrn Marius besiegt wurden. Da heißt es:

> »Als sich die geschlagenen Teutonen zu ihren Wagen flüchteten, rückten die Frauen mit Schwertern und Beilen heran, erhoben ein schreckliches und zorniges Geschrei und wehrten sich gegen die Flüchtlinge ebensosehr wie gegen deren Verfolger. Die einen galten ihnen als Verräter, die anderen als Feinde. Mitten unter den Kämpfenden rissen sie mit nackten Händen den Römern die Schilde weg, packten die Schwerter, achteten der Wunden nicht und ließen sich zusammenhauen, bis zum Ende unbesieglich in ihrem wilden Zorn. – Die Frauen der Zimbern standen im gleichen Fall schwarzgekleidet auf den Wagen und töteten die Flüchtlinge, gleichviel ob es Männer, Brüder oder Väter waren. Ihre kleinen Kinder erwürgten sie mit den Händen, warfen sie unter die Räder und die Hufe der Zugtiere und gaben sich dann selbst den Tod.«

Selbstmord von Germaninnen, die in römische Gefangenschaft und Sklaverei gerieten, war häufig. Alle Frauen der von Caracalla 213 n. Chr. besiegten Chatten, als sie in die Sklaverei verkauft werden sollten, töteten sich. Andere, so wird berichtet, bewahrten auch unter dem Joch eine stolze

Haltung, wie etwa die Cheruskerfürstin Thusnelda, die den Römern ungebrochen entgegentrat.
Bei anderem Ausgang der Schlachten war es üblich, die Gefallenen zu verbrennen – wie alle Toten bei den Germanen –, und je nach Rang sammelte man für die verschiedenen Scheiterhaufen besondere Hölzer, je vornehmer der Tote, desto seltenere.
Die Ehre, daß sich nach einem Sieg die Frauen ihrer Männer erfreuten – ob überlebenden oder gefallenen – und sie wohl auch stolz untereinander verglichen, daß noch Kinder und spätere Nachfahren von ihnen sprechen würden, war den alten Germanen höchster Ansporn und Lohn. Erst viel später, zur Zeit der Wikinger, zwischen dem 6. und 11. Jahrhundert, verfiel diese schlichte Auffassung, um der Ruhmsucht und protziger Angeberei zu weichen; an die Stelle des Tapferen von einst tritt der athletische Held.

Asgard

Snorri Sturluson berichtet in seiner Edda, daß es in der Urzeit weder Himmel noch Erde gab. In der Mitte des Nichts gähnte ein riesiger Abgrund namens Ginnungagap. Im Norden lag unter ewigem Eis Niflheim (Nebelheim), wo grimmige Stürme die Nacht durchtobten. Dort entsprang auch die Quelle Hvergelmir und bewässerte mit vielen Strömen die ganze Welt. Im Süden dagegen war Muspelheim von loderndem Feuer und unerträglicher Glut eingehüllt.
Als das Eis mit dem Feuer zusammentraf, schmolz es zu lebenden Tropfen, die menschliche Gestalt annahmen. So entstand der Riese Ymir. Während er noch schlief, wuchsen ein Mann und eine Frau aus seiner linken Achselhöhle, sein rechter Fuß zeugte indessen mit dem linken einen Sohn. Das war das Geschlecht der Urriesen, die allmählich die ganze Welt bevölkerten. Indessen tropfte das schmelzende Eis weiter, und aus einem der Tropfen entstand wider Erwarten eine Kuh mit dem poetischen Namen Audumla, von deren Milch sich Ymir nährte.
Während er saugte, leckte die Kuh aus einem Felsen den

Mann Buri, dessen Sohn Bor Vater des dreifaltigen Gottes Odin-Wili-We wurde. Diese drei Gestalten töteten später Ymir, und aus den Teilen seines Körpers erschufen sie die Welt im leeren Abgrund Ginnungagap. Drei weitere Götter – auch sie hatten sich vermehrt – fanden schließlich, als sie gerade am Bau der Welt mitarbeiteten, zwei Geschöpfe auf der Erde liegen, Ask und Embla, »ohne Kraft und ohne Schicksal«. Odin verlieh ihnen Geist, Hoenir Klugheit und Lodur Lebenssaft: das germanische Gegenstück zu Adam und Eva war geboren, beide übrigens mit den gleichen Anfangsbuchstaben.

Die sogenannte Snorra Edda, in der vielerlei erstaunliche Göttergeschichten zu finden sind, wird selbst in Island, dem Ort ihrer Herkunft, nur bedingt als ernsthafte mythologische Quelle angesehen. Snorri Sturluson, der Verfasser, war isländischer Politiker, Historiker, Dichter – und Christ. Seine »Edda« stammt aus dem 13. Jahrhundert und wurde als Lehrbuch für angehende Poeten geschrieben; so befaßt sich ein Teil des Inhalts mit dichterischer Sprache und Verskunst. Neben echter Überlieferung stehen auch romanhafte Geschichten, die den Schülern wohl als Beispiele und Übungsstücke dienen sollten.

Dagegen gilt im Unterschied zur Snorra Edda die »Ältere Edda« als wahre Sammlung altnordischer Göttersagen. Die uns erhaltene Handschrift – eine Abschrift – ist zwar ebenfalls im 13. Jahrhundert entstanden, doch reichen ihre Vorlagen wenigstens bis ins 8. Jahrhundert zurück. Was das Wort Edda selbst bedeutet, ist bis heute ungeklärt; am wahrscheinlichsten klingt die Annahme, es handle sich um eine altgermanische Bezeichnung für Urgroßmutter – und was diese aus alten Zeiten noch zu erzählen wußte. So heißt es beispielsweise in den Weisheitssprüchen, die Odin/Wotan in den Mund gelegt werden:

Wenn du einen Freund hast, dem du ganz vertraust,
Dann geh und besuche ihn oft,
Weil mit Dornen bewächst und hohem Gras
Der Weg, den niemand beschreitet.*

* Aus dem Isländischen von Stefan Thorlaksson.

Der Asen Hochburg

Als Sitz der germanischen Götter wird ein Ort namens Asgard (Asenheim) angenommen, weil sie hier »nahe den Menschen« hausen konnten, die außerhalb des heiligen Bezirks wohnten, in Midgard. Nur eine Brücke – ein Bifröst genannter Regenbogen – führte von einem zum anderen Bezirk. Midgard ist damit als die gesamte bewohnte Erde zu verstehen. Sie wird von der Midgardschlange, einem giftigen Meeresdrachen, umwunden, geschützt und zugleich gefangengehalten. Jenseits dieser Begrenzung lag Utgard, die Außenwelt, bewohnt von Riesen (Jöten) und anderen feindlichen Ungeheuern.
Wo Asgard eigentlich gedacht wurde, ist ganz ungewiß. Im 12. Jahrhundert verlegt es der Christ Snorri Sturluson naturgemäß in den Himmel, der den alten Germanen noch gar kein Begriff war. Von einem modernen Forscher, Walter Hansen, wurde Asgard als der seit der Eiszeit erloschene Vulkan Herdubreid im unwegsamen Nordosten Islands sehr glaubwürdig ausgemacht und eindrucksvoll beschrieben.
Nach alter Überlieferung lagen in Asgard nicht nur die prächtigen Wohnungen der Götter und Göttinnen, sondern noch andere Gebäude verschiedener Bestimmung. Dazu gehörte beispielsweise Hlidskjalf, das sowohl Odins Thron als auch ein besonderer Aussichtspunkt sein könnte; jedenfalls war es von hier aus dem »Allvater« möglich, den ganzen Erdkreis zu überblicken. Überdies ließen die zwölf wichtigsten Gottheiten für sich selbst einen innen und außen von Gold glänzenden Tempel erbauen, während sich die Asinnen eine eigene Halle, Vingolf, reserviert hatten.
Entsprechend der bedeutenden Rolle ihrer Frauen verehrten die Germanen, wie schon erwähnt, mehr Göttinnen als Götter. Im Gegensatz zu den meisten anderen Völkern gab es aber auch für sie am Beginn der Zeit kein weibliches Wesen, aus dem die ganze Welt hervorgegangen wäre.

Urmutter Bestla

Eine allgermanische Ur- oder Muttergöttin tritt uns erst in zweiter Generation unter dem Namen Bestla entgegen, welche die ersten Götter, nämlich Odin, Wili und We gebiert. Geläufiger ist sie unter den Namen Bertha oder Berchta bekannt, althochdeutsch »beraht«, was »glänzend« bedeutet und die Beziehung zu einem Gestirn anzeigt; sehr wahrscheinlich, wie schon in Babylonien und Ägypthen, zu Venus, dem Morgen- und Abendstern. Es kann sich jedoch ebenso um das Sternbild des Orion handeln, das Bertha als Gürtel dient. Im Märchen- und Sagenschatz kommt sie auch unter den Namen Holda (Frau Holle) und anderen vor. Gelegentlich wird sie selbst mit Odins Gemahlin Frigg gleichgesetzt, ein andermal mit Freya. Einige Forscher zählen sie zu den drei Nornen, den Spinnerinnen des Schicksalsfadens. Man sieht, daß sie zahlreiche Gesichter hat und je nach Landschaft oder Volksstamm in vielfältiger Gestalt erscheint.

Eine Merkwürdigkeit ist die legendäre Verbindung zwischen der germanischen Urmutter Bertha und Karl dem Großen. Dessen Vater, Pippin der Kleine, war nämlich mit einer Tochter des Grafen von Laon verheiratet, die Bertha hieß. Nach der Sage war sie von außerordentlicher Schönheit und wurde wahrscheinlich deshalb mit der Göttin gleichgesetzt. So waren die Nachkommen des Kaisers fürs Volk göttlicher Abstammung. Die gute Beziehung zu Walhall hinderte den großen Karl allerdings nicht daran, nach seiner Bekehrung zum Christentum das heidnische Bertha-Heiligtum dem Erdboden gleichmachen zu lassen. Sein Sohn Ludwig, genannt der Fromme, setzte das Zerstörungswerk ganz im Sinne der Kirche fort und ließ alle heidnischen Dokumente, Niederschriften und Denkmäler vernichten. Die Geschichtswissenschaft leidet für immer unter dem Verlust dieser Quellen.

Geburtstag Berthas war, wie für so viele Gottheiten, der Beginn eines neuen Jahres, nach alten Kalendern der 24. Dezember. An Bertha/Berchta erinnern übrigens noch heute manche Ortsnamen, der bekannteste wohl Berchtesgaden.

Die Herren von Asgard

Odin, Wili und We, wie sie von Bestla hervorgebracht wurden, sind ein dreieiniger Gott, Odin.

Wili und We sind selbständige Gottwesen des Einen. Zur Vereinfachung werden sie gelegentlich auch als seine Brüder bezeichnet. Odin – oder je nach geographischer Lage Woden, Wodan, Wutan, Wotan – erscheint in römischen

Übersetzungen auch als »Tyrannus« (Gewaltherrscher) und »Furor« (Wut, Raserei). Tacitus nannte ihn Mercurius. Er ist Kriegsgott, Oberster des Göttergeschlechtes der Asen und schließlich höchster Gott der Germanen schlechthin. Zugleich ist er zuständig für Weisheit, Dichtung, Magie, Ekstase und die Toten. Als ihm Mimir, Hüter der Quelle an den Wurzeln der Weltesche Yggdrasill, davon zu trinken erlaubte, erlangte er Weisheit und erfand sogleich die Runen. Allerdings mußte er für den Trunk ein Auge hergeben.

Seither wird Odin einäugig dargestellt. So west er auf Hlidskjalf, seinem Hochsitz, zu seinen Füßen die Wölfe Freki und Geri. Auf seinen Schultern hocken die Raben Muninn und Huginn. Des Nachts fliegen sie aus, kehren im Morgengrauen zurück und berichten ihrem Herrn zum Frühstück alles, was sich inzwischen auf Erden zugetragen hat. Wenn Odin ausreitet, setzt er einen Schlapphut auf, hüllt sich in einen mit Sternen besäten Mantel, ergreift seinen Speer Gungnir und wirft sich auf sein achtbeiniges Pferd Sleipnir. In solchen Posen jedenfalls hat sich seiner die bildende Kunst seit jeher bemächtigt.

Mit Gemahlin Frigg zeugte er Balder und Hermodr, mit der Erdgöttin Jörd (röm. Nerthus) den gewaltigen Thor, mit der Königstochter Rinda einen Sohn namens Vali und mit weiteren Müttern Heimdall, Tyr, Bragi, Vidarr und Hödr; doch ist bei diesen selbst Odins Vaterschaft nicht gewiß.

Von den zahlreichen germanischen Göttern kann ich hier nur drei kurz charakterisieren: Balder, Thor und Vali. Ein vierter, Loki, erscheint in anderem Zusammenhang.

Balder wird allgemein als strahlender Lichtgott aufgefaßt. Er leidet jedoch unter schweren Träumen, die seinen baldigen Tod befürchten lassen. Frigg, seine Mutter, nimmt daher allen Wesen der Erde, selbst Steinen und Metallen, einen heiligen Eid ab, ihm nie etwas zuleide zu tun. Und rasch wird es nun zu einem beliebten Spiel und Zeitvertreib der Götter, nach dem Unverwundbaren zu stechen, zu schlagen, zu schießen oder zu werfen. Lachend läßt er sie gewähren.

Doch Loki, der hintergründigste und undurchsichtigste der Götter, ist Balder neidisch. Durch eine List erfährt er, daß Frigg nur der Mistel den Eid nicht abnahm, da sie diese Pflanze »für zu jung und unschuldig« gehalten hatte. So spitzte er einen Mistelzweig zu und überredet den blinden Gott Hödr, damit nach Balder zu werfen, indem er ihm die Richtung weist. Der Pfeil trifft tödlich. Unter das Entsetzen der Götter mischt sich Odins Vorahnung einer Katastrophe für die ganze Welt.

Frigg, des Getöteten Mutter, findet als erste die Fassung wieder. Den Umstehenden ruft sie zu, wer Mut habe, könne ihre Liebe und ihre Gunst gewinnen, wenn er es wage, zur Unterwelt zu reiten und Hel Lösegeld zu bieten, damit sie Balder freigäbe und ihn nach Asgard zurückkehren lasse.

Da erbietet sich ihr Sohn Hermodr, die Tat zu wagen. Er wirft sich auf Odins achtbeiniges Roß Sleipnir und reitet zu Hel in die Unterwelt, bei ihr die Rückgabe seines Bruders Balder zu erreichen. Die Todesgöttin ist einverstanden, falls alles, was es auf Erden gibt, um Balder weint. So geschieht es. Alle Tiere und Pflanzen, alle toten Gegenstände, selbst Felsen und Eisen vergießen bittere Zähren. Nur eine Riesin namens Thökk enthält sich der Tränen, und so muß Balder für immer bei den Toten bleiben. Snorri Sturluson läßt durchblicken, niemand anderer als Loki habe sich als Riesin Thökk verkleidet gehabt.

Balders Leichnam wurde auf seinem Schiff Hringhorni verbrannt. Seine Gemahlin Nanna starb beim Anblick der Vorbereitungen aus Kummer und wurde zusammen mit ihm den Flammen übergeben. Der dänische Mönch und Historiker Saxo Grammaticus spottete der beiden noch im 12. Jahrhundert, indem er behauptete, Balder sei zeitlebens in einem Wagen umhergefahren worden, weil ihn die Liebe zu Nanna so geschwächt habe, daß er nicht mehr laufen konnte.* Nach alter Sitte kam auch Balders Pferd mit auf den Scheiterhaufen.

Wenden wir uns nun kurz Thor zu, bevor wir die Geschehnisse um Balder noch einmal kurz streifen müssen. Thor, bei den südlichen Germanen auch Donar genannt, Donnergott, auch für Wetter und Fruchtbarkeit zuständig, ist

* Siehe auch »Sicht aus dem Klosterfenster«, S. 223

Sohn der Erdgöttin Jörd. Von gewaltiger Kraft, die er aus einem magischen Gürtel bezieht, hält er in der von einem Eisenhandschuh umschlossenen Rechten seinen furchtbaren Hammer Mjöllnir. Mit ihm kann Thor alles zerschmettern, besonders im Kampf gegen die finsteren Mächte aus Utgard, den ewigen Feinden der Götter. Als Wurfwaffe kehrt er immer wieder zu seinem Besitzer zurück. So wird auch der Blitz als Thors geschleuderter Hammer gedeutet, der niederfährt, wobei sich der Fruchtbarkeitsgott mit der Erde verbindet. In der kampfreichen Übergangszeit der Christianisierung wurde das Symbol von Thors Hammer oft dem Kreuz entgegengehalten, von Gegnern auch als Amulett um den Hals getragen.

Thors Gemahlin ist die goldhaarige Göttin Sif, mit der er die Söhne Modi und Magni zeugte, deren Namen ebenfalls auf besondere Kraft hinweisen. In Überlieferung und ältester Literatur hat Thor zahlreiche Abenteuer zu bestehen, zumeist Kämpfe mit Riesen und Riesinnen, wobei er manchmal auch tölpelhaft dasteht, doch alle Fährnisse schließlich allein durch seine Stärke meistert. Thors Hauptgegnerin ist die Midgardschlange, doch kann er dieses Weltungeheuer erst am Ende aller Tage besiegen, wobei er selber den Tod findet.

Der an dritter Stelle erwähnte Sohn Odins, Vali, wird in anderer Version auch Bous genannt. Ein finnischer Seher hatte Odin verkündet, nur die rutenische Königstochter Rinda könne ihm einen Sohn gebären, der imstande wäre, den Tod Balders zu rächen. Doch alles Werben Odins um Rinda blieb zunächst vergebens. Er nähert sich ihr in verschiedenen anziehenden männlichen Gestalten, kann sie aber in keiner beeindrucken. Erst als kräuterkundiges Weib verkleidet, gelingt es Odin, sich in ihr Vertrauen zu schleichen und sie bei günstiger Gelegenheit zu vergewaltigen.

Später muß er dafür mit einer vorübergehenden Verbannung büßen. Doch das Resultat ist immerhin die Geburt Valis. Über das Leben dieses Gottessohnes schweigen die Quellen, abgesehen von einer Stelle, wo sein frühes Interesse für die Kriegskunst erwähnt wird. So ist nur eine einzige Tat von ihm überliefert, indem er den blinden Hödr erschlägt, der Balder getötet hatte. Loki, der eigentliche

Anstifter der Tragödie, bleibt zunächst ungestraft. Erst am Weltende hat er mit Heimdall einen Zweikampf zu bestehen, bei dem beide Brüder fallen.

Der Vanenkrieg

In der Vielzahl nordischer Göttergruppen nimmt das Geschlecht der Vanen eine gewisse Sonderstellung ein; sie scheinen auch von allen anderen als ziemlich exklusiv eingeschätzt worden zu sein. Im Gegensatz zu Odin und seinem Gefolge leben sie keineswegs im Götterhorst Asgard, sondern residieren weitab in Vanaheim, das man sich auf dem Meeresgrund oder tief im Innern der Erde vorstellte. Möglicherweise liegt die Herkunft der Vanen in vorgermanischer Zeit, so daß man sie wohl als die ältesten aller nordischen Götter ansehen darf. Das bedeutet zudem mutterrechtliche Vergangenheit, auf die zwei Indizien hinweisen. Die vanischen Göttinnen spielen eine deutlich stärkere Rolle als die männlichen Mitglieder der Gruppe; und bei den Vanen ist die Geschwisterehe erlaubt, was bei den Asen auf Mißfallen stößt.
In Mythologie und Sage sind die Vanen für ihre besondere Weisheit berühmt, doch gelten sie auch für kriegstüchtig, falls sie angegriffen werden. Ihr Betätigungsfeld ist die Natur, deren Fruchtbarkeit und Erhaltung ihnen als Quelle allgemeinen Wohlstands am Herzen liegt. Man kann darin bäuerliche Ursprünge erkennen, und tatsächlich wurden sie als Fruchtbringer und Friedensgötter hauptsächlich von der Landbevölkerung und den Fischern angerufen und verehrt. Sie herrschten ja auch über das Meer, die Seefahrt und widmeten sich überdies dem Handel und der Jagd. Die Verehrung der Asen lag dagegen mehr bei den kriegerischen Fürsten und deren Gefolge.
Über die Zahl der Vanen geben die Quellen ganz verschiedene Auskünfte. Einige halten die Gruppe für sehr klein, andere für sehr groß. Auch über die Namen gehen die Ansichten auseinander. Njörd wird im allgemeinen als Oberster der Vanen angesehen. Sein Sohn Frey ist ein Gott des Friedens und des Gedeihens. Wie sein Vater Njörd wird er

als phallischer Gott aufgefaßt, was seine Eigenschaft als Schirmherr der Fruchtbarkeit und damit der Lebensfreude aller Geschöpfe zum Ausdruck bringt. Njörds Tochter Freya (oft auch Freyja), Göttin des Schönen und der Liebe, vor allem im Genuß ihrer Freuden, dient indirekt ebenso wie Vater und Bruder der Fruchtbarkeit von Mensch, Tier und Pflanze. Waren die urtümlichen Vanen doch Götter der Landleute und Fischer.

Mit Njörd hat es übrigens noch eine besondere Bewandtnis. Er wird nämlich gelegentlich mit der weiblichen Nerthus gleichgesetzt, einer schon von Tacitus erwähnten nordgermanischen Erdgöttin. Die Forschermeinungen gehen über diesem Rätsel stark auseinander. Ob es sich nun um eine hermaphroditische oder eine androgyne Gottheit, bald Mann, bald Weib, gehandelt habe oder um ein (im Skandinavischen) fast namensgleiches Geschwisterpaar, bleibt unentschieden.

Religiöse Umwälzungen

Welche historischen Begebenheiten dem Vanenkrieg zugrunde liegen, läßt sich nicht mehr mit Gewißheit sagen. Lange Zeit glaubte man, es handle sich um das Vordringen sogenannter indogermanischer Streitaxtleute im zweiten vorchristlichen Jahrtausend in die mutterrechtliche, skandinavisch-westeuropäische Megalithkultur. Das wird seither angezweifelt.

Wahrscheinlich handelte es sich um einen Kampf zwischen den Verehrern des Asen Thor und den Anhängern des Vanen Frey. Beide unterschieden sich ja auch – wie Kain und Abel – im Opferkult; Asen-Anhänger gehörten zumeist der Adels- und Kriegerkaste an und schätzten blutige Opfer, Vanen-Verehrer war größtenteils das Landvolk, das den Göttern vor allem Feldfrüchte darbrachte. Außerdem gab es in der vanischen Religionsvariante von Finnland und Lappland her asiatische und schamanische Einflüsse, die bei der Asenverehrung ganz fehlten.

Das Rätsel Gullveig

Dieser Gegensatz zählt zweifellos zu den Gründen des vorgeschichtlichen Religionskrieges. In mythischer Verkleidung berichtet die Überlieferung von einer weissagenden

Seherin, die den Asen einen Besuch abstattete. Sie hieß Gullveig, »zauberte, wo sie konnte, sie zauberte in Trance, sie war immer das Vergnügen böser Frauen«. Mehr weiß die Völuspa zur Charakterisierung der Fremden nicht zu sagen. So rätseln die Forscher bis heute, wer das gewesen sein könnte.

Der Name Gullveig deutet »Goldrausch« an oder »die Gier nach Gold«. Weissagen und Zaubern in Trance ist ohne Zweifel schamanisch und war nur bei den Vanen Brauch. Das »Vergnügen böser Frauen« kann nur gewisse sexuelle Praktiken vermuten lassen.

All dies läßt auf die große Vanen-Göttin Freya schließen. Gold ist eines ihrer Hauptattribute, die Namen ihrer Töchter Hnos und Gersimi bedeuten beide »Juwel«. Freya war Göttin der Liebe in jeder Form und verstand sich natürlich auf den zum Vanenkult gehörenden, von erotischer Leidenschaft beherrschten und in seiner Form unheimlichen Ritus, *seithr* genannt, bei dem sich Frauen durch rhythmische Bewegungen und monotonen Gesang in einen Rauschzustand, oder besser: in Ekstase versetzten und dann weissagten oder auf magische Weise gute oder schädliche Einflüsse auf künftige Geschehnisse nehmen konnten.

War sie als eine Art Agentin der Vanen zu den Asen gekommen, um unter ihnen Zwietracht zu säen, Goldstreit und Sexualneid zu entfachen und damit ihre Herrschaft zu schwächen? Wie dem auch sei, die Asen zürnten, ergriffen Gullveig und verbrannten sie. Jedoch vergeblich. Sie erstand unversehrt aus Flammen, Glut und Asche. Die Asen stießen sie mit Speeren und verbrannten sie abermals. Und wieder folgte die Auferstehung. Auch die dritte Verbrennung konnte Gullveig nichts anhaben, und die Asen mußten ihre wilden Bemühungen aufgeben.

Krieg und Frieden

Es scheint nun nach mancher Gelehrtenmeinung so zu sein, daß Gullveig oder eigentlich Freya nach Vanaheim zurückkehrte und sich bitter beklagte über die unmögliche Behandlung, die ihr als Göttin bei den Asen zuteil geworden war. Auch die Asen waren ergrimmt über ihren mißglückten Feuerzauber. Deshalb zog Odin mit einem Heer

gegen die Vanen, wie die Ynglinga-Saga berichtet, konnte aber keinen Sieg erringen. Auch die Vanen vermochten die Angreifer nicht entscheidend zu schlagen.
Im Friedensschluß, der nun folgte, einigte man sich auf eine Kultgemeinschaft. Außerdem wurden Geiseln ausgetauscht, und das ist für uns der wichtigste Punkt: zu den Göttern, die von den Vanen als Friedenspfand in die Hand der Asen gegeben wurden, gehörte neben Frey auch dessen Schwester Freya. Die Asen verehrten und umschwärmten sie, und Freya wurde rasch unter ihnen heimisch. In kurzer Zeit entwickelte sie sich zur wichtigsten germanischen Göttin überhaupt.

Reigen der Göttinnen

Die große Zahl germanischer Göttinnen erklärt sich nicht allein aus der Stellung der Frau bei diesen Volksstämmen. Obwohl, wie geschildert, Frauen und Mädchen von Männern und Sippe in nahezu gänzlicher Unmündigkeit gehalten wurden, genossen sie doch allgemeine Verehrung. Allein ihr Amt als Hüterin von Herd und Haus, wo sie die Schlüsselgewalt ausübte, als Gebärerin und Erzieherin des Nachwuchses, gab der Frau einen unanfechtbaren Rang. Und nur Frauen konnten sich etwa als Priesterinnen und Seherinnen über das Volksganze erheben. Sie blieben immer eng verwoben mit der Welt der Göttinnen.
Beschränken wir uns vorerst auf einen kurzen Überblick.
Da ist Idunn, welche die Äpfel der ewigen Jugend in Gewahrsam hält, deren Genuß die Götter vor Alter und Schwäche bewahrt. Als das göttliche Mädchen einmal von einem Riesen geraubt worden war, wurde das Haar der Götter grau. Der Verfall ihrer Körper hörte erst auf, als Loki die Geraubte in eine Nuß und sich selber in einen Falken verwandelte, so daß er sie mit seinen Klauen aus dem Horst des Jöten forttragen konnte, heim nach Asgard.
Ran, Göttin des Meeres, war Gemahlin des Wassergottes Aegi. Sie wird als grausam gedacht, weil sie Schiffe verschlingt und Küstengebiete verwüstet. Ihre Töchter mit

dem Meeresherrscher, die Wellen, gelten als verführerisch und hartherzig. Einige von ihnen haben sogar Namen wie Hellhaarige, Wallende, Himmelgleißende, Bluthaarige (Blothughadda) oder Kalte.
»Wer sind die Mädchen, die wehklagend schreiten? Vielen Männern haben sie Leid gebracht, selten nur sind sie mild zu Fremden; so bringen sie ihre Zeit hin«, heißt es von ihnen in den norwegischen Heidreks-Rätseln.

FRIGG

Von Frigg, der Gemahlin Odins und Mutter Balders ist schon gesprochen worden. Sie ist oberste Göttin, doch gehen im Lauf der Zeiten viele ihrer Eigenschaften allmählich auf Freya über, so daß diese letztlich sogar als eigentliche Gemahlin Odins angesehen wird. Zu ihrem Gefolge gehören Saga, Eir, Gna, Hlin, Lofn und andere, von denen nicht feststeht, ob es sich um kleinere Göttinnen handelt oder um verschiedene Manifestationen Friggs selber.
In Asgard teilt Frigg Hlidskjalf, Odins Heim, mit ihrem Gemahl, hat aber auch einen eigenen prächtigen Sitz, Fensalir oder Seehalle. Hier, so klatscht Gott Loki einmal in der Ynglinga-Saga, pflegte sie ein Verhältnis mit Odins Brüdern Wili und We. Wenn es sich allerdings nicht um Brüder, sondern nur um zwei der dreieinigen Gestalten Odins handelte, war's nicht eigentlich Betrug.
Anders verhält es sich mit einer goldenen Statue Odins. Nach einem Bericht Saxos hatten skandinavische Könige das Standbild anfertigen und es zu Ehren des Gottes nach Asgard bringen lassen. Frigg verging sofort vor Gier nach dem funkelnden Geschmeide, mit dem die Skulptur geschmückt war. Nachdem ein erster Versuch, die Armspangen an sich zu bringen, gescheitert war, gab sich die Göttin zum Lohn einem ihrer Diener hin, der für sie den ersehnten Schmuck raubte. Diese Episode bestärkt die vermutete Identität Friggs mit Freya, die ebenso handelt, um in den Besitz eines Schmuckstücks zu gelangen, wie noch berichtet werden wird.
Hier darf auch noch Volla erwähnt werden, eine germanische Göttin und Vertraute der Frigg. Sie hat leuchtendes Haar und ein goldenes Band um das Haupt. Friggs Schatztruhe und Schuhe werden von ihr in Verwahr gehalten.

Füße und Schuhe hatten schon in damaligen Zeiten starke erotische Symbolik. Volla kennt auch alle Heimlichkeiten der Göttin, der sie dient.

GEFJON

Gefjon ist Göttin der Fruchtbarkeit und wird gelegentlich ebenfalls als ein Aspekt Friggs oder Freyas betrachtet, schon weil sie sich einmal von Loki für ein Halsband hatte verführen lassen. Sie ist vergleichbar mit Nerthus, eine von Frauen und besonders von unverheirateten Mädchen hoch verehrte Göttin. Außerdem wurde sie beim Schwören als Zeugin angerufen. Einmal hatte ihr König Gylfi für ihre Gunst und ihre Zauberkünste so viel Land versprochen, wie vier Ochsen an einem Tag und in einer Nacht umpflügen können. Sie spannte aber ihre Söhne, die sie von einem Riesen empfangen hatte, in Gestalt von Ochsen vor den Pflug und riß so viel Erde aus dem Boden, daß sie daraus die Insel Seeland im Meer aufhäufen konnte. Die verbleibende Senke füllte sich mit Wasser und ist der heutige Mälarsee bei Stockholm.

NERTHUS

Nördlich der römischen Besatzungsgrenzen, so schreibt Tacitus, steht »auf einer Insel im Ozean« das Heiligtum der germanischen Erdgöttin Nerthus. Ihre Statue sitzt dort auf einem prächtigen Wagen und harrt des Tages, da ihr Priester an allerlei Zeichen – dem herannahenden Frühling – erkennt, daß die Göttin persönlich in das Abbild herabgekommen ist.

Nun wird der Wagen mit weiblichen Rindern bespannt, und eine feierliche Prozession beginnt. Die Rundfahrt der Göttin geht von Volksstamm zu Volksstamm. Wo gerade Kampfhandlungen stattfinden, werden sie eingestellt. Waffen, Werkzeuge und alle eisernen Geräte werden verborgen und weggeschlossen. Dagegen bleiben die Türen sämtlicher Häuser und Hütten zum Zeichen der Gastfreundschaft weit geöffnet. Bei meernahen Stämmen wurde Nerthus besonders hoch verehrt, da sie auch Göttin der Seefahrt war und darin mit der Göttin Nehalennia wetteiferte. Wo immer die Prozession vorbeikommt, finden Opfer, frohe Festlichkeiten und Gelage mit Speise und kräftigem Trunk statt. Bis der begleitende Priester bemerkt, wie der göttlichen Nerthus das Zusammensein mit den Menschen allmählich zuviel wird. So bricht der Ermüdeten Heimfahrt an. Verstreute Indizien in anderen Texten lassen vermuten, daß hier, um die Fruchtbarkeit des neuen Jahres zu segnen, zwischen Priester und Göttin (einer Stellvertreterin?) die Heilige Hochzeit vollzogen wurde. Ein Bad mit sakraler Waschung in einem verborgenen See schließt sich an, und die Frühlingsfeier ist zu Ende. Allerdings, behauptet Tacitus, werden die Sklaven, die beim Waschen halfen und mit dem Kultbild und dem heiligen Wagen in Berührung kamen, anschließend in dem See ertränkt.

Völva

Wie noch berichtet werden wird, weckt Odin Völva, die ihm Vergangenheit und Zukunft weissagen soll, aus ihrem Totenschlaf. Völvur waren weissagende Frauen, die von Ort zu Ort und von Fest zu Fest zogen und überall mit Ehren und Jubel begrüßt wurden. Sie trugen zumeist einen dunkelblauen Mantel, der mit Edelsteinen besetzt war, um den Hals eine Kette aus Glasperlen (damals noch ziemlich wertvoll), eine Mütze aus schwarzem Lamm- und weißem Katzenfell, die Schuhe mit langen Riemen waren aus Kalbfell. Ihr wichtigstes Attribut war jedoch ein hoher Stab mit einem geschmückten Knauf; sie wurden danach auch Stabträgerinnen genannt.

Die Nornen

Tief unter der Erde hausten drei geheimnisvolle Jungfrauen, die Nornen, beim Urdbrunnen, auf dessen dunklem Spiegel zwei Schwäne schwammen. Eine Aufgabe der drei war es, die Wurzeln der Weltesche Yggdrasill mit dem Naß des unergründlichen Schicksalsbrunnens zu begießen. Hauptsächlich jedoch herrschten sie über das Geschick, gegen das auch die Götter machtlos waren. Ihre Namen sind Urd, Werdandi und Skuld: Vergangenheit, Gegenwart – das Werdende – und Zukunft. Sie gleichen weitgehend den Moiren und Parzen der Griechen und Römer, konnten die Gestalt von Schwänen annehmen und leben noch in vielen Märchen als Feen oder Schwanenjungfrauen (Schwanensee) fort.

Schicksalsglaube

Die Nornen sind älter als die Götter, da sie zum Geschlecht der Riesen gehören, also eigentlich keine Göttinnen sind. Nach germanischem Glauben bestimmt die Norne Urd alle Taten und Untaten der Menschen: »Sie schnitzt«, wie es in der Völuspa heißt, »am Losstab, legt fest das Leben den Menschenkindern«. Dennoch blieb den Germanen orientalischer Fatalismus fern. Sie handelten »als ob«, kannten jedoch keine Schuldgefühle, da sie ja nur taten, was ihnen bestimmt war.
Vielfach wurden die Nornen angerufen, bei einer Geburt beizustehen und dem Neugeborenen ein günstiges Schicksal zu verleihen. Noch in christlicher Zeit wurden Urd, Werdandi und Skuld um die Neujahrszeit zu Tisch gebeten, indem man Zeichen an der Tür anbrachte und für sie drei Gedecke auflegte. Die Kirche verfolgte diesen Hexen-Brauch mit hochnotpeinlichen Verhören, bis es üblich wurde, als Ersatz Kaspar + Melchior + Balthasar an den Türbalken zu schreiben. Shakespeares Hexen, die Macbeth und Banquo die Zukunft enthüllen, sind schon im 16. Jahrhundert von dem englischen Chronisten Raphael Holinshed als die drei Nornen identifiziert worden.

Das Jenseits

Überlieferte Sagen spiegeln den Schicksalsglauben der Germanen vielfach wider, ja den Glauben an ein Fortleben nach dem Tode. Die Auffassungen darüber weichen aber stark voneinander ab. Die allgemeine Vorstellung einer Unterwelt ist am ältesten. Man dachte sich eine riesige Halle tief unter den Wurzeln der Weltesche Yggdrasill. Dort saßen die Toten auf langen Bänken, wurden gespeist und mit Met bewirtet. In der eddischen Dichtung handelt es sich nämlich nicht um eine Hölle im heute gebräuchlichen Sinn, sondern nur um eine Art jenseitiger Herberge. Ob der Ort Hel hieß oder ob Hel der Name seiner Herrscherin ist, wird in der alten Literatur einmal so und einmal anders gebraucht.
Als Person gedacht, war Hel jedenfalls ein weibliches Wesen. Im 12. Jahrhundert setzte sie der erzbischöfliche Sekretär und Geschichtsschreiber Saxo Grammaticus einfach mit der griechischen Todesgöttin Persephone gleich. Andere Elemente deuten ebenfalls auf indoeuropäische

Ursprünge hin. So gab es auf dem Weg zur Unterwelt – er führte über die Gjoll-Brücke – mehrere Tore, und ein grimmiger Hund namens Garm bewachte den Eingang. Auch der Fluß Gjoll erinnert an den griechischen Styx, der das Reich der Toten von dem der Lebenden trennte.

Am bekanntesten ist freilich die Aufnahme gefallener Rekken in Walhall. Dieser Gedanke kam jedoch erst in späterer Zeit auf. Ursprünglich kamen alle Toten ins Reich der Hel. Nun aber, als der einfache Tapfere verdrängt wurde vom aufkommenden Ideal ruhmsüchtiger Helden, beanspruchten diese eine Sonderstellung. Jetzt hatten nur noch an Alter oder Krankheit Verstorbene den Weg nach Hel anzutreten, die im Kampf Umgekommenen dagegen wurden von lieblichen Walküren direkt nach Walhall entführt.

Neben solchen Gedanken war auch der indoeuropäische Glaube an eine Wiedergeburt weit verbreitet. Viele meinten sogar, sie würden das Jenseits in leiblicher Gestalt und in vollem Waffenschmuck betreten und dort ihr irdisches Leben unter anderen Umständen ewig fortsetzen.

In der Eyrbyggja-Saga wird geschildert, wie sich der Hügel eines Familiengrabes öffnet, um den Helden Thorstein Dorschbeißer aufzunehmen. Ein Schäfer, der seine Tiere in der Nähe weidet, sieht drinnen mächtige Feuer, hört lustiges Lärmen, das Klingen von Trinkhörnern und die freudigen Zurufe, mit denen die dort versammelten Verwandten den Neuankömmling begrüßen. In der Helgakvida-Saga wird sogar der tote Helgi Hundingsbani von seiner noch lebenden Geliebten Sigrun, einer Königstochter, im Totenhügel besucht, wo sie ein Beilager bereitet und spricht: »Ich will dich in meinen Armen halten wie einst, als du noch lebtest.«

Die Idee einer Bestrafung im Jenseits für einst begangene Missetaten schließlich drang in die Gedankenwelt der nordischen Völker erst ein, als die Ausstrahlungen der immer näher rückenden christlichen Missionstätigkeit dort bemerkbar wurden. Wo solche Stellen in nordischen Sagas auftauchen, etwa in Snorris Völuspa, darf man immer derartige Einflüsse annehmen.

Die Walküren

Einmal in Walhall angelangt, wurden die gefallenen Helden von holden fraulichen oder mädchenhaften Wesen betreut – keineswegs Gestalten, wie sie heute hinter dem Wort »Walküre« unwillkürlich auftauchen. Das geht schon aus der alten Bezeichnung »Odins meyjar«, ›Odins Mädchen‹, hervor. Sie atzten die Krieger mit Fleisch und Met. Wen's interessiert: Das Fleisch stammte vom ewig sich erneuernden Eber Saehrimnir und wurde von Odins Leibkoch Andhrimnir zubereitet; der Met kam aus den Eutern der Ziege Heidrun, die auf dem Dach Walhalls graste.
Nicht vergessen werden darf, daß die diensteifrigen Geschöpfe, obwohl von göttlicher Natur, nicht gegen die irdische Liebe gefeit waren, wie in der älteren Edda von Sigurd und der Walküre Sigrdrifa berichtet wird, die in der Edda übrigens den Namen Brynhild trägt. Siegfried-Sage und das Märchen vom Dornröschen sind hier schon vorgebildet. Und auch bei den Recken in Walhall waren die Walküren der Minne nicht verschlossen. Alle diese Elemente lassen jedenfalls erahnen, wie sich zumindest die Wikinger, aus deren Zeit die Überlieferungen stammen, das Paradies vorstellten.
Ursprünglich galten die Walküren als Todesdämoninnen. Ihr Reich waren die Schlachtfelder und die kriegerische Seefahrt. Man stellte sie sich mit goldenem Helm vor, die Brünne blutbespritzt, von den Spitzen ihrer Speere sprühten Funken.
Nach ihrem Namen zu schließen hatten sie das Recht, sich die auf dem Schlachtfeld liegenden Leichen auszuwählen. In manchen Sagen werden sie sogar als Krähen geschildert, die an den Toten picken. In der Njals-Saga werden sie als blutgierige, grausame, tückische und unersättliche Geschöpfe geschildert, die an Webstühlen sitzen, deren Gewichte Männerköpfe sind, während Kette und Schuß aus Menschengedärm bestehen. Solch grausiges Bild ist allerdings einmalig. Sonst gehörten sie zum göttlichen Gefolge Odins und waren sogar seiner erhabenen Wesensart verwandt.
Als sich nämlich der Sinn von der Walstatt allmählich dem besseren Dasein in Walhall zuwandte, wandelte sich auch ihr Erscheinungsbild. Sie wurden zunächst zu »Skjald

meyar« (Schildmädchen), die in Gestalt irdischer Frauen ins Kampfgeschehen eingriffen. In der Tat berichten mehrere zeitgenössische Chronisten, wie etwa Saxo Grammaticus oder Cassius Dio, von solchen »Amazonen«. Von dänischen Kriegerinnen, »die sich wie Männer kleiden«, wird da sogar gesagt, »sie machen lieber Krieg als Liebe«.
Schließlich wurden aus den leibhaftigen Schildmädchen überirdische Wesen, denen es auf Odins Geheiß gegeben war, das vorbestimmte Schicksal zu vollziehen, zumal Skuld, eine der drei Nornen, zu den ihren zählte.
Immerhin nahmen sich die Walküren öfter einmal auch die Freiheit heraus, gegen den Willen Odins zu handeln und einen zum Tode bestimmten Helden zu schonen, wenn sie ihm geneigt waren. So beispielsweise die oben schon erwähnte Sigrdrifa (Brynhild), die Hjalmgunnar den Tod bestimmte, obwohl ihm der Sieg zugedacht war, dafür aber seinen Gegner Agnar am Leben ließ. Odin bestrafte sie mit einem Schlafdorn, bis sie von Sigurd erlöst wurde.
Im allgemeinen glaubte man, die Walküren vollzögen das Geschick aus der Luft mit einem winzigen, unsichtbaren Wurfpfeil. Sie küßten die Gefallenen und geleiteten sie im Flug ihrer windschnellen Rosse vor des Allvaters Angesicht und zu den ewigen Freuden Walhalls. Später machte das Christentum aus den Walküren Hexen. So lebt auch ihr Wurfpfeil noch bis heute in unserem Hexenschuß fort.
Die alte Literatur kennt einmal neun, einmal zwölf oder gar unendlich viele Walküren, zahlreiche davon unter schwierigen, dennoch aber reizenden Namen bekannt, wie nur am Rande vermerkt sein soll.*

WALHALL

Vom Treiben in Walhall war oben schon die Rede. Man darf sich also unter diesem oft teutonisch mißbrauchten Namen keinen Ehrentempel wie etwa Klenzes Walhalla bei Regensburg vorstellen. Die Germanen dachten sich ein großes hölzernes Gebäude, in dem Odin seine Regierungs-

* Namen einiger Walküren: Hrist, Skeggjöld, Hildr, Thrudr, Hlökk, Herfjötur, Göll, Geirölul, Radgridr, Reginleifr, Hjörthrimul, Gudr, Göndull, Geiravör, Randgnid, Hrund, Sveid, Hjalmthrimull, Skalmöd und viele andere (nach Rudolf Simek).

geschäfte verrichtete und die von den Schlachtfeldern eintreffenden Gefallenen um sich scharte. Der Bau bestand aus Speeren. Schilde bildeten wie Schindeln das Dach. 540 Tore standen nach allen Seiten offen und konnten es achthundert Einzelkämpfern (Einherjar) erlauben, gleichzeitig hindurchzugehen. Im Inneren waren die Brünnen berühmter Recken zur Besichtigung ausgestellt.
Jenseits des Westtores lauerte ein Wolf, über ihm kreiste ein Adler; beide waren Späher der feindlichen Riesen aus Utgard. Deshalb vertrieben sich die gefallenen Helden in der Halle die Zeit mit unablässigen Kämpfen einer gegen den anderen, um sich, wie wir sagen würden, in Form zu halten. Denn am Ende der Tage würde Odin gegen den furchtbaren Fenriswolf ausziehen müssen und mit ihm die Schar der in Walhall versammelten Recken.

Freya

Ihr Name schmückt dieses Kapitel. Immer sprechen wir ihn aus, wenn wir das Wort Freitag benützen (Mittelhochdeutsch fritac, Englisch Friday, Schwedisch fredag). Nicht daß Freya im ganzen Norden Europas die bedeutendste Göttin gewesen wäre. Es gab weder bei den Kelten noch bei den Germanen eine weibliche Gottheit von der alle Völker überstrahlenden Größe einer Ischtar, Aphrodite oder Isis. Doch ist Freya, die Vanin aus ältesten Zeiten, zweifellos mit jenen Himmelsköniginnen verwandt, zumindest in ihren mutterrechtlich liberalen Wesenszügen.
Hinzu kommt die gute Quellenlage. Freya gibt damit Stichworte, mit denen sich auch manch unbekannte Seiten anderer nordischer Göttinnen erschließen lassen. Gerade dort, wo so vieles verlorengegangen ist oder vom Geröll römischer und mönchischer Interpretation unwiederbringlich überdeckt oder verschüttet wurde, darf man sich hier vorsichtige Rückschlüsse erlauben. Die vanische Göttin tritt uns auch als eine Persönlichkeit entgegen, die eigenwillig ihre unabhängige Stellung gegenüber dem Einbruch der Männerherrschaft, wie sie von den Asen verkörpert wird, behauptete.

Mit ihrem Bruder Frey lebt sie nach den Gesetzen antiker Götter und Könige in Geschwisterehe, was aber beider Freiheit in keiner Weise beeinträchtigt zu haben scheint, worauf Freys Werbung um die Riesentochter Gerdr hindeutet, die er sogar heiratete. Snorri Sturluson wiederum berichtet nebenbei, Freya sei auch auf einem wilden Eber geritten, in Wahrheit die Gestalt eines Liebhabers namens Ottarr. Ein anderer Mann, Od, soll der wirkliche Vater ihrer zwei Töchter, der schon erwähnten Juwelen Hnoss und Gersimi, gewesen sein. Dieser Gemahl habe weite Fahrten unternommen, wobei die Göttin weinend seinen Spuren gefolgt sei. Ihre Tränen hätten sich jedoch stets in tropfenförmiges Gold verwandelt.

Daß Freya goldene Tränen weinte, muß nicht Snorris Erfindung sein; es gehört tatsächlich zu ihrem Mythos. Gold war mit ihr eng verbunden, es wurde poetisch auch »Freyas Tränen« genannt und gehörte zu den vanischen Idealen von Wohlstand, Schönheit, ja Luxus. Freya besaß ein Kleid aus Falkenfedern, mit dem sie fliegen konnte. Ihr schneller Wagen, der sie bei Nacht über die Welt dahintrug, wurde von Katzen gezogen. Außerdem war sie zauberkundig, wie der Zwischenfall mit Gullveig zu beweisen scheint, und unverwundbare Seherin, die den Asen sogar einmal den bevorstehenden Untergang ihres Geschlechts und der ganzen Welt weissagte.

Doch obwohl sich die patriarchalischen Asen von all diesen fraulichen Künsten der Vanen verunsichert fühlten, konnten sie doch dem Charme Freyas nicht widerstehen, als sie nach dem Ende des Vanenkrieges als Friedenspfand in Asgard Einzug gehalten hatte. Die Asen betrachteten sie sogar bald als ihren kostbarsten Besitz, den sie gegen nichts wieder verlieren wollten. Freya war ihr höchstes Gut, ihr Himmelslicht, sie machte ihnen das Leben hell und erfüllte es mit Freude und Liebe.

Besonders Odin bemühte sich heftig um Freyas Wohlwollen. Über seine Gefolgsmädchen, die Walküren, setzte er sie als Oberwalküre. Das hatte eine Teilung der im Kampf gefallenen Recken zur Folge, indem Freya die erste Hälfte für sich auswählen durfte, während die andere Odin verblieb. Neben Freyas Residenz in Asgard, dem Palast Folkvangr, gab es deshalb noch eine große Halle namens

Sessrumnir, wo sich die ihr zugefallenen Helden versammelten. Gewiß erging es ihnen hier ebenso wohl wie den anderen in Walhall.

Das Verhältnis von Odin und Freya führte schließlich auch zu einem Wandel im Götterbild der Germanen, besonders der späteren Wikinger. Frigg, die ursprüngliche Gemahlin des Allvaters, verlor immer mehr an Deutlichkeit, verschwamm und vermischte sich, bis am Ende Freya allein an ihre Stelle getreten war. Heute läßt sich die Identität der beiden Göttinnen nicht mehr scharf auseinanderhalten.

Von einem eigenen Kult für Freya wissen die überlieferten Berichte nichts. Daß die Germanen ihren Göttern Opfer darbrachten, ist indessen gewiß, wenngleich nur selten festgestellt werden kann, welcher Gottheit das jeweilige Opfer galt. Wo es Schilderungen von Opfern gibt, sind sie »allzu offensichtlich eine phantasievolle Rückverlängerung christlicher Liturgie auf die heidnischen Bräuche« (Simek). Gewiß ist Freyas Anrufung in Gebeten und Gedichten um Hilfe in schwierigen, aber auch in ganz banalen Fällen. Liebeswünsche standen dabei begreiflicherweise an erster Stelle, ebenso Bitten um Beistand bei Krankheit oder in den Nöten der Niederkunft.

Als Schmuck trägt Freya ein leuchtendes Halsband, ein Symbol des Himmelslichtes. Gerade wegen dieses kostbaren Stückes, das unter der Bezeichnung Brisingamen in die Mythologie eingegangen ist, war ihr Ruf besonders zweideutig. Es hieß nämlich, das aufreizend glitzernde und golden glänzende Kleinod sei tief unter der Erde von den als Kunstschmiede berühmten Zwergen Alfrigg, Dvalinn, Berlingr und Grerr angefertigt worden, die es der Göttin aber nur aushändigten, nachdem sie sich jedem von ihnen eine Nacht lang hingegeben hatte.

Die Quelle des Gerüchtes ist wohl bei den patriarchalisch gesinnten Verehrern des kriegerischen Thor zu suchen, die Freya auch wegen der Geschwisterehe mit ihrem Bruder Frey oft schmähten, ebenso wie als Beschützerin der freien Liebe und der »fleischlichen Minne«. Das hinderte Thor allerdings nicht, als er sich einmal als Freya verkleiden wollte, das Brisingamen von ihr auszuleihen, um ganz echt erscheinen zu können. Eilif Gudrunarson behauptet in einem Gedicht sogar, Freya sei Thors Freundin gewesen.

Im übrigen rankt sich um das wundersame Halsband eine hübsche Sage, die Sörla Thattr. Als nämlich Odin durch Loki von Freyas vierfacher Ausschweifung mit den Gnomen erfuhr, beauftragte er den diensteifrigen Gott, das Kleinod zu stehlen. So verwandelt sich Loki in eine Fliege und gelangt durch einen Spalt in Freyas verschlossenes Schlafgemach. Die Göttin trägt das Halsband, liegt jedoch auf dem Rücken, so daß Loki den Verschluß nicht öffnen kann. Nun nimmt er die Gestalt eines Flohs an, sticht Freya in die Wange und erreicht damit, daß sie sich zur Seite dreht. Nun gelingt es ihm in seiner eigenen Gestalt, das Brisingamen vom Hals der Göttin zu lösen und damit zu entfliehen. Immerhin erhält sie es später von Odin zurück – doch das ist eine andere Geschichte.
Als verführerische Liebesgöttin war Freya auch das Ziel aller Wünsche und alles Trachtens der Riesen aus Utgard, die Freya mit allen Mitteln in ihren Besitz bringen wollten, wie die Geschichte vom betrogenen und ermordeten Baumeister noch belegen wird, dem Beginn allen Unheils. Einmal wollte der unverschämte Loki Freya sogar an einen Riesen verkuppeln, um sie nachher um so mehr bloßstellen zu können. Als er sie zu ihm bringen will, holt er sich allerdings eine Abfuhr. Freya schreit ihn wütend an: »Da müßte ich ja mannstoll sein, wenn ich mit euch führe!« Im Stakkato des Originaltons: Mik veiztu verdha vergiarnasta, ef ek ek meth ther!
Der tückische Asengott Loki hat offenbar bei Freya nie Glück gehabt. Er ließ keinen Anlaß vergehen, ihre Privatangelegenheiten ans Licht zu zerren und sie zu beschimpfen. Offen beschuldigte er sie der Unzucht, nennt sie Buhlerin, da es »keinen Gott gibt, den sie nicht schon mit ihren weißen Armen umschlungen hätte«, und: »Keinen Asen gibt es ja hier, den du rundum nicht schon glücklich gemacht hättest!« heißt es im Lokasenna (Lokis Spottrede) der älteren Edda. In einem anderen Eddalied, dem Hyndluljod, äußert sich die Riesin Hyndla in ähnlicher Weise: »Wie die Ziege Heidrun lechzest du des nachts nach den Böcken... immer lüstern, haben sich schon viele unter deinen Gürtel gestohlen.«
Dies alles zeigt Freyas Verwandtschaft mit den großen Liebesgöttinnen des Ostens, erhellt aber auch den christli-

chen Standpunkt, den die Verfasser der beiden Eddas einnahmen. Denn in der Art dieser Schilderungen kommt es den Kompilatoren und Redaktoren nicht darauf an, die Leser mit erotischen Abenteuern nach Art der Griechen oder von Tausendundeinernacht zu erfreuen, sondern an eine »heidnische« Großgöttin christliche Moralmaßstäbe anzulegen und sie damit der Schande preiszugeben. Ist es doch so, daß die ältere Edda zwischen dem 9. und 12. Jahrhundert zusammengetragen wurde, Snorris Edda gar erst im 13. entstand, als sich das Christentum schon stark im Norden verbreitet hatte.
Auf der anderen Seite war zur gleichen Zeit der alte Glaube der Germanen weiterhin lebendig. So wurde noch im Jahre 999 der *christliche* Sänger Hjallti Skeggjason wegen Gotteslästerung vom isländischen Thing in die Acht getan, weil er über Odin und Freya gedichtet hatte:

Schmähen will ich stets die Götter
Und Freya, diese Hündin.
Eine Hündin? Beide sind sie
Hunde, Odin und auch sie.

Mit der Christianisierung wurde Freya zur »lieben Frau«, die aber auch als »Himmelskönigin« und »Gottesmutter« weiter mit den alten Religionsvorstellungen verbunden blieb.

SIE WAREN NICHT UNSTERBLICH

Im Gegensatz zu fast allen Göttern, die wir kennen, waren die germanischen nicht unsterblich. Auch sie konnten Schuld auf sich laden und untergehen. Spätestens am Ende der Welt mußten sie zusammen mit den Menschen und aller Kreatur verderben. Auch Auferstehung in einer neu geschaffenen Welt stand ihnen nicht bevor. Und sie wußten es.
Das immer weiter nach Norden vordringende Christentum erzeugte in allen germanischen Siedlungsgebieten eine tiefgreifende Umbruchstimmung. Alles, was bisher Gültigkeit hatte, wankte und stürzte. In diese unsichere, ahnungsvolle Zeit fällt wohl die Entstehung des gewiß großartigsten Götterliedes der älteren Edda, die sogenannte Völuspa und das Weltuntergangs-Epos Ragnarök.
Nicht daß davon in der Völuspa die Rede wäre, aber das

immer weitere Vordringen der Sendboten des neuen orientalischen Gottes, nun auch nach Skandinavien, auf den britischen Inseln und bis Island, erzeugte doch allgemeine Unruhe. So sucht Odin schließlich Gewißheit über das künftige Schicksal der Welt. Ratsuchend wendet er sich an Völva, eine der großen Seherinnen, die ihm Vergangenheit und Zukunft offenbart. Ihre Weissagung ist der wesentliche Inhalt der Völuspa. Im Abschnitt Ragnarök, »das Ende der Götter«, folgt ein Szenarium des Untergangs, das in manchen Bildern an die Apokalypse des Johannes erinnert. Einige Forscher wollen hier sogar Querverbindungen sehen.

Die böse Saat

Alles beginnt wieder einmal mit der Begehrlichkeit der Riesen nach Freya. Einer von ihnen, der namenlos bleibt, bietet den Asen eines Tages an, die im Vanenkrieg zerstörte Mauer rund um Asgard durch eine neue zu ersetzen. Für dieses Werk verlangt der Baumeister als Belohnung die Sonne, den Mond und Freya. Die Asen stimmen zu, falls das Werk vor dem kommenden ersten Sommertag vollendet wäre.

Das aber war nach ihrer Ansicht zeitlich vollkommen unmöglich. Nun hilft dem Baumeister jedoch ein mythischer Hengst, Swadilfari mit Namen, der die Felsblöcke herbeischafft; alles geht daher so schnell, daß die Mauer lange vor der Zeit beinahe fertig wird und die Asen schon fürchten, jetzt mit Sonne, Mond und Freya bezahlen zu müssen. Aber Loki, der Tausendfältige, verwandelt sich in eine Stute und lockte den Hengst durch lautes Wiehern von der Arbeit fort in einen fernen Wald. Nun konnte der Bau nicht rechtzeitig fertiggestellt werden, und Thor begleicht die Rechnung, indem er mit Mjöllnir, seinem riesigen Hammer, den Baumeister erschlägt.

Als Nebenprodukt der Affäre gebar Gott Loki nach gemessener Zeit ein graues Füllen mit acht Beinen. Es erhielt den Namen Sleipnir und wurde als schnellster Hengst Asgards Odins Leibroß, mit dem er über die Welt zu fegen pflegte. Nicht mehr lange. Denn nun rüsten die Riesen, um den Betrug an ihrem Baumeister und dessen Ermordung zu rächen.

Ragnarök, das Ende der Welt

Das unabwendbare Unheil nimmt seinen Lauf, sobald aus Jötunheim, dem Außenland der Riesen, drei unheimliche Frauen hervortreten und das Ende verkünden. Es sind die Nornen, Herrinnen des Schicksals, deren Ratschluß nichts zu widerstehen vermag und denen auch die Götter ohnmächtig unterworfen sind.
Wehklagend um Walhall sieht die Asin Frigg den Kampf der Götter mit den Riesen, die heranstürmen, den Lohn zu fordern, der ihnen durch Betrug und Mord unterschlagen worden war. Schon öffnet sich auch Naströnd, ein Reich der Toten, »von Wildbächen durchtobt, die von Schwertern strotzen und von Gift schäumen, und Schwurbrecher und heillose Mörder waten durch die reißenden, wirbelnden Ströme«, während vom Dach der Totenhalle giftiger Tau träufelt.
»Im wilden, undurchdringlichen Walde vermehren sich die Wölfe. Ihre Brut stürmt in den Himmel hinauf und schnappt nach der Sonne, sie verschlingt die Leichen der Gefallenen, Blut geifert aus ihren Mäulern, es tropft auf die Sitze der Asen herab und färbt das Sonnenlicht düster rot.
Die Welt hallt wider von unheilkündenden Stimmen; das schallende Singen des Jöten (Riesen) von seinem Horst auf dem Hügel, das Krähen der Hähne, die aus getrennten Welten einander antworten: der goldkämmige Hahn Gollinkambi, der die Bewohner Walhalls weckt, der feuerrote Hahn der Jöten und der rußrote Vogel, der von Hels Zaun her kreischt. Und über all dieses wirre Getöse dröhnt das heisere Heulen des Hundes vor der Höhle im Felsen.
Das Leben ist verdorben, und von den Asen verbreitet sich der Fluch bis in die Wohnstätten der Menschen. Brüder kämpfen gegen Brüder, Verwandte verwunden einander, keiner traut dem Nächsten, es graut eine neue Zeit: die Zeit der Schwerter und Äxte. Die Menschen hören jetzt nur das Getöse krachender Schilde und das Heulen der Wölfe, die an den Leichen der Erschlagenen zerren.
Die Zweige der Esche Yggdrasill beben, die Erde hallt vom Stampfen ruhloser Schritte. Von den Felsen schallt das gellende Heulen des Hundes zurück, jetzt zerreißt er die Fessel, der Wolf rennt über das Land. Die Midgardschlange windet sich durch die Tiefe und peitscht die Wel-

len mit ihrem Schweif; auf dem Nebelwege drängen sich tote Männer hinauf« (Grönbech).
Winterstürme, stürzende Felsen und kosmische Naturkatastrophen wüten. Der Fenriswolf verschlingt die Sonne. Ewige Nacht bricht herein. Durch das Chaos schallt das Gjallarhorn, das die Götter und alle versammelten Recken zum Kampf ruft. Auf der Walstatt Vigridr wird Odin selbst vom Fenriswolf getötet, doch rächt ihn Vidarr, den manche für einen weiteren Sohn des Allvaters halten. Loki, der nicht ganz unerwartet auf die Seite der Riesen übergetreten ist, wird von Heimdall zum Kampf gefordert, wobei sich beide gegenseitig töten. Die Midgardschlange peitscht den Ozean, so daß die Erde in den Wogen versinkt. Thor tötet das Untier zwar noch im letzten Augenblick, stirbt aber selbst an dessen giftigem Atem.
Der vulkanische Feuerriese Surtr macht schließlich allem ein endgültiges Ende. Er entfacht den Weltenbrand. Wie es die Sage will, handelt es sich dabei um ein zyklisches Ereignis, aus dem eine neue, gereinigte Welt hervorgeht. Die vergangenen Dinge, so auch die Götter, kommen nicht wieder. Dort, wo sie es im Sagenschatz dennoch tun, sieht die moderne Forschung spätere christliche Einschiebsel, um den Nichtchristen Wiederkunft, Auferstehung und die Herabkunft eines himmlischen Jerusalem (Offb 21,1–22,5) näherzubringen.

Was der Barde singt

Ein gemeinsames und unübersehbares Merkmal aller hier behandelten Zweige und Verzweigungen der nordischen Mythologie ist das stumme Verhältnis der Menschen zu ihren Göttern. Es gibt kein Zwiegespräch, wie in anderen Religionen, kein Du auf Du, auch keine Konflikte. Die Götter haben für die Menschen weder eine Lehre noch Vorschriften, und die Menschen dichten ihren Göttern keine Lobpreisungen und keine Hymnen. Es genügt beiden, daß sie sind, und das ist alles.
Erinnern wir uns zuletzt noch einmal daran, wie sehr unser schriftliches Wissen allein von den damaligen Feinden der Kelten und Germanen geprägt ist, beginnend mit Caesar und Tacitus, und wie sehr viele nachfolgende Beobachter, eingeschlossen die christlichen Missionare, alles durch die

Brille ihrer klassischen Bildung gesehen haben, immer den griechisch-römischen Maßstab anlegten und damit den stereotypen Schluß »Barbaren« zogen. Selbst heute noch liegt ein riesiger, in alten nordischen Sprachen verfaßter Schatz von Überlieferungen aus den Anfängen unseres Jahrtausends unübersetzt in verstreuten Archiven. Wie groß ist der wahre Beitrag der sogenannten Barbarenvölker zur Synthese der westlichen Zivilisation?

Ach, wie düster ist diese Nacht, Ffreuer,
Nachdem Elvan nun tot ist
Und Kyndylan, Adler von Kyndrowen.

Ach, wie trostlos ist diese Nacht, Ffreuer,
Nach dem Verlust der Vielgeliebten.
Ich weine um euch, meine Brüder, mein Land.

Llywarch-Hens Totenklage*

* Gallischer Barde

DURGA

Indische Plastik
(12. Jahrhundert)

Viele Wörter der europäischen Sprachen haben ihre Wurzeln im Sanskrit, dem Altindischen, das seine schriftliche Ausformung im ersten Jahrtausend vor Christus erfuhr. Mit den Sprachen gehen viele unserer kulturellen, vor allem religiösen Begriffe bis ins Industal zurück, wie in diesem Buch schon mehrfach aufgezeigt wurde.
Es liegt deshalb nicht allzu fern, einen Blick auf unser indoeuropäisches Erbe zu werfen. Zugleich wird damit deutlich werden, daß die christlich-monotheistische Umwelt, in die wir hineingeboren wurden, keinen Anspruch auf Weltgeltung erheben kann. Auch in unserer Gegenwart leben und herrschen weiterhin Götter und Göttinnen, ohne es uns zu erlauben, mit Dünkel auf sie herabzublicken.

Der Ferne Osten

Bei der Beurteilung östlicher Glaubensvorstellungen muß man stets im Auge behalten: Toleranz in religiösen und sexuellen Dingen sind allgemein, und Verdrängungs-Auswüchse, vergleichbar mit christlicher Ketzer- und Hexenvernichtung, hat es nie gegeben.
Erst mit dem Einbruch des monotheistischen Islam war es in den eroberten Gebieten damit zu Ende. Die Zurückdrängung und Zurücksetzung der Frau nahm ihren Lauf, und Allah und sein Prophet duldeten keine anderen Götter mehr.
Kaiser Aurangzeb befahl 1669, »alle Schulen und Tempel der Ungläubigen zu zerstören und Lehre und Ausübung ihrer Religion zu unterdrücken.« Noch im gleichen Jahr wurden der große Tempel von Somnath und der Vischvanath-Tempel in Benares dem Erdboden gleichgemacht.

Auch eines der größten Hindu-Heiligtümer, der Kesav-Rai-Tempel von Mathura, wurde kurz darauf niedergerissen, um einer Moschee Platz zu machen. Die mit Juwelen übersäten Kultbilder der Hindu-Religion wurden fortgeschafft und unter die Eingangsstufen der großen Moschee von Agra gelegt, damit sie »von den Rechtgläubigen unter die Füße getreten würden«. Im ganzen Land wurden »Moralprüfer« eingesetzt, »Muhtasibs«, deren Aufgabe es war, der Bevölkerung die Sittengesetze des Islam aufzuzwingen (Dunbar).

EIN BLICK AUF CHINA

Die ersten christlichen Missionare – nestorianischen Glaubens – kamen bereits im 7. Jahrhundert nach China, gründeten dort Gemeinden und bauten Kirchen. Bald darauf, im Jahre 845, wurde auf kaiserlichen Befehl das Christentum verboten, alle Kirchen zerstört, Bücher verbrannt, und die folgenden Generationen erinnerten sich an nichts mehr. Das historische Ereignis blieb ohne Folgen und ohne Gedenken.

Sogar im Vatikan war man erstaunt und schenkte der Nachricht keinen Glauben, als 1625 bei Ausschachtungen für ein Haus in Singanfu die chinesisch beschriebene Gedenktafel eines christlichen Bischofs ans Licht kam. Ein christlicher Bischofssitz zur Zeit des Kaisers Tai-tsung in China? Man sprach sogleich von Fälschung, und das blieb die offizielle Meinung bis ins 19. Jahrhundert. Heute hat sich die historische Wahrheit durch vielerlei Funde und neue Beweise bestätigt.

Die im 16. Jahrhundert nach China kommenden Jesuiten fanden jedenfalls keinerlei Spur einer bald tausend Jahre früheren christlichen Mission mehr vor. Im Gegenteil. Den Chinesen war der westliche Begriff »Gott« völlig fremd. Sie lebten zu jener Zeit unter der Herrschaft des Taoismus, des Konfuzianismus und des Buddhismus, die alle drei keinen »Gott« kennen. So mußten sich die Sendboten aus Rom erst einmal daranmachen, ein dickes Buch zu verfassen, darin die neuartige Wesenheit beschreiben und versuchen, sie dem chinesischen Verständnis näherzubringen.

Was nämlich im allgemeinen als »Religion Chinas« aus-

gegeben wird, ist bloß eine Sprachnachlässigkeit. Streng genommen handelt es sich nur um Sagen, Mythen und fernöstliche Philosophie oder, wie im Tao oder im Konfuzianismus, um Sammlungen von Lebensweisheiten.
Der weithin verehrte und mit Kult und Opfern umrahmte »Himmel« ist ebenfalls nur ein abstrakter Begriff, der die Ordnung des Universums symbolisiert, keine Person. So sind schließlich alle »göttlichen Wesenheiten« ursprünglich personifizierte Himmelskörper, an oberster Stelle Shang-ti, Verkörperung des Polarsterns und schließlich des gesamten »Himmels«.
Selbstverständlich haben sich auch die Chinesen Gedanken über die Herkunft der Welt und der Menschen gemacht. Und auch bei ihnen steht am Anfang aller Dinge eine »Große Mutter«. Es ist Niang Niang, eine Jungfrau, bezeichnenderweise auch Schutzpatronin der Prostituierten. Jungfräulich schenkte sie einem Geschwisterpaar das Leben, Fu-Hsi und Nu-Kua, die ihrerseits die eigentlichen ersten Menschen in die Welt setzten – sie aber nicht etwa zeugten, sondern aus hellgelbem Lehm die Reichen bildeten, aus dunkler Erde die Armen.
Niang Niang hatte eine goldene Prachtstatue im Tempel Pi hsia kung, dem Palast der Abend- und Morgenröte, hoch über den Wolken auf dem Berg Taishan. Sie kam nicht von ungefähr. Einst nämlich, so wird geglaubt, erschien Niang Niang einem kräuterkundigen Mönch und befahl ihm, sich auf den Weg nach Peking zu machen, um dort den Kaiser Chen Tsung von einer schmerzhaften Krankheit zu heilen; und so geschah es. Die Statue war der Dank des Monarchen.
China hat fünf heilige Berge: Taishan, Nord-Hengshan, Huashan, Songshan und Süd-Hengshan. Die 5 ist in China eine wichtige mystische Zahl. Nur wenige spezialisierte Wissenschaftler wissen heute noch, daß die Bedeutung der fünf Berge aus vorgeschichtlicher Zeit stammt und es sich um astronomische Observatorien aus dem Megalithikum handelt.
Jedem der fünf Berge ist eine »Gottheit« zugeordnet. Das klingt nach allem bisher Gesagten erstaunlich, aber genau genommen handelt es sich um Geister oder Dämonen, die auf den alten chinesischen Ahnen- und Toten-

kult zurückgehen. Auf dem berühmtesten Gipfel, dem des Taishan, wo auch die Urmutter Niang Niang haust, hält Huangfeihou die Fäden von Geburt und Tod der Menschen in Händen. Ähnliche Sagen gelten für die anderen vier Berge. In der Volksgläubigkeit haben außerdem verehrungswürdige Gestalten vergangener Zeiten himmlische Kräfte – ähnlich katholischen Heiligen – und werden deshalb mit Gebeten und Opfern bedacht. Vor allem Astronomen und Philosophen, aber auch große Ärzte und andere Wohltäter können auf diese Weise »göttlichen« Charakter erlangen.

So führt zum Beispiel der Schriftsteller Chang Yatsu aus dem 4. Jahrhundert im Sternbild des Großen Bären ein himmlisches Fortleben. Insgesamt sind es aber nur acht »wirklich Unsterbliche« – merkwürdigerweise genau wie die acht obersten Götter Ägyptens, die doch erst später durch das Hinzutreten des Horus zur Neunheit geworden sind. Unter den chinesischen Acht befindet sich allerdings nur ein einziges weibliches Wesen: Ho Hsien-ku aus der Provinz Kanton. Sie lebte zur Zeit der Kaiserin Wu Hou (684–705) und war wegen ihrer außerordentlichen Schönheit wie im Märchen weithin berühmt. Über fernere irdische Verdienste des bewunderten Mädchens ist nichts bekannt, wenn man davon absieht, daß es mit vierzehn ein Wunderpulver fand, das es ihm ermöglichte, ätherisch von Ort zu Ort zu fliegen und auch nach dem Tode noch manchen Sterblichen zu erscheinen, wobei das verführerische Wunschbild stets eine Lotosblüte in Händen zu halten pflegte.

Wenn man von wenigen Ausnahmen absieht, haben sich kaum weibliche Wesen in der chinesischen Vorstellungswelt erhalten, obwohl die Bevölkerung in ältesten Zeiten mutterrechtlich organisiert war. Auf dem damals noch nicht geeinigten Gebiet Chinas gab es zahlreiche selbständige Provinzen und Fürstentümer, die von Frauen regiert wurden, manche besaßen sogar weibliche Truppen. Mit Taoismus und Konfuzianismus, mit dem Beginn der geschriebenen Geschichte überhaupt, setzte sich ein striktes Patriarchat durch. Die Chinesin war nun – ähnlich wie im alten Hellas – ein Mensch zweiter Klasse, eine dumm gehaltene Haussklavin des Mannes. Und ebenso wie

in Hellas waren allein die Kurtisanen frei und unabhängig.
Hao-Nui, wie die chinesischen Hetären genannt wurden, mußten außer Schönheit, Liebreiz und Charme auch Geist und Bildung besitzen. Sie waren wie ihre hellenischen Schwestern zumeist gute Musikantinnen, waren beschlagen in Philosophie, Geschichte und Literatur, beherrschten die Kalligraphie aller chinesischen Schriftzeichen und verstanden sich auf gebildete und zugleich anmutige Konversation. Die von ihnen geübte Liebeskunst durchzieht die erotischen Romane Chinas wie ein nie endender Lobgesang.*

Japan

Bis Kriegsende 1945 war Japans Staatsreligion der Schintoismus, ein auf Ahnenkult und Naturverehrung gegründeter Glaube. Sein Obergott, Isanagi, schuf nicht etwa die Welt, sondern er begnügte sich mit der Erschaffung Japans. Geholfen wurde ihm dabei von einer Göttin namens Isanami, die überhaupt das Sagen gehabt zu haben scheint. Sie war es nämlich, die dann die Rollen verteilte. Die Herrschaft über den Himmel verlieh sie der Göttin Amaterasu, die Nacht bekam Mondgott Tsukijomi zugeteilt, das Meer wurde dem Sturmgott Susa-no-o anvertraut. Amaterasu ihrerseits übergab Nippon ihrem Enkel Ninigi, dessen Nachkommen bis auf den heutigen Tag Kaiser von Japan sind.
Amaterasu wandelte sich im Laufe der Zeit zur obersten Göttin des japanischen Pantheons. Sie wird heute als Mutter, aber auch als Herrscherin aller anderen Gottheiten angesehen, überdies als Beschützerin des japanischen Volkes und seiner Einheit. Ihr wichtigstes Symbol, die Sonne, erscheint als rote Scheibe auf der Nationalflagge des Landes. Zwei andere ihrer Attribute sind ein Schwert

* z. B. »Kin Ping Meh« und »Der Traum der Roten Kammer«

und ein Spiegel, der auf den Betrachter zurückweist und an das indische »tat tvam asi« (Das bist Du) erinnert: Jeder einzelne ist in allem wiederzufinden. Auch Amaterasus architektonisch zumeist sehr einfache Andachtsschreine sind mit Spiegeln verziert.

Nach heiliger Schinto-Tradition lag Amaterasu in einem langen Kampf mit dem Sturmgott Susa-no-o, der ihre Schwester Uke-Mochi, die göttliche Nahrungsspenderin, ermordet hatte und außerdem Amaterasu selbst belästigte. So raste er gleich einem Taifun über die Welt, alles auf seinem Weg zerfegend und vernichtend. Der verhaßten Göttin schleuderte er Fäkalien unter den Thron, und einmal warf er einen Pferdekadaver auf ihr Ruhebett, wie die alten Mythen zu berichten wissen.

Amaterasu, angeekelt von dieser verrückt gewordenen Welt, beschloß, ihr den Rücken zu kehren. Sie zog sich in eine ausdrücklich als komfortabel geschilderte Höhle zurück. Natürlich nahm sie ihre kostbare Sonne in den Unterschlupf mit. Rasch breiteten sich Finsternis und Kälte über die ganze Erde aus. Die Menschen tappten frierend und ratlos umher. Alle acht Millionen Götter und Göttinnen – so genau sind japanische Rechnungen – waren verzweifelt über den Fortgang ihrer Königin. Ihr Jammern und ihr Flehen um die Rückkehr Amaterasus erfüllte das Weltall. Die aber blieb ungerührt in ihrer Höhle.

Nur Uzume, die Göttin der Fröhlichkeit, ließ sich nicht von der allgemeinen Trübsal anstecken. Sie stieg vor der Höhle auf einen umgekehrten Badezuber und begann lustig zu tanzen, zu singen und der verborgenen Sonnenbewahrerin schlüpfrige Wörter zuzurufen. Allmählich wurde ihr Tanz immer lebhafter, bald sogar wild und orgiastisch. Dabei begann Uzume, ein Kleidungsstück nach dem anderen von sich zu werfen. Schließlich tanzte sie nackt und so obszön, daß ihre acht Millionen Zuschauer und Zuschauerinnen vor Begeisterung jubelten und sie mit brausendem Beifall immer weiter anfeuerten.

Erwartungsgemäß erregte das Getümmel draußen die Neugier der göttlichen Höhlenbewohnerin. Sie schickte eine Späherin aus, die ihr meldete, man feiere eine neue Göttin, die besser sei als die Sonne selbst. Das freilich war

eine ungeheuerliche Provokation. Wütend stürzte Amaterasu zum Tor und öffnete es einen kleinen Spalt, um den Skandal mit eigenen Augen sehen zu können.
Damit hatten die Millionen gerechnet und vor der Höhle einen großen Spiegel aufgestellt. So erblickte die Göttin statt der Menge und der tanzenden Uzume nur sich selbst – und verliebte sich sofort in die eigene Schönheit. Schnell ergriffen die anderen Götter und Göttinnen den günstigen Augenblick der überraschten Selbstbewunderung und öffneten das Tor ganz. Beifall, Jubel und unendliche Huldigungen brandeten nun Amaterasu entgegen, so daß sie ihre Klausur beendete, in die Welt zurückkehrte und mit neu erstrahlender Sonne die Erde von Dunkelheit und Kälte befreite. Der jahreszeitliche Zyklus von Winter und wieder erwachender Natur ist damit auch im Schinto-Glauben ritualisiert.
Erneut auf ihrem Thron, so endet das Mythengleichnis, bestrafte Amaterasu ihren unbotmäßigen Bruder Susano-o, indem sie ihm Finger- und Zehennägel ausreißen ließ. Mit neuen Krallen sucht der Sturmgott aber immer wieder einmal Japan heim.

Die Sprache der Kanonen

Kaum mythologisch sind Tatsachen aus der realen Geschichte. Von einigen portugiesischen und christlich missionarischen Versuchen im Mittelalter abgesehen, abgesehen auch von einer kleinen holländischen Handelskonzession in Nagasaki, lebte Japan mehr als zweitausend Jahre lang nur seiner eigenen Kultur. Doch 1853 rückte eine amerikanische Kriegsflotte unter Kapitän Matthew C. Perry vor die Küste und erzwang mit gerichteten Bordkanonen die Öffnung zweier Häfen für den Handel der Vereinigten Staaten.
Ab dieser Zeit datiert die Verwandlung Japans von einem selbstgenügsamen Feudalstaat zur expansiven Industriemacht. Der nächste Schub erfolgte mit der Besetzung des Landes durch amerikanische Truppen am Ende des Zweiten Weltkriegs. Hand in Hand mit dieser Entwicklung ging der Verlust uralter japanischer Traditionen. Dazu gehörte auch das weite Feld der Religion und der öffentlichen Moral. An die Stelle naturhafter Beziehun-

gen der Geschlechter drängten sich die verklemmten Ansichten eines Puritanismus, wie er in Amerika für das heuchlerische Erscheinungsbild gewisser Fernseh-Prediger verantwortlich ist.
Um es gleich an einem Beispiel zu zeigen: Wie bei den meisten Völkern der Alten Welt, so gab es auch im Schintoismus Japans einen öffentlichen Phallos-Kult mit direktem Bezug auf den von den Göttern abstammenden Kaiser und die von ihm repräsentierte Schöpferkraft der Natur. »Mijo-jin«, der »wunderbare Gott«, wurde bei Prozessionen oft in meterhoher Gestalt durch die Straßen getragen. Ihm waren eigene Tempel geweiht, fast jede Familie bewahrte das Glied in einem häuslichen Schrein, oft als kostbare Elfenbeinarbeit. Ein berühmtes, glänzend lackiertes Großexemplar war im Wallfahrtstempel von Schirahama zur Schau gestellt. Dann wurde der Phallos-Kult »mit Rücksicht auf westliche Gefühle« verboten; er hat sich geheim in ländliche Gegenden zurückgezogen, die selten von Fremden aufgesucht werden.

Vergangene Blütenträume

Nicht anders ist es den japanischen Geishas ergangen. Sie waren einmal hochgebildete, hochgestellte und in vielen Fertigkeiten ausgebildete Künstlerinnen, entfernt vergleichbar den Hetären Griechenlands. Im Gegensatz aber zum alten Hellas war den japanischen Ehefrauen daran gelegen, es in den Künsten des Hauses und des Betts mit den »Blütenmädchen« aufnehmen zu können und die Männer damit ans eigene Heim zu fesseln.
Ein Yoshiwara, den Distrikt der roten Laternen, gab es in jeder japanischen Stadt von einiger Größe. Es war keineswegs unschicklich, wenn sich Töchter selbst aus guten Familien für einige Zeit in einem der Häuser dort verdingten, war doch die Liebe nicht von religiösen Verdrängungen überschattet, sondern nach Philosophie und Glauben des Volkes ganz natürlich im Schöpfungswillen des Kosmos begründet. Mädchen aus dieser Schule waren nachher von Heiratswilligen besonders begehrt, und das nicht nur wegen der oft beträchtlichen Ersparnisse, die sie sich in Yoshiwara erworben hatten, sondern vor allen Dingen wegen der reichen Erfahrungen, die sie nun ins eheliche

Liebesnest einbringen konnten. Die eigene Familie billigte diese Lehrzeit, predigte doch selbst der Weise Ekiken: »Lasset keinen Tag ohne Freude vergehen. Denket daran, daß von allem Anbeginn an die Welt nie frei von Narren war.« Wie das zu verstehen ist, zeigen die erotischen Bilder, die sogenannten Shunga, und die illustrierten Kopfkissenbücher Japans ganz unmißverständlich.

Nicht jedes Blumenmädchen wurde zur Geisha. Zu Beginn der Ausbildung waren die Neulinge nur »Kamuros«, die mit der Ästhetik im Umgang der Geschlechter, mit den Regeln guten Benehmens, des Tee-Zeremoniells, anmutigen Gehens und Sitzens sowie mit den Grundbegriffen zärtlicher Berührungen vertraut gemacht wurden. Dazu gehörten überdies Unterricht in Gesang und das Spielen eines Instruments, Tanz, Körperpflege, Haar-, Kleidungs- und Schminkkünste, das Herstellen lieblicher Blumengebinde, der Ikebana, künstlerisches Pinseln der japanischen Schriftzeichen, Literaturkenntnisse und angenehmes Sprechen. Sodann konnte die Novizin die nächste Stufe erklimmen und »Oiran« werden, eine »Auszubildende« unter der Anleitung einer erfahrenen Praktikerin in allen Variationen der Lüste, bis sie eine Abschlußprüfung bestand, bei der festgestellt wurde, daß das Mädchen nun – zeremoniell ausgedrückt – genau wisse, »welche Handreichungen es vornehmen müsse, um das erregte Glied eines Besuchers in sich zu bergen«.

Nach all diesen Vorbereitungen konnte die Absolventin zwei verschiedene Wege gehen. Sie konnte entweder einen der Herren heiraten, die sich gewiß schon lange als ungeduldige Bewerber in die Warteschlange gestellt hatten, zumal es dem gesellschaftlichen Ansehen eines Mannes nur förderlich war, wenn er eine Frau mit erstklassigen Umgangsformen, Bildung und intimer Erfahrung heimführen konnte. Oder, und das war die zweite Möglichkeit, sie meldete sich bei den Behörden an, so daß sie je nach den augenblicklichen Chancen sofort oder nach einer gewissen Wartezeit offiziell als Geisha zugelassen wurde. Das gab ihr die Möglichkeit, in einem Teehaus tätig zu sein oder selber eines zu erwerben oder zu gründen, eingeschlossen das Recht zur Lehrlingsausbildung. Alle übrigen Finessen und Einzelheiten hat Murasaki Schikibu, Hofdame der Kaiserin Akiko, in ihrem weitverbreiteten Sittenroman »Die Geschichte vom Prinzen Genji«* zur allgemeinen Erbauung und Förderung dargelegt. Echte Geishas wirken heute nur noch im Verborgenen, wohin sie von westlicher Doppelmoral verdrängt wurden. Dagegen sind sogenannte »Geishas« im offiziellen Touristengeschäft im Grunde nichts weiter als kostümierte Animierdamen.

Indien

Schon im dritten Jahrhundert vor Christus, so beweisen archäologische Funde, gab es zu Lande und zur See Beziehungen zwischen Europa und Asien im weitesten Sinn, wobei wir besonders auf Mesopotamien und Indien blikken. Mit dem Eroberungsfeldzug Alexanders des Großen nach Indien (327–325 v. Chr.) treten griechische und indische Kultur in direkte Beziehung. Nicht zuletzt trug dazu eine Gruppe griechischer Gelehrter bei, die Alexander mit sich führte, um sie geographische und andere wissenschaftliche Studien machen zu lassen. Nach dem Tod des Makedoniers schloß einer seiner Nachfolger, Seleukos I., sogar einen Grenzvertrag mit dem indischen König Tschandragupta und unterhielt mit dessen Hof diplomatische Beziehungen. Seinem Gesandten, dem Geographen Megasthenes, der das Land bis zum Ganges bereiste, verdanken wir die ältesten Beschreibungen von Land und Leuten, Sitten und Gebräuchen, Geistesleben und Mythologie Indiens.

Alexander und Kalanos

Wie vertieft nun beide Kulturen in Wechselwirkung traten, könnte mit zahlreichen Beispielen belegt werden. Gewisse griechische Besonderheiten verbreiteten sich

* »Genji Monogatari«, 10. Jahrhundert, deutsch 1987.

über ganz Indien, wie man noch heute der typischen Frauenkleidung Indiens, dem Sari, sein altgriechisches Vorbild anmerken kann. Wichtiger für uns ist das Eindringen östlicher Spekulationen ins europäische Bewußtsein.

Bezeichnend ist eine Episode, die sich während des Alexanderzuges in Nordindien ereignete. Hier erhielt der Heerführer Nachrichten über gewisse Weise, sogenannte Asketen, die ein bedürfnisloses Leben führten, übernatürliche Fähigkeiten besäßen und beim Volk in hohem Ansehen stünden. Durch Vermittlung eines indischen Fürsten gelang es, einen dieser Asketen ins Feldlager Alexanders zu bringen. Da die Inder den Weisen mit dem Ruf »Kalyana!« (Heil!) zu begrüßen pflegten, nannten ihn die Griechen einfach Kalanos, unter welchem Namen er auch in die westliche Literatur einging.

Kalanos begleitete Alexander einige Zeit lehrend und ohne sich vom Gepränge des königlichen Hoflagers jemals beeindrucken zu lassen. Endlich aber scheint er vom weltlichen Getriebe genug bekommen zu haben. In Persien gab er dem großen Krieger und Sieger, dem überheblich und grausam gewordenen Alexander bekannt, nun aus dem Leben scheiden zu wollen. Niemand vermochte ihn von diesem Entschluß abzubringen. Und so wurde auf der Agora von Susa, der uralten babylonischen Stadt, ein Scheiterhaufen errichtet, überhäuft mit Ehrengaben aus Gold, Silber und Edelsteinen. Kalanos nahm im Lotossitz darauf Platz, verschenkte als letzte Handlung alle seine Habe und allen Schmuck des Scheiterhaufens an die Soldaten, die ringsumher angetreten waren. Dann versenkte er sich, während der Holzstoß in Flammen gesetzt wurde, Posaunen erschallten und die Elefanten des Heeres ihr kriegerisches Trompeten hören ließen.

Die Selbstverbrennung des Kalanos hat bei den Zeitgenossen einen unauslöschlichen Eindruck hinterlassen. Sie war Zeugnis für eine Glaubenskraft, wie man sie bisher in der Antike nicht gekannt hatte. Fortan konnte kein Denker mehr indische Weisheit unbeachtet lassen. Selbst das beginnende Christentum blieb davon nicht unbeeinflußt.

Stufen zum Hinduismus

Sonnengott und Mutter Erde sind uralte Klischees für Mann und Frau. Hoch fliegt der Aar im Sonnenglanz, während sich auf der Erde die Schlange ringelt, den gewundenen Bächen und Flüssen gleich. Bei Homer erscheint den Griechen ein Adler, der eine blutige Schlange in den Klauen trägt. Sie deuten es als glückliches Vorzeichen ihres Sieges über das asiatische Troja. In unserer Sprache: als Sieg des Patriarchats über das mutterrechtliche Ilion. Das gleiche Symbol von Adler und Schlange findet sich in der altperuanischen Kunst.

Die großartigen Stadtanlagen von Harappa und Mohenjodharo, von der modernen Archäologie freigelegt, gehen ins zweite vorchristliche Jahrtausend zurück. Dennoch geben sie uns wenig Aufschluß über die Geisteskultur der Ureinwohner Indiens, der dunkelhäutigen Drawiden. Ihre Schrift, besser: ihre schriftähnlichen Zeichen, sind noch kaum entziffert. Unter den zahlreichen gefundenen kleinen Kunstgegenständen sind menschliche Figuren selten, unter den wenigen aber besonders viele weibliche. Wahrscheinlich wäre es beim heutigen Wissensstand verfrüht, daraus sogleich auf mutterrechtliche Strukturen schließen zu wollen.

Statt dessen gibt es aber im gegenwärtigen Hinduismus ein Indiz, das auf jene frühe Zeit der Drawiden hinweist, zumal es stark vom üblichen Schema der Götterwelt Indiens abweicht. Es handelt sich um die archaische Weltenmutter Jagadamba, die Schöpferin des Universums und aller Kreaturen. In der nachfolgenden vedischen Zeit, von der sogleich gesprochen werden wird, tauchte dieses weibliche Ursymbol im Volksglauben unter und kam erst später in verwandelten Gestalten wieder an die Oberfläche.

Vaterrechtliche Ordnungen, die man mit Sicherheit so nennen kann, kamen mit den Aryas (Ariern) ins Land. Sie strömten über den Khaiberpaß herein, vernichteten die Indus-Kultur und trieben das Volk der Drawiden in einem achthundert Jahre währenden Kampf immer weiter nach dem Süden Indiens. Damit beginnt die Herrschaft der polytheistischen vedischen Religion, unter deren Decke ein drawidischer Naturglaube weiter fortschwelte. Besonders ist hier Aditi zu erwähnen, eine vedische Göttin, zugleich

»Vater und Sohn«. Sie ist ungeboren, war schon vor allen Zeiten da, ist Mutter weiterer Götter wie Wischnu, Indra, Mitra und anderer. Auch gebar sie zwölf Götter für die Monate, womit sie die vorher grenzenlose Zeit einteilte. Bemerkenswert ist Aditis bildliche Darstellung als Kuh (Surabhi), Symbol des Überflusses. In dieser Tiergestalt erscheint sie oft geflügelt, reich geschmückt, mit prallem, milchspendendem Euter und zumeist auch mit dem gewährend lächelnden Gesicht einer schönen Frau. Ein Bezug zu Hathor, der urmütterlichen Himmelskuh und Liebesgöttin Ägyptens scheint angebracht, da hier wohl die Ursprünge der Verehrung heiliger Rinder in beiden Kulturen zu suchen sind.

Den verschiedenen Gottheiten opferten die Aryas unter freiem Himmel, es gab keine Tempel. So sind auch kaum Gegenstände religiöser Kunst aus dieser Epoche auf uns gekommen.

Trimurti, eine dreieinige Gottheit, bestehend aus Brahma, Wischnu und Schiwa: Brahma war Weltschöpfer, Wischnu Welterhalter und Schiwa Weltzerstörer. Im Vedismus spielte diese Dreifaltigkeit zunächst eine untergeordnete Rolle, entwickelte sich jedoch um 800 v. Chr. zum Brahmanismus. Der seinerseits ebenso dreifaltige Brahma wurde nun monotheistisch aufgefaßt, weniger als Person, sondern vielmehr sächlich (*das* Brahma) als Verkörperung alles Seienden im Sinne eines umfassenden Pantheismus. Zugleich entstand die Priesterkaste der Brahmanen, gegen die sich im sechsten Jahrhundert v. Chr. der Reformer Buddha erhob, fast gleichzeitig mit dem Religionsstifter Jina*. Beide entstammten der Adelsklasse der Krieger, die der Priesterkaste der Brahmanen untergeordnet war. Der Buddhismus verbreitete sich über ganz Indien und darüber hinaus. Er gehört zu den Religionen, in deren reiner Form es keinen Gott gibt; alle Götterbilder, Buddhastatuen oder Bodhisattwas von Ceylon bis Tibet sind Konzessionen an das Anschauungsbedürfnis des Volkes.

---

* sprich Dschina

Im sechsten Jahrhundert unserer Zeitrechnung siegte eine Gegenreformation. Die Brahmanen hielten nicht länger am alten Monotheismus fest. Sie verbündeten sich mit der unterschwelligen Volksgläubigkeit, griffen Elemente des vedischen Polytheismus auf und ließen auch gewisse Vorstellungen des Buddhismus und Jainismus unangetastet. Das Rezept war richtig, und das aus dieser Mischung entstandene Produkt ist der Hinduismus, den wir heute in Indien antreffen.

Das Rad der Wiedergeburten

Dazu gehört auch das in der Religion wurzelnde Kastenwesen. Es wurde ursprünglich schon im Vedismus entwickelt, um den aryanischen Eroberern eine bevorzugte Stellung gegenüber den Ureinwohnern zu sichern. Vergeblich hat selbst Gandhi versucht, die Kastentrennungen aufzulösen. Denn die niedrigeren und höheren, besseren oder schlechteren Stufen der Kastenpyramide hängen eng mit dem Glauben an eine irdische Wiedergeburt zusammen.

Diese, das heilige Samsara, hat als zentrales Mysterium sowohl des Buddhismus als auch des Hinduismus alle geschichtlichen Wandlungen überdauert. Allerdings mit einem grundlegenden Unterschied. Für den Buddhisten gibt es keine Seele, folglich auch keine »Seelenwanderung«; vielmehr entscheidet der letzte Gedanke im Augenblick des Todes über die Art der Wiederverkörperung. Dagegen ist für Hinduisten die Seele ein Speicher aller guten und bösen Taten – und Gedanken. Die Bilanz, wenn man es buchhalterisch ausdrücken möchte, entscheidet, in welcher Kaste, ob als Kuli, als König man wieder zur Welt kommt oder gar als Hund, Wurm oder Rose. Nur wenn einmal am Ende kein einziger Makel bleibt, entrinnt der Mensch dem ewigen Rad irdischen Seins: Der Buddhist geht ins Nichts ein, ins Nirwana, der Hinduist kehrt in die göttliche Allkraft des Kosmos zurück, ins Brahma.

So unterscheiden Hinduisten wie auch Buddhisten drei Stufen des menschlichen Daseins, ganz ähnlich wie im Gnostizismus: als Tamas werden Weltkinder bezeichnet, die stumpf und unwissend ohne höhere Interessen dahin-

leben; über ihnen stehen die Radschas, die nach Erkenntnis Suchenden, während die Vollendeten der höchsten Form Sattwas heißen.
Der Weg zu diesem erlösenden Ziel kann auf vielfache Weise beschritten werden. Als Grundlage dienen drei Bestrebungen: das Gute (Dharma), das Nützliche (Artha) und das Angenehme (Kama). Der Besuch religiöser Stätten, Wallfahrten und wenigstens einmal im Leben ein Bad im heiligen Ganges bei Benares führen dem Ende der Wiedergeburten näher. Die früher sehr rigorosen Vorschriften für Askese, körperliche, geistige, seelische und meditative Übungen werden wohl von einigen Erwählten noch befolgt, doch haben sie kaum noch allgemeine Gültigkeit. Alle Bevölkerungsschichten können daher heute ziemlich bequem ihrer Religion Genüge tun.

Die Götter Indiens

Die frühzeitlichen Götter Indiens, wie etwa der allgemeine Himmelsgott Dyaus oder Sturmgott Pardschanya, wurden allmählich von dem Fruchtbarkeitsgott Indra verdrängt, einem Symbol »kosmischer und biologischer Energie« (Eliade). In vedischen Texten wird er auch »Herr des Feldes« genannt, »Gott der tausend Hoden« und ganz allgemein Befruchter der Pflanzen, Tiere und Frauen.
Neben Agni, dem Gott des Feuers – des Herd- und des Opferfeuers vornehmlich – wurde Indra von den Aryas am höchsten verehrt. Man dachte sich ihn in einer himmlischen Paradiesregion lebend, gelegentlich auf einem weißen Elefanten reitend und von lieblichen Musikantinnen und Tänzerinnen umhegt. Seine Gemahlin Indrani gehört zu den »sieben Müttern«, die zumeist gemeinsam aufgereiht dargestellt werden. In späterer Zeit verloren sowohl Indra als auch Agni an Bedeutung. Sie werden heute nur noch als »Wächter« verschiedener Weltgegenden betrachtet.
Im übrigen ist das Universum des Hinduismus nicht nur von Göttern und Göttinnen bevölkert. Es gibt Dämonen,

Götterfeinde, Menschenfeinde und andere übernatürliche Wesen ohne göttlichen Rang. Eine Sonderstellung nehmen die Widergötter ein; von ihnen wird noch gesprochen. Den Göttern und Menschen gleichermaßen geneigt sind die Apsaras, himmlische Nymphen, sowie engelgleiche Musikantinnen und Tänzerinnen. Eine ihrer Aufgaben scheint es zu sein, die Menschen mit beiden Beinen auf der Erde bleiben zu lassen.

Als Beispiel mag der Asket gelten, der durch vielerlei Kasteiungen der Erlösung aus dem Rad der Wiedergeburten zu entkommen trachtet. Echte Asketen genießen hohe Achtung, wenn auch die Askese selbst seit Buddha, der sie ablehnte, nicht mehr als besonders erstrebenswert angesehen wird. So gilt auch sexuelle Enthaltsamkeit als Vergehen gegen die kosmische Ordnung. Übt nun ein Asket zu lange Enthaltsamkeit, was zum Repertoir seiner Selbstpeinigungen gehört, so senden ihm die gütigen Götter eine der begehrenswerten Apsaras, um ihn zu verführen, damit er sich wieder auf den natürlichen Weg irdischen Lebens besinne. Er darf dann mit seinen Exerzitien getrost wieder von vorne anfangen.

Die dreifaltige Gottheit Trimurti ist eingangs schon erwähnt worden. Das Brahma als allgemeine Urkraft wird in dieser Lehre als Person aufgefaßt, als Weltschöpfer. Die anderen zwei Aspekte sind Wischnu als Welterhalter und Schiwa als Weltzerstörer. Anders genommen verkörpern sie Leidenschaft, Güte und Dunkelheit. Fast alle sonstigen Gottheiten im Pantheon des Hinduismus erscheinen wiederum als weitere Manifestationen der ursprünglichen drei. Ihre Zahl ist praktisch unermeßlich.

Diese Vielfalt durchzieht den ganzen Hinduismus. Es wäre daher falsch, sich ihn als ein geschlossenes System, als eine »Religion« im westlichen Sinne vorzustellen. Seine heiligen Schriften sind so zahlreich, daß kein Menschenleben ausreichen würde, sie auch nur durchzulesen, geschweige denn, sie zu studieren. Es gibt keine priesterliche Hierarchie, noch nie in der tausendjährigen Geschichte des Hinduismus gab es so etwas wie ein Konzil, für Auslegung und Kult gibt es keine Autorität, keine bindenden Regeln. Jeder Ort, ja jeder Tempel »macht, was er will«. Und so kommt es, daß sich um jede Gottheit Anhänger gruppieren, welche die ihre für die höchste halten, also zum Beispiel Schiwaiten, Wischnuiten und so fort. Benützen wir – mit nicht ganz ruhigem Gewissen – einen Fluchtweg aus diesem Dschungel, in dem auch versierte Indologen manchmal verzweifeln oder sich gegenseitig widersprechen. Im Hinduismus selbst herrscht dagegen überraschende Einigkeit über einen wichtigen Punkt, nämlich die Unfähigkeit der Götter, ohne ihre Gemahlinnen auch nur einen Finger zu rühren. Ich referiere nach dem Leitfaden des Gurus Swami Sivananda, der über Schiwa und seine Göttin Durga sagt: »Durga repräsentiert die Göttliche Energie. Ohne Durga hat Schiwa keinerlei Ausdrucksmöglichkeit. Lord Schiwa ist nur schweigende Gegenwart. Er ist bewegungslos, absolut unveränderlich. Vom Walten des Kosmos bleibt er unberührt. Durga ist es, die ihm erst alles ermöglicht.« Anders ausgedrückt: »Das männliche Prinzip kann erst durch das dynamisch Weibliche offenkundig und in der Welt wirksam werden« (Schleberger).

Das läßt sich schlichtweg auf alle männlichen Gottheiten des Hinduismus anwenden. Sie liegen sozusagen als leblose Gebilde auf die Erde hingestreckt, bis sie der Fuß einer Göttin berührt. Dann aber erwachen sie zu Großmächtigkeit, das Verhältnis nimmt eine neue Dimension an oder mit den Worten des Swami: »Ohne Durga hat Schiwa keine Möglichkeiten, ohne Schiwa hat Durga keine Existenz.«

In seiner Erscheinungsform als Ardhanarischwara vereint Schiwa buchstäblich beide Seiten dieser göttlichen Union. Entsprechende Statuen sind von vorne gesehen rechts männlich, links weiblich, rechts Schiwa, links Parvati. Im Gegensatz zu der oben von Swami Sivananda erwähnten starken Durga ist Parvati Schiwas friedliche und gütige Gemahlin. Sie ist auf der linken Seite der doppelgeschlechtlichen Bildwerke an einer weiblichen Brust, einem Ohrgehänge, Haarlocken, halbem Halsschmuck und Hüftgürtel, in nacktem Zustand auch an einem halben Venus-Dreieck zu erkennen. Rechts zeigt sich Schiwas Hälfte mit kurzem Haar, halbem Bart, aufgerichtetem Glied und einem Hoden. Beide Hälften sind gleichwertig, in ihrer symbolischen Kraft von gleichem Gewicht, philo-

sophisches Sinnbild einer Vollkommenheit, wie sie nur aus mannweiblicher Symbiose erstehen kann.
Methodisch liegt unser Gewinn nun darin, allein die Göttinnen ins Auge fassen zu können, und die jeweiligen Götter, wenn sie vom Fuß ihrer Schakti berührt werden, als Prinzgemahle vorzustellen.

Göttinnen

Mit dem Begriff Schakti gelangen wir sofort ins Zentrum des hinduistischen Pantheons. Noch einmal vereinfachend gesagt ist Schakti die weibliche Energie schlechthin: Kein Gott kann ohne Schakti aktiv sein. Eine andere Bezeichnung ist Devi, einfach Göttin. Künstlerische Darstellungen zeigen Schakti beim Verkehr zumeist über ihrem männlichen Partner, um dessen Körper sozusagen »mit Kraft aufzuladen«.
Im männlich orientierten Buddhismus ist es gerade umgekehrt. Hier nämlich ist der volkstümlich vorgestellte Gott, »karuna«, sexuell aktiv, während »sunya«, seiner göttlichen Partnerin, die passive Rolle zufällt.
Schakti manifestieren sich vor allem in der dreifachen Gestalt persönlicher Göttinnen, die den drei Hauptgöttern zugesellt und die eigentliche Quelle ihrer Macht sind. So empfängt Gott Brahma seine allumfassende Kreativität von seiner Schakti, der Göttin Sarasvati, oder aber von der geheimnisvollen Maya, wie am Ende noch gezeigt werden wird. In Gestalt Lakschmis fördert Schakti den allnährenden Gott Wischnu. Und endlich ist Schakti als Göttin Kali – oder abermals Maya – auch die treibende Kraft des allzerstörenden, doch geistig unveränderlich in sich selbst ruhenden Schiwa. Wie bereits offenbar wurde, kann Schiwas Schakti in Gestalt verschiedener Göttinnen oder ihrer mannigfachen Erscheinungsformen auftreten, einmal Durga, einmal Parvati, Kali, oder wie sie sonst noch will.
Magisches und der Meditation dienendes Symbol dafür sind zwei ineinander gestellte Dreiecke, das weibliche (Yoni = Vulva) mit der Spitze nach unten, das männliche (Linga = Phallos) als Pyramide; zusammen übrigens ein

genaues Ebenbild des jüdischen Davidsterns. Und wie dieser kann auch das schaktische Satkona (Hexagon) wie ein Amulett getragen werden.

SCHAKTI, KULT DES WEIBLICHEN

»Schakti ist die Wurzel allen Daseins, von ihr her sind die Welten in Erscheinung getreten, sie erhält sie im Dasein, und am Ende der Zeiten werden sich in ihr die Welten wieder auflösen«, heißt es im Tantra-Tattva; und in einem anderen Zusammenhang: »Du bist in Wahrheit die Schöpferin, die Erhalterin und die Zerstörerin der Welt.«

Die weibliche Lebenskraft, ohne deren Wirken die Götter nicht ins Sein treten können, läßt sich nach Meinung moderner Indologen bereits in vorarvanischer Zeit nachweisen, also bei der drawidischen Urbevölkerung des indischen Subkontinents. Die dort in viertausend Jahre alten Schichten gefundenen, wenn auch seltenen weiblichen Figuren, oft mit vollen Brüsten und breitem Becken, werden einhellig als Mutteridole gedeutet, die am Beginn der Welt und der Zeiten stehen.

In diesem letzten ihrer Aspekte wird Schakti auch für sich allein als Verkörperung von Schiwas sakraler Macht gesehen, weil nach der Lehre alle Energie, also auch alles Leben, letzten Endes in Zerstörung mündet. So gelten Schiwa und Schakti als die zwei polaren Weltprinzipien der Geburt und des Todes.

Weite Bevölkerungskreise im heutigen Indien bezeichnen sich als »Schakta«, nämlich als Verehrer des weiblichen Weltprinzips als solchem, ohne daß es an eine bestimmte Gottheit gebunden wäre. Man könnte auch sagen, Schakti wird von ihnen als selbständige Göttin angesehen, die sich aber je nach Willen mit einem Gott ihrer Wahl verbinden kann. Die Wissenschaft schließt heute Einflüsse von Mesopotamien her – der Göttinnen Ischtar, Astarte, Kybele – nicht mehr aus.

Kein geringerer als Helmuth von Glasenapp, noch immer unbestrittene Autorität auf dem Gebiet der Indologie, bemerkte schon vor einem halben Jahrhundert: »Der Glaube, daß das höchste Weltprinzip nicht ein Gott, sondern eine Göttin sei, hat in unserem Jahrtausend in manchen Teilen Indiens eine große Zahl von Anhängern gefunden... Hatte sich der religiöse Glaube bisher in erster Linie mit den männlichen Gestalten des Pantheons beschäftigt, so ändert sich dies jetzt allmählich. Gewisse Göttinnen treten immer mehr in den Vordergrund des Denkens, und zwar so stark, daß jetzt manche Sekten ihnen die erste Stelle überhaupt einräumen und eine bestimmte Göttin (Durga) als das höchste, weltbeherrschende Wesen verehren.«

Zweifellos deutet sich hier ein grundlegender Wandel an. Mit dem Eindringen der Aryas war ja das ursprünglich matriarchalische Indien vaterrechtlich geworden, was außerhalb der westlich orientierten Städte noch immer seinen Ausdruck im Brahmanismus findet, der tief abgewerteten Stellung der Frau und den zahllosen Morden an neugeborenen Mädchen. Einzige Ausnahme bildet der südindische Gliedstaat Kerala, wo sich bis heute mutterrechtliche Strukturen erhalten haben und Frauen einen wesentlich besseren Stand und auch höheres Bildungsniveau besitzen.

Es kommt nun ganz darauf an, welchen Weg zur Erlösung die Anbeter Schaktis wählen. Die einen wollen durch mystische Hingabe (Bhakti) ganz mit der Gottheit verschmelzen, sich so von allem Weltlichen befreien und damit der Wiederkehr entrücken. Andere üben Askese und versuchen mit strengen Yoga-Übungen Körper und Geist zu überwinden und dem Großen Neutrum Brahma näherzukommen. Eine dritte Richtung empfiehlt sich der Führung eines Gurus, und hier setzt wieder das Ritual des Tantrismus ein, der ohne Askese, aber mit Versenkung in gewisse Bildsymbole (Mandalas), Laute, und vergeistigte Handlungen einhergeht.

Im allgemeinen wird heute zwischen »rechtshändigen« und »linkshändigen« Verehrern Schaktis unterschieden, was nichts mit körperlichen Eigenheiten zu tun hat. Die sogenannten Rechtshändigen üben ihren Kult öffentlich aus, darunter auch blutige Tieropfer für die Göttin Kali, während die Linkshändigen ihre Riten, vor allem sexueller Art, bei geheimen Zusammenkünften pflegen.

Sarasvati

Brahma, nicht als sächliches Weltprinzip, sondern als persönliche Gottheit gesehen, führt im heutigen Hinduismus ein verhältnismäßig bescheidenes Dasein. Wie es in den Überlieferungen heißt, hat er sich das selber zuzuschreiben. Einmal werfen ihm sowohl die Verehrer Wischnus als auch die Anhänger Schiwas vor, er habe seine eigene Tochter Savitri zur Frau genommen. Außerdem soll er ihr auch noch untreu gewesen sein. Beides, Inzest und Ehebruch, sind im Hinduismus verpönt. Zur Strafe soll ihm Schiwa einen seiner fünf Köpfe abgeschlagen haben, die er sich zugelegt hatte, um Savitri immer im Auge behalten zu können; er wird daher nur vierköpfig nach allen Seiten blickend dargestellt, während ihm die Ausschau nach oben nicht mehr vergönnt ist.

Die Geschichte klingt etwas tendenziös. Gerne wird daher die andere Version ernst genommen, wonach Brahma die überaus liebliche Flußgöttin Sarasvati zu seiner Schakti erwählt habe. Neben der heiligen Ma Ganga (Mutter Ganges) und dem ebenfalls heiligen Yamuna, der Delhi durchströmt, war der Fluß Sarasvati einst das Ziel großer Pilgerzüge; seit langem ist er versiegt. Während jedoch Brahma in den Hintergrund getreten ist, wird Göttin Sarasvati noch überall aktiv verehrt. Und das nicht nur von Hinduisten. Auch bei Buddhisten und im Jainismus volkstümlichen Glaubens nimmt sie göttlichen Rang ein.

Bildwerke zeigen diese Schakti als schlanke junge Frau und – wie alle weiblichen Figuren Indiens – mit vollen Brüsten. Sie hat vier Arme, in einer Hand trägt sie zumeist ein kleines Gefäß mit dem Wasser ihres heiligen Flusses. Die ihr beigegebene Vina, das klassische Saiteninstrument des Landes, zeichnet Sarasvati als Göttin der Musik aus. Mit einem Buch, das die Veden symbolisiert, gibt sie sich als Schutzmacht der Gelehrsamkeit, Sprache und Poesie zu erkennen.

Allgemein gilt Sarasvati als Erfinderin der im Sanskrit gebrauchten Schrift, und so ist es kein Wunder, wenn zu ihren Verehrern in erster Linie Gelehrte, Künstler und Studenten zählen. Ihre Beliebtheit kommt auch darin zum Ausdruck, daß manche Gemeinden in verschiedenen Teilen Indiens die Göttin für sich beanspruchen und sie ihren beliebtesten Göttern zuordnen, wie etwa Wischnu, obwohl dieser bereits mit der Göttin Lakschmi verbunden ist.

LAKSCHMI

Lakschmi ist Göttin des Glücks, der Schönheit, des Reichtums, des Überflusses, der Fülle, Harmonie, Süße und Großzügigkeit, Schakti Wischnus und seiner erhaltenden Eigenschaften. In bildlichen Darstellungen trägt sie in einer Hand ein Bündel Ähren, in der anderen ein Gefäß mit Wasser, Symbol der Fruchtbarkeit. Ihr heiliges Tier ist die Eule, die zu ihren Füßen sitzt.

Lakschmis Anwesenheit drückt sich in tausend Formen aus, die uns umgeben und entzücken: im Wunderbaren, in Anmut, romantischen Bildern, bezaubernden Landschaften, Liebe, Schönheit, Gedeihen, Musik, im Spiel der Elemente, in Wohlbefinden oder beflügelnder Geistigkeit. Will man dieses göttliche Prinzip ihrer Erscheinung besonders hervorheben, wird sie Schri-Lakschmi genannt.

Sie ist aber auch Maya, täuscht also die ganze Welt vor vermittels ihrer verschleiernden Kräfte. Was wir für Wirklichkeit halten, ist ein vom Maya-Aspekt Lakschmis vorgespiegeltes Trugbild, das wir aber nicht zu durchschauen vermögen.

Ihre Vermählung mit Wischnu bestimmt Dewali, das indische Neujahrs- und Lichterfest. Es fällt in die dunkle Hälfte der Monate September–Oktober. Nun herrscht überall großer Hausputz, im Norden beginnen die Kaufleute die Buchführung für das neue Jahr. Alle Häuser werden zu Ehren der Göttin mit irdenen Lämpchen illuminiert. In Amritsar beleuchten unzählige Lichter den Tempel, alle seine Stufen und das große Wasserbecken. Ein oft vergessener Nebensinn des tausendfältigen Glanzes ist es, Verstorbenen den Weg zum Totengott Yama zu erhellen.

Die landweite Bedeutung des Festes erklärt sich auch aus der Dreifaltigkeit Wischnus als Glied der Trimurti. Er selbst wiederum kann ebenfalls unter verschiedenen Inkarnationen in Erscheinung treten, zum Beispiel als Krischna, als Rama oder gar als Affengott Hanuman. Zu diesen gesellen sich nun abermals Schaktis, wie etwa Puschti, das Gedeihen, Daya, das Mitleid, oder Nidra, der Schlaf. Zu Krischna, der als unwiderstehlicher Mädchenbetörer gilt, tritt als Hauptgespielin nicht nur die schöne Radha, von den einen als seine Gemahlin, von anderen als seine Geliebte verehrt; ihn umschwärmen auch noch die Göttinnen Rukmini und Satyabhama, die ihrerseits wieder Inkarnationen von Lakschmi und Schri oder Schri-Lakschmi sind, wobei Schri, um das Maß voll zu machen, eine Verkörperung der Erdgöttin Bhumidevi ist und diese eine Form der Lakschmi.

Nicht genug damit. Die soeben erwähnte Göttin Rukmini gebar Krischna einen Sohn namens Pradyumna, und dieser ist wieder kein anderer als Wischnu selbst, diesmal jedoch in Gestalt des Gottes Kama. Im Hinduismus ist Kama Gott der Liebe, der von zwei Göttinnen begleitet wird, von Rati – der Wollust, sexuellen Begierde und Freude – und von Priti, der erfüllten, befriedigten Lust. Kamaschastra sind denn auch Liebestexte, Kamasutra Anleitungen zum richtigen sexuellen Umgang der Geschlechtspartner. Zwei erotische Symbolwesen, Papagei und ein Seeungeheuer, dienen Kama je nach Laune als Reittiere. Sein Bogen, mit dem er blumige Pfeile verschießt, besteht aus einem Zuckerrohr.

Besonders erstaunlich nimmt sich die sogenannte neunte Inkarnation Wischnus als Buddha aus. Nach hinduistischer Auffassung war nämlich der große Religionsstifter eine Erscheinungsform Wischnus, die er angenommen hatte, um die Menschen in Versuchung zu führen und so die Rechtgläubigen von den Falschgläubigen zu trennen. Der schließliche Sieg des Hinduismus über den vorübergehend ganz Indien beherrschenden Buddhismus zeigt Wischnus Kraft ganz augenfällig, doch wird Buddha – eben als Inkarnation Wischnus – dennoch Verehrung zuteil. Diesen Vorzug allerdings genießt Jesus nicht, obwohl dieser von einigen Sekten ebenfalls als Inkarnation Wischnus angesehen wird.

Nimmt es nach alledem noch Wunder, wenn sich Wischnu auch als Frau manifestieren kann? Er heißt dann Mohini. Diese ist vollbrüstig, langhaarig und mit anderen Attributen weiblicher Verheißung versehen, mit

kunstvoll geschwungenem Schleiertuch, Arm- und Fußreifen, Kettchen und Spangen geschmückt. Sein himmlischer Kollege in Dreieinigkeit, Schiwa, fing sogleich Feuer und zeugte mit ihm/ihr Aiyanar, einen Heiligen.
Man ist versucht, an jene bemalten russischen Lackfiguren zu denken, in deren Inneren eine gleichartige kleinere verborgen ist, in dieser wiederum eine kleinere und so fort bis zum winzigsten Ebenbild. Nur mit dem Unterschied, daß Hindugottheiten nicht kleiner werden, sondern manchmal sogar größer als das Original, so etwa, wenn Lakschmi in einer ihrer Inkarnationen sogar mit Durga verschmilzt.
Wenn Göttin Lakschmi zweiarmig dargestellt wird, trägt sie Lotos und eine Muschelschale, beides erotische Symbole, in ihren Händen. Auf den selteneren vierarmigen Bildnissen kommen noch eine Frucht und ein Nektartopf hinzu. Zumeist ruht sie sitzend auf einer Lotosblüte, die oft von einem Löwen getragen wird. Manchmal stehen ihr auch zwei Elefanten zur Seite, die aus ihren Rüsseln kühlendes Wasser auf die Göttin niederrieseln lassen.
In Gestalt der Schri ist Lakschmi ein Attribut Wischnus, oft ein unscheinbares Merkmal an seinem Körper, das beispielsweise hilfreich sein kann, wenn eine sonst unbekannte Skulptur identifiziert werden soll. So kann es sich etwa stark stilisiert um ein kleines Dreieck handeln, ein weibliches Symbol also. Im übrigen wohnt Schri in Blumengirlanden, und der bekannte Brauch, Gäste damit zu schmücken, soll diesen Glück, Reichtum und Erfolg bringen. Ebenso gehört es zu den besonderen Ehrungen, beim Gespräch mit einer Dame nicht deren Namen oder eine andere Art der Anrede zu benützen, sondern sie Lakschmi zu nennen.
Eine ältere Schwester Lakschmis ist Alakschmi, auch Dschiyestha genannt und wahrscheinlich ebenso nur eine andere Form der Lakschmi selbst. Alakschmi gilt als unheilbringend und identisch mit der Pockengöttin Schitala, dennoch aber genießt sie weithin volkstümliche Verehrung.

Ganescha, der Elefantengott

Nicht ganz zufällig sind es zwei Elefanten, die Lakschmi mit frischem Duschwasser aus ihren Rüsseln oder aus Gefäßen, die sie damit halten, zu einem erquickenden Bad verhelfen. Nach einer alten Legende waren da zunächst zwei Göttinnen, Buddhi (Wissen) und Siddhi (Vollendung), um die sich zwei Brüder bewarben, der Kriegsgott Skanda und der behäbige Ganescha, beide Söhne Schiwas und Umas. Derjenige sollte die begehrten Damen gewinnen, der am schnellsten einmal um die ganze Erde laufen könne. Dabei verwickelte sich Skanda überall in kriegerische Händel, und als er danach endlich wieder am Ausgangspunkt seiner Reise anlangte, fand er Ganescha, der gemächlich aber beständig dahingetrottet war, längst mit Buddhi und Siddhi verheiratet.

Die beiden nahmen als Schakti die Gestalt Lakschmis an, ihrerseits ein Aspekt Umas, so daß Ganescha letztlich mit einer Erscheinungsform seiner Mutter lebte. Seinen Elefantenkopf verdankt der Gott widrigen Umständen bei seiner Geburt. Der Planetengott Schani (Saturn) blickte nämlich mit seinem zerstörerischen Auge das Neugeborene an, worauf dessen Kopf zu Asche zerfiel. Eiligst mußte ein anderes Haupt gefunden werden; den ausgeschickten Häschern fiel aber nur der Kopf eines Elefanten in die Hände. Schiwa setzte ihn auf den Rumpf des Kindes. Schicksal.

Der Kleine entwickelte sich jedoch prächtig und zählt heute zu den beliebtesten Göttern der Inder. Es gibt sogar Comic-Heftchen, in denen seine Abenteuer nach Disney-Art geschildert werden. Ganescha hat nur liebenswerte Eigenschaften. Er ist friedlich, träge, bewegt sich ungern, ausgenommen beim Tanz, wo er sehr graziös Bein und Rüssel im Takte schwingt. Im übrigen schätzt er nichts höher als Süßigkeiten, die er aus einer stets mitgeführten Schale nascht. In einer Hand hält er immer einen seiner kleinen Stoßzähne, den ihm ein böser Unhold einmal abgeschlagen hat.

Obwohl er nun beinahe wie ein westliches Kuscheltier erscheint, ist Ganescha doch elefantenstark und gilt als Überwinder aller Hindernisse. Besonders räumt er wie in einem Dschungel alle Illusionen, Laster und andere Widerstände auf dem Weg zur Vollkommenheit beiseite. Na-

türlich ebnet er auch die verschlungenen Pfade der Liebe, deren versteckteste Winkel ihm nicht verborgen bleiben. Denn so merkwürdig es für den plumpmächtigen Ganescha auch sein mag, so ist ihm doch als Reittier eine Ratte zugeordnet, die selbst in die winzigsten Verstecke kriechen kann oder Hindernisse einfach durchnagt.
Nur selten wird Ganescha ohne eine Schakti dargestellt. Zumeist kann sie als Lakschmi identifiziert werden. Es ist rührend, wenn die Göttin auf seinem Knie sitzt und er einen seiner Arme um ihre Taille gelegt hält. Andere Skulpturen, die wegen ihres offenen Humors sehr beliebt und weit verbreitet sind, zeigen die nackte Göttin und den Versuch Ganeschas, sich mit ihr zu vereinigen, was aber wegen seines Körperumfangs nie gelingt.

Sita und der Affenkrieg

Zur Inkarnation Wischnus als Rama gehört die mondäugige Göttin Sita. Sie, aus einer Ackerfurche geboren und daher Schutzgöttin des Ackerbaues, wurde eines Tages von Ravana, dem König dämonischer Lüste, geraubt und auf der Insel Lanka (Sri Lanka) gefangengesetzt. Im Kampf mit Ravana wird Wischnu verwundet und wendet sich daher um Unterstützung an den Affengott Hanuman, also eine seiner anderen Wischnu-Inkarnationen. Der rüstet eine gewaltige Affenarmee, läßt eine Brücke von der Südspitze Indiens nach Lanka bauen und besiegt Ravana in einem fürchterlichen Gemetzel. Mythenforscher sehen in diesem Bericht einen neuen Vorstoß der aryanischen Eroberer Indiens und ein weiteres Zurückdrängen der drawidischen Ureinwohner. Bemerkenswert ist auch die Doppelbedeutung des Sanskritwortes für Affen, das gleichzeitig Bauern heißt. Daraus wird auf Landnahme durch ein Bauernheer geschlossen.
Leider brachte die Befreiung aus den Klauen Ravanas der Ackergöttin Sita kein Glück. Rama wähnt nämlich, seine Gemahlin könne in der Gefangenschaft unmöglich den Nachstellungen des lüsternen Dämonenkönigs standgehalten haben. Da wirft sich Sita zum Beweis ihrer Unschuld auf einen brennenden Scheiterhaufen. Doch Agni, der Gott des Feuers, läßt sie unversehrt aus dem Experiment hervorgehen. Nach kurzem Glück verstößt Rama sie

trotzdem, da Gerüchte über ihre Untreue nicht verstummen wollen.
Sita zieht sich in eine Einsiedelei zurück, wo sie Rama zwei Söhne, Kuscha und Lava, gebiert. Zu spät erkennt der Gott seinen Irrtum und läßt Frau und Kinder wieder zu sich bringen. Nun aber ist es an Sita, ihrem launenhaften Gemahl die kalte Schulter zu zeigen. Sie bittet ihre Mutter, die Große Erdgöttin Prithivi, sie wieder in ihr Reich aufzunehmen. Da öffnet sich der Ackerboden, und Sita geht durch die Spalte für immer zum Urgrund ihrer Herkunft zurück.

PARVATI

Traditionellerweise ist Parvati eine Tochter von Himavat, dem Gott des Himalaja. So ist sie »Tochter der Berge«, die »strahlende Weiße«. Eines Weltentages entdeckte sie beim Umherschweifen im Gebirge einen wunderbaren Jüngling, der dort in Einsamkeit ein bekümmertes Dasein als Asket führte. Er trauerte um Sati, seine erste Gemahlin, die sich das Leben genommen hatte.
Parvati, nicht ahnend, selber eine Wiedergeburt Satis zu sein, erkannte in dem weltentrückten Jüngling Gott Schiwa und verliebte sich prompt in ihn. Da er jedoch als Asket allem Irdischen entsagt hatte, begann Parvati, ebenfalls ein asketisches Leben zu führen, um seiner ebenbürtig zu werden. Erwartungsgemäß mit Erfolg. Bildnisse Schiwas mit seiner Gemahlin Parvati zeigen zumeist Schönheit der Gestalten und innige Zärtlichkeit. Manchmal ist das Paar von Wischnu und dessen Gemahlin Lakschmi als Trauzeugen begleitet.
Doch wird Parvati nicht etwa nur als Schakti Schiwas verehrt. Sie tritt ganz selbständig in verschiedenen Erscheinungsformen auf. So ist sie beispielsweise mit Gauri verschmolzen, der »Weißlichen«, einer wahrscheinlich drawidischen Berggöttin, die noch im Namen des Himalajaberges Gaurisankar enthalten ist. Dann wieder ist sie Annapurna, die liebevolle Ernährerin aller Kreatur, und schließlich wird sie von Hindus in Bengalen sogar mit Durga gleichgesetzt.
Es hat also nichts zu sagen, wenn auch Durga Schiwa zugeordnet wird oder er einmal mit Göttin Uma auftritt,

dann wieder sogar als Gemahl Lakschmis erscheinen kann: Letzten Endes ist er ein Gott, und fast alle Gottheiten des hinduistischen Pantheons sind in ihren zahllosen Erscheinungsformen untereinander austauschbar.

Schiwa

Schiwa ist im heutigen Hinduismus zweifellos die wichtigste der männlichen Gottheiten. Im Gegensatz zu Wischnu, der den unendlich ausgedehnten, ewig ruhenden Raum verkörpert, ist Schiwa lebendige Inkarnation der Zeit, die rastlos dahineilt – dem Ende und der Vernichtung alles Bestehenden entgegen. Seine zahllosen Erscheinungsmöglichkeiten (genau genommen sind es 1008) können in zwei Hauptgruppen eingeteilt werden, die freundlichen und die furchtbaren. Daneben gibt es noch seine weiblichen und seine zweigeschlechtlichen Manifestationen.
Von seiner freundlichen Seite zeigt sich Schiwa als Heiler, vor allem als Lebensspender. Sein in ganz Indien verehrtes Symbol ist daher das Linga, ein aufgerichteter Phallos. Dieser erscheint meistens als oben abgerundete Säule ohne naturalistische Ähnlichkeit mit dem entsprechenden Organ. Schiwa ist Verkünder der Lehre und ihrer Auslegung, Gott der Musik und vor allem des Tanzes, der im Hinduismus die Stelle kosmischer Magie einnimmt. Der tanzende Schiwa ist vielleicht die im Westen bekannteste indische Figur. In anderen Skulpturen erscheint Schiwa als liebender Familienvater, begleitet von seiner Gemahlin in Gestalt der Uma, und zwischen beiden Gottsöhnchen Skanda, ein nacktes Kleinkind, das sich später zum Kriegsgott entwickelt.
Wie immer in der Geschichte, so nehmen auch im Götterleben die schlechten Nachrichten einen breiteren Raum ein als die guten. Schiwa der Schreckliche, der Alleszerstörer stellt ein grimmiges Gesicht zur Schau, aus den Mundwinkeln starren die Hauer eines Ebers, sein Körper ist mit der Asche verbrannter Leichen beschmiert, um Arme und Beine winden sich Kobras, seine Halskette besteht aus Skorpionen, eine Hirnschale dient ihm als Trinkgefäß, und begleitet ist er zu allem Überfluß von einem Hund, dem Hindu das unreinste aller Tiere. Der

Vielarmigkeit des Entsetzlichen sind kaum Grenzen gesetzt. Manche Bildnisse zeigen ihn mit bis zu hundert Armen, deren Hände lauter Unglücks-, Mord- und Todessymbole halten.
Hier nähert sich die Erscheinung Schiwas deutlich dem Bild seiner Gemahlin Durga. Statt weiter auf die vielen Seiten des Gottes, seiner Abenteuer und Legenden einzugehen, die Spezialwerken vorbehalten sind, ist es daher sinnvoller, der Großen Göttin nun selbst zu begegnen.

Durga

»Heil Göttliche Mutter Durga, die in allen Geschöpfen lebt, als Intelligenz, Gnade und Schönheit; die Lord Schiwa begleitet; die erschafft, erhält und zerstört das Universum!« So rufen ihre Anbeter beim großen Fest.
Durga ist »die Unerreichbare«, »die Unfaßbare«, »das unauslotbare Mysterium«, ihre zweite Erscheinungsform die grausige Kali. So wie Liebe und Tod – nach Freud Eros und Thanatos – so vereinigt Durga in sich die polaren Widersprüche von sinnlicher Leidenschaft und Zerstörung, im Hinduismus Symbol des ewigen Rades von Erschaffung-Vernichtung-Erschaffung. Das geheimnisvolle, zwiespältige Lächeln, das zumeist ihre Bildnisse auszeichnet, gibt Durga als sphinxisches Wesen zu erkennen, das Unsterblichkeit verheißt und dem Tod verpflichtet ist.
Schließlich gehören zum Mysterium Durgas auch ihre unbegreifbaren vier Erscheinungsformen in Gestalt anderer Göttinnen, nämlich Sarasvati, Lakschmi, Kali und Iswari. Sie verkörpern Kraft, Wissen, Handeln und Weisheit, den vierfachen Weg des Lebens. Im Tantrismus ist Durga ein ewig sechzehnjähriges Mädchen, da die 16 in der Zahlenmystik höchste Vollendung bedeutet.
In früheren Zeiten wurden beiden Aspekten der Göttin auch Menschenopfer dargebracht. Im Prakrit-Epos aus dem 8. Jahrhundert wird ein Kali-Tempel erwähnt, angefüllt mit dem Gebein getöteter Männer und rot vom Blut der Erschlagenen. Der chinesische Pilger Hsüantsang,

der Indien im 7. Jahrhundert besuchte, berichtet, wie er selber nur mit Not dem Schicksal entging, zu Ehren der Durga geschlachtet zu werden. Vereinzelt kamen Menschenopfer noch bis ins vorige Jahrhundert hinein vor, so etwa in Bombay beim jährlichen Daschahara-Fest oder im südindischen Tandschore. In der patriarchalen Ritualliteratur der Veden werden genau Anweisungen gegeben, wie die komplizierten Zeremonien eines Menschenopfers zu vollziehen sind.

Inzwischen haben sich die Erscheinungsformen der Göttin deutlicher voneinander getrennt. Durga ist als Gemahlin Schiwas zum ersten Rang im gesamten Götterhimmel des Hinduismus aufgestiegen, heute unbestritten oberste Gottheit, Mahadevi (Große Göttin) und Allmutter. Wie Parvati trägt auch sie den ehrenden Beinamen Annapurna, die Ernährerin. »Schiwa sinkt ihr gegenüber zu der Stellung eines ›müßigen Gottes‹ herab, der in das Weltgeschehen nicht eingreift« (Glasenapp).

Die finsteren Seiten der menschlichen Natur dagegen sind im Spiegel des Göttlichen allein auf die dämonische Kali übergegangen.

Durgas Fest heißt Durga Pudscha oder Navaratri und wird in der hellen Hälfte der Monate September-Oktober gefeiert. Es ist das größte Hindufest zur Verehrung der Göttlichen Mutter. In Bengalen dauert das Fest zehn Tage, am letzten – genannt Vidschaya-Dasami oder Dussera – wird das Bildnis der Göttin auf einem riesigen Prozessionswagen durch die Straßen gefahren. Sie reitet auf ihrem rituellen Tier, einem Löwen, und trägt zehn Symbole in ihren Händen, darunter Weisheit, Zorn, Gier, Egoismus, Wahrheit, Lust und Stolz, alles Erscheinungsformen ihrer selbst.

Wie ein kleines Kind mehr mit der Mutter verbunden ist als mit dem Vater, so sind wir Menschenkinder mehr mit den Göttinnen verbunden als mit den Göttern. So heißt es nach hinduistischem Verständnis, und: Mutters (der Göttin) Güte ist grenzenlos, Ihre Gnade ist uferlos, Ihre Weisheit ist unendlich, Ihre Kraft ist unermeßlich, Ihr Ruhm ist unaussprechlich, Ihre Herrlichkeit ist unbeschreiblich. Sie schenkt dir Wohlergehen und Freiheit.

Die Zeremonie wird in verschiedenen Teilen Indiens auf

mehrere Weisen vollführt. Aber das zugrunde liegende Ziel ist überall das gleiche: die Schakti günstig zu stimmen und ihren Anbetern Glück, Reichtum, Erfolg, Weisheit und alle anderen starken Güter zu gewähren. So erklären es die Eingeweihten. »Was auch immer jeder an besonderen Wünschen der Göttin zu Füßen legen mag, welche Wohltat auch immer von ihr erheischt wird: das Einzige hinter all diesen Motiven ist die Besänftigung und Verehrung der Göttin und die Bindung an sie. Es gibt kein anderes Ziel, ob man es bewußt oder unbewußt erwirkt. Jeder ist gesegnet mit ihrer liebenden Gnade und wird von ihr beschützt« (Sivananda).

In Bengalen bitten die Gläubigen in den ersten drei Tagen des neuntägigen Festes die zerstörerische Allmacht der Göttin Durga, alle negativen Seiten in dem Anbeter zu vernichten, ihn von allen schlechten Eigenschaften, Wünschen und Übeln zu reinigen. Die folgenden drei Tage dienen dazu, mit Hilfe der Göttin reine, positive Kräfte und Qualitäten im Anbeter aufzubauen. In den letzten drei Tagen ist er dann fähig, göttliche Weisheit und Erkenntnis zu empfangen und in sich aufzunehmen. »Die Erkenntnis trifft ihn blitzartig wie ein glänzender Sonnenstrahl die kristallklare Wasserfläche eines vollkommen reglosen Sees.« (Sivananda)

Am zehnten Tag, dem höchsten der Feierlichkeiten, ist der Adept – *falls* er die vorhergehenden Stadien *erfolgreich* absolviert hat – mit dem Weltall Brahma identisch oder, wie es der Swami ausdrückt: »Dann bist du allwissend, allmächtig und kannst deine Allgegenwart fühlen. In allem wirst du dich selbst sehen. Du wirst den immerwährenden Sieg über das Rad von Geburt und Tod errungen haben. Kein Schmerz mehr, kein Elend mehr, keine Geburten mehr, kein Sterben mehr. Du hast gesiegt. Du bist erlöst.«

In diesem Rausch kann sich der Gläubige in dem Gefühl, den Kulminationspunkt seines irdischen Daseins erreicht zu haben, unter die Riesenräder des Prozessionswagens werfen. So war es seit Jahrhunderten Brauch, und oft waren dann die Straßen mit den Leichen von Dutzenden niedergewalzter Ekstatiker gesäumt. Die Menge der Teilnehmer an den großen Götterfesten Indiens umfaßt meist hunderttausend oder auch viel mehr Menschen. Einige Tausend zumindest haben sich die Ehre erkämpft, an einem der zwei enormen Seile zu ziehen, mit denen der Koloß des Prozessionswagens vorwärts bewegt wird. Freilich sorgen heute starke Polizeikräfte dafür, daß niemand mehr ins Brahma eingehen kann, indem er sich überraschend unter die Räder wirft.

Kali

Kali, die indische Göttin der Vernichtung und des Todes, ist eine Verkörperung des Zornes Durgas. Aus deren Stirn erwuchs sie in ihrer ganzen Fruchtbarkeit und erfüllte das Weltall mit schauerlichem Gebrüll. Sie ist nackt, häßlich, mit vorstehenden Reißzähnen, rötlichen Augen und gesträubtem Haar. Ihre Opfer zerreißt sie mit scharfen Fingernägeln und saugt ihnen das Blut aus. »Kaltblütig und von unersättlicher Lebensgier besessen«, nennt sie der Indologe Eckard Schleberger. Volkstümlich ist sie einfach »die Schwarze«, besitzt eine starke erotische Anziehungskraft, ist populär und wird trotz ihrer grausamen Aspekte euphemistisch auch als Ambika (kleine Mutter) angerufen.
Als Tschamunda, der erschreckendsten ihrer Manifestationen, ist Kali mit Ketten aus abgeschlagenen Köpfen dargestellt, an ihrem Gürtel hängen abgehackte Hände, ein totes Kind baumelt an einem ihrer langen Ohrläppchen, ihr Körper ist mit Blut und Asche beschmiert, um alle Gliedmaßen ringeln sich Schlangen, ihr Bauch ist aufgedunsen, ihre schlaffen Brüste hängen bis zum Nabel herab, in den Händen ihrer zwei oder bis zu zwölf Arme hält sie symbolträchtige Gegenstände wie Trommel, Speer, Schwert, Keule, Hirnschale, Stachelstock, Schlinge oder Glocke. Manche Darstellungen zeigen sie mit aufgerissenem Mund und hechelnder Zunge auf einer Leiche reitend.
Wegen ihrer Grausamkeiten soll Kali einst von den Bewohnern Putturs, einem Vorort von Trichinopoly, in einen Sarg gesteckt und im Fluß Cauvery versenkt worden sein. Ein Priester rettete sie jedoch heimlich. Zum Dank dafür diente ihm Kali eine Zeitlang. Dann schlug sie ihm wegen eines Frevels den Kopf ab und reihte ihn zu den anderen Trophäen ihrer Halskette.

Am Fest der Kali wird der Göttin in ganz Indien geopfert, und zwar aus getrockneter Milch hergestellte Fladen in menschlicher Gestalt, eine Erinnerung an früher übliche Menschenopfer.
Blutige Opfer sind jedenfalls nicht verwunderlich, wenn man das schaurige Wesen der Kali in Betracht zieht. Im Kali-Tempel vom eben genannten Puttur gab es noch in den vierziger Jahren einen auf Lebenszeit ernannten Priester, der an hohen Festtagen in einer Art Besessenheit binnen drei Stunden an die zweitausend schwarze Ziegen zu töten und ihr zu opfern vermochte.
Allerdings wird die Göttin – ebenso wie ihre Inkarnation als Durga – auch als Lebensspenderin verehrt. Muß man doch bedenken, daß nach hinduistischer Auffassung alle Zerstörung und Vernichtung nur geschieht, damit daraus Neues entstehe: neue Lebewesen, neue Welten, neue Zeitalter, neue Menschen. So berichtet der Asienreisende Veltheim-Ostrau von einer Kali-Statue, deren Schmükkung er in Howrah (damals noch Ceylon) bei dem Guru Bijoy Thakur mit angesehen hatte: »Heute erhielt sie einen grünen seidenen Sternenmantel mit drei silbern eingewebten Sonnen übereinander auf einem liegenden Halbmond.«
Die Verehrung der Schrecklichen mag auf den ersten Blick befremden. Kalis Popularität liegt aber nicht nur in ihrer bereits erwähnten lebensspendenden Seite. Vielmehr ist ihre zornwütige Natur, die sich in ihrem abschreckenden Äußeren ausdrückt, nur in seltenen Fällen gegen Menschen gerichtet. Die Göttin wird im Gegenteil als Beschützerin der Menschen gesehen, ihre Vernichtungswut richtet sich in erster Linie gegen Dämonen und Widergötter, die der Welt und den Menschen Böses antun wollen, aber auch gegen weltliche Ungerechtigkeiten. Auf Kremationsplätzen, wo nach hinduistischem Brauch die Verstorbenen verbrannt werden, führt Kali des Nachts einen makabren Waffentanz auf, um böse Geister von den Resten der Toten fernzuhalten. Auch gilt ihr grimmiger Kampf den negativen Kräften, die im Menschen selbst stecken und ihn daran hindern, sein Heil zu erlangen. So kann der Schwache jederzeit Kali anflehen, ihm beim Überwinden einer seelischen oder auch moralischen

Energielosigkeit beizustehen. Was alles nicht ausschließt, daß sie auch verruchte Menschen wohl zu züchtigen weiß. Die Gemeinden Indiens, die Kali als höchste der Göttinnen, als lebenerschaffende Muttergottheit und gnädige Todeserlöserin verehren, sind sehr zahlreich. Hauptheiligtum ist der Kalighat-Tempel in Kalkutta, der ihr geweihten Stadt. Kali kennt die Leiden und Nöte ihrer Anbeter. Sie zerstört Illusionen und verhilft damit den Menschen zur Freiheit im Geiste, letztlich auch zur Befreiung von Wiederkehr und den Mühsalen der Welt.

Ob ich mit Asche mich schmücke,
ob an Juwelen reich,
ob am Fuße des Baumes ich wohne
oder auf einem Throne,
für Kamalakanta ist gleich,
was Du ihm bestimmst,
wenn Du in meines Herzens Tempel
nur Deine Wohnung nimmst.*

Erlösung aus dem Geist

Der Tantrismus spielt sowohl im Hinduismus als auch im Buddhismus eine bedeutende Rolle. Er nahm etwa im 5. Jahrhundert Gestalt an, doch reichen seine Wurzeln bis zu Jagadamba zurück, der vorgeschichtlichen Großen Mutter.

Anhänger des Tantrismus behaupten, von den heiligen Schriften des Hinduismus hätten immer nur bestimmte Teile Gültigkeit, je nach dem gerade herrschenden Zeitalter. Im gegenwärtigen Weltalter, dem Kali-yuga, seien nun vor allem die Bücher (Tantras) der Überlieferung (Agamas) von religiöser Bedeutung. Demgegenüber treten die Veden, Upanischaden, Puranas und Brahamas zurück; sie gehörten zu anderen Epochen.

»Kali-yuga« bedeutet »finsteres Zeitalter«. Gemeint ist unsere – trügerische – westliche Hoffnung, vom Materiellen her die Befreiung des Menschen zu erlangen. Dawider soll, wie es indische Weisheit begreift, das Geistige erneut zur Führung gebracht werden, doch nicht durch Askese,

* Der Dichter Kamalakanta Bhattacarya an Kali um 1800 (nach »Hinduismus« von René Russek).

Versenkung oder Yoga, sondern durch Unterwerfung der materiellen Welt unter den Geist. Diese Gedankenrichtung sollte man bei einer generellen Beurteilung des Hinduismus im Auge behalten, weil sonst seine Stellung zu der von vielen Gottheiten repräsentierten Welt dem westlichen Betrachter unverständlich bleiben muß.
Die »Erlösung« im Tantrismus ist an fünf Praktiken gebunden, die zumeist in geheimen Zirkeln geübt werden. Alle fünf beginnen mit M. Sie lauten mada, matsya, mamsa, mudra und maithuna. Wobei die existenzielle Grundfrage, *wovon* eigentlich »erlöst« oder »befreit« werden soll, auf den Fragenden zurückweist: Du bist Es. Denn die »natürliche« Gewohnheit des Westlers, in der er aufgewachsen ist, das eigene Selbst als eines und die Welt und das Leben als etwas anderes zu empfinden, ignoriert die Einheit alles Seienden.
Mada ist der Wein, »der das Herz der Menschen froh macht, Spender der Freuden, die große Medizin gegen Sorgen und Kummer«. Sein Element ist das Feuer.
Matsya heißt Fisch, köstliche Nahrung aus der See und aus allen belebten Gewässern: »Er ist erfreulich, von gutem Geschmack und erhöht die Kräfte der Männer.« Sein Element ist das Wasser.
Mamsa bedeutet Fleisch oder Geflügel, »deren Genuß nicht nur ernährt, sondern auch Intelligenz, Energie und Stärke der Menschen erhöht.« Ihr Element ist die Luft.
Mudra sind bestimmte geröstete Körner, die als Aphrodisiakum betrachtet werden, »leicht zu erhalten und leicht bekömmlich, der Erde entsprossen, die Wurzeln des Lebens und der drei Welten.« Ihr Element ist die Erde.
Maithuna heißt Geschlechtsverkehr, »die Ursache intensiven Vergnügens, die Quelle aller atmenden Kreatur und Wurzel der anfangs- und endelosen Welt.« Sein Element ist der Raum.
Vollzogen wird das Ritual in geheimen nächtlichen Zusammenkünften, den sogenannten Tschakrapudscha, an denen jeweils eine gleiche Anzahl von Männern und Frauen ohne Kastenunterschiede teilnimmt. Man sitzt in gemischter Reihe im Kreis (Tschakra), sagt zu Ehren der Schakti heilige Verse (Mantras) auf und gibt sich dann den genannten Riten hin.

Alle fünf M werden mit Bezug auf westliche Vorstellungen als »Sakramente« aufgefaßt, weil der Mensch »durch die Funktion der Speiseaufnahme und des Zeugens als Äußerungsformen der alles durchwaltenden Macht der Natur sich offenbarenden Schakti über die Sphäre der niederen Instinkte emporgehoben werden soll« (Glasenapp). So gilt auch das Lehrbuch der Erotik von Watsjajana, das prächtige, aus dem 5. Jahrhundert stammende Sanskrit-Werk »Kamasutra« (Leitfaden der Liebe), noch immer zum Verständnis der indischen Kultur- und Sittengeschichte als unentbehrlich.
Verbunden damit ist das Erwecken leiblicher Energien, die in Gestalt der Kundalini-Schlange an der Basis des Rumpfes im Genitalbereich ruhen, und sie zum Lotos des Gehirns empor zu leiten, damit aus dieser Vereinigung die rechte Mitte der Befreiung erwachse*, eine Erfahrung, die nach hinduistischer Auffassung jeder oder jede »Tantrika« auch fleischlich – und nicht etwa nur geistig-theoretisch – machen soll.
Eine gegenteilige Behauptung wird zumeist von gewissen Brahmanen, Fremdenführern, Laien und selbsternannten »Gurus« verbreitet. Sie ist offensichtlich auf westliche Erwartungen zugeschnitten und wird von Kennern des Hinduismus – wie etwa Alan Watts – schlicht als »beträchtlicher Humbug« eingestuft. Danach soll nämlich die Erlösung durch Yoga, geschlechtliche Enthaltsamkeit und Vegetarismus erreicht werden können. Wobei noch anzumerken sei, daß westliches Yoga mehr oder weniger zu den Atem- und Turnübungen gehört und nichts mit eigentlichem Yoga zu tun hat. Watts: »Die meisten Inder verstehen vom Hinduismus so wenig wie Christen gewöhnlich vom Christentum.«

Das Geheimnis der Tempel

In vielen Teilen des indischen Subkontinents und in einigen anderen Ländern unter hinduistisch-buddhistischer Ausstrahlung finden sich Tempel, deren Außenwände mit

* Siehe ähnliche Züge im Gnostizismus (S. 346)

einer Unzahl erotischer Skulpturen bedeckt sind. Vollkommen natürlich stellen sie alle nur denkbaren Möglichkeiten der sexuellen Vereinigung dar, manche so kühn, daß Hilfspersonal mitwirken muß, um die akrobatisch Liebenden da oder dort zu heben oder zu stützen.

Alle diese Tempel sind Jahrhunderte alt und genießen bedauerlicherweise nur wenig Denkmalspflege. Ein großer Teil ihrer meist lebensgroßen Figuren befindet sich in einem Zustand fortschreitender Verwitterung, sind porös oder schon bis zur Unkenntlichkeit der Einzelheiten zerstört. Andere, deren Standort der Tropensonne und dem Tropenregen weniger zugänglich ist, sind besser erhalten. Am besten konserviert sind die erotischen Darstellungen am Tempel von Khajuraho, etwa auf halbem Weg zwischen Agra und Benares. Die Bauten wurden um das Jahr 1000 errichtet. Sie sind mit rund achthundert Figuren geschmückt, viele davon »obszön«, wie es – o heilige Einfalt! – »Murray's Handbook for Travellers« ausdrückt. Für Hinduisten war – und ist vielfach noch heute – die Darstellung sexueller Betätigungen nicht anstößig: sie sind ihm notwendiger Teil der Natur und des Lebens. Leider ist es kaum möglich, sich vorzustellen, wie diese Tempelfassaden in ihrem ursprünglichen Zustand gewirkt haben mögen, mit glatt polierten, sauber bemalten Figuren und Ornamenten.

Eine der größten Tempelanlagen dieser Art ist zweifellos Konarak, südlich von Kalkutta. Englisch-amerikanische und auch manche kontinentaleuropäische Reiseführer verschweigen ihre Existenz ganz. Sie wurde im 13. Jahrhundert von Narasimha Deva, einem Mitglied der Ganga-Dynastie, angelegt. Äußerlich gleicht der Haupttempel einem turmartig aufgebauten Prozessionswagen, auf zwei Seiten mit je sechs aus Stein gemeißelten Rädern von über 3,5 m Höhe versehen und von sieben riesigen Pferden und zwei ebensolchen Elefanten begleitet.

Im Gegensatz zur figurenreichen Fassade sind die Innenräume der Tempel ohne erotischen Schmuck. Dabei muß man natürlich davon absehen, daß die meisten Tempel Indiens in einem innersten Schrein ein Linga, das phallische Sinnbild Schiwas, aufbewahren, oft umgeben von einer Yoni, einem muschelförmigen weiblichen Geschlechtssymbol. Viele dieser Kultgegenstände haben ein glänzendes Aussehen, da sie ständig von Betenden mit Milch oder Öl begossen werden.

Es gibt keine Pornographie, ausgenommen in den Köpfen von Betrachtern. Dies einmal vorausgesetzt, erhebt sich die Frage nach dem Sinn des erotischen Tempelschmucks. Manche Interpreten wollen glauben machen, es handle sich um symbolische, um allegorische Bilder, die nichts mit Sex zu tun hätten, sondern auf andere – natürlich höhere – Bezüge hinwiesen, wie etwa Mann und Frau als Geist und Natur, Licht und Finsternis, Leben und Tod, die Vereinigung der Polaritäten im Kosmos und anderes Ablenkungsgeschwätz für Touristengruppen.

Auch philosophische, psychologische oder psychoanalytische Kategorien des Westens kommen der Gefühlswelt des alten Indiens nicht nahe. Übersetzungen aus dem Sanskrit der Upanischaden, englische wie auch deutsche, stammen aus dem 19. Jahrhundert; man kann sie vergessen, und man muß sie vergessen, weil sie Begriffe gleichsetzen, die nichts miteinander zu tun haben, wie etwa atman = Seele, brahman = Gottheit, maya = Illusion und so fort. Selbst gebildete Inder treten in diese Fallstricke. Angesichts der Tempelfassaden von Konarak oder Khajuraho stiften sie nur Verwirrung.

Plausibler klingt die oft vorgebrachte Erklärung, es handle sich gewissermaßen um Lehrbilder für ein Volk ohne Bücher. Hier sollte den Menschen anschaulich gemacht werden, wie sie ihr Liebes- und Eheleben freudvoller und fruchtbarer gestalten könnten. Besonders habe man sich dabei an Kinder gewendet, die ja meist bereits im zartesten Alter von ihren Eltern miteinander »verheiratet« wurden: sie sollten dann bei Eintritt der Pubertät schon das Was und Wie kennen.

All diesen Auslegungen haftet die Newtonsche Nüchternheit westlichen Denkens an. In Wahrheit sagen die erotischen Skulpturen genau das, was sie darstellen: die jenseitshafte Vergöttlichung des Menschen durch seine Sexualität. Der Versuch einer Annäherung sei erlaubt.

Zunächst einmal müssen aufmerksame Beobachter das Fehlen jeglicher Lüsternheit im Gesichtsausdruck der Liebenden bemerken. Zärtlichkeit, innige Zuwendung, ja

Seligkeit sind statt dessen deutlich zu sehen. Wie es der ausgezeichnete Kenner hinduistischer Gefühlswelt, Alan Watts, ausdrückte, befinden sich Mann und Frau bei diesem »komplexen und eleganten Ritual in einem Akt gegenseitiger Anbetung als Gott und Göttin«. Nichts in dieser Vereinigung ist auf einen raschen Gewinn gerichtet. Im Gegenteil. Das Liebespaar vermeidet den Orgasmus so lange wie möglich und durchlebt in dieser unbegrenzt verlängerten Union eine zeitlose Ekstasis – ein »Außer-sich-Sein« des einen im anderen.* Bei den Anhängern verschiedener Sekten ist der Orgasmus sogar verpönt.
Watts macht in diesem Zusammenhang darauf aufmerksam, wie sehr der aufrecht stehende Mensch von den Begriffen oben und unten abhängt. Himmel ist oben, Hölle unten, gut ist oben, schlecht ist unten, hoch und niedrig, weiß und schwarz: »Dunkelhäutige stehen unter Hellhäutigen.« Doch in der Mitte des ideal proportionierten Menschen fließen beide Extreme zusammen im Bereich der Sexualität und des Mutterleibs, den Zentren des Seins und seiner Fortdauer.

Außer Zweifel handelt es sich bei den erwähnten Tempeldekorationen um orgiastische Vorgänge. Wahrscheinlich, so wird von Watts und anderen argumentiert, ist die Orgie das notwendige Gegengewicht zur strengen Ordnung gesellschaftlichen Zusammenlebens. In ihr sind alle Unterschiede von Geburt, Alter, Rang und Vermögen aufgehoben, sie demonstriert Freiheit, in der niemand eines anderen Besitz ist, und erfüllt damit eine reinigende, eine regulative Funktion gegen Gewalt, Grausamkeit und andere Ausbrüche zerstörerischer Ersatzhandlungen. Keine neue Erkenntnis. Ist es doch bemerkenswert, wenn schon im Latein das Wort sacer die Doppelbedeutung von »heilig« und »verflucht« hatte.

* Im Westen hat man daraus natürlich eine »Technik« gemacht, genannt Karezza (coitus reservatus).

Maya

Menschen westlicher Tradition, Kultur, Erziehung und Denkungsart ist es schier unmöglich, das zu begreifen oder auch nur gefühlsmäßig nachzuvollziehen, was Hinduisten ganz selbstverständlich unter Maya verstehen. Sie wissen es einfach und wundern sich, wenn sich ein Westler wundert. Jeder Versuch, es in Sprache darzustellen, bleibt ein offenes Ungefähr.
Es beginnt mit der simplen westlichen Lexikonweisheit, Maya sei eine Illusion, die wir uns von der Welt, den Dingen und den Geschehnissen machen, die »in Wirklichkeit« gar nicht existieren. Richtig.
Falsch. Maya selbst existiert auch nicht. Wirkt aber. Eine göttliche Irreführung zum Wohle von uns armen Menschen. Wir unterliegen dem Irrtum, beispielsweise einen Meter oder ein Kilo als etwas Seiendes zu nehmen, obwohl es das erst in bezug auf eine gewisse Menge ist. Ein Nichtgebilde also. Das sich aber im Mythos personifizieren kann und dann plötzlich als handelnde Göttin in Erscheinung tritt.
In dieser Gestalt allein ist sie uns faßbar.
Die Menschen erkennen so vieles, sagt der Eremit in einer indischen Heiligenlegende, und doch handeln sie nicht danach oder können es nicht. Trotz ihres Erkennens stürzen sie sich in den Strudel des Ich-Gefühls, in die Fanggrube der Betörung. Maya reißt mit Gewalt auch den Geist des Erkennenden an sich und gibt ihn der Verblendung preis. Sie ist ewig, ihre Gestalt ist die Welt, von ihr ist das All rings ausgespannt. Dennoch ist ihr Ursprung vielfältig. Wenn sie offenbar wird, dann heißt es von ihr in der Welt, »sie ist entstanden«, obwohl sie ewig ist (nach H. Zimmer).
Von Brahma selbst wird ein Preislied der Unbegreiflichen angestimmt. Nur einige Sätze daraus, um dem Unfaßbaren näherzukommen:

> »Du bist Lebenskraft. Schall ist dein Wesen. Trank der Unsterblichkeit bist du. Du bist in der Zeit beschlossen, die dem Verklingen der heiligen Silbe OM als Schweigen nachfolgt, du Ewige, die vom Unterschiedlichen her

nicht auszusagen ist. Wenn du die Welt aus dir hervorgehen läßt, ist Hervorgehen deine Gestalt. So ist Zusammenraffen deine Gestalt beim Ende dieser Welt, o du, die du Welt bist. Du bist der unterschiedslose Urstoff von allem und entfaltest dich in der Dreiheit unterschiedlicher Artung. Du bist die Nacht des Weltentodes und die Nacht der Verblendung…« (Zimmer).

Und vieles mehr. Was ist Maya? Wir wissen es nicht.

Da ersteht sie urplötzlich aus Wischnu, der in mystischem Schlaf auf der Weltschlange ruht. »Sie stieg aus Wischnus Augen, Mund und Nase, aus seinen Armen, Herz und Brust.« Es war Zeit, ihn zu wecken, denn zwei fürchterliche Widergötter, Madhu und Kaithaba, nahten, um die Herrschaft an sich zu reißen. Ihr Oberhaupt, der Stierdämon Mahischa, leitete den Kampf, der fünf Jahrtausende währte.

Der Kampf mit dem Stierdämon gehört zu den bedeutendsten Mythen des Hinduismus. Die verschiedenen Versionen weichen voneinander ab. Eine Lesart sagt, eine Reihe von Göttern sei zunächst einmal vom Heer des Stierdämons in die Flucht geschlagen worden. Hilfesuchend wandten sie sich an Schiwa und Wischnu, die beim Vernehmen der Nachricht vor Zorn weißglühend anliefen. Scharfe Lichtstrahlen gingen von ihnen aus. Auch die anderen Götter glühten zornig. Und das gebündelte Licht bewirkte ein Wunder. Es erfüllte die drei Welten, und in dem unvergleichlichen Glanz manifestierte sich die Gestalt einer Frau.

Schiwas Schein bildete ihr Antlitz, Wischnus Strahlen formten ihre Arme, jede Gottheit und selbst die Gestirne trugen mit ihrem Lichte dazu bei. So bildete der Mond die Brüste, Indra erschuf ihre Leibesmitte, Varuna Schoß und Schenkel, die Erde formte ihre Hüften, Brahma ihre Füße, ja sogar mit Finger- und Zehennägeln, Augenbrauen, Zähnen, Ohren, Haar und anderen Einzelheiten befleißigten sich die Zornglühenden. Nun wurde sie auch noch mit Waffen und Schmuck ausgestattet, und zuletzt erhielt sie vom Gott des Himalaja einen Löwen als Reittier.

Nicht überraschend, daß Maya den widergöttlichen Stierdämon und seine Heerscharen besiegte, die mit Millionen Streitwagen, Kampfelefanten, Reitern und Fußvolk gegen sie anstürmten. Sie verglühten im Glanz der Göttin, der alle drei Welten erfüllte, während sich die Erde unter dem Tritt ihrer Füße bog, während sie mit ihrem Diadem das Himmelsgewölbe aufschlitzte und der Klang ihrer Bogensehne die Unterwelt erschütterte. Als Hauptwaffe der im Kampfgewühl lachenden Göttin aber erwies sich ihr »Rauschtrank«, der die Gegner verblendete.

Bemerkenswert an dieser Schilderung, die sich über mehrere Seiten der heiligen Bücher ausdehnt, sind die vielen Verwandlungen der Kämpfer. Einmal wird der wütende Mahischa, der mit blutigen Hörnern auf Maya eindringt, plötzlich zum Löwen, dann zu einem riesigen Elefanten, dann wieder zum Stier, je nach Lage des Kampfes. Und auch Maya, einmal am linken Arm vom Schwert ihres Widersachers geritzt, wird auf einmal zur grausigen Göttin Kali. An anderen Stellen wird sie ganz einfach »Mutter« genannt.

Unter heutigen Mythenforschern gibt es mehrere Deutungen dieses Berichtes.

Eine davon möchte in ihm die Schilderung eines kosmischen Ereignisses sehen, einer vorzeitlichen Katastrophe, die mit Erdbeben, Flutwellen, Orkanen und furchterregenden Himmelserscheinungen einherging, wie etwa dem Niederbruch eines Mondes oder gewaltigen Meteoriten.

Die andere, naheliegendere sieht im widergöttlichen Stierdämon das männliche Prinzip, das mit den aryanischen Eroberern über Indien hereingebrochen war. Es ist in den Veden und im Buddhismus zur höchsten Verkörperung gelangt und in Gott Nandi, dem Stier, überall im Lande sichtbar geworden. Im iranischen Mithraskult fand die Tötung des Stiers später zeremoniellen Ausdruck, in den Stierkämpfen unserer Tage lebt sie, ihres ursprünglichen Sinnes längst beraubt, noch immer fort.

In Brahmas Anrufung und Preis der Göttin liegt schon die Kapitulation des vedischen Patriarchats, in Mayas Triumph die Wiederherstellung der urmütterlichen Ordnung, wie sie in drawidischer Zeit bestand.

Denn in der Tat ist der Hinduismus, wie er heute besteht, durchaus weiblich bestimmt. Seine Götter machen viel Aufhebens, doch das ist Blendwerk. Ohne Schakti sind sie nichts. Maya allein, die Große Allmutter, gewährt ihnen einen Anschein von Existenz. Oder ist es mehr als Anschein? Ist selbst unsere westliche Wissenschaft, die exakte, so könnte ein weiser Hindu fragen, mehr als Maya, mehr als ein mysteriöser Traum? Es zu fassen gleicht dem unmöglichen Unterfangen, einem Blinden die Farben erklären zu wollen.

Isis

Totenschiff
(11. Jahrhundert
v. Chr.)

Das Erstaunliche an der Kultur des alten Ägypten ist ihr plötzliches Dasein um 3500 vor Christus. Selbstverständlich kennt die Archäologie auch hier vielerlei Ausgrabungsgegenstände aus vorgeschichtlicher Zeit: Töpferei, einfachen Schmuck, bearbeitete Steine und Knochen, Gräber, kleine weibliche Figurinen aus Ton oder Elfenbein.
Dann aber scheint jede Entwicklung, jeder Übergang zu fehlen. Statt dessen steht das alte Ägypten plötzlich und wie aus dem Boden gewachsen da, sozusagen fix und fertig: große Gebäude aus glatt verfugten Steinen, vollendete Werke der Bildhauerei, Zeugnisse religiösen Brauchs und geregelten Totenkultes, Gegenstände eines gepflegten täglichen Lebens, eine zuerst noch rätselhafte Bilderschrift.
Wie dieses Wunder zustande kam, ist nach wie vor ein Streitpunkt unter Ägyptologen. Die einen sind überzeugt, die Kultur am Nil sei aus sich selbst heraus – autochthon – gewachsen, andere meinen, die noch ältere mesopotamische Zivilisation habe von Sumer her den auslösenden Anstoß gegeben. Ganz gewiß aber ist das so »plötzliche« Dastehen Ägyptens eine optische Verkürzung aus unserer Sicht. Ein Abstand von über fünftausend Jahren trennt uns von jenen Ereignissen, und wir dürfen es getrost der zünftigen Altertumswissenschaft überlassen, das Bild abzurunden.

Leben im alten Ägypten

Ein zweiter Punkt, der uns fast noch mehr in Erstaunen setzen muß, ist die ungeheure Dauer der ägyptischen Kultur. Von ihrem Beginn bis zu ihrem Ende in römischer Zeit bewahrte sie in allen wesentlichen Zügen ihre Eigenart über rund viertausend Jahre hinweg nahezu unverändert. Religion, Kunst, Lebensstil, Sprache, Regierung erhalten sich evolutionär ohne jeden umstürzenden Knick, ohne krassen Einschnitt in uralte Tradition. Wo Einbrüche

stattfanden, wie etwa die zweihundert Jahre dauernde Fremdherrschaft der Hyksos, setzt sich danach der Weg in »echt ägyptischer Weise« fort.
Das ist ein in der Weltgeschichte einzigartiges Phänomen. Diese Dauerhaftigkeit wird von keinem anderen Volksgebilde, von keiner anderen Religion, von keiner anderen Institution übertroffen.
Daraus ist gelegentlich der Schluß gezogen worden, die ägyptische Kultur sei statisch, starr, nicht innovativ oder gar »von ewig gleichbleibender Langeweile« gewesen. Man kann das natürlich auch anders sehen: Es bestand einfach kein Bedürfnis nach radikaler Veränderung eines Zustandes, mit dem die meisten Menschen offenbar einverstanden waren; nach Überwindung einer Kunst, die jede Generation aufs neue erfreute; nach Umsturz einer Regierungsform, in der man sich ohne Furcht vor ständigen Unsicherheiten und Veränderungen geborgen fühlen konnte. Vielleicht ist das Wort »beschaulich« hier am Platze; und vielleicht hat es nie ein zufriedeneres Volk gegeben.
Nicht besser steht es mit der Meinung, durch Religion und Königskult sei das Volk eben bewußt getäuscht, unmündig und gefügig gehalten, unters Joch der Ausbeutung gebeugt worden. Richtig sagt dazu der Ägyptologe Hellmut Brunner: »Auf Trug läßt sich ein Reich nicht durch 2000 Jahre aufbauen, mit kurzbeinigen Lügen führt man ein Volk nicht eine so lange Strecke.« Überdies waren die sozialen Schichten Ägyptens keineswegs starr, sondern im Gegenteil erstaunlich offen. So mancher hochgestellte Mann rühmt sich in Grabinschriften sogar, von niederer Herkunft gewesen zu sein und sich emporgearbeitet zu haben.

Keine Angst vor Willkür

Das sehr gut ausgebildete Gerichtswesen im alten Ägypten gestattet uns viele Einblicke auch in die Macht des Pharao. Er war keineswegs unumschränkter Herrscher, vor allem nicht über Leben und Tod seiner Untertanen. Vielmehr hatte er von den Göttern den Auftrag, seines Volkes »Hirte« zu sein, »den Schwachen gegen Vergewaltigung durch den Starken zu stützen«, dem Armen beizustehen und ihm vor Gericht auch gegen den Reichen zum Recht

Lilith (Sumerisches Relief)

Geburt der Aphrodite
(5. Jahrhundert v. Chr.)

Oben:
Kwannon, buddhistische Göttin der Barmherzigkeit (japanisch)

Gegenüberliegende Seite:
Wikingerstein aus Gotland (um 700)

Folgende Seite oben:
Gott Socharis und Göttin Hathor (1300 v. Chr.)
Unten:
Anubis mit der Seelwaage (2./3. Jahrtausend v. Chr.)

Rechts:
Indische Darstellung des Gottes Vishnu (Holzstich 1906)

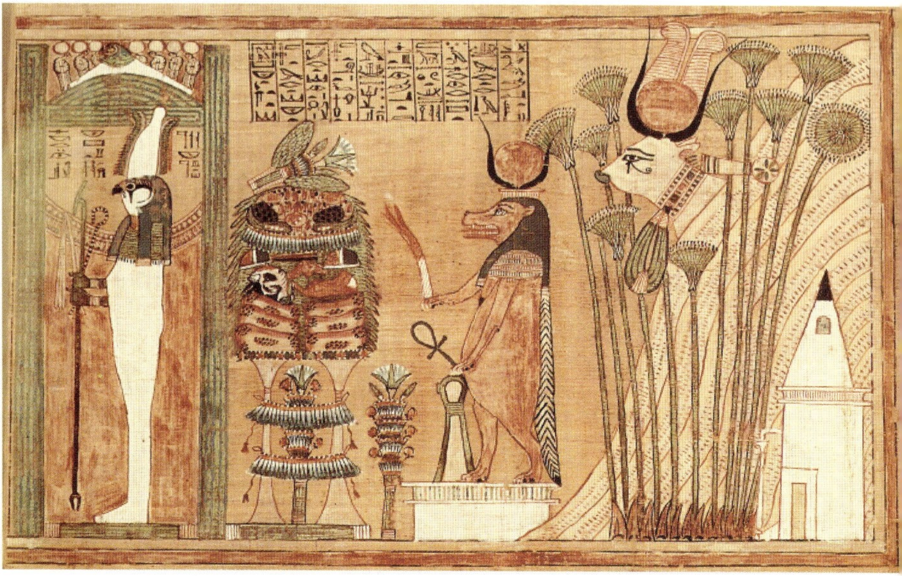

zu verhelfen. Der große Ägyptologe Breasted erwähnt, leider ohne Angabe von Namen, den Fall einer Harems-Verschwörung gegen das Leben des Königs, bei deren Untersuchung selbst die Königin wegen eines gewissen Verdachts vor Gericht erscheinen mußte, um vernommen zu werden. In einem anderen Fall, bei dem es um den Anschlag auf das Leben des Königs ging, zeigt sich, daß es dem Pharao nicht gestattet war, die Hinrichtung des Täters zu befehlen; nach dem Gesetz stand ihm eine ordentliche Gerichtsverhandlung zu, die über Schuld oder Unschuld zu befinden hatte.

Im Alltag hatte jeder Mensch in Ägypten, ob arm oder reich, zu den täglichen öffentlichen Sitzungen des zuständigen Ministers oder Ortsrichters Zutritt, um Beschwerden vorzubringen oder beim Schreiber Anklageschriften aufsetzen zu lassen. Gegen ungerecht scheinende Urteile war Berufung oder ein direkter Appell an den Pharao möglich, und dem wurde auch oftmals stattgegeben.

Aus alledem geht hervor, daß Verwaltung und Gesetz im alten Ägypten in erster Linie dem guten Zusammenleben der Menschen dienten und nicht den Interessen des Staates. Für einen »solch unmenschlich-abstrakten Begriff« (H. Brunner) gab es im Ägyptischen nicht einmal ein Wort. Aus unserer Sicht war das Strafrecht allerdings nicht frei von Grausamkeit. Für gefangene Feinde gab es keinerlei Recht, sie wurden auch oft genug willkürlich getötet, gequält oder versklavt.

NUR IMMER HEILIG?

Leider hat sich durch Literatur, Filme und andere Kunstwerke – Aida! – allenthalben der Eindruck festgesetzt, die Ägypter seien ein Volk gewesen, das immerzu wie in einem einzigen Gottesdienst gelebt habe, von Todesgedanken bewegt, feierlich schreitend, mit ernsten Mienen und gemessenen Bewegungen, würdig der reglosen Monumente ihrer kolossalen Tempel und Statuen, in der ewig rätselhaften Ruhe ihrer Pyramiden und Sphinxe.

Nichts ist irriger als diese Ansicht.

Vielmehr galt es, »sich dem ausgesprochenen Lebensgenuß hinzugeben« (Hohenwart-Gerlachstein). Bei Zusammenkünften war man »bis zur Frivolität lustig«, und ein

Lied, das bei Festessen gerne gesungen wurde, forderte zu täglichem Vergnügen und vollem Genießen auf, »bis zur Abreise in das Land, aus dem niemand zurückkehrt«. Es war sogar üblich, bei Tafelgesellschaften jedem Gast vor dem Essen von der Dienerschaft einen kleinen Mumiensarg vorweisen zu lassen, um an die Kürze des Lebens zu erinnern und zum vollen Ausschöpfen des Augenblicks aufzufordern.

Ein Volk der Lebensfreude

Wenn man die überlieferten Texte studiert, beschäftigten sich die Ägypter in religiöser, philosophischer und spekulativer Weise sehr mit dem Tod und dem Fortleben danach. Glücklicherweise verbrachten sie die übrige Zeit damit, das diesseitige Leben in vollen Zügen zu genießen, sofern sie nicht durch Arbeit und ähnliche Mühsale davon abgehalten wurden.

Die über das ganze Jahr verteilten Festlichkeiten sind zahlreich und machten das Fehlen von Sonntagen oder Wochenenden vollkommen wett. Der erste, der sechste und der fünfzehnte jeden Monats war Feiertag. Außerdem gab es beständig irgendwelche Veranstaltungen, ein kultisches Ereignis, ein Volksfest, ein Jubiläum, ein militärisches Schauspiel, einen Umzug, ein Erscheinen des Pharao und seiner Gemahlin aus irgendeinem öffentlichen Anlaß. Stets konnten alle Schichten der Bevölkerung ohne Standesunterschiede daran teilnehmen. Manche dieser Feierlichkeiten dauerten mehrere Tage, das jährliche Amon-Fest von Opet sogar elf hintereinander.

Ein merkwürdiges und zugleich romantisches Ereignis war das jährliche Lampen- oder Laternenfest, das eine ganze Nacht über andauerte. Die Menschen auf den Straßen trugen Windlichter, und alle Gebäude, Paläste und Tempel erglänzten vom Schein vieler tausend brennender Lampen. Merkwürdig kommt uns dieses Ereignis deshalb vor, weil auch im alten China ein Laternenfest den Beginn des neuen Jahres anzeigte und noch heute ganz Indien vom hinduistischen Neujahrsfest »Dewali« des Nachts millionenfach erleuchtet wird. Gab es uralte Beziehungen zwischen Ost und West, wie manche Forscher annehmen möchten?

Festlich gestalteten sich auch immer die vielen Sportübungen, deren sich die Ägypter befleißigten, darunter Wettlauf, Weit- und Hochsprung, Ringen, Boxen, Stockfechten, Schwimmen, Rudern und vor allem Ballspiele, sogar Ballspiele zu Pferd. Zur Zeit der 18. Dynastie (etwa 1552–1306 v. Chr.) erlebte der Sport eine Hochblüte. Leibesübungen waren an der Tagesordnung. Die Jagd auf Krokodile oder Nilpferde, die großen Mut erforderte, zählte ebenfalls zu den Sportarten. Besondere Geschicklichkeit mußte beim Vogelschießen oder beim Fischstechen aufgebracht werden, vor allem, wenn es von einem Boot aus betrieben wurde.

Von Wandmalereien wissen wir, daß sich auch viele Frauen am Turnen, Schwimmen und anderen leichten Arten der Körperertüchtigung beteiligten. Im Gegensatz zum griechischen Sport, der sich als Wettkampf bis heute erhalten hat, kam es den Ägyptern aber nicht auf Höchstleistung und Gewinnen an. Für sie waren die Übungen Spiel, Erholung, Freude; als wesentlich galt ihnen vor allem die Schönheit des Körpers und seiner Bewegungen.

Einige Sportarten waren allein dem Pharao und seiner engeren Umgebung vorbehalten. Dazu gehörten die Löwenjagd, Bogenschießen auf Scheiben oder vom fahrenden Streitwagen aus.

Musik und Tanz

Im Volksleben spielte die Musik eine sehr wichtige Rolle. Um bei Hof zu beginnen, gehörte es zu den Pflichten der Haremsdamen, den Pharao des Morgens mit gemeinsamem Chorgesang zu wecken und zu erfreuen. Bei Hof gab es auch immer Berufsmusikantinnen, die vor allem Instrumentalmusik pflegten; sie hatten eigene Pavillons, wo sie unter der Leitung eines Konzertmeisters ihre Proben abhalten konnten.

Am Hofe des »Ketzer«-Pharaos Echnaton gab es beispielsweise eine ständige Damenkapelle von sechs bis acht jungen Frauen. Das Orchester bestand aus Harfe, Laute, Flöte, Leier, Handtrommel und Doppelflöte. Dazu kamen noch zwei Sängerinnen. Weitere Instrumente, aus dem Orient nach Ägypten gekommen, waren Trompete und Oboe.

Viele Ägypterinnen verstanden sich aufs Musizieren mit Flöte, Laute oder Leier, und bei Familienfeiern, zu denen stets auch alle Nachbarn zusammenkamen, wurde dann in der Abendkühle unterm Sternenhimmel geschmaust, getrunken, aufgespielt und gesungen. Fast überflüssig zu sagen, daß Musik und Liebe in Ägypten immer zusammengehörten.

Untrennbar von Musik ist auch der Tanz. Er spielte sowohl in der Religion als auch im Gesellschaftsleben eine hervorragende Rolle. Weltliche Tanzvorführungen wurden ursprünglich nur von gleichgeschlechtlichen Paaren dargeboten; erst allmählich kam es zu Auftritten einzelner Künstler. Schon aus klimatischen Gründen, aber auch um die Sinne zu erfreuen, traten die Darsteller und Darstellerinnen leicht bekleidet auf, die Damen in jenen hauchdünnen Gewändern, die selbst auf ägyptischen Wandgemälden noch durchsichtig erscheinen. Manchmal gehörten zur »Bekleidung« noch mit Gazellenköpfen geschmückte Zierstöcke, mit denen wohl besonders graziöse Bewegungen zu vollführen waren. Um berühmte Berufstänzerinnen entwickelte sich damals schon eine Art Starkult. Oft war der Tanz nicht nur artistisch, sondern auch akrobatisch, wozu etwa Brückenschlagen oder Jonglieren mit mehreren Bällen gehören konnte.

Leider wissen wir sehr wenig über die dramatische Kunst der alten Ägypter. An den Tanz anschließend gab es gewiß Jongleure, Spaßmacher und andere Gaukler, die auf Straßen und Plätzen oder bei besonderen Gelegenheiten ihre Künste zeigten. Ob es auch Theateraufführungen annähernd in griechisch-römischer Art oder gar in unserem heutigen Sinne gab, ist mehr als fraglich.

Immerhin fand alljährlich in der Stadt Abydos ein riesiges Fest für Osiris statt. Bei dieser Gelegenheit wurde stets ein Mysterienspiel aufgeführt, das den Tod des Gottes, die Suche der Isis nach dem Leichnam, seine Wiederbelebung und Inthronisation als Herrscher der Unterwelt dramatisch zur Aufführung brachte. Wer immer es vermochte, unternahm aus diesem Anlaß eine Pilgerfahrt nach Abydos, der heiligen Stadt des Osiris.

In einigen ägyptischen Gräbern wurden sogar Inschriften entdeckt, in denen der Verstorbene den Wunsch äußert, noch einmal aufstehen zu dürfen, um das Festspiel von Abydos schauen zu können. Hier also haben wir einen eindeutigen Beweis für die Existenz dramatischer Kunst im alten Ägypten und zugleich wohl das älteste Vorbild der Mysterienspiele, die sich dann bis Oberammergau fortpflanzten.

Die Ägypterinnen

Auch als Ägypten bereits unterm Patriarchat lebte, behielt die Frau auf allen Gebieten eine bevorzugte Stellung. Selbst der Pharao konnte nur Kraft einer königlichen Gemahlin herrschen; das zwang ihn, sich mit einer seiner Schwestern zu verbinden, oder, wie es nach Todesfällen vorkommen konnte, mit einer seiner Töchter.

Antike Berichte bemerken auffallend oft, daß es die Frauen waren, denen die aktive, werbende Rolle in der Beziehung der Geschlechter zukam: sie wählten und verführten. Oft war eine gewisse Aggressivität geradezu erwünscht. Einer Königin aus der Zeit des Pyramidenbaues, Net-Akerti, wird sogar nachgesagt, sie sei eine Hexe gewesen, habe nach Laune Männer an sich gezogen und sie so liebestoll gemacht, daß sie den Verstand verloren und nachher nur noch in geistiger Umnachtung weiterleben konnten.

Die hohe Stellung der Frau in Ägypten erstreckte sich auf alle Schichten der Bevölkerung. Jede Frau hatte durch Sitte und Recht Anspruch auf höfliche und rücksichtsvolle Behandlung. In vielen Lobpreisungen der Frauen werden nicht nur deren Schönheit und Anmut hervorgehoben, sondern auch ihr Geist. Im Papyrus Harris (Britisches Museum) rühmt sich Ramses III.:

> »Ich legte Wälder im Grünen an und ließ die Menschen in ihrem Schatten sitzen. Ich gab, daß der Fuß der Ägypterin an jeder von ihr beliebten Stelle wandeln konnte und niemand sie auf ihrem Weg belästigte.«

Im alten Ägypten gab es keine Wörter für »Heiraten« oder »Ehe«, ebensowenig kannte man religiöse Zeremonien, Weihen oder priesterliche Mitwirkung, wenn sich zwei Menschen zusammentaten, um einen eigenen Hausstand zu gründen. Der Mann hielt (meist im Alter von etwa 15 Jahren) bei den Eltern um die Hand des erwählten Mädchens (das durchschnittlich zwischen 12 bis 14 Jahre zählte) an. Beide gründeten dann einen eigenen Hausstand und lösten sich damit von ihren Elternhäusern. Wenn die Braut 12 war, konnte sie mit 13 Mutter sein.

Hier muß auch die ägyptische Sitte oder Unsitte der Beschneidung erwähnt werden. Vielen ist sie ja nur aus der jüdischen Tradition bekannt: »Am Fleisch eurer Vorhaut müßt ihr euch beschneiden lassen«, spricht Jahwe zu Abraham. »Das soll geschehen zum Zeichen des Bundes zwischen mir und euch« (Gen 17,11). Tatsächlich haben die Hebräer den Brauch – wie so viele andere Bräuche – erst nach ihrer Einwanderung in Ägypten kennengelernt. Dazu gehört beispielsweise auch das ägyptische Verbot, Schweinefleisch zu essen, oder der Brauch gewisser ägyptischer Priester, sich Schläfenlocken wachsen zu lassen.

Nun hat man über die Beschneidung schon viel gerätselt und sie vorwiegend auf religiöse oder hygienische Gründe zurückgeführt. Nach ägyptischen Zeugnissen ist das nicht zutreffend. Beschnitten wurden Knaben und Mädchen. Die Entfernung der männlichen Vorhaut ist allgemein bekannt. Schon an Mumien aus ältester Zeit wurde sie nachgewiesen. Die Beschneidung der Mädchen kam erst in der Spätzeit des Landes unter den Ptolemäern auf. Dabei wurde ein Stück der Klitoris abgetrennt und an einem geheimen Ort vergraben; sodann entfernte man chirurgisch auch die kleinen Schamlippen (labiae minores). Zur Rechtfertigung geben ägyptische Quellen weder religiöse noch hygienische Gründe an, sondern ästhetische: nicht beschnittene Geschlechtsteile galten als häßlich und ekelerregend. Es handelte sich also, wenn man so sagen darf, um »Schönheitsoperationen«, auch wenn Herodot meinte, die Beschneidung geschehe um der Reinlichkeit willen.

FAMILIENLEBEN

Die Frau beherrschte das Haus, und alle Namen der Familie kommen von der Frau her. Auch der Sohn ist ihr untertan und heißt »Stütze seiner Mutter«. Wenn man idealisierten Berichten und Bildwerken glauben darf, lebten die Paare in inniger Liebe und Zärtlichkeit zusammen, er legt seinen Arm schützend um ihre Schulter, sie schmiegt sich an ihn. Auf Wandgemälden üben sie fast immer gemein-

sam alle Tätigkeiten aus, das Opfer, die Mahlzeiten, die Jagd, die Beaufsichtigung der Feldarbeit oder eines Schiffbaues. Man darf aber sicher sein, daß es auch in Ägypten nicht immer ohne Zank und »Szenen« abgegangen ist.
Das Heim war auf jeden Fall unverletzlich. Für Außenstehende waren die Privaträume und natürlich auch die Frauengemächer nicht zugänglich. Besucher wurden in einem Vorzimmer empfangen, doch mußten sie zuerst noch eine andere Kammer aufsuchen, »um sich zu reinigen«. Selbst bei einfachen Bauern wurden Besucher üblicherweise vor der Tür der Hütte von der Frau empfangen, die ihnen Wasser zur Reinigung über die Hände goß. Täglich mehrmaliges Waschen, Baden, Körperpflege und peinlich saubere Kleidung standen hoch im Kurs. Wo Beschmutzung drohte, beispielsweise bei der Feldbestellung, wurde zumeist nackt gearbeitet.
Ägyptische Frauen waren, wie gesagt, dem Mann völlig gleichgestellt:
»Die Frau konnte über Privateigentum an Land, Geld oder Sachwerte verfügen und es völlig frei und unabhängig verwalten. Es war ihr möglich, Kontrakte jeder Art abzuschließen, in Eheverträgen als Kontrahentin aufzutreten, Testamente zu verfassen oder Adoptionen vorzunehmen und völlig ungehindert über ihr Eigentum zu bestimmen. Die ägyptische Frau besaß volle Rechts- und Geschäftsfähigkeit und brauchte für den Vollzug juristischer Akte keinen Vormund, auch nicht die Einwilligung ihres Gatten. Sie war eine von jeder Bevormundung freie Rechtspersönlichkeit – auch nach dem Tode ihres Gatten« (Holaubeck).
Diese absolut unabhängige Stellung der Frau ist in der ganzen Antike einzigartig. Sie änderte sich erst am Ende der viertausendjährigen ägyptischen Geschichte, und zwar mit dem Machtantritt der griechischen Ptolemäer. An der weiblichen Dominanz in der Königsfamilie – Kleopatra – änderte sich zwar nichts, doch in niedrigeren Schichten und im breiten Volk gerieten die Frauen nun mehr und mehr unter patriarchalisches Vorrecht.
Die seit altersher herrschende Situation geht aber aus manchen Verträgen hervor, die vor dem Zusammenleben zwischen den Partnern abgeschlossen wurden. Es gibt

Klauseln, in denen der Mann feierlich gelobt, der Frau unbedingt gehorsam zu sein. In anderen behält sich die Frau ausdrücklich das Recht vor, von sich aus die Auflösung der Verbindung zu bewirken.
So heißt es beispielsweise im Papyrus Libbey (zitiert nach Hohenwart-Gerlachstein):

1. Du machst mich zu deiner Frau.
2. Du gibst mir (soundsoviel) Silber als mein Frauengeschenk.
3. Wenn ich dich als Gatten entlasse, weil ich dich hasse und einen anderen mehr als dich liebe, so gebe ich dir (soundsoviel) Silber, welches du mir als mein obiges Frauengeschenk gegeben hast. Ich übertrage dir alles und jedes, was ich mit dir erworben habe, ohne mit dir schriftlich irgendwie zu verhandeln.«

In einem anderen Vertrag geht es umgekehrt:

§ 4 – Der Mann quittiert über den Empfang der in allen Einzelheiten geschilderten und nach Geldwert abgeschätzten Mitgift, die

§ 5 – zur vollen Verfügung der Frau bleibt.

§ 6 – Zu der Zeit, da ich dich als Frau entlasse oder wo du aus freien Stücken gehen willst, gebe ich dir deine obige Mitgift in natura oder in ihrem oben verzeichneten Geldwert zurück.

§ 7 – Der Mann soll vor Gericht nicht eidlich den Empfang der Mitgift bestreiten können.

§ 8 – Die Frau soll deren Herausgabe erzwingen können.

»Geheiratet« wurde zumeist innerhalb der gleichen sozialen Schicht, doch gab es auch Ausnahmen. Frauen wurden niemals als »Frau des...« bezeichnet. Sie blieben immer selbständig, sie selbst und allein über sich und ihr Eigentum verfügungsberechtigt.
Unter den Frauen gab es einige, die schreiben konnten, wie Unterschriften auf Urkunden beweisen. Das Schreiberamt in der Verwaltung war Männern vorbehalten. Man darf aber annehmen, daß Prinzessinnen und Königinnen schreiben und lesen konnten (Holaubeck), ebenso, wenn Frauen ein Amt als Richterin ausübten. Um die Erziehung und Ausbildung der Knaben kümmerte sich der Vater. Er lehrte sie auch schwimmen, turnen und andere Sportarten.

Im Alter von vier bis fünf Jahren kamen die Jungen in die Schule, wo sie vor allem die Hieroglyphenschrift erlernten, später auch das Demotische. Eine höhere Ausbildung wie etwa in Verwaltungskunst und Wissenschaften konnten sie dann im sogenannten »Lebenshaus« erwerben, vielleicht das Urbild einer Universität.

Auflösung der Gemeinschaft (Ehe) war jederzeit möglich und konnte sowohl durch den Mann als auch durch die Frau ohne besondere Schwierigkeiten ausgesprochen werden. Je nach dem Wortlaut des Vertrags, der üblicherweise zum Beginn des Zusammenlebens geschlossen wurde, wurden die finanziellen Fragen gelöst. Die Frau behielt auf jeden Fall ihr Vermögen und dazu vom Mann noch eine Abfindung, wenn er die Scheidung verlangte – ausgenommen bei Ehebruch.

Im allgemeinen lebten die Ägypter monogam, doch war Polygamie nicht gesetzwidrig, wenn auch selten. Haremsdamen galten nicht als Ehefrauen, stehen also außerhalb der Begriffe Monogamie oder Polygamie. Mit seinen zahllosen Nebenfrauen zeugte Ramses II. zweihundert Kinder. Für ihre Privatsammlungen erbaten sich die Pharaonen gerne auch attraktive ausländische Prinzessinnen. So bekam Amenophis III. von Schutarna, dem König der Mitanni, als großzügiges Geschenk die Prinzessin Giluchipa zugeschickt, zusammen mit ihren Dienerinnen, 317 auserlesen schöne Mädchen. Auf der anderen Seite wurden ausländische Bitten um Überlassung ägyptischer Prinzessinnen zu allen Zeiten fast immer abgelehnt.

Man wünschte sich Kinder, doch übte man auch bewußt Geburtenregelung, wie viele Rezepte für empfängnisverhütende Mittel und Praktiken beweisen. Zumeist handelte es sich dabei um pflanzliche Medikamente, die in Form von Tampons oder Einläufen angewendet wurden. Ebenso waren den Ägyptern Methoden zur Beschleunigung oder Schmerzlinderung bei der Geburt bekannt (Holaubeck).

Schon lange vor dem Beginn der geschriebenen Geschichte Ägyptens nahmen Frauen eine dominierende Stellung ein, wie archäologische Funde erhärten. Neben Haushaltskeramik zeugen dafür vor allem Schmuck, oft aus kostbaren Materialien wie »Chalzedon, Karneol, Türkis, Achat, Lapislazuli, Kupfer und Elfenbein« (Vercoutter), aber ebenso auch Bijouterie, wie wir heute sagen würden, mit künstlerischer Emailleglasur oder farbige Perlen, aus undurchsichtiger Glaspaste hergestellt. Daneben gibt es schöne Elfenbeinkämme und sogenannte Parfümlöffel, mit denen die prähistorischen Schönen wohlriechende Essenzen aus zierlichen Gefäßen schöpften. An erster Stelle jedoch steht die übergroße Zahl der gefundenen Schminkpaletten, die aus Schiefer geschnitten und oft reich verziert sind. Die Salben und Cremes für Gesicht, Hals, Hände und andere Körpergegenden waren den heutigen nicht völlig unähnlich. Bläuliche Schminke zum Beispiel wurde verwendet, um verführerische Lidschatten aufzutragen.

Liebe und Genuss

Mit der Liebe hielt es das lebensfrohe Volk am Nil nicht anders. Prüderie vieler Historiker des vorigen Jahrhunderts – und auch noch heutiger – hat dieses Thema fast immer verschleiert oder ganz unerwähnt gelassen. Denn nach fast allen Darstellungen, die uns in Kunstbüchern geboten werden, müßte man annehmen, die Ägypter hätten quasi ohne Erotik oder Sex ihr Leben gefristet. Dem ist aber nicht so. Die Ägypter waren sich der Spannung zwischen den Geschlechtern durchaus bewußt:
»Willst du Freundschaft bestehen lassen in einem Hause, zu dem du Zutritt hast als Herr, als Bruder oder als Freund«, heißt es im Papyrus des Ptah-hotep, »überall dort, wo du eintrittst, hüte dich im Verkehr mit den Frauen. Kein Gesicht ist ihren Fallen gefeit. Man wird betört von einem Leib, kühl wie Fayence, schon ist er zu brennendem Karneol geworden.«
»Hüte dich vor einer Frau aus der Fremde, die in ihrer Stadt nicht bekannt ist«, mahnen die Lehren des Ani. »Wirf ihr keine sehnsüchtigen Blicke zu, wenn sie daherkommt und befasse dich nicht mit ihr. Sie ist ein großes tiefes Wasser, und man kennt ihre Grenzen nicht. Wenn eine Frau, deren Gatte abwesend ist, ihre Reize enthüllt und dich täglich zu sich bittet und sagt, daß keiner da sei, der darüber Zeugenschaft ablegen könnte, eine solche spannt ihre Netze aus, um dich darin zu fangen. Es ist ein schweres Vergehen, wenn man auf sie hört, auch wenn sie ihr

Ziel nicht erreicht. Nichtsdestoweniger begehen Männer abscheuliche Taten, um einer derartigen Leidenschaft nachzukommen.«

»Was sie heute mit ihrem Mann macht, treibt sie morgen mit einem anderen«, lautet einer der galanten Aphorismen des Priesters Anchscheschonki.

Solche Zitate können unseren Blick schärfen bei der Betrachtung altägyptischer Statuetten, Reliefs und Fresken, deren Frauengestalten häufig eine durchaus laszive Absicht des Künstlers erkennen lassen. Gerade die Einfachheit der Kleidung selbst in den obersten Gesellschaftsschichten macht den Reiz dieser Darstellungen aus. Trugen schon die Männer kaum mehr als einen Lendenschurz, den Oberkörper nackt und höchstens einen mit kostbaren Steinen besetzten Halskragen, so gaben sich die Frauen bewußt noch schlichter. Sie begnügten sich durchwegs und jahrtausendelang gleichbleibend mit einem engen, dünnen, ärmellosen Leinengewand, das von zwei Trägern gehalten wurde und von der Brust bis zu den Knöcheln reichte. Dem modischen Ausdruck diente allerlei raffinierter Schmuck, vor allem Hals-, Arm- und Fußreifen, sodann eine hochentwickelte Schmink- und Duftkultur, nicht zuletzt eine Auswahl von kurz gelockten oder glatten, langhaarigen Perücken, die auf rasiertem Kopf getragen wurden. Sandalen benützte man selten; Männer und Frauen gingen fast immer barfuß.

Die meisten dieser Dinge wissen wir aus den ungezählten Gemälden, die das tägliche Leben der Ägypter realistisch schildern. Aber erst in jüngster Zeit haben aufgeschlossene Ägyptologen damit begonnen, die geheimen Verschlüsselungen in der Malerei Ägyptens zu durchschauen. Bisher für harmlos geltende Darstellungen haben in vielen Fällen sexuelle Bedeutung.

So wie Granatäpfel, Einhorn oder Kirschen in der Malerei des Mittelalters erotische Bezüge haben, so gibt es auf ägyptischen Gemälden ebenfalls starke Andeutungen dieser Art. Einige Tiere, wie etwa gewisse Vögel, Fische oder kleine Äffchen (Meerkatzen), deuteten sexuelles Verlangen an; sie finden sich nicht nur auf Wandmalereien, sondern auch auf Schminkpaletten oder Salbendöschen. Einige Pflanzen, zum Beispiel Alraune – ein beliebtes Aphrodisiakum –, gehören ebenfalls in diese Reihe; die so oft vorkommende Lotosblüte in den Händen der Damen ist Symbol der weiblichen Geschlechtsorgane.

Immer trugen die Ägypterinnen Perücken, die entweder gesellschaftlichem Ritual entsprachen oder Gemütsverfassungen ausdrückten. Haare wirkten offenbar außerordentlich stimulierend auf Ägyptens Männerwelt. »Zieh deine Perücke an und laß uns zu Bett gehen«, sagt in einer Erzählung ein junger Mann zu seiner Geliebten. Auf Darstellungen von eleganten Banketten, bei denen nie gegessen, sondern immer nur getrunken wird – das Einschenken war ein Symbol für Verkehr – tragen die Damen häufig auf dem Kopf einen sogenannten Salbenkegel; durch die Körperwärme schmilzt er langsam, die Ingredienzen rieseln in die Perücke und verbreiten dabei erotische Wohlgerüche, etwa zum Zeichen, daß nun das Ende der Tafel gekommen sei.

Parfüm spielte im Liebesleben eine ebenso große Rolle wie die durchsichtige Kleidung. In einem hübschen Liebesgedicht freut sich ein Mädchen darüber, »daß Du von mir wünschst, in den Fluß zu steigen und vor Dir zu baden. Ich lasse Dich meine Schönheit sehen im Gewand von bestem Königsleinen… ich komme Dir zuliebe mit einem roten Fisch heraus, ich lege ihn auf meine Brüste…« Die phallische Anspielung ist klar, und Lise Manniche, deren Werk endlich einmal engstirnige Tabus durchbrochen hat, sagt dazu:

Die Ägypter waren »an nackte oder halbnackte Leute so gewöhnt, daß dieser Anblick nichts Attraktives oder Geheimnisvolles mehr hatte. Aber eine Frau in einem feinen Leinengewand, das halb durchsichtig und naß an ihrem Körper klebte, erregte ihre Phantasie.«

Zu den vielen ägyptischen Erzählungen mit erotischem Inhalt gehört auch eine Geschichte, die zwischen einem jungen Mann namens Bata und der Frau seines älteren Bruders spielt. Als deren Mann eines Tages außer Haus ist, fordert sie den kräftigen Jüngling auf: »Komm, laß uns zusammen schlafen.« Da er ablehnt, stellt sie es später ihrem Mann gegenüber genau umgekehrt dar, so, als habe der Bruder versucht, sie zu vergewaltigen. »Schlaf

mit mir«, sagt das Weib des Ägypters Potifar Jahrhunderte später zum biblischen Joseph, erhält auch einen Korb und dreht den Sachverhalt nachher ebenfalls um (Gen 39, 7–20).
»Ich bin die Herrin eines Lakens«, heißt es in einem anderen Gedicht, »nimm Dir meine Brüste, Überfluß ist für Dich, Überfluß, den ich besitze. Herrlich ist der Tag, wenn ich umarmt werde...«
In einer Spruchsammlung des Schreibers Nacht-Sobek heißt es:

Warum sprichst Du mit Deinem Herzen:
»Nach ihr gelüstet mich! Sie zu umarmen!«
Bei Amon, ich komme zu Dir,
Mein Kleid auf meinem Arm.

Nicht immer drückte man sich so lyrisch aus. Oft sagten die Ägypter direkt, was sie meinten. In der Erzählung über eine Begegnung zwischen Gott Seth und Göttin Anath wird mit offenen Worten geschildert, »wie Seth ihren Rükken bestieg, indem er sie besprang wie ein Widder.« Ein anderesmal benützte Gott Seth seinen Bruder Horus gegen dessen Willen zu einer homosexuellen Handlung. Beziehungen zwischen Männern oder auch zwischen Frauen waren nicht ganz selten.
Selbst der ziemlich puritanische Professor der Ägyptologie, James Henry Breasted, läßt sich die Bemerkung entschlüpfen, daß »zweifellos viel Unsittlichkeit in der Menge des Volkes verbreitet war.«
Götter und irdische Männer mit erhobenem Penis sind als dreidimensionale Figuren oder als gemeißelte Reliefs an Tempelwänden in großer Zahl vorhanden; sogar Hauptgott Amon-Re tritt uns als Statue in diesem unzweideutigen Zustand entgegen. Als weiterer Beleg sei eine Inschrift zitiert, die Ramses III. am Tempel von Karnak für den Fruchtbarkeitsgott Min anbringen ließ:

»Du männlichster der Götter, wenn du erschienen bist als Min, der Herr des Phallos!«

Der phallische Min, wie ihn manche Statuen zeigen, genoß bei Männern und Frauen hohe Verehrung. Eine andere uns erhaltene Figur, die bei Prozessionen mitgeführt wurde, zeigt einen Gott, dessen Penis so mächtig ist, daß er ihm auf den Schultern zweier Diener vorangetragen werden muß.*

Herodot berichtet, daß die Frauen in Städten und Dörfern Prozessionen zu Ehren des Phallos veranstalten, der in riesiger Größe vorangetragen wird. Viele Teilnehmerinnen tragen überdies Figuren mit sich, deren Penis – »nicht viel kleiner als die Figur selbst« – durch Ziehen an einer Schnur auf und nieder bewegt werden kann. Plutarch behauptet, dieser Kult sei von Isis ins Leben gerufen worden. Im Mumiensarkophag einer ägyptischen Dame wurde sogar das einbalsamierte Glied eines Stiers gefunden. Am Gehege des heiligen Aspis-Stieres pflegten sich Frauen und Mädchen durch Heben der Kleidung zu entblößen, weil man meinte, durch diesen Anblick die Potenz des Tieres steigern zu können. Im übrigen hat die religiöse Verehrung des männlichen Zeugungsorgans in fast alle antiken Kulturen Eingang gefunden.

Skulpturen, Malereien, Zeichnungen und Grafitti aller sexuellen Phantasien und Positionen der Liebeskunst sind in großer Zahl gefunden worden. Dazu sei als Beispiel nur noch auf die besonders realistische Kalksteinskulptur eines aktiven Liebespaares hingewiesen: Gott Osiris zeugt nach seinem Tod mit Isis den Sohn Horus, wie in der Ausstellung »Kleopatra« zu bestaunen war.** Oft handelte es sich aber auch nur um Amulette, die an Kettchen um den Hals getragen wurden. Die meisten Fundstücke befinden sich jedoch entweder in schwer zugänglichem Privatbesitz oder in den Magazinen von Museen, die sie ihren Besuchern – darunter natürlich auch Kinder – nicht zumuten mögen.

Leider gab es verschiedentlich auch »wissenschaftlichen Vandalismus«. Auf dem Bild einer Harfenspielerin der 18. Dynastie – New York Metropolitan Museum of Art – war beispielsweise auch ein Mann mit ausgeprägten Hoden und langem Glied dargestellt: Diese anstößigen Körperteile wurden ausgemerzt und sind nur noch auf einer Kopie erhalten, die glücklicherweise vor der Untat hergestellt worden war. Ähnlich wurde ein Fresko – Mann und

* Abb.: Manniche, S. 17.

** Symplegma (Zusammenschlingung). Ptolemäerzeit. Brooklyn Museum. Abb.: Ausstellungskatalog, Mainz 1989, S. 296.

Frau beim Liebesakt auf einem Bett – in einer Grabkammer des Mittleren Reiches an der Wand gelöscht; auch davon gibt es nur noch eine Photographie aus dem vorigen Jahrhundert.

PROSTITUTION

Eine sogenannte »Tempelprostitution« im kultischen Sinne wie in Babylonien und anderen Gebieten der Antike ist in Ägypten nicht nachgewiesen, doch wird sie wohl um die Tempel der Liebesgöttinnen Hathor und Isis nicht auszuschließen sein. Die religiöse Bedeutung des Geschlechtsaktes auch in Ägypten geht jedenfalls klar aus einem Pyramidentext im Grab des Königs Sethe (Sothis) hervor. Isis selbst erscheint hier, um des verstorbenen Pharaos Zeugungskraft zu erhalten und ihm damit die Wiedergeburt zu ermöglichen: »Zu dir kommt deine Schwester Isis, froh der Liebe zu dir. Du hast sie auf deinen Phallus gesetzt, damit dein Samen hervorgehe in sie...«
Gewöhnliche Prostitution ist durch Texte und Ausgrabungen vielfach belegt. Gebäude, die sich durch Anlage und Innendekoration als Freudenhäuser identifizieren lassen, sowie eigene Friedhöfe für »Frauen mit Kindern ohne Männer« wurden gefunden. Herodot behauptet sogar, daß der große Pyramidenbauer Cheops, »da er immer Geld brauchte, seine eigene Tochter in ein öffentliches Haus brachte... Und sie brachte die Summe zusammen, die der Vater ihr auferlegt hatte.« Das Vergnügen mit einer pharaonischen Prinzessin wird ja wohl auch nicht eines der billigsten gewesen sein.
Viele Darstellungen zeigen auf dem Oberschenkel junger Mädchen eine kleine Tätowierung. Es ist die Hieroglyphe des Zwerggottes Bes, des Beschützers der weiblichen Sexualität und der körperlichen Liebe überhaupt. Er ist ein Vorfahr des griechisch-römischen Priapos. Die Tätowierung besagt, daß die betreffende Dame nicht abgeneigt ist, gelegentlich »erkannt« zu werden, ein archaischer Ausdruck, der noch heute in unserem Wortschatz fortlebt. Andere Synonyme lauteten »ein Haus betreten«, »einen schönen Tag verbringen« oder einfach »nek«, das häufigste der etwa zwanzig Wörter, die von den Ägyptern für »Beischlaf« benützt wurden.

Gewiß handelt es sich bei den Tätowierten nicht um gewerbsmäßige Prostituierte. Zumeist sind es Musikantinnen, Tänzerinnen oder Bedienstete, die für Aufmerksamkeiten und Geschenke dankbar waren. Oft zeichnen sie sich dadurch aus, daß sie nichts als ein Taillenbändchen aus kleinen Muscheln tragen. Es machte ein leise raschelndes, den Ägyptern erotisches Geräusch, wenn das Mädchen mit den Hüften wackelte.

INZEST

Über dieses oft als »heikel« bezeichnete Thema wurde im ersten Kapitel schon ausführlich gesprochen. Nach mutterrechtlicher Überlieferung vererbte sich das ägyptische Thronrecht über die Frauenlinie. Deshalb konnte ein männlicher Nachkomme nur dann rechtmäßig König sein, wenn er sich »zur Reinhaltung des Blutes« mit einer Verwandten ersten Grades verband. Im allgemeinen war das seine Schwester, doch kamen in verschiedenen Dynastien auch Ehen Mutter-Sohn und Vater-Tochter vor, wie etwa bei Ramses II., der seine Tochter Bent-anat zur Frau nahm.

Wieweit inzestuöse Ehen auch im Leben des Volkes vorkamen, läßt sich nicht immer mit Sicherheit sagen. Einige sind von der Wissenschaft aus den Texten tatsächlich nachgewiesen: es hat sie also gegeben. In anderen Fällen bestehen Zweifel, weil sich auch Nichtgeschwister gelegentlich mit Bruder und Schwester anredeten. Fest steht, daß in der Spätzeit unter der Herrschaft der Ptolemäer das Vorbild des Herrscherhauses in breiten Bevölkerungskreisen nachgeahmt wurde. Verwandtschaft, ob durch Blut oder Verschwägerung, galt nicht als Hindernis für ein Zusammenleben von Mann und Frau, doch waren sexuelle Beziehungen dieser Art zunächst selten. Mit Ptolemäus II. war es nicht mehr nur im Herrscherhaus die Regel, daß der Pharao seine leibliche Schwester heiratete. Von nun an nahmen Geschwisterehen auch in Privatkreisen zu.

Eines der schönsten literarischen Zeugnisse altägyptischer Geschwisterliebe betrifft Sakere (Semench-Ka-Re), Schwager Tutanchamuns, wie dieser ein Schwiegersohn Echnatons, und seine leibliche Schwester Meritaten, die zugleich seine Frau war. Sakere war vor Tutanchamun kurze Zeit Pharao gewesen, dann aber aus politischen Gründen verbannt worden. Nach seinem Tode verweigerte man ihm ein standesgemäßes Begräbnis. Deshalb schaffte seine Schwester-Frau den Leichnam heimlich fort und versteckte ihn in einer Felsenkammer.

Dieses Grab wurde 1907 von Theodore M. Davis gefunden. In dem Gewölbe deuteten alle Anzeichen darauf hin, daß das Begräbnis hastig erfolgt war. Die Schwester des unglücklichen Pharao hatte am Kopfende seines Sarkophags Räucherkräuter verbrannt und Blumen niedergelegt; der Staub wurde identifiziert. Später, bei einer genaueren Untersuchung der notdürfig einbalsamierten Mumie, fand man verborgen an der Fußsohle des Toten eine Goldfolie. Das Blatt war mit einem Griffel beschrieben. Die Entzifferung ergab als Schreiberin Meritaten und enthüllte zugleich eines der schönsten Liebesgedichte der Weltliteratur. Was Meritaten ihrem Bruder und Mann mit auf den Weg gab – es hat vier Jahrtausende überdauert –, ergreift uns noch heute und singt weiter und weiter.

Ich übersetze nach dem englischen Text:

Ich atme den süßen Duft deiner Lippen,
Deine Schönheit erschau' ich jeden Tag.
Ich sehne mich nach deiner lieben Stimme,
dem sanften Klang des Nordwinds gleich.
Liebe verjüngt meine Arme.
Reich mir deine Hände, die deine Seele halten,
daß ich sie umarme und davon lebe.
Du magst meinen Namen wieder und wieder und immer rufen,
Und nie, mein geliebter Bruder,
wirst du ohne Antwort bleiben.
Du bist mit mir durch alle Ewigkeit.

Die Götter Ägyptens

Die Wissenschaft kennt heute etwa zweihundert ägyptische Götter. Viele davon haben nur lokale Bedeutung. Die wichtigsten gehören zur sogenannten Neunheit, die am Anfang und an der Spitze der Mythologie steht. Im Rat der

Neun wird über alle wichtigen Angelegenheiten der Welt, der Götter und der Menschen entschieden.
Der aus sich selbst oder aus einem Ei entstandene Sonnengott Aton zeugte, indem er – wie ägyptische Texte sagen – masturbierte, aus seinem Samen Schu und Tefnut, Luft und Feuchtigkeit. Deren Nachkommen waren Erde und Himmel, Geb und Nut. Die nächste Generation umfaßte die beiden Zwillingspaare Isis und Osiris, Seth und Nephthys. Zur Vollendung der Neunheit kommt noch Horus dazu, im allgemeinen als postumer Sohn des Osiris und der Isis gedacht, während andere in ihm »Horus den Älteren« unter dem ursprünglichen Namen Haruer sehen. Aton selbst zählte nicht mit, da er sich als neutrale Oberste Idee aus allem heraushielt. Als generelle Regel kann man sagen: Das Weibliche beherrschte die Zeit, das Männliche den Raum.
Horus, obwohl als spätgeborener Sohn von Isis und Osiris angesehen, ist in Wahrheit eine uralte Gottheit Ägyptens. Seine Statuetten mit dem Falkenkopf fanden sich schon in prähistorischen Erdschichten. Noch älter, weil aus mutterrechtlicher Zeit stammend, ist die kuhköpfige Göttin Hathor. Auch Isis wurde schon verehrt, als ihr Bruder und Gemahl Osiris noch lange nicht auf der Bildfläche erschienen war. Sein Auftauchen aus dem Nichts und sein Eindringen in den Isis-Kult symbolisiert lediglich recht deutlich den Machtwechsel vom Matriarchat zum Patriarchat, obwohl Osiris neben der übermächtigen Göttin immer nur von geringer Bedeutung blieb. Daß beiden dann noch der uralte Falke Horus als Sohn unterschoben wurde, ist nichts als eine ziemlich gewaltsame Legendenkonstruktion. Ebenso ist die Einführung des Gottes Sarapis in der Ptolemäerzeit ganz unägyptisch und braucht uns hier nicht zu interessieren.
Quintessenz der ägyptischen Religiosität ist es, die Dualität der Welt – gut-böse, hell-dunkel usw. – zu überwinden und zu Harmonie zu gelangen. Eine eigene Göttin namens Mast war für die Erhaltung des »Weltgleichgewichts« zuständig. Im übrigen hatte die ägyptische Sprache keine Wörter wie Religion, Glaube oder Frömmigkeit, es gab auch keine Theologie. Unsere diesbezüglichen Begriffe sind für die Beurteilung des altägyptischen Lebensgefühls

ganz untauglich. Alles beruhte einfach auf Anschauung, Daseinsfreude und Jenseitsgewißheit.
Ein anderer Gesichtspunkt ist die offensichtliche Zweiteilung der Götterwelt. Bestimmte Gottheiten, wie etwa die Sonne und alle Gestirne, konnten weder durch Opfer noch durch Gebete irgendwie beeinflußt werden, weshalb ihnen nur Verehrung und ein formeller Kult zuteil wurde. Dagegen waren andere Dinge des Lebens und der Natur nach Ansicht der Menschen wandelbar, so daß man mit Opfern, gewissen Ritualen, Gebeten und anderen Maßnahmen auf sie einwirken konnte. Verständlich also, wenn diese Gottheiten das religiöse Geschehen vor allem beherrschten.

Im Dienst der Götter

Die Priesterkaste spielte in der Geschichte des alten Ägypten stets eine hervorragende Rolle, vor allem als staatstragende Macht, da vom Dienst an den Göttern und vom rechten Kult Wohl und Wehe des Gemeinwesens abhingen. Als moralische Autorität trat sie dagegen kaum je in Erscheinung.
Immer war der Pharao selbst oberster Priester, übte das Amt aber nur bei ganz besonderen Anlässen aus. Er allein durfte dann auch das Allerheiligste betreten, etwa am Ende und Höhepunkt einer Prozession.
Die Ruinen der ägyptischen Tempel, wie sie sich heute den Apparaten der Touristen darbieten, täuschen über ihr wahres Aussehen zur Zeit der Pharaonen hinweg. So waren beispielsweise die Decken der Innenräume blau bemalt, oft mit Sternbildern dekoriert, während aus einem sattgrünen Fußboden nach Art der Nilufer die Säulen hellgrün wie Pflanzenstengel aufragten und blütenfarbene Kronen trugen. Im allgemeinen führte eine breite Prozessionsstraße zum Eingang des Tempelbezirks.
Hier traten die Ankömmlinge in einen großen Vorhof, wo sie den Opferzeremonien beiwohnen konnten. Wer in den Tempel selbst eintrat, fand am Eingang Becken geweihten Wassers, mit dem sich die Gläubigen besprengten. Das Innere des Gebäudes wurde zumeist von der Statue der betreffenden Gottheit beherrscht. Sie stand in einer Nische. War der Tempel mehreren Göttern geweiht, hatte

jeder Gott eine eigene Seitenkapelle. Das Allerheiligste, eine dunkle Zelle, durften nur hochgestellte Priester betreten. Rings um das zentrale Heiligtum waren Kammern zur Aufnahme von Opfergeräten und anderen zeremoniellen Gegenständen gruppiert. Außerdem gab es im Tempelbezirk nicht nur die Wohnungen der Priester und des sonstigen Personals, sondern auch Werkstätten, in denen beispielsweise Parfums, Salben und Gebäck für die Götter hergestellt wurden, aber auch Amulette und andere Andachtsgegenstände zum Verkauf an die Pilger.

Vom frühen Morgen bis zum Einbruch der Dämmerung lösten sich Priester und anderes Tempelpersonal bei einer ununterbrochenen Folge kultischer Zeremonien ab, was freilich nur auf große Tempel in volkreichen Städten zutraf. Während der mehrtausendjährigen Geschichte Ägyptens blieb das Äußere der Priester immer gleich: sie trugen fußlange weiße Leinengewänder, und ihre Schädel waren kahl geschoren, wie noch heute im Buddhismus.

Im Alten und im Mittleren Reich wurden die Priesterämter zumeist mit Angehörigen des Herrscherhauses besetzt, oft auch mit anderen Mitgliedern der obersten Gesellschaftsschicht. Ebenso oft handelte es sich nur um nominelle Titel, mit denen keinerlei Amtspflichten verbunden waren. Im Neuen Reich konnten sich Ägypter aus allen Kreisen der Bevölkerung für das Priesteramt bewerben; sie wurden geprüft und ausgewählt.

Priester und Priesterinnen wurden vom Pharao oder von seinem Vertreter, dem Gouverneur der betreffenden Provinz, eingesetzt. Bei der Weihe stellten sie sich im Tempel in ein seichtes Bassin und wurden dort von einer Art Täufer, dem sogenannten Lustrator, mit heiligem Wasser besprengt. Bei Priesterinnen gehörte es überdies zur Weihezeremonie, daß sie eine symbolische Mundwaschung vornahmen, Natron kauten und den ganzen Körper mit Weihrauch beräucherten.

Priesterinnen standen im allgemeinen im Dienst von Göttinnen. Wenn sie am Kult für männliche Götter teilnahmen, bildeten sie den Chor, der die Gottheit mit Gesang und Tanz zu erfreuen hatte. Zum Gesang schlugen sie das

Sistrum*, klatschten den Takt mit den Händen oder rasselten mit geweihten Ketten; später kam dazu auch noch das Klappern mit Kastagnetten, wobei der Tanz immer temperamentvoller wurde, wie er heute noch im spanischen Flamenco fortlebt. Der tänzerische Ausdruck hatte durchaus erotischen Charakter und verlangte oft akrobatisches Können. Überdies ließ der kultische Tanz seine Teilnehmerinnen zumeist in einen ekstatischen Trancezustand fallen, der einer Besitzergreifung durch den Gott gleichkam und in einem Orgasmus gipfeln konnte.

Nicht alle Priesterinnen waren ständiges Tempelpersonal. Manche waren zwar geweiht, führten aber ein normales Zivilleben und übten das Amt nur bei besonderen Anlässen oder erhöhtem Bedarf aus. Ihre Entlohnung bestand vor allem in Naturalien wie Brot, Wein, Öl, Leinen und anderen Dingen, die den Ägyptern wertvoll waren; es handelte sich vorwiegend um Opfergaben der Gläubigen für den Gott, die dann verteilt wurden. Jedenfalls war der Tempeldienst eine hohe Ehre, und Damen der vornehmen Kreise schmückten ihren Namen mit dem Zusatz »Musikantin (dieses oder jenes) Gottes« oder zum Beispiel »Größte der Musikantinnen Hathors«.

Umweltverschmutzung

Im ägyptischen Totenbuch wird geschildert, wie die Verstorbenen vor Osiris hintreten, um Einlaß ins ewige Leben zu erlangen. Jeder weiß, was er dann zu sagen oder zu bekennen hat, um möglichst gut aufgenommen zu werden. Es handelt sich um einen ganzen Katalog wohlerwogener Erklärungen, darunter auch zahlreiche »negative Bekenntnisse« – wie einst in Babylonien (S. 69) – etwa:

Ich habe niemandem Böses getan.
Ich habe keine Angehörigen unterdrückt.
Ich habe keine Betrügerei getrieben.
Ich habe kein Gesetz übertreten…

Oder selbst weiter abgelegene Vergehen:

* Mehrstimmige Metallrassel kultisch-erotischer Bedeutung.

Ich war nicht falsch, habe niemand verleumdet.
Ich habe nicht geklatscht, nicht Kummer bereitet,
Nicht geflucht, nicht geprahlt, Tiere nicht gequält.
Ich habe keinen Fluß verunreinigt…

Frauen als Spenderinnen des Lebens spielten im aufwendigen Totenkult der Ägypter ebenfalls vielerlei Rollen. So gehörte es zum Beispiel zu den Eigentümlichkeiten des weiblichen Trauergefolges, der Mumie »Iha, iha, iha!« zuzurufen, vergleichbar unserem »Wehe, wehe!« Doch bedeutete dieses »Iha« nicht nur einen Ausruf der Klage, sondern auch der Freude, denn der Tote dieser Welt war ja nun in der anderen auferstanden – mit heutigen Worten ausgedrückt: in die ewige Seligkeit eingegangen.

KULTISCHE HÖHEPUNKTE

Prozessionen und religiöse Feste unterbrachen den Alltag der Ägypter das ganze Jahr über. Bei Prozessionen wurden die Statuen der Götter durch die Hauptstraßen getragen. Allerdings wäre für solche Umzüge das Wort »feierlich« in unserem heutigen Sinne – wie etwa »Fronleichnamsprozession« – ganz unzutreffend. Die ägyptischen Feste waren durchaus lebensbejahend und fröhlich. Die ganze Stadt wurde geschmückt, die Straßen waren mit Lotosblüten bestreut, die Leute jubelten dem Götterbild und den Prozessionsteilnehmern zu. Aus deren Reihen traten dann mit Lotosblüten bekleidete Tempeldienerinnen hervor und schmückten die Bewohner, die vor ihren Häusern standen, mit geweihten Halsketten. Dazu sprachen sie Wünsche für »Gesundheit, Heil und Segen«.

Eine andere Art von Prozession waren die Besuche, die sich die Götter gegenseitig abstatteten. Das Standbild der betreffenden Gottheit wurde dann, zumeist auf einer Barke thronend, von Priestern und Dienern zum Tempel des anderen Gottes oder der anderen Göttin getragen. Dort verweilten sie dann zusammen, während Gefolge und Gastgeber bei Musik und Tanzvorführungen tranken und speisten, bis der Besuch ins eigene Heim zurückkehrte. Nebenbei angemerkt seien auch Besuche in christlicher Zeit, wenn die Madonna einer Kirche die Madonna einer anderen Kirche besuchte, wie etwa für Rom verbürgt ist.

Zu den Prozessionen Ägyptens gehörten immer auch

Spaßmacher, allerlei Gaukler und Akrobatinnen, die dem Zug vorangingen. Ihre Aufgabe war es, die Götter und das Publikum mit hundert Kunststücken zu erfreuen, wie Radschlagen, Jonglieren, Brücke bauen oder Pantomimen aufführen. Die mitwirkenden Tänzerinnen stellten auch lebende Bilder von allegorischer Bedeutung, oder sie bildeten Gruppen in Form einer Hieroglyphe. Die Zuschauer konnten dann in lebhaften Diskussionen über den Sinn der Darstellung rätseln.

Wie es bei einer Nilfahrt zur Feier der Göttin »Artemis« (der ägyptischen Bastet) zuging, hat Herodot in seinen Historien eindrucksvoll geschildert:

> »Eine große Volksmenge, Männer und Frauen gemeinsam, fahren in jedem Kahn. Einige Frauen haben Rasseln, mit denen sie Lärm machen; die Männer spielen während der ganzen Fahrt auf der Flöte. Die übrigen Leute singen und klatschen in die Hände. Fahren sie an einer anderen Stadt vorbei, lenken sie ihr Schiff ans Ufer und benehmen sich so: einige Frauen rufen die Frauen dieser Stadt heraus und necken sie, wieder andere tanzen, andere stehen auf und heben ihre Kleider in die Höhe. Das wiederholt sich bei jeder Stadt, die am Flusse liegt. Wenn sie nach Bubastis kommen, begehen sie ihr Fest unter großen Opfern. Dabei wird in diesen Tagen mehr Wein vom Rebstock verbraucht als im ganzen übrigen Jahr…«

Die größte aller kultischen Feiern wurde nur alle dreißig Jahre begangen. Es handelt sich um das Hobset-Fest für Osiris in seiner Eigenschaft als immer wieder neu erstehender Vegetationsgott. Der Pharao, seine Gemahlin, alle Prinzen, Prinzessinnen, der ganze Hofstaat und alle Würdenträger des Landes nahmen daran teil. Beim Einzug befand sich das Herrscherpaar an der Spitze. Ihre Sänften wurden von Priestern getragen, die als Götter verkleidet waren. Um den riesigen Aufwand entwickelte sich zugleich das größte Volksfest. Von den Opferaltären wurden gewaltige Mengen gebratenen Fleisches verteilt, Fladenbrot und Wein gab's im Überfluß, und das Volk aß und trank mit äußerster Hingabe zur höheren Ehre der Götter. Alles in allem eine überwältigende Schau, wie sie jede Generation wohl nur einmal im Leben zu sehen bekam.

Zu den Höhepunkten des Festes gehörte die szenische Darstellung einer Königskrönung mit allem Gepränge, das Ägypten aufzubieten vermochte. Sodann folgte ein großes Opfer mit Jubelgesang und rituellem Tanz, dessen Choreographie zuvor lange einstudiert worden war. Sportliche Aufführungen schlossen sich an, darunter der nahezu olympische Hobset-Lauf. Zuletzt legte der Pharao selbst Hand mit an bei der Aufrichtung des mächtigen Djed-Pfahles, eines den Vegetationsgott symbolisierenden Osiris-Phallos.

Göttinnen

Betrachten wir nun einige Göttinnen, die im ägyptischen Leben eine so wichtige Rolle spielten. Zunächst hatten die meisten Gottheiten nur lokale Bedeutung, bis sie mit der Vereinigung von Ober- und Unterägypten auch über die örtlichen Grenzen hinaus verehrt wurden.
So wurde in Dendera die Göttin Hathor verehrt, in Sais Neith, die von sich sagt: »Ich bin, was war, ist und vergeht.« Perserkönig Kambyses II. ließ den Tempelbezirk des berühmten Orakels von Sais reinigen, die alten Feste und Opfer wieder einrichten und den einst von seinem Vater* geraubten Tempelschatz zurückerstatten; er selbst hielt dort ein Opfer für Neith ab. In Bubastis herrschte die Katzengöttin Bastet in Gestalt einer Löwin als Sturm- und Kriegsgöttin. Zu allen Zeiten der mehrtausendjährigen Geschichte Ägyptens war aber Isis immer die beliebteste aller Göttinnen.
Der Norden Ägyptens wurde durch die Göttin Buto in Gestalt der Uräus-Giftschlange verkörpert und erscheint als Schutzzeichen auch am Kopfschmuck des Pharao; der Süden des Landes wird von der Göttin Nechbet in Gestalt eines Geiers repräsentiert.

* Kyros II., gest. 529 v. Chr.

Hathor

Dreitausend Jahre lang – tausend Jahre länger als bisher das Christentum – dauerte die Verehrung der ältesten der ägpytischen Göttinnen, Hathor, die große Göttin von Dendera, ewige Beschützerin des Landes am Nil. Sie galt in Gestalt einer beflügelten Kuh als Gebärerin der Welt und des gesamten Universums, gleichzeitig als Mutter und Tochter der Sonne. Einmal wurde sie mit dem Kopf einer heiligen Kuh, dann wieder als Löwin dargestellt, manchmal als Baum oder ganz realistisch als jugendlich schlanke Frau, war sie doch, nach allgemeinem Glauben, Mutter aller Ägypter, zugleich aber auch Herrscherin der Unterwelt.
Hathor war Beschützerin der Fremden und aller weiblichen Wesen, ob Mensch oder Tier. Überdies war sie noch »Schutzherrin der körperlichen Freuden«, der Musik, des Gesangs und aller anderen Künste, worunter die Ägypter auch »die Kunst der Berührungen« zählten. In ihren Tempeln tanzten Priesterinnen beim Klang von Tamburins und Kastagnetten. In späteren Jahren mußte Hathor einige ihrer göttlichen Eigenschaften mit Isis teilen oder allmählich ganz an sie abtreten.
Von den Priesterinnen der Hathor wurde im Lauf der Zeit der allgemeine Begriff »Hathore« abgeleitet, worunter die Ägypter weissagende Frauen oder Prophetinnen verstanden. In ihren Händen lag das Schicksal der Menschen, das sie durch ihren Spruch bestimmten. Wohlhabende Familien riefen nach der Geburt eines Kindes eine Hathore, damit sie dem Neugeborenen sein Schicksal voraussage.
Zu den meisten Göttern und Göttinnen gehörte eine Hathore, die von Gläubigen befragt werden konnte und Verborgenes oder Zukünftiges in Orakelsprüchen weissagte. Auch zum Hof der Pharaonen gehörte stets eine solche Prophetin. Dem mächtigen Cheops beispielsweise, dem Erbauer der Cheops-Pyramide, diente die Hathor- und Neith-Priesterin Hetepheres als persönliche Prophetin.

Nechbet und Uadjet

Zwei weitere Göttinnen, die später als Symbole der zwei vereinigten Teile des Landes in die Insignien der Pharaonen aufgenommen wurden, sind die Schlangengöttin Uadjet, auch Uadgit, von Unterägypten, und die Geiergöttin

Nechbet von Oberägypten; diese war auch Schutzpatronin der arbeitenden Frauen. Beide Göttinnen wurden gemeinsam als eine Art Zwillingswesen namens Neb-Ti verehrt, was etwa mit »zwei Damen« zu übersetzen wäre.

NEITH Neith, oft irrtümlich mit Nut gleichgesetzt, war die Hauptgöttin der nach Ägypten eindringenden Libyer. Sie wurde zu Sais im westlichen Nildelta verehrt. Libyer trugen ihre tätowierte Hieroglyphe auf dem Oberarm. Der Gottesdienst bestand hauptsächlich darin, daß die zahlreichen Priesterinnen vor dem Bild der Neith tanzten, um die Göttin zu erfreuen, wobei sie das vielstimmig rasselnde Sistrum schwangen. Es handelt sich um das berühmte verschleierte Bild von Sais, dessen Geheimnis, wie Plutarch berichtet, von dem Spruch geschützt wurde: »Ich bin alles, was gewesen ist, was ist und was sein wird, und keinem Sterblichen wird es vergönnt sein, meinen Schleier zu lüften.« Neith wird auch als Urmutter angesehen, die den obersten aller Götter, Ra, gebar.

NUT Nut gehört zu den ältesten Göttinnen Ägyptens und wird deshalb, wie schon gesagt, manchmal mit Neith, ja sogar mit Hathor gleichgesetzt und je nach Landschaft und Ort unter anderen Namen und Gestalten verehrt. In Bubastis beispielsweise nahm sie die Gestalt einer Katze an und hieß Bastet, in Memphis wurde sie als Löwin zur Sturm- und Kriegsgöttin Sechmet. Auf jeden Fall ist sie »Himmelskönigin« und wird fast immer als das bestirnte Firmament dargestellt, ihr Körper wie ein Bogen über die ganze Erde gespannt, mit den Fingerspitzen im Osten, mit den Zehen im Westen aufgestützt, unter ihr liegend der Erdgott Geb. Da Nut vordem mit Geb stets in Liebe vereint war, bis sie von Schu getrennt wurden, muß Gott Schu für immer zwischen ihnen stehen und sie auseinanderhalten, um eine neue Vereinigung zu verhindern. Nut verstand es freilich, diese Maßnahme bei günstiger Gelegenheit zu umgehen und von Geb fünf Kinder zu empfangen, wie im ägyptischen Weltschöpfungsmythos nachzulesen.

Isis

Isis und ihr Kult reichen in vorgeschichtliche, mutterrechtliche Zeiten zurück. Und als am Ende der altägyptischen Geschichte fast alle Götter und Göttinnen schon vergessen waren, dauerte die Verehrung der Isis noch bis weit ins christliche Zeitalter fort. Während der Herrschaft der Ptolemäer war ihr Ruhm so strahlend, daß sie den griechischen Namen Panthea – Allgöttin – erhielt. Erst 560 Jahre nach Christus ließ Kaiser Justinian auch den letzten Isis-Kult, der noch auf der ägyptischen Insel Philae blühte, durch seinen Feldherrn Narses gewaltsam unterdrücken, die Priester einkerkern und die Isis-Statuen nach Konstantinopel abtransportieren. Der Tempel selbst wurde in eine Kirche des hl. Stephan verwandelt.

Die Bedeutung der Göttin kann durch nichts besser veranschaulicht werden als durch die stolze Inschrift auf einer ihrer Statuen: »Was ich zum Gesetz erhoben habe, kann niemand auflösen.«

Auf Ägyptisch wird der Name der Göttin »is.t« geschrieben und wurde wahrscheinlich »Iset« gesprochen, was Thron bedeutet. Sie war »Thron der Könige«, auf dem die Pharaonen »von der Göttin Gnade« sitzen durften. Ein anderer Beiname der Göttin lautete »Mutter der Sonne«, womit gesagt wurde, das männliche Prinzip der Sonne ist seinem weiblichen Ursprung, der Mondgöttin Isis, nachgeordnet. Als Gebärerin des Horus trägt sie den Titel »Gottesmutter«. Überdies ist Isis »Königin des westlichen Himmels«, also dem Sonnenuntergang – dem Totenreich – zugewendet; zugleich ist sie identisch mit dem Nachthimmel und steht damit Sothis nahe, der Göttin der Fixsterne. Daher ist Sirius, der hellste Fixstern des Firmaments, Symbol der Isis.

Doch sind damit die vielen Aspekte der Göttin noch lange nicht erschöpft. Als Erfinderin des Ackerbaus »machte sie aus wilden Horden zivilisierte Menschen« (W. Drexler). In Liebesdingen überflügelte sie bald die ursprüngliche Liebesgöttin Hathor. Als Zauberin war sie beinahe allmächtig, konnte Herzen entzünden oder besänftigen, Menschen in Tiere, Pflanzen oder Steine verwandeln, Tote sprechen lassen, Krankheiten schicken oder heilen. Sie war, wie Inschriften sagen, »klüger als alle Götter«, sie kannte alle Geheimnisse und zukünftigen Dinge. Sogar das Meer war ihr untertan. Als Isis Pelagia mit geblähtem Segel und wehendem Gewand über die Wogen dahinfahrend ist sie auf einer antiken Münze verewigt; Schiffer und Seereisende der ganzen Mittelmeerwelt huldigten ihr.

Isis und Osiris

Bei dem oft zitierten Liebes- und Geschwisterpaar Isis und Osiris handelt es sich nicht um Gottheiten gleichen Ranges. Isis steht immer über Osiris.
Osiris ist ursprünglich Sonnengott der Stadt Abydos, später der von Isis eingesetzte Gott der Unterwelt. Wie man bei uns noch sagt, wenn jemand gestorben ist: »Er ist zu Gott eingegangen«, so sagten die Ägypter: »Er ist Osiris geworden«.
Zweifellos bestehen zwischen dem Isis- und Osiris-Mythos und sumerisch-babylonischen Überlieferungen Wechselbeziehungen, oft von überraschender Ähnlichkeit.
Daß es plötzlich zu einer Bluttat kommt, indem Seth seinen Zwillingsbruder Osiris mit Hilfe von zweiundsiebzig Helfern umbringt, ist eine Geschichte für sich. Im Gegensatz zum fruchtbaren Osiris war Seth nämlich zu Hause impotent, was seine Gemahlin, die Göttin Nephthys, nicht besonders schätzte. Mit List gelang es ihr, Schwager Osiris trunken zu machen und in ihr Bett zu locken, was zur späteren Geburt des schakalköpfigen Gräbergottes Anubis führte.
Osiris verfällt der eifersüchtigen Rache Seths. Dieser versteckt die Leiche in einem Nachen, der sie nilabwärts ins offene Meer trägt. Isis aber sucht den Verschwundenen und findet ihn nach langen Irrfahrten an der Küste von Byblos. Dort vereinigt sie sich mit dem toten Bruder und Geliebten mit so heftiger Leidenschaft, daß seine Zeugungskraft geweckt wird und Isis nach gemessener Zeit den Knaben Horus zur Welt bringen kann.
Nach diesem Mysterium einer Heiligen Hochzeit versteckt Isis den Leichnam wieder, doch wird er vom eifernden Seth gefunden und nun in vierzehn Teile – andere sagen in 26 – zerstückelt, um jede weitere Möglichkeit von Fort-

pflanzung oder gar Auferstehung unmöglich zu machen. Die Teile verstreut Seth über ganz Ägypten; sie wurden von ihm an den verborgensten Stellen begraben. Klagend, wie einst Inanna oder Ischtar, durchstreift Isis die ganze Welt auf der Suche nach dem Geliebten. Nur gekürzt können aus der langen Litanei einige Stellen wiedergegeben werden, um den ganzen Jammer der Göttin aufleben zu lassen.

Isis ruft Osiris

Komm doch nach Hause, komm in dein Heim,
Daß du mich sehen mögest!
Ich bin deine Schwester, die dich liebt.
O schöner Jüngling!
Komm in dein Heim, schnell, sogleich!
Wie gut ist es, dich zu sehen, dich zu sehen!
Komm zu deiner Liebe, komm zu deiner Liebsten!
Komm zu deiner Schwester,
Halte dich nicht fern von mir!
Weinend rufe ich nach dir,
Hörst du nicht meine Stimme?
Ich bin deine Schwester, die dich auf Erden liebte.
Niemand liebt dich mehr als ich,
Die Schwester, deine Schwester!

Geleitet von ihrer Liebe zu Osiris, findet die Göttin nach und nach alle versteckten Teile des Leichnams und setzt sie mit Hilfe von Anubis, des Gottes der Unterwelt, wieder zusammen. Der schnell erwachsen gewordene Sohn Horus will nun seinen Vater rächen und Seth töten, aber Isis verhindert den Gottesmord. Damit wird der Bann gelöst und der zusammengesetzte Osiris kehrt ins Leben zurück. Er ist aber doch so geschädigt, daß er die Regierung nicht fortzusetzen vermag, so daß nun Horus den Thron besteigen kann. Allerdings erst, nachdem ein Göttergericht seine legitime Abstammung von Isis und der Leiche des Osiris geprüft und bestätigt hat.

Hier ist die Episode zu erwähnen, die ein direktes Verbindungsglied zwischen griechisch-mesopotamischem und ägyptischem Mythos zu sein scheint. Bei ihrer Suche nach dem Leichnam des Osiris kam Isis nämlich auch nach Phönizien. Nach der Sage herrschte dort gerade eine Königin namens Astarte. Zwar erkannte diese die Göttin Isis

nicht, hatte aber Mitleid mit der gramgebeugten Frau und nahm sie als Palastdame zu sich; ihre Aufgabe bestand nun darin, das Kind der Astarte (Tammuz?) zu hüten. Dankbar beschließt Isis, diesem Kind Unsterblichkeit zu verleihen; sie verrichtet mit ihm die notwendigen Zeremonien, zu denen es gehört, das Kind im Feuer zu stählen. Dabei wird sie von Astarte überrascht, die ihr das Kind entsetzt entreißt, wodurch der Zauber gestört wird und das Kind sterblich bleibt. Genau das aber wird auch von Demeter berichtet.
Nicht nur der Wechsel von Tag und Nacht, von Sommer und Winter tritt uns in diesem Mythos erneut entgegen. Es handelt sich vielmehr wieder darum, daß etwas geschah, was den Sterblichen versagt ist: Ein Gott hat den Tod überwunden und ist auferstanden. Leider steht am Ende auch eine Enttäuschung. Von dem ganzen Isis- und Osiris-Mythos finden sich nämlich in altägyptischen Texten kaum Andeutungen. Erst Plutarch verarbeitete die Bruchstücke im ersten Jahrhundert nach Christus ganz in griechischem Stil zu einer frei erfundenen Geschichte, um damit einer gewissen Klea, Isis-Verehrerin zu Korinth, eine kleine Freude zu machen.

Isis-Mysterien

Wie es das Bestreben so vieler Griechen war, in die Eleusinischen Mysterien eingeweiht zu werden, so drängte alle Welt in Ägypten und bald auch im ganzen römischen Reich zu den Mysterien der großen Göttin Isis. Die ägyptische Isis-Priesterschaft trieb in der ganzen damaligen Welt – von Schottland bis Indien – eine eifrige Missionsarbeit, besonders unter den Ptolemäern als wichtiger Aspekt ihrer politischen Pro-Ägypten-Propaganda.
Zur Vorbereitung der Weihe gehörte die Belehrung durch einen Priester, der den Anwärtern auch mitteilte, was sie sich anzuschaffen hätten, wie etwa festliche Kleidung. Es folgte ein elftägiges Fasten einschließlich sexueller Enthaltsamkeit.
Der eigentlichen Einweihung ging dann eine Beichte voraus, wobei das Sündenbekenntnis von allen Anwesenden mit angehört wurde. Um den Kopf des Weihpriesters leuchtete während der Zeremonie ein milder Heiligenschein – ein sogenannter »Nimbus« –, der aus der christli-

chen Kunst allgemein bekannt ist, da das ägyptische Rezept dieses Tricks erhalten ist und noch im Mittelalter zur Verblüffung gläubiger Kirchgänger gelegentlich angewendet wurde.
Die Neulinge hatten sich sodann in einem Bad zu reinigen und wurden vom Priester mit geweihtem Wasser besprengt. Schließlich mußten sie, in ein linnenes Tuch gehüllt, eine ganze Nacht allein im Allerheiligsten zubringen. Was dort vor sich ging, ist nie bekannt geworden. Wir haben nur den Wortlaut der Bekenntnisformel, die von dem »Auferstandenen« am nächsten Morgen vor der versammelten Gemeinde zu sprechen war, während er mit brennender Fackel vor einer Statue der Isis stand:

> »Ich gelangte in den Grenzbezirk des Todes, überschritt die Schwelle der Unterwelt, fuhr durch alle Elemente und kehrte wieder zurück. Mitten in der Nacht sah ich die Sonne mit weißem Lichte strahlen. Ich trat vor das Angesicht der unteren und der oberen Götter und betete sie aus nächster Nähe an.«

Damit war die Zeremonie beendet. Die Eingeweihten durften nun darauf vertrauen, im diesseitigen und im jenseitigen Leben der Huld und des Schutzes der großen Göttin teilhaftig zu sein. Man betrachtete den Tag der Weihe als den Beginn eines neuen Lebens und feierte auch zukünftig seine Wiederkehr jedesmal als eigentlichen Geburtstag.

Was der goldene Esel sagt

Der römische Schriftsteller Lucius Apuleius befaßt sich im elften Buch seiner »Metamorphosen« – auch »Der goldene Esel« genannt – ausführlich mit Isis und ihrem Kult. Lucius, der Held seiner Erzählung, war durch Hexerei in einen Esel verwandelt worden und sucht nun Hilfe bei der allmächtigen Isis.
In einem Traumgesicht läßt Apuleius sodann die Große Göttin selbst auftreten. Ihr Anblick überwältigt den Dichter. Er läßt sich zu einer ausführlichen Schilderung ihrer himmlischen Erscheinung hinreißen und wir dürfen überzeugt sein, daß es sich nicht um ein Phantasiegebilde handelt, sondern um eine Beschreibung, wie sich die Zeitgenossen des Römers Isis im allgemeinen tatsächlich vor-

stellten. Auch wir haben ja einen bestimmten Kanon vom Aussehen mythologischer Gestalten, sagen wir Mose, Gottvater oder Maria.

»Ich will versuchen, euch diese wunderbare Erscheinung zu schildern, wenn anders die Armut menschlicher Sprache zu der Beschreibung hinreicht«, beginnt Apuleius* und fährt fort:

»Reiche, ungezwungene Locken spielten sanft in angenehmer Verwirrung um den Nacken der Göttin. Ihren hohen Scheitel schmückte ein mannigfaltiger Kranz mit mancherlei Blumen. Über der Mitte der Stirn glänzte mit blassem Schein ein flaches Rund nach Art eines Spiegels oder vielmehr der Scheibe des Mondes, auf beiden Seiten von aufgerichteten gewundenen Schlangen eingefaßt und von Kornähren überragt.

Ihr Kleid war feiner Batist, der bald weiß, bald safrangelb, bald rosenrot wechselte. Es umhüllte sie ein Mantel von blendender Schwärze, der unter dem rechten Arm weg über die linke Schulter geschlagen war; der Zipfel, wie der Schild eines Kriegers, über den Rücken zurückgeworfen, fiel in mannigfachen Falten hinab, und die Fransen des Saumes flatterten zierlich im Winde. Sowohl auf der Verbrämung als auf dem Mantel selbst schimmerten zerstreute Sterne, in deren Mitte der Vollmond in seiner ganzen Pracht glänzte; und eine schwere Kette von allerlei künstlich zusammengeordneten Blumen und Früchten irrte verloren allenthalben darüber hin.

In ihren Händen führte die Göttin weit voneinander verschiedene Dinge. Denn in der Rechten hielt sie eine goldene Klapper, durch deren schmales Blech, das sich wie ein Gürtel zusammenbog, einige Stäbe gezogen waren, die bei dreimaligem Schütteln des Armes einen hellen Klang gaben. Von der Linken aber hing ihr ein goldenes Trinkgeschirr herab, über dessen Handhabe (Henkel), an der Seite, wo sie sichtbar war, eine Schlange sich emporreckte, mit hocherhobenem Haupte und geschwolle-

* Dieses und folgende Apuleius-Zitate nach der Übersetzung von August Rode.

nem Nacken. Ihre ambrosiaduftenden Füße deckten Schuhe, aus Blättern der Sieges-Palme geflochten.

In so glorreicher Erscheinung erklärt Isis, wer sie ist. Und diese Selbstdarstellung ist für uns äußerst aufschlußreich. Sie zeigt, wie Isis zu römischer Zeit bereits alle anderen Göttinnen des Altertums wie ein Magnet an sich gerissen und in sich vereint hatte. Dem armen Esel Lucius sagt sie im Traum:

»Ich, Allmutter Natur, Beherrscherin der Elemente, erstgeborenes Kind der Zeit, Höchste der Gottheiten, Königin der Manen*, Erste der Himmlischen; Ich, die ich in mir allein die Gestalt aller Götter und Göttinnen vereine... die alleinige Gottheit, welche unter so mancherlei Gestalt, so verschiedenen Bräuchen und vielerlei Namen der ganze Erdkreis verehrt – denn mich nennen die Erstgeborenen aller Menschen, die Phrygier, pessinuntische Götter-Mutter. Ich heiße den Ureinwohnern Attikas kekropische Minerva, den meerumfluteten Kypriern paphische Venus, den pfeilführenden Kretern diktynnische Diana, den drei Sprachen redenden Siziliern stygische Proserpina, den Eleusiern Alt-Göttin Ceres. Andere nennen mich Juno, andere Bellona, andere Hekate, Rhamnussa andere. Sie aber, welche die aufgehende Sonne mit ihren ersten Strahlen beleuchtet, die Äthiopier, durch die Arier und die Besitzer der ältesten Weisheit, die Ägyptier, mit den angemessensten eigenen Gebräuchen mich verehrend, geben meinen wahren Namen mir, Königin Isis.«

Und unter Anrufung all dieser Erscheinungsformen der Göttin hatte der arme Esel auch zu Isis gebetet. Hier nur der Rahmen des langen Gebets:

»Königin des Himmels! Göttin, die du mit jungfräulichem Scheine alle Religionen erleuchtest... unter welchen Namen, unter welchen Gebräuchen, unter welcher Gestalt dir die Anrufung immer am wohlgefälligsten sein mag! Hilf mir in meinem äußersten Elende!«

* Totengeister, Unterweltgeister.

Die Prozession der Grossen Göttin

Von Fragmenten abgesehen, gibt es in der gesamten antiken Literatur keine Beschreibung einer Isis-Prozession, ausgenommen das elfte Buch der »Metamorphosen« des Apuleius. Seine Darstellung entspricht den Gebräuchen, wie sie im römischen Reich des zweiten Jahrhunderts lebendig waren. Wie weit diese Gebräuche von jenen abwichen, die ein oder zwei Jahrtausende zuvor in Ägypten selbst geherrscht haben, läßt sich nur undeutlich aus Indizien erschließen. Man darf aber davon ausgehen, daß die Grundzüge ganz ähnlich gewesen sein mögen, wenn man in Rechnung stellt, wie konservativ, langlebig und zäh religiöse Routine zu sein pflegt.
Zur Zeit des Apuleius ging also wahrscheinlich alles noch ganz ähnlich vonstatten wie früher. Schauplatz seiner Schilderung ist die Umgebung des Isis-Tempels und des Seehafens von Korinth. Anlaß der Prozession, die nach der Tradition stets am 5. März stattfand und die er einst wohl selber miterlebte, war die Wiedereröffnung der Schiffahrt zu Beginn des Frühjahrs, nachdem sich die Winterstürme gelegt hatten. Nach römischer Auffassung ist zwar Neptun Gott des Meeres, nach ägyptischer aber gebietet Isis über alle Gewässer der Erde. Für die zahlreichen Anbeter der Göttin war es daher ein hoher Feiertag; auch für die vielen Ägypter, die in Korinth ansässig waren, eingeschlossen das Heer der ägyptischen Seeleute und Kaufherren, in deren Händen ein Großteil der Handelsschiffahrt lag.
In der Überlieferung des Apuleius bahnt sich die Prozession ihren Weg durch eine wogende Menschenmenge. Zu Beginn des Zuges bewegen sich Spaßmacher, »jeder nach seiner Phantasie aufs komischste maskiert«, wie etwa lächerliche Soldaten, Jäger, Gladiatoren, Philosophen, Magistratspersonen oder ein grotesk als Mädchen verkleideter Jüngling, ein als Pegasus geflügelter Esel, ein als Mundschenk des Zeus herausgeputzter Affe. Die Zuschauer jubeln.

> »Nach diesen Possen, die dem umherschwärmenden Volke unsägliches Vergnügen machten«, schreibt der Römer, »kam endlich die feierliche Prozession meiner Schutzgöttin einhergezogen. Frauen in blendend weißen Gewändern, bekränzt mit jungen Blüten des Frühlings, den Schoß mit Blumen angefüllt, bestreuten die

einen den Weg, welchen der heilige Zug nahm, andere führten auf dem Rücken schimmernde Spiegel, in denen der Göttin ihr zahlreiches Gefolge als ihr entgegenkommend erschien.

Einige hatten elfenbeinerne Kämme in Händen und taten mit Gebärden und Bewegung ihrer Arme und Finger, als schmückten sie das königliche Haar der Isis. Noch andere besprengten die Gassen mit allerhand wohlriechendem Salböl und mit köstlichem Balsam. Darauf folgte eine große Menge beiderlei Geschlechts mit Lampen, Fackeln, Wachskerzen und anderen Arten heller Lichter zu Ehren der Mutter der Gestirne.

Jetzt kamen Herolde, die mit weitschallender Stimme ausriefen: ›Platz, Platz für die Heiligtümer!‹ Hierauf strömten die in den heiligen Gottesdienst Eingeweihten einher, sowohl männlichen als weiblichen Geschlechts, jeglichen Standes, jeglichen Alters. Alle trugen leinene Kleider von blendender Weiße; die Frauen das gesalbte Haar in durchsichtigen Flor eingehüllt; die Männer das Haupt so glatt geschoren, daß der Schädel glänzte. Diese irdischen Diener der erhabenen Religion machten mit ehernen, silbernen, ja auch goldenen Sistren eine sehr hell klingende Musik. Allein die Oberpriester, in einem dicht anliegenden Gewande von weißer Leinwand, das ihnen bis auf die Füße hinabging, trugen die Symbole der allgewaltigen Götter. Der erste hielt eine helleuchtende Lampe von Gold in der Gestalt eines Rachens, in dessen Mitte eine breite Flamme aus einer Öffnung hervorloderte. Der zweite, eben wie jener gekleidet, führte in beiden Händen (Modell)-Altäre, die Hilfealtäre heißen, weil sich die Göttin hilfreich vor allem zu diesen herabzuneigen pflegt.

Derselbe Oberpriester trug auch ein goldenes Gefäß, in der Gestalt einer Brust gerundet, woraus er Milch opferte. Unmittelbar darauf sah man die Götter selbst, die sich gefallen ließen, auf den Füßen sterblicher Menschen einher zu wandeln. Da war mit schrecklichem, langhalsigem Hundskopfe der Bote der oberen und unteren Götter, Anubis; er trug sein halb schwarzes, halb goldenes Antlitz emporgerichtet und schwang in der Linken einen Heroldsstab und in der Rechten einen grünen Palmzweig. Dicht hinter ihm folgte eine Kuh in aufrechter Stellung. Diese Kuh – das segensvolle Bild der allgebärenden Göttin* – trug einer der seligen Priesterschaft auf seinen Schultern mit einer großen Pauke. Von einem anderen wurde der mystische Korb getragen, welcher die Geheimnisse der erhabenen Religion in seinem Inneren verwahrt.

In beiden Händen hielt ein anderer Glückseliger des höchsten Wesens ehrwürdiges Bild. Es war eine kleine, aus schimmerndem Golde sehr künstlich gebildete Urne** mit rundem Boden, von außen mit den wundersamen Bildern der Ägypter geschmückt.

Unter dem Getöse feierlicher Gebete rückten wir allmählich fort, bis wir an das Gestade kamen. Hier verrichtete der Hohepriester ein förmliches Gebet, reinigte mit brennender Fackel, Ei und Schwefel ein künstlich gezimmertes und ringsumher mit ägyptischen Wunder-Malereien geziertes Schiff und weihte und heiligte es der Göttin. Im blendenden Segel dieses heiligen Bootes stand mit großen Buchstaben das Gebet für die gesegnete Schiffahrt des neuen Jahres. Hoch erhob sich der runde glattbehauene Fichtenmast mit wallendem Wimpel. Auf dem Hinterteile prangte eine vergoldete Gans*** mit gewundenem Halse, und über und über glänzte das ganze Schiff von geglättetem köstlichem Zitronenholz.

Nun kamen Priester und Laien und trugen um die Wette Körbchen voll Gewürze und Opfergaben aller Art herbei und gossen Sahne über die Wellen hin. Als endlich das ganze Schiff mit reichlichen Gaben und Sühneopfern angefüllt war, wurden die Ankertaue gelöst, und ein frischer Wind trieb es in die hohe See.

Sobald es unserer Sicht entschwunden war, nahmen die heiligen Träger ihre Bildnisse und Symbole wieder auf,

* Altgöttin Hathor wurde oft als Himmelskuh dargestellt. Viele ihrer Eigenschaften gingen im Lauf der Zeit auf Isis über, die deshalb gelegentlich eine gehörnte Krone trägt.

** Eine Art Tabernakel.

*** Gänse und Enten waren den Ägyptern weibliche Geschlechtssymbole.

und unter den nämlichen Gebräuchen, worunter die feierliche Prozession gekommen, kehrte sie fröhlich nach dem Tempel zurück. Allda setzten sie in der Sakristei der Göttin die Bilder nieder, die gleichsam zu leben schienen. Darauf erschien einer von ihnen, der von allen der Kanzler genannt wurde, vor der Pforte und sprach von einer hohen Kanzel herab aus einem Buche und aus besonderen Schriften den Segen über den Kaiser, den Senat, die Ritter und das Römische Volk, über die Schiffahrt und über alles, was der Herrschaft unseres Reiches untertan ist, und verkündete endlich in griechischer Sprache und nach griechischem Brauch die Eröffnung der Schiffahrt.

Laut ertönte das Beifallsgeschrei der Gemeinde, und heilige Zweige und Kräuter oder Kränze tragend, küßten alle, von Freude überströmend, die Füße der Göttin, die aus Silber gebildet auf den Stufen des Tempels stand. Dann zog ein jeglicher seines Weges heim.«

Da uns keine andere Schilderung einer Isis-Prozession überliefert ist, durfte dieser Bericht des Apuleius wohl etwas ausführlicher herangezogen werden. Er gibt wenigstens eine ungefähre Vorstellung davon, wie ein solcher Umzug im alten Ägypten vor sich gegangen sein mag. Daß die Prozession ohne ein Bildnis der Göttin stattfand, vielmehr nur ihr »Wesen« in einer goldenen »Urne« vorgestellt wurde, scheint als Symbol des Mysteriums besonders bemerkenswert.

In spätgriechischer und römischer Zeit unterlagen die Isis-Kulte oftmals starken Einflüssen der Dionysos-Mysterien. Dabei kam es auch – je nach Örtlichkeit und Umständen – zu heiligen Kopulationen.

In Rom fand das große Isisfest immer am 25. Dezember statt. Dem waren allerdings beträchtliche Widerstände vorausgegangen. Um das Jahr 80 v. Chr. hatten sich in der Hauptstadt erste Isis-Gemeinden gebildet. Doch zwanzig Jahre später ordnete der Senat die Zerstörung des Isis-Heiligtums und die Auflösung der Gemeinden an. Dabei wurden auch 53 Kapellen auf privaten Grundstücken abgerissen. Trotzdem bildeten sich neue Zirkel und wurden neue Kulträume eingerichtet, allerdings auch gleich wieder untersagt und beseitigt. Kaiser Augustus bekräftigte das Verbot noch einmal, und sein Nachfolger Tiberius ließ sogar alle ägyptischen – und gleich auch alle jüdischen – Kulte untersagen, Priestergewänder, heilige Geräte und Schriften beschlagnahmen, verbrennen und vernichten. Die Priester wurden hingerichtet, Eingeweihte, soweit man sie ausfindig machen konnte, in die Verbannung geschickt. Als Gründe für diese Maßnahmen sind nur Mutmaßungen überliefert, wie etwa »unsittliche Auswüchse«, was besonders bei den mitbetroffenen jüdischen Kulten höchst verwunderlich anmutet.

Nach dieser Zeit der Verfolgungen blieben die Isis-Anhänger unbehelligt. Kaiser Domitian ließ einen 79 n. Chr. niedergebrannten Isis-Tempel wieder aufbauen. Kaiser Otho zog selber das weiße Gewand der Isis-Priester an und opferte der Göttin. Caracalla, Claudius oder Hadrian waren Isis-Verehrer. Seit Hadrian kamen auch römische Münzen mit einem Bildnis der ägyptischen Göttin in Umlauf. Ihre Verehrung breitete sich nun rasch über die ganze damalige Welt aus. Überall wurden ihr Tempel und Altäre errichtet. Die Frauen trugen Isis-Amulette. In Rom und in anderen Städten des Weltreichs fanden ihr zu Ehren feierliche Prozessionen statt. Noch weit in die christliche Ära hinein ließen sich hochgestellte Persönlichkeiten in die Mysterien der Isis einweihen. Ihre Insignien, Krone, Mondsichel und Sternenmantel, gingen zusammen mit dem mütterlich an der Brust getragenen Knaben auf die letzte himmlische Muttergestalt der antiken Welt über.

Maria

Alle wesentlichen Göttinnen des Altertums waren »Himmelsköniginnen« und »Gottesmütter«. Und »Isis wäre aufgrund ihrer Merkmale eine genaue und getreue Kopie der Jungfrau Maria«, sagt der Mythenforscher Beauregard, »*wenn* Maria der Isis zeitlich vorausgegangen wäre.« Es ist aber genau umgekehrt. Darin stimmt die unabhängige Religionswissenschaft heute überein, auch wenn dieser Tatbestand von der katholischen Kirche strikt geleugnet wird.

Äußerlich ist die Übereinstimmung so schlagend, daß frühe Isis- und Madonnenbilder nicht selten verwechselt und entweder fälschlich angebetet oder irrtümlich zerstört wurden. Beide Heilsfiguren trennt nur ein einziger, allerdings gewaltiger Unterschied: Isis ist eine menschengleiche Frau, Maria eine sterile Person, im tiefsten Grunde naturwidrig, wozu sie vom frauen- und sexualfeindlichen Eifer der christlichen Väter und ihrer Kirche erniedrigt wurde.

Nach christlicher Auslegung wird stillschweigend unterstellt, Maria sei eine Nachfahrin des Königs David, obwohl die beiden Genealogien des Neuen Testaments dies nur vom biologisch unbeteiligten Zimmermann Joseph behaupten (Mt 1,1–16; Lk 3,23–38). Der Jerusalemische Talmud glaubt dagegen zu wissen, Maria sei das einzige Kind eines gewissen Eli gewesen, daher erbberechtigt und deshalb verpflichtet, auch als Frau an der augusteischen Volkszählung teilzunehmen und sich in ihren Geburtsort Bethlehem zu begeben. Auch Josephs Vater hieß übrigens Eli (Lk 3,23), was zu Spekulationen über ein heiliges Bruder-Schwester-Verhältnis nach mesopotamisch-ägyptischer Tradition verführen könnte.

Im historischen Werdegang Marias zeigen sich nicht nur viele Unklarheiten, sondern auch viele Züge von Verfälschung. Sie rühren her von der Unmöglichkeit, zwei taktische Ziele miteinander zu vereinbaren. Einmal beherrschte Isis das antike Frauenbild und Frauenideal so vollkommen, daß die aufstrebende Kirche das größte Interesse daran haben mußte, das ägyptische Idol für sich in den Griff zu bekommen. Die christliche Umfunktionierung »heidnischer« Gottheiten, Feiertage, Gebräuche, gehörte ja schon zur apostolischen Bekehrungsroutine. Auf der anderen Seite mußte die neue Isis-Maria ihrer weiblichen Fakultäten so weit entkleidet werden, daß sie weder natürlich empfangen noch natürlich gebären sollte.

Selbstverständlich hatte Maria nach kirchlicher Doktrin niemals mit einem Mann Umgang, obwohl Jesu Brüder in den Evangelien erwähnt sind. Sie werden katholischerseits als seine »Vettern« bezeichnet, was im griechischen Urtext »anepsioi« heißen würde; dort steht aber ausdrücklich »adelphoi«, und das sind eben Brüder (Mk 6,3; Mt 12,46

usw.). Auch mußte die Doktrin von der dauernden Jungfräulichkeit Marias – vor der Niederkunft, bei der Niederkunft und nach der Niederkunft – mit allen Mitteln aufrecht erhalten werden. Das führte freilich zu nahezu grotesken Umschweifen.
So kann man beispielsweise noch heute im Tympanon eines Tores des Würzburger Domes bewundern, wie sich Gottvater gerade befleißigt, mit einem langen Schlauch Maria den befruchtenden Heiligen Geist durchs Ohr einzublasen. Nach dem apokryphen Protoevangelium war sie zu diesem Zeitpunkt 16 Jahre alt. Der große Kirchenlehrer Basilius verkündete im 4. Jahrhundert, Maria sei schmerzlos und »ohne die leichteste Verletzung ihrer Jungfrauschaft« niedergekommen, eine noch im 9. Jahrhundert weit verbreitete Ansicht, daß sich nämlich die Geburt Jesu »bei geschlossenem Leib« der Jungfrau vollzogen habe. Das Konzil von Trient erhob diese Ansicht 1555 zum Dogma. Ein Wunder, daß man Maria überhaupt erlaubte, den so mirakulös zur Welt gekommenen Knaben an die weibliche Brust zu nehmen und – wie Isis den Horus – zu säugen.
Das Dogma von der Unbefleckten Empfängnis, 1854 von Pius IX. Mastai-Ferretti verkündet, ist eine verzwickte Sache. An die geschlechtliche Fortpflanzung knüpft sich nämlich nach weithin christlicher Auffassung auch die Weitergabe der Erbsünde von Generation zu Generation. So mußte also Jesus, wenn er ohne Erbsünde sein sollte, ohne sexuellen Kontakt empfangen werden. Allerdings mußte, so folgerte der erwähnte Pius in seiner Bulle »Ineffabilis Deus«, dann auch Maria wunderbar »unbefleckt« von ihren Eltern Anna und Joachim zustande gebracht worden sein.
Betrachtet man die Lehre von der Unbefleckten Empfängnis einmal nüchtern, dann sagt sie doch, daß jeder normale geschlechtliche Akt eine »Befleckung« darstellt – ein impertinenter Angriff auf die Würde des Menschen.
Im übrigen war in den ersten dreihundert Jahren des Christentums die Jungfrauschaft Marias kein Glaubensgegenstand. Nahezu alle ringsum noch blühenden heidnischen Religionen behaupteten doch von ihrem Gott, er sei von einer Jungfrau zur Welt gebracht worden. Ärgerlicherweise

auch die Hauptkonkurrenz, die weit verbreitete Mithrasgemeinde. Diese feierte jedes Jahr vom 24. auf den 25. Dezember die Geburt ihres Sonnengottes Mithras aus der jungfräulichen Dea Caelestis, wobei die Gläubigen eine Statuette des neugeborenen Knaben umhertrugen. Die Christen kannten kein Geburtsdatum ihres Erlösers, aber im Jahre 353 beschloß die Kirche, es auf den 25. Dezember festzulegen, ein Ersatz für den inzwischen unter Verfolgung stehenden volkstümlichen Mithraskult.

In dieser ganzen Zeit des Werdens war die Haltung der frühen Christen schwankend. Die einen wollten missionieren und konkurrierenden Religionsgemeinschaften Anhänger abspenstig machen, indem sie damit lockten, »das alles könnten sie auch bei uns Christen haben«. Auf der anderen Seite wehrten sich viele Kirchenväter entschieden dagegen, auch Jesus mit Jungfrauengeburt und ähnlichen »heidnischen« Spekulationen in Verbindung zu bringen. Man wollte sogar wissen, Anna, Marias Mutter, habe Bedenken gegen die Behauptung geäußert, ihre Tochter hätte ohne zu empfangen geboren. Berühmte Gottesgelehrte wie Irenäus und Tertullian erklärten, Jesus sei wie jeder andere Mensch gezeugt und zur Welt gebracht worden. Thomas von Aquin bekämpfte die Lehre von der Unbefleckten Empfängnis und bequemte sich erst 1140 zu deren Anerkennung. Selbst die Gottesmutterschaft Marias war umstritten, bis das Konzil von Ephesus 431 Maria als Mutter Jesu offiziell anerkannte.

Trotzdem blieben Zweifel bestehen, so daß sich 649 die Synode zu Rom unter Papst Martin I. gezwungen sah, jeden mit dem Kirchenbann zu bedrohen, der seine Skepsis gegenüber Unbefleckter Empfängnis und jungfräulicher Geburt nicht aufgeben wolle. Eigentlich wurde der Streit erst beendet, als genannter Papst Pius IX. in apostolischer Unfehlbarkeit 1854 die ganze Sache kurzerhand und einfach zum Dogma erhob. Papst Pius XII. Pacelli setzte 1950 noch das Dogma von der leiblichen Himmelfahrt Mariens obendrauf.

Die orthodoxen Ostkirchen und die gesamte protestantische Christenheit lehnen die von Rom gelehrten Mariendoktrine ab. Schon Luther meinte, Marias »verdienst kan mich nicht helffen«, und Goethes Einstellung zum Christentum* erlaubte es ihm, Maria rundweg »eine schöne Erfindung«** zu nennen.

Die unheilige Sophie

Es wurde schon erwähnt, wie die beginnende Kirche mit einer ihrer stärksten Konkurrentinnen zu kämpfen hatte, der Gnosis. Neben vielen anderen religiösen und philosophischen Spekulationen hatten gewisse gnostische Sekten bald einen schwachen Punkt der Frühchristen erspürt, nämlich deren Frauen- und Geschlechtsfeindlichkeit. Dazu im Gegensatz betrachteten diese Gemeinden Sexualität als einen wichtigen und natürlichen Bestandteil des Menschen und des Lebens.
Nun verehrten viele Gnostiker eine aus der griechischen Philo*sophie* stammende »Weisheit«, nämlich Sophia, eine als Frau verkörperte Himmelsmacht. Sie nahm sehr schnell die Gestalt einer Göttin an, galt als »die Summe allen Wissens« und wurde als eine Art »personifizierter Weltseele« – Anima Mundi – gedacht. Bei den gnostischen Barbelioten und Orphiten galt sie schlechthin als das weibliche Weltprinzip und wurde mit dem Heiligen Geist gleichgesetzt. Vor allem konnte sie geben, was eine Maria nicht zu geben vermochte, nämlich gelebtes Leben. Der Einfluß antiker Göttinnen von Ischtar bis Isis ist unverkennbar.
So spricht denn auch Kirchenvater Irenäus – natürlich ablehnend – von Sophia als der »überweltlichen Mutter Sophia Prunikos«, was »geile Mutter Sophie« heißt. In gnostischen Texten ist sie nicht nur als ehemalige Mondgöttin zu erkennen, sondern auch, wie etwa bei Simon Magnus, als Dirne. Folglich ist sie himmlische Lichtgestalt und zugleich Verkörperung der sinnlichen Liebe.
Die orgiastischen Sexualpraktiken einzelner gnostischer Gruppen rund um Sophia weckten jedenfalls das theologische Interesse von zwei bedeutenden Kirchenlehrern, des hl. Irenäus und des hl. Clemens von Alexandrien, die uns

* Vier Dinge seien ihm zuwider, sagt er in den Venezianischen Epigrammen: »Rauch des Tabaks, Wanzen und Knoblauch und Kreuz.«

** Tagebuch vom 8. 10. 1786

die Details der Zusammenkünfte als warnende Beispiele schriftlich hinterließen. Auch Fortwirkungen bis in die nahe Gegenwart lassen sich nachweisen. Dem russischen Dichter und Philosophen Wladimir Sergejewitsch Solowjew beispielsweise ist die göttliche Sophia, die »ewige Freundin«, nach eigenen Angaben dreimal leibhaftig in Gestalt einer schönen Frau erschienen, einmal sogar im Lesesaal des Britischen Museums.

Die wiedererstandene Isis

Brasilien, »das größte katholische Land der Erde«, wie vatikanische Quellen rühmen, ist auch das einzige christliche Land der Welt, das amtlich einen eigenen Feiertag für eine heidnische Göttin einrichtete. So geschehen im Bundesstaat Guanabara, der inzwischen zum benachbarten Bundesstaat Rio de Janeiro gehört. Der Feiertag: 31. Dezember. Die Göttin: Iemanjá*, Allherrscherin des afrobrasilianischen Pantheons.

Viele Millionen Brasilianer, selbst wenn sie sich Katholiken nennen und gelegentlich sogar in die Kirche gehen, sind überzeugte Anhänger des aus Afrika mit den Negersklaven in die Neue Welt gekommenen Umbanda-Kultes. In der Karibik als Voodoo bekannt, im deutschen Sprachgebiet zumeist mit Macumba verwechselt. Lange Zeit wurde die schwarze Religion von den Behörden, den weißen Plantagenbesitzern und von der Kirche verfolgt. Deshalb gaben die Neger ihren Göttern und Göttinnen zur Tarnung Namen katholischer Heiliger. Iemanjá wurde mit Maria gleichgesetzt, und noch heute gibt die Kirche aus taktischen Gründen vor, das zu glauben, obwohl jedermann in Brasilien die Verkappung der heidnischen Göttin kennt und sie auch beim Namen nennt.

Iemanjá überragt alle anderen Gestalten des schwarzen Olymp. Sie erhebt sich selbst über Oxun, die Göttin der

---

* Gesprochen Yemanjá, das j stimmhaft wie französisch in »Journal«, das á am Ende trägt die kurze Betonung.

Schönheit, der Eleganz, des Reichtums, des Charmes, oder über Obá, die heilige Kriegerin. Sie ist eine Göttin, die viele Rätsel aufgibt. Selbst die höchsten Gottheiten des Umbanda-Universums, Olorum und Oxalá, werden an Bedeutung und Wirkung von ihr in den Schatten gestellt. Das matriarchale Mysterium kommt hier voll zur Geltung. Ischtar, Athene, Aphrodite, Isis und auch Maria selbst sind betroffen. Das Geheimnis der Iemanjá ist jedoch vielfach anders geartet.

Zunächst einmal handelt es sich um eine Göttin des Meeres, eine Frau, die sich jeder in seiner Phantasie als die schönste und begehrenswerteste aller Frauen vorstellen kann. Ihr Leib ist nicht wie der von Nymphen, Nixen und Nejaden als Fischkörper ausgebildet, sondern vollkommen menschlich und menschlich vollkommen. Nur ihr Haar ist algengrün, auf manchen Bildnissen aber auch glatt und schwarz. Sie hat blaue Augen und die Hautfarbe der weißen Rasse. Eine Außenseiterin im Kosmos der schwarzafrikanischen Kulte.

Schon in dieser kurzen Beschreibung als hellhäutige Beherrscherin des Meeres tritt Iemanjá deutlich an die Seite der ägyptischen Isis. Zahllos sind weitere Attribute und Eigenschaften, die der Meeresgöttin von ihren Verehrern und Anbetern zugeschrieben werden. Rot, Dunkelblau und Rosa gelten als ihre Lieblingsfarben. Als Insignien trägt sie Fächer und Schwert. Wenn sie über die Wogen schreitet, streut sie mit vollen Händen Perlen ins Meer, die von den Muscheln sorgsam aufbewahrt werden. Zu ihren Lieblingsspeisen gehören Tauben, Mais, Hähnchen, Zwiebeln und Fleisch vom kastrierten Ziegenbock, was alles für die Opferzeremonien von Wichtigkeit ist. Jeder Samstag ist Iemanjá gewidmet.

Iemanjá legt Wert auf die Beachtung ihrer Wünsche und Launen. Denn sie ist eine eifersüchtige Göttin. Ihren getreuen Anbetern kann sie helfen, vor allem in Liebesangelegenheiten, kann sie vor Mißgunst, Neid und Unglück schützen. Zugleich aber ist sie rachsüchtig, grausam und schnell zornig, verfolgt Respektlose, Verächter und Feinde, züchtigt sie mit Liebeskummer, geschäftlichem Mißerfolg, mit Krankheit, Schicksalsschlägen und vielerlei anderer Pein. In schweren Fällen kann sie auch töten.

Bemerkenswerterweise ist Iemanjá keine Jungfrau, auch wenn das ihrem kirchlichen Anschein nicht entspricht. Niemals wird die Nichtjungfrau Iemanjá, wie etwa Isis oder Maria, mit einem Kind dargestellt. Sie verliebt sich häufig und heftig und zieht ihre Liebhaber zu sich auf den Meeresgrund hinab, ein wonniger Trost für gekenterte Fischer und ertrinkende Seeleute. Nach einer der vielen Legenden war ihr erster Geliebter Oxalá, nach Olorum die höchste Gottheit. Aus dieser Verbindung ging die ganze Welt mit allen ihren Kreaturen einschließlich der Götter hervor. So ist sie ganz im antiken Sinne Allmutter, ewig jung und unsterblich.

Man meine nun nicht, das alles seien hübsche Erzählungen von symbolischer Bedeutung. Für breiteste Schichten der brasilianischen Bevölkerung, von Bewohnern der Elendsviertel bis hinauf in die Kreise der Intelligenz, der Künstler, Ärzte, Anwälte, Politiker handelt es sich um feste Glaubensüberzeugungen. An der achttausend Kilometer langen Küste Brasiliens übertrifft die Verehrung Iemanjás alle europäischen Vorstellungen.

Wenn sich zum Jahreswechsel die Mitternachtsstunde nähert, versammeln sich an den Stränden von Rio de Janeiro hunderttausende (!) Menschen, um an dem Kult der Meeresgöttin teilzunehmen. Viele Boote sind vorbereitet, mit Windlichtern, Girlanden, Blumen und Lampions geschmückt, einfache Barken der Fischer, Kutter und vornehme Jachten. Aus den Nachtlokalen und Klubs, wo Silvester gefeiert wird, strömen die reichen Leute in Smoking und Abendkleid herbei, mischen sich barfuß unter die Menge des Volkes, der Krämer, Handwerker und Beamten, Schwarze, Mulatten und Weiße, auch Soldaten nehmen teil, viele Mädchen, dicke Frauen und magere Großmütter in weißen Roben sind als Mitglieder der Kultgemeinden erkenntlich, der sogenannten Terreiros, deren es allein in Rio über siebentausend gibt, eine Zahl, die Kirchen, Kapellen und Schreine in keiner Stadt der Erde erreichen.

Unter rhythmischen Gesängen, unter dem Klang heiliger Trommeln, unter Jubel, Kindergeschrei und ekstatischen Krämpfen besessener Gläubiger nimmt das Fest seinen Anfang. Einige »Schulen« des Umbanda-Kultes erlegen es ihren Mitgliedern auf, sich der Gottheit nur hinkend zu nähern, wie es schon den Baalpriestern vorgeschrieben war (1 Kön 18,26 unrichtig mit »hüpfen« übersetzt). Endlich stechen die Schiffe in See. Alles winkt, ruft, tanzt. Viele Teilnehmer waten sogar in voller Kleidung begeistert hinaus ins Wasser, manche bis zu den Knien, einige bis zu den Hüften, als handle es sich um die mythischen Fluten des Ganges.

Weit draußen, wenn vom Strand aus nur noch die Lichter zu erkennen sind, wird sodann der Iemanjá geopfert, vor allem Ringe, Halsketten und anderer Schmuck. »Es muß keine teure Ware sein«, steht in einem Umbanda-Katechismus. Tatsächlich können ja die meisten Menschen nur Flitter und Talmi erschwingen, doch lassen es sich Frauen aus den bevorzugten Gesellschaftskreisen der Stadt oft nicht nehmen, in höchster Emotion einen echten Brillantring vom Finger zu ziehen oder einen Goldreif vom Arm zu nehmen und mit großer Geste über Bord zu schleudern.

Zu den Opfergaben gehören auch Blumen, die meist tags darauf wieder angeschwemmt werden und bei Ebbe kilometerlang den Strand bedecken. Ab und zu werden auch lebende Tiere in die Fluten geworfen; der Ethnologe Câmara Cascudo erwähnt darunter sogar Pferde, die auf solche Weise der Göttin dargebracht wurden. In alten Zeiten sollen manchmal auch – in aller Heimlichkeit – weiße Säuglinge und Kleinkinder zu den Opfern gehört haben, vor allem, um reichen Fischfang zu gewährleisten. Ohnehin erwartet sich jeder, je bedeutsamer seine Gaben, desto mehr Gunst und Zuneigung der Herrscherin der Meere.

Die Faszination, die Iemanjá auf breiteste Bevölkerungsschichten und weit über die Kreise der unmittelbaren Umbanda-Anhänger hinaus ausübt, mag nicht zum geringsten Teil damit zusammenhängen, daß die Göttin nichts mit der körperfeindlichen Unberührtheit der christlichen Gottesmutter gemein hat, sondern ganz im Gegenteil Liebesidol und Fruchtbarkeitssymbol ist, die menschliche Sexualität nicht unterdrückt oder verleugnet, sondern als wesentlichen Bestandteil aller lebenden Kreatur bejaht. Auch damit steht sie ganz in der Tradition der Antike.

So erhebt sich endlich die Frage nach der Herkunft der Göttin, die im fünftgrößten Land der Erde, unter den Au-

gen der katholischen Kirche und in unserer nüchternen Gegenwart eine so hohe religiöse Stellung einnimmt.
Im allgemeinen wird nur gesagt, die schwarzafrikanischen Gottheiten seien vor allem aus Benin (dem ehemals französischen Dahomey) nach Brasilien gekommen. Die Kunst Benins aber ist das größte und bisher ungelöste Problem in der Kunstgeschichte des schwarzen Erdteils. Sie ist von der Ife-Kunst beeinflußt und weicht vollständig von der übrigen, dämonisch-zerrbildhaften Negerkunst ab. In der Plastik Benins zeigt sich ein idealisierter Naturalismus, »wie er sich«, nach dem Kunsthistoriker William Fagg, »sonst nur in der europäischen Antike findet.« Ein anderer Forscher, Leon Underwood, vermutet, »daß eine so starke Annäherung an die klassischen griechischen Maßeinheiten (des menschlichen Körpers) in Westafrika nicht aufkommen konnte.« Auch in der Mythologie ließen sich nach Fagg Beispiele für Ähnlichkeiten zwischen Ife-Benin und dem vorklassischen Griechenland mehren.
Wenn sich diese Indizien als stichhaltig erweisen, kann man wagen, die Ursprünge in der Antike zu suchen, als sowohl die nordafrikanische Küste als auch das Niltal unter römischer Herrschaft und griechisch-ägyptischen Kultureinflüssen standen. Dominierende Göttin jener Epoche war aber fast ausschließlich Isis unter Einschluß aphroditischer Wechselwirkungen. Griechische und römische Götterstatuen könnten auf den vielfältigen innerafrikanischen Handelswegen jener frühen Zeit bis nach Benin gewandert sein, bis Duplikate davon – oder die handwerkliche Fertigkeit dazu – mit den Sklaven nach Brasilien gelangten und als Vorbilder dienten. Die Archäologen fanden bisher allerdings keine Gegenstände dieser Art in West- oder Südafrika.
Nichts davon also ist bewiesen, aber viele Umstände sprechen dafür. Ob nun Iemanjá von einer weißen Statue der Antike abstammt, oder ob die versklavten Neger, wie ebenfalls vermutet wird, je weiter sie sich in der Neuen Welt von ihren Ursprüngen entfernten, die begehrten und unerreichbaren weißen Frauen, ihre Herrinnen, in der Gestalt der Göttin Iemanjá verkörperten, bleibt ungewiß.
Doch die Tatsache der Herrschaft einer weißen »heidnischen« Göttin inmitten eines christlich-katholischen Lan-

des unserer Gegenwart, nur wenige Flugstunden von Europa entfernt, ist ein frappantes Beispiel für die fortdauernde Macht und Anziehungskraft der polytheistischen Weltschau unserer Voreltern. Daß es sich dabei um eine Frau handelt, um eine wieder zur echten Frau gewordene Maria, ist zugleich ein Auferstehungs-Mysterium. Isis lebt mitten unter uns.

Götterdämmerung

Bischof mit
Schwert
Der hl. Burkhard
auf der Alten
Mainbrücke
in Würzburg

Verlockend wäre es nun, in diesem letzten Kapitel Bilanz zu ziehen: dort polytheistische Religionen, wie sie seit den Anfängen der Menschheit bis heute bestehen, hier just 2000 Jahre Christentum; Lebensaufgabe für einen kommenden großen Historiker. Ich muß mich damit bescheiden, einige Anmerkungen und Materialien vorzulegen.
Vielleicht ist es zunächst angebracht, an die allgemeine Erschütterung des Religiösen in unserer gegenwärtigen Welt zu erinnern. Vielen Generationen ist suggeriert worden, mit dem Monotheismus, mit dem Glauben an eine einzige Gottheit, habe die Menschheit den letzten Gipfel der Religion, der Ethik, ja ihres Geistes- und Seelenlebens überhaupt, erklommen. Es handle sich sozusagen um den absoluten Höhepunkt aller Religionsentwicklung.
Das ist aber lediglich eine Behauptung, für die es keinerlei Gründe und schon gar keine Beweise gibt oder geben kann. Jederzeit ließen sich andere Modelle ausdenken und als gleichwertige Behauptungen hinstellen. So wird beispielsweise die Auffassung, Monotheismus sei die höchstmögliche Blüte des Glaubens, von den Bekennern anderer Religionen keineswegs geteilt. Für das wachsende Heer Nichtgläubiger ist sie ohnehin kein Thema.
In der Tat lassen sich leichter handfeste Argumente gegen den Monotheismus beibringen. Mehrfach wurde in den vorhergehenden Kapiteln darauf hingewiesen, wie etwa die Natur, unser aller Lebenselement, in nicht-monotheistischen Gesellschaften mehr Schonung erfahren hat und in unberührten Gegenden noch erfährt, da jeder Baum, jedes Gewässer, jedes Tier, jeder Berg von Göttern, hegenden Geistern, Nymphen belebt gedacht wurde. Dagegen haben alle drei monotheistischen Religionen die Erde entheiligt, ins Belieben des Menschen gestellt, seinem Egoismus, seiner ausbeuterischen Raffgier und Schonungslosigkeit preisgegeben. Aus dem Monotheismus ist »Moneytheismus« geworden.

Dies ist beileibe kein Plädoyer für eine Rückkehr zu den früheren Göttern. Nur ein Appell, sich auf Werte zu besinnen, die heute wieder allgemein zur Diskussion stehen, während ringsum die Gebäude der Kirchen langsam, aber unaufhaltsam abbröckeln, wie einst die verödeten Tempel der Antike. Und wenn jenseits des naturwissenschaftlichen Weltbildes noch Glaubensvorstellungen leben, werden sie mehr und mehr als Privatsache jedes einzelnen Menschen angesehen.

INTOLERANZ IST OUT

Ein weiteres schwerwiegendes Argument kommt hinzu. Verkürzt ausgedrückt:

Die religiöse Welt des Altertums war in Glaubensdingen freiheitlich und in großen Zügen tolerant; sie duldete jede Form der Anbetung jeder beliebigen Art und Zahl von Gottheiten; in unserer heutigen Sprache ausgedrückt: sie war pluralistisch.

Mit dem Aufkommen des Monotheismus mußte dieser Stand der Dinge einer absoluten Diktatur weichen, mit einem himmlischen Führer und seinem weit verästelten Funktionärsapparat, der bis in die geheimste Privatsphäre jedes Einzelnen hineinzuspähen vermochte. Strenge Gebote und Verbote umgaben Gedanken, Handlungen und Lebensform.

Heute wendet sich das Blatt erneut: hin zu Demokratie und Pluralismus, zur Befreiung des Menschen aus Bevormundung und Glaubenszwang. Das mag der Hauptgrund für die Abwendung von etablierten, besserwisserischen und intoleranten Religionen und ihren diversen Kirchen sein.

Doch das ist nicht alles. Überzeugung und Bekehrung haben in der Geschichte der drei monotheistischen Religionen eine nur geringfügige Rolle gespielt. Ihre Ausbreitung geschah stets im Gefolge militärischer Macht. Militärische Macht und Priestermacht durchdrangen einander und trieben sich gegenseitig vorwärts. Gemeinsam richteten sie zum eigenen Nutzen die Diktatur des einen Gottes über die niedergeworfenen Völker und deren Götter auf.

Einige Strecken des Blutstromes, in dem die toleranten Religionen der Vergangenheit ertränkt wurden, sollen hier in Erinnerung gebracht werden. Die völkermörderischen

Militäraktionen, mit denen als erste die alten Hebräer das vom HERRN »gelobte Land« unterwarfen, um über den Leichen der Bewohner und den verwüsteten Feldern und Heiligtümern die Alleinherrschaft des himmlischen Monomanen aufzurichten, kann ich hier übergehen; sie sind im Alten Testament mit zynischer Offenheit geschildert*.

EIN WELTREICH ZU GEWINNEN

Zweiter Schauplatz ist das Römische Weltreich. Unter den Caesaren hielt der Staat selbst an der griechisch-römischen Götterverehrung fest. Zusammen mit der Philosophie blieb das auch immer Glaubenstradition der Gebildeten. Daneben wimmelte es von Kulten zahlreicher Gottheiten aus drei Erdteilen, in erster Linie Mysterienreligionen; darunter auch die eines gewissen Christos aus Nazareth.

Nun unterschieden sich allerdings die Christen in einigen Punkten von anderen Konfessionen. Sie lehnten beispielsweise so typisch römische Einrichtungen wie Theater, Zirkus oder Gladiatoren- und Tierkämpfe ab. Aus unserer heutigen Sicht im einen und anderen Fall ganz zu recht; in den Augen ihrer Zeitgenossen wirkte es absonderlich, ja hochmütig. Alle Götter, die anderen Mitmenschen heilig waren, wurden von den Christen als Götzen und Dämonen geschmäht. Ihre Lehre war im Vergleich zu sonstigen Mysterienkulten primitiv und zog vor allem Sklaven und Menschen aus den tiefsten Schichten des Proletariats an, was leicht Anlaß zu allen möglichen sozialen Verdächtigungen geben konnte, zumal ihr Prophet selber ein Aufwiegler gewesen sein sollte, der deswegen von den römischen Behörden in der Provinz Judaea als gemeiner Verbrecher hingerichtet worden war.

Schwerwiegender schien, daß die Anhänger des galiläischen Zimmermanns nicht nur das gesetzlich vorgeschriebene Staatsopfer verweigerten, sondern auch den Wehrdienst. Das regelmäßige öffentliche Opfer für die olympi-

* z. B. Jos 8,24–29; Jos 10 und 11; 1 Sam 15,3

schen Götter galt den Römern als staatserhaltende Pflicht, der sich niemand entziehen durfte, auch wenn jeder im übrigen frei war, welcher Religion auch immer anzuhängen. Gegen christliche Wehrdienstverweigerer wurde oft mit schweren Strafen vorgegangen, gelegentlich gab es auch Hinrichtungen, was viele Angeklagte bewog, ihr Christentum wieder aufzugeben.

Alles in allem genommen waren die Christen in der Frühzeit ihres Wirkens irgendwie verdächtig. Dazu trug nicht wenig die sogenannte Arkandisziplin bei, die allen Mitgliedern der urchristlichen Gemeinden Schweigepflicht und Geheimhaltung ihrer Riten und Gebräuche auferlegte. Das Schweigegebot herrschte auch in anderen zeitgenössischen Mysterienreligionen, doch da sich die christlichen Zirkel aus Armen, Sklaven und anderen Randgruppen zusammensetzten, konnte rasch an sozialpolitische Umtriebe gedacht werden, zumal Ungetauften kein Zutritt zu den Zusammenkünften der Urchristen erlaubt war. So galten sie jedenfalls als Außenseiter, die sich von der alltäglichen Gesellschaft unterschieden und absonderten, und deshalb waren sie wie alle Gruppen, die sich ähnlich verhalten, allgemein unbeliebt. Gebildete hielten sie außerdem für geistig zurückgeblieben, was noch heute in Schimpfwörtern wie Kretin, crétin, cretino (für Idiot) nachklingt.

MÄRTYRERLEGENDEN

Kein Wunder, wenn jeder gegebene oder erfundene Anlaß genügte, um den Volkszorn gegen die Christen zu wenden. Man muß ja nur Namen wie Nero oder Diocletian nennen, um sofort ein breites Panorama blutiger Christenverfolgung – das brennende Rom als schaurige Hollywood-Kulisse – vor dem geistigen Auge erstehen zu lassen. Rund zweitausend Jahre christlicher Geschichtsschreibung haben dieses Klischee in den Rang einer unumstößlichen Wahrheit erhoben.

Tatsächlich kann eine von den Kirchen unabhängige Forschung die christliche Märtyrerlegende lediglich in vereinzelten Fällen bestätigen, in den meisten aber aufgrund der Aktenlage nur widerlegen. Leider ist hier nicht der Ort, dieses Material auszubreiten, was dazu zwingt, auf weiterführende Literatur zu verweisen*. Gewiß aber wird es nützlich sein, sich immer vor Augen zu halten, daß der größere Teil der Märtyrerlegenden pure Erfindung ist, die im Altertum und frühen Mittelalter ungehemmt von jeder Kritik aufblühte und ein unschätzbares Medium der christlichen Propaganda und des katholischen Heiligen- und Reliquienkultes bildete.

Nach dem berühmten Brand von Rom im Jahr 64, an dem Nero nach allen historischen Indizien nicht beteiligt war, gab der Kaiser einem allgemeinen Gerücht nach, und zahlreiche Christen wurden wegen Brandstiftung zum Tode verurteilt. Nach den damals gültigen Gesetzen wurde Brandstiftung mit Kreuzigung, Verbrennen oder Tod durch wilde Tiere bestraft. In diesem Sinne waren es legale Maßnahmen und keine eigens für Christen ausgedachten Grausamkeiten. Ob die Verurteilten schuldig oder unschuldig waren, läßt sich nicht mehr feststellen: wahrscheinlich nicht, denn große Brände waren im alten Rom keine Seltenheit. Die Christen wurden jedenfalls nicht wegen ihrer Religion verurteilt. Zeitgenössische Schriftsteller wie Sueton oder Tacitus zählen die Episode sogar zu den guten und gerechten Taten Neros.

Auch unternahm der Kaiser gewaltige Anstrengungen, um den Opfern der Katastrophe zu helfen, ihre Häuser wieder aufzubauen und sie von Steuern zu befreien. Man warf ihm zwar vor, er habe seinen Stiefbruder Britannicus, seine Mutter Agrippina und seine Gemahlin Octavia ermorden lassen, doch war er über seinen Tod hinaus beliebt, galt als mildtätig, volksnah und als Künstler nicht unbegabt, wie einige seiner erhalten gebliebenen Gedichte beweisen. Das Römische Reich war während seiner Regierungszeit vorbildlich verwaltet, was selbst Kritiker zugeben. Einen bestialischen Christenschlächter hat erst die kirchliche Historiographie aus ihm gemacht.

Zahlreichen Kaisern nach Nero, wie Galba, Vespasian, Titus, Trajan, Hadrian, Marcus Aurelius oder Caracalla, waren die Christen nahezu gleichgültig. Der letzte ließ sogar

* Eine anschauliche Zusammenfassung mit zahlreichen Quellenangaben bietet Deschners »Abermals krähte der Hahn«.

215 einen neuen Isis-Tempel in Rom bauen. Die Christen hatten praktisch zweihundert Jahre lang Zeit, sich ungestört auszubreiten. Verfolgungen, die auch Todesopfer forderten, entsprangen nie behördlichen Anordnungen, sondern waren stets lokale Ausbrüche, wie sie sich gelegentlich auch gegen Juden und andere »fremdartige Elemente« richteten.

Erst im Jahre 250 verlangte Decius von den Christen, an den Opfern für die Staatsgötter teilzunehmen. Die Androhung schwerer Strafen bewog viele, dem Christentum sogleich abzuschwören; andere streuten vor den Götterbildern ein wenig Weihrauch, was den Behörden zumeist genügte. Einige verweigerten wortreich auch das; sie wurden als Geistesgestörte nach Hause geschickt oder, wenn sie Pech hatten, tatsächlich hingerichtet.

Sieben Bischöfe aus Ephesus, die während der Herrschaft des Decius zu Märtyrern geworden sein sollen, standen fast zweihundert Jahre später unter Theodosius aus ihren Gräbern wieder auf, gerade rechtzeitig, um als lebendes Argument einer um sich greifenden »Irrlehre« entgegenzutreten, welche die leibliche Auferstehung leugnete. Danach legten sie sich wieder nieder, um des Jüngsten Tages zu harren. So von berühmten kirchlichen Würdenträgern bis ins 13. Jahrhundert hinein kolportiert und behauptet, was die Glaubwürdigkeit auch so vieler anderer noch heute erzählter Überlieferungen erhärten mag.

Während der berüchtigten Christenverfolgung des Jahres 303 unter Diocletian waren etwas über zehn Prozent der Bewohner des Römischen Weltreiches Christen. Der Kaiser hätte wohl ein Wahnsinniger sein müssen, um sie ausrotten zu wollen. Allerdings wurden nun viele besonders auffällige Aktivisten in Bergwerke, auf die Galeeren oder in die Verbannung geschickt, attraktive Christinnen auch ins Bordell, aber es gab keine Massaker.

Im Gegenteil waren während der ganzen Jahre, in denen die »Christenverfolgungen« stattfanden, weder die Kirche noch ihre Institutionen jemals verboten. Missionare und Bischöfe reisten nach Belieben im ganzen Reich umher, hielten Versammlungen ab, predigten, zelebrierten die Messe, besuchten Konzile, tauften und beeinflußten allmählich auch die anfangs verschlossenen Schichten von wohlhabenden, beziehungsreichen und gebildeteren Bürgern. In anderen Reichsteilen, so im Osten unter Maximinus Daia, wurde die Kirche allerdings bedrückt, obwohl Kaiser Galerius 311 auf dem Sterbebett das Aufhören aller Verfolgungsmaßnahmen befohlen hatte.

CONSTANTIN

Trifft man bei Herrschergestalten auf den Namensschmuck »der Große« – gelegentlich auch »die Große« –, so sollte man sich fragen, woher dieser Ehrentitel kommt und für welche Taten oder Verdienste er seinen Trägern verliehen worden ist.
Constantin der Große erlangte die Alleinherrschaft, nachdem er seinen Mitkaiser Licinius hatte ermorden lassen. Außerdem ließ er seinen Sohn Crispus umbringen und seine Gemahlin Fausta im Bad ersticken. Christliche Geschichtsschreibung will, daß er im Kampf gegen Kaiser Maxentius an der Milvischen Brücke im Jahre 312 nur deshalb siegte, weil er auf den römischen Standarten das Zeichen des Kreuzes hatte anbringen lassen. Die gleiche Geschichtsschreibung will ferner, er habe sich – zumindest auf dem Sterbebett – taufen lassen, obwohl es dafür keinerlei sichere Anhaltspunkte gibt; im Gegenteil: wurde er doch gemäß vorchristlichem Brauch nach seinem Tode vom römischen Senat zum Gott erklärt.
Constantins Politik ging von einer rein pragmatischen Einschätzung des Christentums aus. Zweifellos wollte er den christlichen Bevölkerungsteil in den Staat integrieren, mit den Anhängern anderer Religionen gleichstellen und damit den inneren Frieden des Reiches sichern. Das war auch der Grund, weshalb er neben nichtchristlichen nun auch christliche Würdenträger an seinen Hof zog, obwohl er sich selber auf den Konzilen von Nicaea (325/327) auf die Seite der ketzerischen Arianer gestellt hatte. Das innerkirchliche Gezänk widerte ihn an.
Offene Resignation spricht aus einem der Briefe des Kaisers, wenn er schreibt, schließlich solle jeder in Frieden und unbehelligt glauben, wonach es ihn verlange.
Dann kam die Wende. Das Ziel seiner christlichen Ratgeber wurde erreicht. Es bestand darin, die Macht des Imperators zugunsten des Christentums in Bewegung zu setzen

und damit die Konkurrenz der olympischen Staatsreligion und aller anderen Kulte auszuschalten.
So kam es rasch zu ersten Maßnahmen Constantins gegen jede nichtchristliche Religion. Sie steigerten sich bald bis zur offenen Verfolgung, je weiter sich die christliche Lobby im Kaiserpalast vorwagen konnte. Und hier beginnt die eigentliche Tragödie. Von nun an stützt sich die Kirche der Nächstenliebe auf das Schwert, auf den »weltlichen Arm«, dem sie alle weiteren Eroberungen und die Ausrottung der Andersgläubigen aufbürdet.
Constantins caesarische Hybris äußerte sich vor allem im Bau einer neuen Hauptstadt am Bosporus. Das kostete Unsummen. Die neue Metropole mußte ja auch mit allem Prunk ausgeschmückt werden. Was während der ganzen Antike als Frevel angesehen wurde, für sein Konstantinopel setzte sich der Kaiser über alle Hemmungen hinweg: Es begann das Ausrauben der Tempel und anderer nichtchristlicher Heiligtümer im ganzen Reich, begleitet von Jubel und Dankgottesdiensten der Christenheit.
Selbst Victor Schultze, ein im allgemeinen sehr christenfreundlicher Historiker, bemerkt, die systematische Plünderung der antiken Tempel sei »bezeichnend für den Standpunkt, welchen der Staat der alten Religion gegenüber einnahm, und die pietätlose Weise, in welcher die christlichen Beamten den kaiserlichen Befehl ausführten.« Weiter heißt es da:

> »Unter Spott und Lachen wurden im Beisein der kaiserlichen Kommissare die ehrwürdigen Statuen, an welchen der Glaube des Volkes hing, mit um den Hals geschlungenen Stricken aus den Tempeln gezogen; man entriß ihnen, was sie Kostbares an sich trugen, und gab die nutzlosen Überbleibsel höhnend an die Gläubigen zurück, oder sie fielen ganz den fiskalischen Schmelzöfen anheim. Die Kosten der Gründung von Konstantinopel wurden zum Teil aus den eingezogenen Tempelschätzen bestritten. Andere Stücke des heiligen Besitzes verschenkte der Kaiser an seine Günstlinge... Priester und Volk mußten dulden, daß die ›Gottlosen‹ bis in das innerste Heiligtum der Tempel vordrangen und mit profanen Händen die zur Konfiskation bestimmten Stücke bezeichneten. Die Folge dieser Beraubungen war, daß

die Heiligtümer verödeten und verfielen, ja ein kaiserliches Gebot untersagte im Jahre 326, baufällige Tempel wiederherzustellen.«
Dazu paßt Constantins Verbot, neue Götterbilder aufzustellen, wie der hl. Eusebius mit Genugtuung berichtet. Bezeichnend für den offiziellen Beginn religiöser Intoleranz ist auch des Kaisers Gebot, die fünfzehn Bücher des Philosophen Porphyrios von Tyros, in denen er gegen das Christentum polemisierte (Kata christianon), überall zu beschlagnahmen und zu vernichten.
Obwohl es üblich war, die Tempel selbst dem Verfall zu überlassen, nachdem auch noch Bronzetüren, Kupferdächer und goldene Verzierungen eingezogen worden waren, schritt Constantin doch auch in vielen Fällen dazu, gewisse Heiligtümer niederreißen und dem Erdboden gleichmachen zu lassen. Dies geschah zumeist auf Anraten von Bischöfen, die sich mit der neuen frauenfeindlichen Sexualmoral hervortun wollten. Sie sahen in der noch immer fortdauernden erotischen Kommunion mit den Tempelmädchen nur »gefährliche Fangnetze der Seele«.
Viele berühmte Kultstätten der Antike fielen daher der Spitzhacke zum Opfer. Zumeist des nachts rückten Soldaten an und rissen alles nieder wie in Feindesland, so das Aphrodite-Heiligtum von Aphaka im Libanon, den Aphrodite-Tempel zu Jerusalem, der sich ausgerechnet über der angeblichen Grabstätte Christi erhob, den Asklepios-Tempel in Aigai auf Euboia, wo heilkräftige »Inkubations-Kuren«* stattfanden, und viele andere. Über den verheerten Grundstücken wurden dann Kirchen errichtet.
Constantins Nachfolger Constantius ließ geschehen – falls er es nicht anstiftete –, daß alle Verwandten, die ihm seiner Meinung nach einmal hätten gefährlich werden können, vorsorglich ermordet wurden, wie der römische Historiker Eutropius berichtet. Als Christ betrieb er eine schwankende Heidenverfolgung, in der unerhörte Strenge mit zaudernden Rückziehern abwechselte und nicht selten auch in Maßnahmen gegen Christen umschlug. Einmal ließ er alle »heidnischen« Opfer und Festlichkeiten verbie-

* Man schlief im Tempel, um Genesung zu erlangen.

ten, dann wieder erlaubte er sie »außerhalb der Stadtmauern«. Schließlich gebot er die Schließung aller heidnischen Tempel im ganzen Reich, bedrohte ihr Betreten und jedes Opfern mit Todesstrafe.
Die Folge waren von Mord und Brand begleitete Pogrome: zumeist von ihren Bischöfen oder von Mönchen aufgestachelte Christenhaufen fielen über die heiligen Stätten her, verwüsteten sie und verprügelten oder erschlugen Altgläubige, die irgendwie ortsbekannt waren oder zur Verteidigung ihrer Heiligtümer herbeieilten. Nebenbei hetzten die Anstifter ihre Horden auch gegen andere Nichtchristen, nämlich die Juden, die gejagt und deren Synagogen demoliert oder niedergebrannt wurden. Dabei ging es in einem Aufwaschen gleichzeitig über die eigenen Christenbrüder her, die abweichenden Lehrmeinungen anhingen.
Der griechische Rhetor Libanios hat die Greuel aus eigenem Erleben aufgezeichnet, und kein geringerer als Kaiser Julian schrieb den Christen ins Stammbuch: »Ihr stürzt Tempel und Altäre und habt nicht nur von uns diejenigen niedergemetzelt, die den väterlichen Satzungen treu blieben, sondern auch von den Leuten, die euren Irrtum teilen, die Häretiker, die nicht genau auf dieselbe Weise wie ihr den Toten beklagen. Aber dies fällt euch zur Last; denn nirgends hat Jesus oder Paulus euch dieses Gebot gegeben…«

Julian »der Abtrünnige«

Unvermeidlich war nun eine geschlossene Gegenwehr altgläubiger Römer und aller anderen Bevölkerungsschichten, die ihren Götterglauben und seine Ausübung bedroht sahen. So fand Flavius Claudius Julianus, als ihm 361 die Herrschaft zufiel, breiten Rückhalt bei seinem Bemühen, die Religion der Väter wieder herzustellen. Der römische Adel tat ohnehin schon lange alles, um den alten Glauben zu verteidigen und die noch verbliebenen Kulte und Tempel auch finanziell zu stützen. Zudem hielt der größte Teil der römischen Legionen noch an nichtchristlichen Kulten fest, vor allem an der göttlichen Gestalt des Sol invictus, der »unbesiegten Sonne«, einer aus griechischem Helios- und persischem Mithrasglauben entstandenen Religion.
Obwohl als Kind von dem Eunuchen Mardonios streng

christlich, ja asketisch erzogen, entwuchs der Jüngling rasch der Bevormundung, als er sich mit griechischer Philosophie beschäftigte, deren Bücher er sich oft genug heimlich beschaffen mußte. Das gleichzeitige Studium der Evangelien und anderer christlicher Schriften veranlaßte ihn dazu, scharfsinnige Widerlegungen zu verfassen. Als Kaiser neigte er persönlich einem »vergeistigten Heidentum in der Form des Neuplatonismus« zu (Lamer), wie er es in seinen Erinnerungen selbst darstellt: »Von Kindesbeinen an hob sich mein Inneres froh empor zu diesem ätherischen Lichte (des Gottes Helios), so daß ich nicht nur unverwandten Auges zu ihm aufzuschauen begehrte, sondern auch in die wolkenlos klare Nacht hinausschritt, alles um mich her vergaß und mich in Himmelsschönheiten verlor.« Dem Helios widmete er später den 25. Dezember als Tag höchster Verehrung.

In der politischen Praxis bewirkte seine Regierung ein allgemeines Aufblühen der alten Religionen und einen entsprechenden Rückgang des Christentums. Mit kaiserlichem Edikt von 362 befahl Julian, die Tempel der Götter wieder zu öffnen; wo sie von Christen zerstört worden waren, sollten sie von Christen und aus christlichen Mitteln wieder hergestellt werden; von Christen eingenommene ehemalige Tempelgrundstücke waren an die altgläubigen Religionsgemeinschaften, ihre vormaligen Besitzer, zurückzugeben. Die unter Constantin christianisierten Ehegesetze hob der Kaiser auf und setzte die römischen wieder in Kraft, so daß Frauen ihre freiheitliche Gleichstellung zurückerhielten.

Zugleich blieb Julian jeder Christenverfolgung abhold. Von Constantius verbannte Bischöfe ließ er zurückkehren und wieder in ihre Ämter einsetzen. Und als in Alexandrien ein heidnischer Mob den Bischof Georgios ermordete, weil dieser dem erneuten Aufblühen des Mithraskultes entgegengetreten war, ließ Julian den Anführer der Untat, den kaiserlichen Dux Artemios, hinrichten.

Dennoch konnte er nicht verhindern, daß sich die lange Unterdrückung, Verfolgung und Schändung des alten Glaubens und seiner Heiligtümer in vielerlei Exessen gegen Christen, ihre Gemeinden und Kirchen Luft machte. Der durchaus auf christlichem Boden stehende Historiker

Johannes Geffcken sagt aber: »Gewiß verdient nicht alles Glauben, was uns die christliche Rhetorik von Menschenopfern auf den Heidenaltären erzählt, wie Brunnen und Flüsse von den Leichen der Christen verstopft und geschwellt gewesen seien«. Der Pendelschlag und Rückschlag ist eben leider ein grausames Phänomen aller Geschichte.

So bildet ein Gegenstück zur Ermordung des Bischofs Georgios von Alexandrien die nicht minder gräßliche Zerfleischung der »heidnischen«, neuplatonischen Philosophin und Mathematikerin Hypatia. Sie war eine Tochter des Mathematikers und Astronomen Theon von Alexandrien; einer ihrer Schüler war der Philosoph Synesios von Kyrene, späterer Bischof von Ptolemais. Ihre Freundschaft mit dem Präfekten Orestes von Alexandrien wurde ihr zum Verhängnis. Im März 415 lauerte ihr ein christliches Mordkommando auf, ergriff sie aus dem Hinterhalt und schleppte sie in die Basilika Caesarea. Hier riß man der Frau die Kleider vom Körper und schnitt der Entblößten mit Glasscherben und scharfen Austernschalen das Fleisch von Leib und Knochen. Die Bluttat war veranlaßt von einem erbitterten Gegner des Präfekten Orestes, nämlich »wenigstens mittelbar« (Deschner) dem Erzbischof Kyrillos, heute als Heiliger der katholischen Kirche und Vorkämpfer der Marienverehrung hoch gepriesen.

Indes zeigen die historischen Akten, daß Kyrillos auch die Synagoge von Alexandrien zerstören ließ, das Eigentum der Juden einzog und sie aus der Stadt verjagte, wohl ganz im Geiste seines Amtsbruders, des Heiligen und Kirchenlehrers Ambrosius, der selber erklärte, »daß ich die Synagoge (von Kallinikon) in Brand gesteckt,... damit es keinen Ort mehr gäbe, wo Christus geleugnet wird.«

Historikern ist die Frage »Wie wäre es weiter gegangen wenn« nicht erlaubt. Dennoch steht sie immer im Raum, wenn Julians plötzlichem Tod im blühenden Alter von nur 31 Jahren gedacht wird. Bei einem von persischen Panzerreitern geführten Vorpostengefecht nahe dem Tigris traf ihn, der diesmal den Harnisch verschmäht hatte, ein tödlicher Lanzenstoß, »von unbekannter Hand geführt«. In seinem Zelt starb Julian unter philosophischen Gesprächen mit Freunden zur Mitternacht des 26. Juni 363. Eine Legende hat ihm die unechten letzten Worte in den Mund gelegt: »Du hast gesiegt, Galiläer.« Dem oftmals geäußerten Verdacht, einer seiner eigenen Soldaten, ein Christ, habe Julian die Lanze in den Rücken gestoßen, fehlt jede historische Grundlage.

Nach Julians Tod

Mit dem plötzlichen Ende des Kaisers brachen dessen Reformen keineswegs ebenso plötzlich wieder zusammen. Die nichtchristlichen Religionen waren erstarkt, die Reihen der Christen hatten sich gelichtet. Die ersten Nachfolger auf dem Thron der Imperatoren, Jovian, Valentinian I., Valens, auch Gratian, waren unbedeutend und schwankten in ihrer Religionspolitik unschlüssig hin und her, je nach den Einflüsterungen der christlichen oder nichtchristlichen Höflinge, mit denen sie sich umgaben. Einen direkten Angriff auf das Heidentum wagte keiner von ihnen. In Afrika, Spanien, Gallien, Griechenland und in weiten Teilen Italiens waren die alten Religionen noch immer stärker vertreten als das Christentum; sogar neue Tempel wurden wieder gebaut.
Kaiser Theodosius – von der christlichen Geschichtsschreibung ebenfalls mit dem Beinamen »der Große« geschmückt – war bei seinem ersten Besuch in Rom, 389, von den dort gepflegten Kulten so beeindruckt, daß er sofort Vertreter der römischen Altgläubigen in hohe Ämter berief. In nichtchristlichen Kreisen erweckte diese Maßnahme sogleich Hoffnungen auf eine bessere Zukunft ihrer Sache.
Weit gefehlt. Ambrosius, Kirchenvater und Bischof von Mailand, der seinen Einfluß am römischen Hof schon unter Valentinian begründet hatte, beugte auch das Haupt des neuen Kaisers. Anlaß gab eine der Untaten des Theodosius. Diesem hatte es 390 gefallen, siebentausend Einwohner von Thessalonike hinrichten zu lassen, weil sich die Stadt »unbotmäßig« verhalten hatte. Kurzerhand, und weil sich unter den Hingemetzelten auch Christen befanden, exkommunizierte Ambrosius den Imperator. Eine erste spirituelle Machtdemonstration der Kirche, und insofern ein bis dahin in der Geschichte unerhörtes Ereignis.
Offenbar fürchtete Theodosius – er war damals 43 Jahre alt

– tatsächlich um sein Seelenheil. Denn kurz nach der Verbannung vom Abendmahl mußte er sich dazu erniedrigen, in aller Öffentlichkeit als Büßer vor Ambrosius hinzutreten und um Vergebung zu flehen. Übrigens fast siebenhundert Jahre bevor der Heilige und Papst Gregor VII. Hildebrand auf dem Höhepunkt kirchlicher Macht einen anderen Kaiser, Heinrich IV., zum Bußgang nach Canossa zu zwingen vermochte.

Möglicherweise hat nach diesem Kniefall vor einem an sich winzigen Bischof der Stolz des Herrschers dauernden Schaden genommen, vielleicht auch hatten echte Schuldgefühle in seiner Brust Wurzel gefaßt: er mußte nun vor sich und der Welt Größe zeigen.

Sie richtete sich – die Kirche im Hintergrund – mit den strengsten Gesetzen gegen alles Nichtchristliche. Über den Bau, dessen Fundamente Constantin gelegt hatte, setzte Theodosius Kuppel und Schlußstein. Das hinderte ihn allerdings nicht, 421 eine schöne Heidin zu heiraten, des Athenischen Philosophen Leontios' Tochter Athenais-Eudokia. Natürlich war sie zuvor eiligst getauft worden.

Die Theodosianische Heidenverfolgung

Theodosius residierte nun in Konstantinopel. Der letzte, der ihm hätte gefährlich werden können, war der weströmische Kaiser Eugenius, ein Gallier. In seiner knapp zweijährigen Regierungszeit zeigte sich dieser aus politischen Gründen den heidnischen Kulten gewogen und erweckte zum letztenmal bei den Altgläubigen die Hoffnung auf eine Erneuerung der Julianischen Restauration. Im September 394 wurde er in Istrien von Theodosius geschlagen. Dessen Soldaten ermordeten den Besiegten, obwohl dieser sich schutzflehend vor dem Kaiser niedergeworfen hatte.

Eine Flut harter Gesetze gegen die nichtchristlichen Religionen ergoß sich nun über die Provinzen des römischen Reiches. Sie übertrafen alle früheren, wie etwa auch die Bestimmung, wer den Göttern opfere, könne kein Testament machen, bisher errichtete letzte Verfügungen seien ungültig, die Hinterlassenschaft werde nicht vererbt, son-

Die Schlacht an der Milvischen Brücke am 28. Oktober 312 (Giulio Romano nach Entwurf von Raffael)

Vorhergehende Seite: Widukind (Ausschnitt des Grabmals, 12. Jahrhundert)

Theodosius I. (379-395) (Münznachzeichnung)

Mexikanische Plastik (präkolumbianisch)

Oben links:
Tlazolteotl, Göttin der Erde und der Geburt (aztekisch)

Oben rechts:
Ata Hualpa, letzter Inkaherrscher

Links:
Iemanjá (Titelblatt eines modernen Ubanda-Katechismus)

dern eingezogen. Wieder begann Beschlagnahme von Tempelbesitz, die alten Heiligtümer wurden weiter abgerissen und mit Kirchen überbaut. So befahl der kaiserliche Statthalter von Antiochia 397, das Material der zerstörten Tempel zur Ausbesserung von Straßen, Brücken und Wasserleitungen zu verwenden.

Theodosius selbst ließ die Tempel auf der Akropolis von Konstantinopel niederreißen. Der Tempel des Helios wurde in eine Wohnhalle verwandelt, der Tempel der Artemis in eine Art Spielkasino, der Tempel der Aphrodite in eine Remise für die Fahrzeuge der Präfektur; rings um diese entweihte Stätte wurden kleine Buden für die Prostituierten der Stadt errichtet.

In Rom selbst waren Priester und Priesterinnen vertrieben, in den Tempeln hatte jeder Gottesdienst aufgehört. »Das in Gold strotzende Kapitol«, schreibt Lasaulx, »lag ungepflegt und traurig da, alle Tempel waren mit Ruß und Spinngewebe überzogen. Als darüber des Stilicho* Gattin Serena übermütig frohlockend einen Halsschmuck der Göttermutter (Rhea) aus deren Kapelle sich selbst umhängte, habe eine alte Vestalin, die letzte der übriggebliebenen, ihr deshalb Auge in Auge geflucht: daß über sie selbst und ihren Mann und ihre Kinder der Lohn dieser Gottlosigkeit kommen möge, welcher Fluch sich vierzehn Jahre später, 408, in der Hinrichtung beider Eltern und ihres Sohnes Eucherius in grauenhafter Weise erfüllt hat.«

Eine bezeichnende Maßnahme des Herrschers bestand darin, von nun an Nichtchristen – »den Feinden der katholischen Religion« – den Palastdienst zu verbieten; sie durften auch nicht mehr im Heer dienen und weder als Verwaltungsbeamte noch als Richter tätig sein. Ein gelehriger anderer Machthaber verbot dies auch den Juden, allerdings etwas später, anno domini 1933.

Der schwerste Schlag richtete sich gegen das Sarapis-Heiligtum von Alexandrien. Dieser Tempel war wegen seines Alters und seiner Größe nicht nur ein Symbol tausendjähriger ägyptischer Religion, sondern darüber hinaus in der ganzen nichtchristlichen Welt eine – scheinbar – uner-

* Feldherr der Wandalen und Regent Westroms.

schütterliche Bastion der Götter. Doch 391 wurde auch dieses unvergleichliche Architekturwunder auf Befehl des Bischofs Theophilos geschleift, das Bildnis des Gottes Sarapis in Trümmer geschlagen. Der Fall des Sarapeions gilt bei Historikern allgemein als ein Höhepunkt im Kampf gegen die alten Religionen.

VERFOLGUNGEN OHNE ENDE

Durch Theodosius war das antike Heidentum offiziell besiegt, die Kirche als Staatsreligion endgültig etabliert. Und dennoch lebten die alten Götter fort – sie wurden jetzt von den Christen als Dämonen bezeichnet, übrigens getreu der Lehre des Apostels Paulus (1 Kor 10,20–21), der behauptet – wie es Lippert nach Epheser 2,2 und 6,12 ausdrückt –, daß »die reale Herrschaft der Heidengötter neben dem Christentum fortdauert.«
Diese ungebrochene Fortdauer reizte Regierende und Kirchenmänner zu immer wütenderen Maßnahmen. Bischof Johannes Chrysostomos befahl seinen mönchischen Gefolgsleuten, in Phönizien auch die letzten Reste des Heidentums mit Stumpf und Stiel auszurotten. Selbst 451 regten sich die Altgläubigen noch so stark, daß Kaiser Valentinian III. dekretieren zu müssen vermeinte:

> »Niemand soll die längst geschlossenen Götzentempel wieder öffnen, um darin anzubeten. Fern sei es, daß den verdammungswürdigen Götzenbildern die frühere Ehre wiedergegeben, daß die Tempeltüren wieder mit Blumen bekränzt, das unheilige Feuer der Altäre wieder angezündet, auf denselben wieder Weihrauch verbrannt, daß Opfertiere geschlachtet, Wein libiert und als Religion geachtet werde, was Sakrilegium ist. Wer aber gegen diese unsere Sanktion Opfer zu begehen versucht hat, der soll vor dem öffentlichen Richter, wie das Gesetz es verlangt, angeklagt werden, und wenn er eines solchen Verbrechens schuldig befunden ist, mit der Konfiskation aller seiner Güter und dazu mit dem Tode bestraft werden.«

Selbst noch im Jahre 500 nach Christus mußte der Regent des Weströmischen Reiches, der Ostgotenkönig Theoderich (der Große, natürlich), daran erinnern, »daß jeder, der heidnische Opfer begeht, mit dem Tod zu bestrafen ist.«

Dennoch vergingen noch weitere 29 Jahre, ehe es dem Mönch Benedikt gelang, den Apollon-Tempel auf dem Monte Cassino und den dazugehörigen heiligen Hain zu zerstören und an seiner Stelle das nach ihm benannte Kloster aufzuführen. Im gleichen Jahr 529 erließ Kaiser Justinian die schändliche Verfügung, mit der die seit über 900 Jahren bestehende, von Platon gegründete Akademie von Athen geschlossen wurde – freilich eine Brutstätte »heidnischer« Philosophie.

Gewiß wäre es müßig, die weiteren Verästelungen der dahinsinkenden Altgläubigkeit im römischen Reich weiter zu verfolgen. Bei der immer konservativen Landbevölkerung hielten sich die religiösen Bräuche der Altvorderen naturgemäß am längsten. Sie lassen sich in Gestalt geheimer Zusammenkünfte noch bis ins 7. Jahrhundert nachweisen und leben bis heute in zahlreichen Feiern, in sogenanntem Aberglauben und rustikalen Riten fort.

Vorwärts, Soldaten Christi!

Nach der Festigung des Christentums in den westlichen und östlichen Teilen des alten römischen Reiches richteten sich Begehrlichkeit und missionarischer Eifer der Statthalter des Gottessohnes nach Norden.

Einige Streiflichter mögen genügen.

Ein Zentralheiligtum der sächsischen Germanen war eine hohe Säule, die in symbolischer Weise das Himmelsgewölbe aufrecht hielt, »gleichsam alles stützend« (quasi sustinens omnia), oder auch »Weltsäule« (universalis columna), wie lateinische Geschichtsschreiber überliefern. Irminsul, »große Säule«, wurde sie von den Verehrern der Götter genannt. 772 ließ sie Karl (ebenfalls der Große betitelt) von seinen missionierenden Heerscharen niederreißen.

Bonifatius, genannt »Apostel der Deutschen«, war ein angelsächsischer Geistlicher aus Wessex, wurde 719 von Papst Gregor II. mit der Germanenmission beauftragt und zog nun taufend, vorwiegend aber zwangstaufend, durch die Lande. In Rom 722 zum Bischof, 732 zum Erzbischof geweiht, gilt er als Gründer zahlreicher Klöster und Bistümer in Thüringen, Franken und Bayern. Kaum Bischof geworden, befahl er 723 in der Gegend von Fritzlar – vermutlich beim heutigen Geismar – das Fällen der tausendjährigen Donar-Eiche, ein von allen Germanen verehrtes Heiligtum Thors. Mit diesem Frevel wollte er den Nichtchristen beweisen, daß ihre Götter nicht existierten, da sie sonst etwas dagegen unternehmen würden. Seine Zwangsbekehrung eines anderen germanischen Stammes, der Alemannen, löste bei diesen einen Volksaufstand aus, den der herbeigeeilte selige Karolinger Karlmann bei Cannstatt in einem Blutbad erstickte. Als Bonifatius später auch noch den Friesen das Evangelium der Liebe und Barmherzigkeit aufnötigen wollte, erschlugen sie ihn bei Dokkum anno domini 754, den 5. Juni, seinem Tag im Heiligenkalender.

Auf der Insel Fositesland traf der Missionar Willibrord auf einen idyllischen Hain, in dessen Mitte eine Quelle sprudelte. Der Hain war den Einheimischen heilig, an der Quelle holten sie Wasser, auf den Wiesen weideten Kühe und Kleinvieh, ringsum herrschte der den Göttern gebührende Friede. Selbstgefällig schrieb Willibrord auf, wie er den Germanen den Glauben an die Macht ihrer Götter austrieb, indem er und seine Helfer das Gelände zertrampelten, das Vieh schlachteten und die verängstigten Nichtchristen in der Quelle tauften.

Papst Gregor I., auch er »der Große« geheißen, half in einem Schreiben, das er 601 an die Missionare im Norden richtete, auch mit Täuschungsmanövern nach: »Wenn die Tempel in Britannien gut gebaut sind«, heißt es da, »ist es notwendig, diese Stätten der Teufelsverehrung in Stätten der Huldigung des wahren Gottes zu verwandeln, damit das Volk, wenn es sieht, daß seine Tempel nicht zerstört werden, den Irrtum aus seinem Herzen bannen möge, und wenn es dann den wahren Gott kennt und verehrt, mag es um so zwangloser die ihm vertrauten Stätten besuchen.«

Im altsächsischen Taufgelöbnis mußten die Mannen unter anderem ausdrücklich dem Teufel, Donar (Thunaer), Wotan (Uuoden) und allen anderen Göttern abschwören. Im sogenannten fränkischen Taufgelöbnis – ebenfalls etwa 9. Jahrhundert – ging es dann nach Art eines Katechismus vor sich:

Gilaubistu in got fater almahtigan?
Ih gilaubu.
Gilaubistu in Christ gotes sun?
Ih gilaubu.
Gilaubistu in heilagan geist?
Ih gilaubu.
Gilaubistu heilaga gotes chirichun?
Ih gilaubu.
Gilaubistu lib after tode?
Ih gilaubu.
und so fort.

Der große Karl wird auch »Sachsenschlächter« genannt. Mit der völligen Vernichtung des Volkes der Awaren, das kurz nach Karls Sieg von 803 ganz aus der Geschichte verschwindet, führt der Kaiser einen ersten »totalen Krieg«, gekrönt von einem Genozid. Seine Massaker im Zeichen des Kreuzes unter den Slawen gehören zu den blutigsten Seiten der Geschichte. Karls Lieblingslektüre, so ist überliefert, war des Kirchenvaters Augustinus' »Gottesstaat«, aus dem er sich gerne während der Mahlzeiten vorlesen ließ. In diesem Buch wird ewiger Friede im Himmel und auf Erden gepredigt, wobei der irdische freilich nur dort möglich sei, wo der Religion des einen wahren Gottes kein Hindernis entgegensteht. Diese Doktrin scheint die Grundlage von Karls Missionseifer gewesen zu sein. Im Schwert mag er dann das beste Mittel dafür gesehen haben, wie aus seinem Schwur von Quiercy 775 hervorgeht, »die Sachsen völlig zu unterwerfen und christlich zu machen oder sie zur Gänze auszurotten«.

Schon 773 war er über die Weser ins Gebiet der Sachsen eingerückt. Bald schwärmten dann auch aus dem Kloster von Fulda an die vierhundert Mönche aus, um mit den Massentaufen zu beginnen. Ebenso bald regte sich Widerstand. Getreu der Lehre des Paulus, die heidnischen Götter seien keineswegs tot, sondern lebten in Gestalt von Dämonen fort (1 Kor 10, 19–21), begannen die Missionare nämlich sogleich mit der Zerstörung aller nichtchristlichen Heiligtümer. Außerdem folgten sie der Regel, die christliche Lehre nicht vor, sondern erst nach der Taufe zu verkünden. So wußten die Sachsen überhaupt nicht, wie ihnen geschah.

Neue Gesetze in Franken verboten alle heidnischen Kulthandlungen, darunter auch Menschenopfer, kultischen Kannibalismus und Hexenverbrennungen, welch letzte dann von katholischer und protestantischer Seite eifrig fortgesetzt wurden.
Nebenbei gesagt schreibt sich das Christentum das Verbot von Menschenopfern, wie etwa bei Germanen oder Azteken, zu Unrecht als Verdienst gut. Es ging nämlich gar nicht um das *Menschen*opfer. Die Germanen hätten Äpfel und Birnen, die Mexikaner Tomaten und Kaktusblüten opfern können: Auch das wäre verboten worden. Das Verbot richtete sich ausschließlich gegen Opfer anderer Religionen, nicht gegen deren Wie und Was. Ist doch zentrales Mysterium im Christentum selbst der spiritualisierte Opfertod eines Menschen mit anschließend sakraler Anthropophagie. In Franken kam auch die übliche Einäscherung Verstorbener unter Todesstrafe. Ebenso bedrohte die Todesstrafe alle, die sich nicht taufen ließen oder ihre Kinder nicht binnen eines Jahres zur Taufe brachten. Jeder hatte die Messe zu besuchen und die Predigt anzuhören, die Fasten zu halten und die kirchlichen Ehegesetze zu befolgen. Die Steuer des Zehnten wurde eingeführt, und je 120 Bewohner hatten der Kirche einen Knecht und eine Magd (Unfreie) zur Bedienung zu stellen.
Wer sich der Taufe widersetzte, mußte zunächst einmal mit schweren körperlichen Strafen rechnen. Dazu gehörten nicht nur die üblichen Verstümmelungen. Ein beliebtes Mittel war es auch, den Verweigerern nach und nach Zähne auszubrechen, bis sie in die erlösende Bewässerung einwilligten.

WIDUKIND

In dem westfälischen Herzog Widukind erstand den Sachsen endlich ein Mann, der den Kampf gegen die Franken und ihre Missionare aufnahm. In mehreren Schlachten blieb er siegreich, zuletzt am Fuß des Süntelgebirges, wo es den Sachsen gelang, eine ganze Armee Karls zusammenzuhauen. Mit Hilfe ihm ergebener Gaugrafen gelang es jedoch dem König, sich die Kämpfer vom Süntel nach Verden an der Aller ausliefern zu lassen.
Hier ließ er 782 die Entwaffneten an einem einzigen Tag

allesamt hinrichten, 4500 Mann und ihre Anführer. Widukind selbst war nach Dänemark entkommen.
Viel ist unter Historikern über dieses Blutbad gestritten worden, zwischen den Parteigängern der Christen und jenen der Nichtchristen. Obwohl die fränkischen Reichsannalen selbst die Zahl von 4500 getöteten Sachsen dokumentieren, auch wenn sie übertrieben sein sollte, wurde gefragt, ob es überhaupt möglich sei, so viele Menschen auf einmal zu enthaupten. Wenn es den Sachsen möglich gewesen war – so wird dem entgegengehalten – an einem einzigen Tag eine ganze Armee im Kampf niederzumachen, dann muß es auch den Franken möglich gewesen sein, im gleichen Zeitraum eine ganze Armee Unbewaffneter umzubringen.
Wie immer dem sei, der Bluttag von Verden ist als eine weitere Greueltat in die Geschichte der christlichen Mission eingegangen. Außerdem wendete sich nun das Blatt vollends gegen Karl. Alle Sachsen, die bisher noch gezögert hatten, griffen unter Widukind zu den Waffen, und es kostete den Frankenkönig bis zum Jahre 785 eine ununterbrochene Kette von Feldzügen und Verwüstungen, ehe er der Lage Herr werden konnte. Von seinen Anführern und Soldaten fielen dabei weit mehr, als er Gegner in Verden hatte hinrichten lassen.
Es bleibt ein Rätsel, was Widukind dazu bewog, im Jahre 785 zu Attigny die Taufe anzunehmen. Wahrscheinlich wollte er den Kampf nicht bis zur völligen Vernichtung seiner eigenen Landsleute fortsetzen. Er nahm es sogar hin, daß Karl sein Taufpate wurde. Nach ungewisser Überlieferung soll er Herzog von Sachsen geworden und 807 in einem Grenzkampf mit Slawen gefallen sein. Mathilde, eine seiner Nachkommen, wurde die zweite Gemahlin König Heinrichs I. von Sachsen, eines unermüdlichen Streiters gegen Slawen und Ungarn.
Der christliche Norwegerkönig Olaf Tryggvesson scheute sich bei der gewaltsamen »Bekehrung« seiner Untertanen nicht, Stammesfürsten, die sich gegen die Taufe sträubten, grausamen Foltern zu unterwerfen. Das germanische Heiligtum von Lade im Drontheimer Fjord ließ er niederbrennen, nicht ohne sich vorher den Tempelschatz angeeignet zu haben. Andere Widerständler ließ er samt der

Halle verbrennen, in die er sie zu einem Gastmahl geladen hatte.
Sein Nachfolger, der 1164 von Papst Alexander III. Bandinelli heiliggesprochene Olaf II., setzte das blutige Bekehrungswerk fort, wobei er sich darauf spezialisiert hatte, die Häupter angesehener Familien, die sich der Erlösungslehre widersetzten, blenden und verstümmeln zu lassen. In der Heimskringla-Saga berichtet der Isländer Snorri Sturluson, wie Olaf im norwegischen Oberland alle, die noch am alten Glauben hingen, verfolgte: »Er trieb einige außer Landes, andere ließ er an Händen und Füßen verstümmeln* oder ihnen die Augen ausstechen, wieder andere ließ er hängen oder niederhauen.«
Es ist unmöglich, im hier gesetzten Rahmen weiter in Einzelheiten zu gehen. Im übrigen richteten sich die Zwangsmaßnahmen nicht nur gegen Einzelpersonen oder ganze Bevölkerungsgruppen, sie bestanden häufig auch in Verheerung und Verwüstung von Ansiedlungen oder Feldern und anderem Bauernland; Vieh und Vorräte wurden weggeschafft. Zweifellos hat sich in vielen Fällen der Missionseifer auch mit machtpolitischen Zielen der verschiedenen Fürsten vermengt. Die von beiden Konfessionen oft vorgebrachte Behauptung aber, die nordischen Völker hätten das Christentum freiwillig angenommen, bleibt angesichts der historischen Fakten nur leere Ausflucht.
Dagegen ist sicher wahr, daß die Mission – ebenso wie jeder Kreuzzug ins Heilige Land – oftmals ein gutes Geschäft war. Aus den Tempeln und Fürstenhöfen wurde alles weggeschleppt, »was Goldeswert hatte«: Man »nahm den Götzen reiches Gut ab, Gold und Silber, Seide und Scharlach, Helme und Schwerter, Brünnen und allerhand Waffen«. Allein im Gebiet der Wenden beluden die Christen unter Erzbischof Aksel und Bischof Absalon von Roskilde »sechzig Schiffe mit dem Gut, das sie erbeutet hatten«. 300000 Wenden waren bei diesem frommen Raubzug erschlagen worden, wie die Knytlinga-Saga zu berichten weiß.
Das Alte Testament, den Mönchen des Mittelalters noch

* Hände und Füße wurden den Opfern abgehauen.

geläufiger als heutigen Geistlichen, leistet mit dem 1. Buch Samuel 15 einen Beitrag zur Haltung der christianisierenden Eroberer. Der HERR läßt da nämlich durch Samuel König Saul daran erinnern, wie sich die Amalekiter in den Weg stellten, »als Israel aus Ägypten heraufzog«. »Darum«, fährt er fort, »zieh jetzt in den Kampf, und schlag Amalek! Weihe alles, was ihm gehört, dem Untergang! Schone es nicht, sondern töte Männer und Frauen, Kinder und Säuglinge, Rinder und Schafe, Kamele und Esel!«

Wie christlich die zwangsgetauften Menschen wurden, kann man sich leicht ausmalen. Wo immer die unmittelbare Gefahr nachließ, fuhren große Teile der Einwohner wieder im alten Glauben fort. Erst eine festgefügte kirchliche Machtstruktur konnte im Laufe der Zeit die Bevölkerung in den Griff bekommen und die neue Lehre sichern.

Santiago!

Mit der Öffnung Amerikas, einer neuen Welt, mußten die Vertreter der monotheistischen Religion des Christentums erneut zu den Waffen greifen. Denn auch dort, jenseits des Atlantischen Ozeans, warteten Heiden begierig darauf, das Evangelium der Liebe gebracht zu bekommen und endlich erlöst zu werden.

Nun wird das Eindringen des weißen Mannes in den nord- und südamerikanischen Kontinent zumeist als militärische Eroberung und bewaffnete Besiedlung betrachtet. Das ist wohl richtig. Nur wird bei dieser Sicht die andere Seite der Medaille vernachlässigt oder auch ganz unbeachtet gelassen, handelte es sich doch zugleich um christliche Mission im Namen Roms und der katholischen Kirchen Spaniens und Portugals, später auch von protestantischer Seite aus England. Die Mehrung kirchlicher Macht und Einnahmen gehörte mit zu den treibenden Kräften der Kolonisierung.

Es handelte sich also, wie die nachfolgende Skizze zeigen soll, wieder einmal um die Aufrichtung des monotheistischen Machtmonopols und die Auslöschung nichtchristlicher, polytheistischer Religionen, Sitten und Gebräuche. Mit dem Schlachtruf »Santiago!« (Heiliger Jakobus!)* stürzten sich die spanischen Eroberer auf die Ureinwohner der Neuen Welt, wobei die Betonung nicht zuletzt auf der Silbe »schlacht« liegt. Mit den Karavellen des Kolumbus kamen 1492 auch die ersten Mönche nach Amerika. Und während die Spanier mit Schwert und Feuerwaffen die Indianer unterwarfen, folgten ihnen auf dem Fuße die Missionare mit der Frohen Botschaft.

Die Greuel, die uns von dieser doppelten Eroberung durch Krieg und Kreuz überliefert sind, füllen ungezählte Bände. Die Berichte übertreffen sogar noch die »Bekehrungsgeschichte« Nordeuropas, da die Indianer ausdrücklich als Lebewesen ohne Seele betrachtet wurden, so daß sie nach Willkür wie Tiere behandelt werden durften.

Da es unmöglich ist, das schaurige Panorama der Vorgänge hier in seiner ganzen Breite zu entrollen, sei die Schande an zwei exemplarischen Beispielen dargestellt. Dabei möchte ich nicht an der Tatsache vorbeigehen, daß die Indianer rundherum keineswegs nur Engel waren. Die massenhaften Menschenopfer etwa der Azteken sind ebenso gut dokumentiert wie das Foltern, Rösten und Spießen seitens der christlichen Konquistadoren. Man kann das eine aber nicht durch das andere rechtfertigen.

BARTOLOMÉ DE LAS CASAS

Las Casas aus Sevilla kam als junger Mann nach Santo Domingo, 1511 wurde er dort Priester, 1515 Missionar. Zuletzt, bevor er 1547 Amerika für immer verließ und nach Spanien zurückkehrte, war er Bischof von Chiapas in Mexiko. Was er in seinem berühmt gewordenen Werk über die »Verwüstung der Westindischen Länder« der Nachwelt hinterließ, stammt samt und sonders aus eigener Anschauung während seiner zahlreichen Reisen in Mittel- und Südamerika.

Es ist sicher hilfreich, gleich zu Beginn zu zeigen, wie er als Geistlicher und Missionar die Situation sah**:

* Abkürzung von »Santiago y cierra España!«

** Zitiert nach der Übersetzung von D. W. Andreä.

»Zufolge einer höchst gefährlichen Verblendung wurde in dem Bekehrungswerke und in Rücksicht der Seligmachung jener Völker, ganz verkehrt zu Werke gegangen. Man kann mit Wahrheit sagen, daß sie dieselbe in Werk und Tat gänzlich hintenan setzten, wiewohl sie beständig viel Redens davon machten, um andere Dinge damit zu beschönigen und zu bemänteln. Zu dieser Profundität im Denken, Handeln und Verordnen kam noch dies, daß sie den Indianern Befehle zuschickten, sie sollten sich zum christlichen Glauben bekehren und den Königen von Castilien unterwerfen, sonst werde man sie mit Feuer und Schwert heimsuchen, erwürgen, zu Sklaven machen und so weiter...«

Das waren keine leeren Drohungen. Allerdings ging es kaum um die Annahme der Taufe und des Christentums, sondern allein um Raub, vor allem um Gold, alles andere war den Eroberern völlig gleichgültig. Las Casas brachte diese Heuchelei übrigens mit beißender Ironie zum Ausdruck, indem er bei der Schilderung der Untaten stets betonte, sie seien »von Christen« begangen worden.

Gleich in Hispaniola, dem heutigen Haiti, »wo die Christen zuerst landeten, ging das Metzeln und Würgen unter jenen unglücklichen Leuten an.« Man verlangte mit Prügeln, Ohrfeigen und Fußtritten Lebensmittel, Frauen und Gold. Als die Indianer Gegenwehr versuchten, kam es sofort zu einem Blutbad. Die Christen »schonten weder Kind noch Greis, weder Schwangere noch Entbundene, rissen ihnen die Leiber auf und hieben alles in Stücke.« Dann wurden breite Galgen errichtet, woran sie »zu Ehren und zur Verherrlichung des Erlösers und der zwölf Apostel je dreizehn und dreizehn Indianer« aufhängten, so daß sie sich aber immer noch mit den Zehen auf der Erde abstützen konnten. Unter ihnen zündete man sodann Feuer an. Andere Indianer wurden mit dürrem Stroh umwickelt und in Brand gesteckt.

Dies ist kein Lesebuch für Sadisten. Hände abhacken, Zähne einschlagen, die Köpfe von Säuglingen an Felsen zerschmettern, Zungen ausreißen und andere immer neu erfundene Scheußlichkeiten füllen die Seiten der historischen Anklage, die bis heute durch die Jahrhunderte hallt. In vielen Fällen banden »die Christen« Indianer auf glühende Eisenroste und brieten sie zu Tode. Wo sie Kultstätten oder Götterbilder antrafen, wurde alles verbrannt oder auf andere Weise dem Erdboden gleichgemacht. Und dies zieht sich in Las Casas' Bericht hin über Jamaica, Kuba, Nicaragua, Mexiko, Guatemala, Yucatan, Trinidad, Florida, Argentinien, Peru, Venezuela.

Im zuletzt genannten Land waren es übrigens die deutschen Verwalter des Augsburger Bankhauses der Welser, die es den spanischen Christen gleichtaten. Bartholomäus Welser hatte nämlich 1519 die Wahl Karls V. zum Kaiser finanziert und dafür »die Provinz Venezuela« als Gegengabe erhalten. Vier Deutsche unter der Leitung eines gewissen Heinrich Dalfinger aus Ulm sowie dreihundert spanische Söldner kamen ins Land und wüteten »weit toller und verblendeter, als alle ihre Vorgänger, ersannen noch abscheulichere Mittel und Wege, Gold und Silber zu erpressen.« Wahrscheinlich aufgrund der Berichte, die Las Casas nach Madrid sandte, wurde die Schenkung den Welsern 1545 wieder entzogen.

Um nicht weitere Unmenschlichkeiten aufzählen zu müssen, sei nur noch die Bilanz Bartolomé de Las Casas' angefügt. Er spricht zunächst von vielen Inseln und von Gebieten des Festlandes, wo es bei seiner Ankunft »von lebendigen Geschöpfen wimmelte wie in einem Bienenstock«, man vierzig Jahre später »keine Spur mehr von Menschen erblickt.« Und er schließt:

> »Wir können hier als eine gewisse und wahrhafte Tatsache anführen, daß in obgedachten vierzig Jahren durch das erwähnte tyrannische und teuflische Verfahren der Christen mehr als zwölf Millionen Männer, Weiber und Kinder auf die ruchloseste und grausamste Art zur Schlachtbank geführt wurden, und wir würden in der Tat nicht irren, wenn wir die Anzahl derselben auf fünfzehn Millionen angäben.«

Die Schilderungen des großen Indianerfreundes, vor allem seine Zahlen, wurden und werden besonders in Spanien aus nationalistischen Gründen oft bestritten oder in Zeiten der Zensur unterdrückt. Moderne wissenschaftliche Untersuchungen und Berechnungen haben sie aber im großen und ganzen als sehr zuverlässig bestätigt. Allein in den Silberbergwerken von Potosí in Bolivien wurden rund fünf Millionen Indios durch Sklavenarbeit vernichtet.

Atahualpa, der letzte Inka

Was tausendfach, ja millionenmale geschah, soll zuletzt noch am Schicksal einer einzigen Person dargestellt werden. Das Beispiel zeigt überdies besonders deutlich die unauflösbare Verquickung von Gold und Taufe.
Die Geschichte der Eroberung von Peru durch eine Handvoll gepanzerter Reiter, die 1532 von Spanien kommend in das Andenland einfielen, muß hier nicht erneut aufgerollt werden. Zwei Männer ragen aus dem Geschehen hervor: der Inka Atahualpa und der Eroberer Francisco Pizarro. Ihn ehrt ein Bronzestandbild zu Pferd auf der Plaza de Armas in Lima, seine Mumie ist in der Kathedrale der Hauptstadt in einem gläsernen Sarg zur Schau gestellt. Von Atahualpa weiß niemand, wohin seine Asche verwehte.
Peru, das sich einstmals über ein viel größeres Gebiet als heute erstreckte, auch Ecuador, Bolivien und weite Strekken Chiles einschloß, war unter der Herrschaft der Inkas ein streng nach Klassen, Bezirken, Beschäftigungen und Pflichten eingeteilter Einheitsstaat. Die Macht des Gottfürsten war absolut. »Ohne meinen Willen bewegt sich im ganzen Land kein Blatt auf den Bäumen«, sagte er selber einmal. Auf der anderen Seite gab es unter ihm weder Armut noch Hunger. Ein Netz von Reichsstraßen – »Die Christenheit kennt keine solchen!« bekannte Pizarros Bruder Gonzalo – verband alle Teile des riesigen Landes untereinander und mit der Hauptstadt Cuzco. Terrassenbau und ein geniales Bewässerungssystem erschlossen selbst steile Gebirgsgegenden einer ertragreichen Landwirtschaft. Musik, Architektur, Weberei, Keramik oder Skulptur standen in hoher Blüte. Die Goldschmiedekunst brachte wahre Wunderwerke hervor; ein herrlicher und dennoch nur bescheidener Rest, der Raffgier der Konquistadoren entgangen, kann noch im Goldmuseum bei Lima sowie in Bogotá bestaunt werden.
Anbetung der Sonne stand im Mittelpunkt des religiösen Lebens. Der Mond, als Schwester der Sonne, die Gestirne, Blitz, Donner und Regenbogen genossen ebenfalls göttliche Verehrung. Fast die ganze Natur, Berge, Winde,

Bäume, Flüsse, spielte im Volksglauben eine weitere Rolle. Für die prächtige Ausstattung der Tempel und ihre Erhaltung wurden keine Kosten und Mühen gescheut. Riesige Sonnenscheiben aus massivem Gold, mit goldenen Ähren bedeckte Dächer, goldene Wandverkleidungen, heilige Geräte, Ziegel, Skulpturen und Säulen aus Gold oder Silber erstrahlten im Glanz des Tageslichtes. Selbst die Arbeiten in den Tempelgärten wurden mit goldenen oder silbernen Hacken und Schaufeln ausgeführt. Gold und Silber waren nämlich etwas ganz Gewöhnliches, die Einheimischen maßen ihnen keinen besonderen materiellen Wert bei; sie benützten die beiden Metalle nur deshalb verschwenderisch, weil sie den Glanz der vergöttlichten Sonne und den milden Schimmer der großen Mondgöttin symbolisierten.

Neben der zahlreichen Priesterschaft kannte man auch sogenannte Sonnenjungfrauen, die ein klösterliches Leben führten. Bei den Gottesdiensten wurden hauptsächlich Tiere, Feldfrüchte und wohlriechende Harze geopfert, in seltenen Fällen und aus besonderem Anlaß auch einmal ein Jüngling oder ein Mädchen. Sinnenfrohe Festlichkeiten mit Essen und Trinken, Gesang und Tanz gehörten zum religiösen Jahreskalender. Daß auch die erotischen Freuden nie zu kurz kamen, beweisen die vielen tausend erhalten gebliebenen keramischen Doppelfiguren, wie sie noch heute im Museo Cerámico (Eintritt nur für Erwachsene) in Lima zu sehen sind.

In diesen Sonnenstaat brach Pizarro mit seinen etwa 160 Mann ein. »Er war einer von denen«, berichtet Las Casas, »die ihr Handwerk verstanden und hatte alle Grausamkeiten und Schurkenstreiche mitgemacht, die seit dem Jahre 1510 auf dem festen Lande begangen wurden. Er mordete und raubte, plünderte ohne Maß und Ziel und hielt weder Treue noch Glauben. Ganze Örter wurden von ihm verheert, ihre Einwohner erschlagen und vertilgt.«

Wie immer, so diente auch dieser Eroberungszug dazu, das Gebiet für die spanische Krone zu gewinnen und die zu spanischen Untertanen erklärten Bewohner zum Glauben an Jesum Christum, den Erlöser, die Jungfrau Maria und alle Heiligen zu bekehren. Wie die Geschichte lehrt, ging es den Abenteurern aber vor allem anderen darum, möglichst viel von den Schätzen der Neuen Welt als Beute in die eigene Tasche zu stecken.

Der Inka, vom Herannahen der Fremden unterrichtet, lagerte mit einer Streitmacht von etwa 50 000 seiner Krieger in der Nähe von Cajamarca. Und Pizarro wußte das. Es begünstigten ihn aber vier unvorhergesehene Umstände: Einmal hatte der Herrscher Perus gerade mit Rivalen um seine Macht zu streiten gehabt. Sodann gab es im Lande eine alte Sage, wonach einstmals weiße Götter über das Meer kommen und das Paradies errichten würden. Ferner hatten die Indianer noch niemals Pferde und Reiter gesehen, so daß sie glaubten, die spanischen Berittenen seien neuartige und unheimliche Lebewesen, die sich in zwei teilen könnten. Zuletzt waren die Feuerwaffen der Fremden, die Blitz und Donner und Tod brachten, den Peruanern ein sicheres Zeichen für die göttliche Überlegenheit der Eindringlinge.

Dennoch beschloß der Inka, die Spanier zur Rechenschaft zu ziehen für die Schandtaten, die sie auf ihrem bisherigen Weg durch sein Land begangen hatten. Verhandlungen wurden aufgenommen, und Pizarro willigte ein, den Herrscher in Cajamarca ehrenvoll zu einem Gespräch zu empfangen. In Wirklichkeit legte er hier einen Hinterhalt, in den Atahualpa arglos tappte. Er kam, getragen auf einer erhöhten Thronsänfte, mit großem, unbewaffnetem Gefolge.

Im Hof der Festung war jedoch kein einziger Spanier zu sehen. Verblüfft blickte der Herrscher umher. Da öffnete sich eine Tür und entgegen kam ihm Pizarros Hausgeistlicher, der Dominikaner Vicente de Valverde, begleitet von einem indianischen »Dolmetscher« namens Felipillo. Was nun folgte, ist uns sehr genau überliefert.

Valverde sagte dem Inka, er sei beauftragt, ihm den wahren Glauben zu erklären. Sodann begann er, während Atahualpa unbeweglich auf seiner Thronsänfte verharrte, mit Adam und Eva, dem Sündenfall und arbeitete sich weitschweifig bis zum Kreuzestod voran, sprach von Petrus und dessen Nachfolger, dem Papst*, der über allen Fürsten der

* Damals Clemens VII. Medici.

Welt stehe. Die Dreifaltigkeit erklärte »Dolmetscher« Felipillo nach der Überlieferung von Augen- und Ohrenzeugen mit den Worten: »Die Christen glauben an drei Götter und einen Gott und das macht vier.«
Am Ende seiner Suada forderte der Mönch den Herrscher Perus auf, den Irrtümern seines Götzenglaubens abzuschwören, den allein seligmachenden Christenglauben anzunehmen und sich als zinspflichtiger Vasall (!) dem Kaiser Karl V. zu unterstellen. Zumindest diesen Teil der Ausführungen muß Atahualpa sehr gut verstanden haben. Seine zornige Antwort lautete nach den Berichten ungefähr so:
»Ich will keinem Menschen zinspflichtig sein. Euer Kaiser mag ein großer Fürst sein, und ich bin bereit, ihn als einen Bruder zu betrachten. Was den Papst betrifft, von dem ihr sprecht, so muß er wahnsinnig sein, wenn er daran denkt, Länder zu verschenken, die ihm nicht gehören. Meinen Glauben mag ich nicht ändern. Euer Gott ist, wie ihr sagt, von denselben Menschen getötet worden, die er geschaffen hat. Der meinige aber [die Sonne] lebt noch im Himmel und blickt auf seine Kinder herab.«
Dann fragte er Valverde indigniert, was ihn berechtige, derartige Ansinnen vorzubringen. Als Antwort deutete der Mönch auf die Bibel. Atahualpa ergriff das Buch, wühlte verächtlich in den Seiten und schleuderte es dann auf die Erde. »Ich werde nicht von hier fortgehen«, sagte er, »bevor mir eure Gefährten nicht Rechenschaft abgelegt und Genugtuung gegeben haben für all das Unrecht, das sie in meinem Land begangen haben.«
Nun stürzten die Spanier mit Santiago!-Gebrüll aus ihren Verstecken hervor. Das Gefolge des Inka, Edelleute, unbewaffnete Krieger, Bedienstete, alles wurde niedergemacht, der Herrscher selbst von der schwankenden Sänfte gezerrt und gefangengesetzt. Die Zahl der Opfer dieses Massakers, das etwa eine halbe Stunde dauerte, wurde von indianischer Seite mit zehntausend angegeben, der Sekretär Pizarros, Garcilasso de la Vega, gibt immerhin zweitausend zu. Die Wahrheit dürfte wie so oft in der Mitte liegen.
Als Lösegeld verlangten »die Christen« Gold, und Atahualpa versprach, ein ganzes Zimmer mit Gold zu füllen,

so hoch er langen könne. Er stellte sich auf die Zehenspitzen, und Pizarro markierte die Stelle, wo der Mittelfinger des Inka hinreichte, mit einem roten Strich. Die Höhe betrug fast 2,5 Meter, der Raum selber maß rund 5,5 x 6,5 Meter. Ein etwas kleineres Nebengemach wollte der peruanische Fürst überdies zweimal mit Silber füllen lassen.

Und so geschah es. Das höchste Lösegeld, das in der Weltgeschichte jemals für einen Menschen entrichtet ward, es wurde von den Untertanen des Inka innerhalb von zwei Monaten aus dem ganzen Land herbeigeschleppt.

Vergebens. Statt ihren Gefangenen nun der Abrede gemäß und wie vereinbart und versprochen frei zu lassen, machten sie ihm unter fadenscheinigen Gründen einen Prozeß. Unter anderem warf ihm die Anklage neben Mord und Verrat auch »Götzendienst« und »ehebrecherische Handlungen«* vor. Das Todesurteil, schon zuvor beschlossen, lautete auf Verbrennen, obwohl sich eine Minderheit der Richter zugunsten des Angeklagten ausgesprochen hatte.

Nach Sonnenuntergang des 29. August 1533 wurde der einst mächtigste Fürst des alten Amerika, an Händen und Füßen in Ketten geschmiedet, zum Scheiterhaufen geführt und an den Pfahl gebunden. Der Dominikanerpater Valverde hielt ihm das Kreuz entgegen und schlug ihm vor, sich doch lieber noch taufen zu lassen. Er werde dann nicht verbrannt, sondern nur erdrosselt. Man verfügte ja bei den Dominikanern, den Trägern der Inquisition, über die reichste Praxis an Gnadenerweisen.

Da das Opfer den Kopf auf die Brust sinken ließ, was als zustimmendes Nicken gedeutet werden konnte, wurde die heilige Zeremonie vollzogen, und da gerade der Tag Johannes des Täufers war, erhielt der endlich Bekehrte den Namen Juan de Atahualpa. Sodann legte ihm der Henker von hinten die Schlinge um den Hals und drehte sie nach Art der spanischen Garrotte mit einem Knebel enger und enger, bis der Tod durch Erwürgen eintrat.

Der Leichnam des letzten Sohnes der Sonne blieb am Richtplatz liegen. Er wurde am nächsten Tag nach einer

* Als Herrscher hatte er der Sitte gemäß mehrere Frauen.

Seelenmesse Valverdes auf dem Friedhof San Francisco begraben. Pizarro und seine Notablen waren zu dem Ereignis in großer Trauergala erschienen. Nicht viel später wurde der Tote von einigen seiner Frauen – die anderen hatten Selbstmord begangen – heimlich exhumiert und fortgeschafft. Von da an verliert sich jede Spur.
Der Volksführer der indianischen Araukaner Chiles, Caupolicán, erlitt ein ähnliches Schicksal. Nach Gefangenschaft und Zwangstaufe wurde er lebendigen Leibes verbrannt, erhielt dafür aber ein heuchlerisch romantisierendes Denkmal in einem Park der Hauptstadt. In Argentinien rotteten »die Christen« alle Indianerstämme einschließlich der riesigen Patagonier von Feuerland vollständig aus; es gibt in diesem Land keinen einzigen Indio mehr.

Im Namen des Vaters und des Sohnes

Vom Heiligen Geist sei lieber nicht die Rede, wenn wir zuletzt noch einen Blick auf den Vormarsch des protestantischen Christentums in Nordamerika werfen. Mit den angelsächsischen Protestanten, denen der größte Anteil an der Besiedlung des nördlichen Amerika gebührt, kam natürlich auch deren Geistlichkeit in die Neue Welt. Sie wurde ja bei Taufen, Heiraten und Begräbnissen dringend gebraucht, ebenso wie zum Kirchenbau, zur Abhaltung von Bibelstunden oder für den Betrieb von Sonntagsschulen.
Anders als ihre südlichen Verwandten waren die Rothäute Nordamerikas weit umherschweifende Jäger. Ihre Religion war animistisch und totemistisch. Selbstverständlich mußten sie zum wahren Glauben bekehrt und endlich erlöst werden. Doch im Gegensatz zu den importierten Negersklaven die leicht domestiziert und getauft werden konnten, eigneten sich die freien Söhne der Prärie weder als Sklaven, noch zum Knien, Katechismuslernen oder Singen.
Ebenso wie die Siedler, so sahen sich also auch die Pastoren und Bischöfe dem sogenannten Indianerproblem Auge in Auge gegenüber. Da sich die Mission als äußerst schwierig erwies, war es am einfachsten, die sogenannte Religion der Rothäute einfach zu verbieten. Das besorgten die Be-

hörden. Am offensichtlichsten wurde davon der Tanz betroffen, im Glauben der Indianer eine kultische Handlung. Mit seiner Unterdrückung und Verfolgung gab es nun eine »legale« Handhabe, Indianer festzunehmen, einzusperren und zu bestrafen. Was sie zu desto trotzigerem Widerstand anstachelte.
Sie erwiesen sich mit anderen Worten als verstockte Wilde. Die damals durchaus übliche Frage ließ sich stellen, ob sie überhaupt eine Seele hätten. Wenn man dies verneinte, was bei ungetauften Zweibeinern durchaus nahelag, konnten sie zu den Tieren gerechnet werden.
Kurzum: bei Beurteilung der Faktoren, die zur Dezimierung der nordamerikanischen Ureinwohner durch die weißen Landnehmer geführt haben, wurde bisher und wird noch immer die religiöse Basis des Völkermordes übersehen oder geflissentlich außer Acht gelassen. Hunger nach Gold und anderen Bodenschätzen, nach Farmgrund, Pelzen, nach dem Fleisch- und Häutereichtum der Büffelherden und vieles andere wird angeführt, wenn wirklich einmal vom Genocid (Stan Steiner) am Roten Mann gesprochen werden sollte. Daß der Indianer durch sein religiöses Anderssein und beharrliches Andersbleibenwollen in den Augen der WASPs, der »Weißen Anglo-Sächsischen Protestanten«, degradiert und dadurch Freiwild war, machte alles andere erst möglich. »Der Rote Mann«, sagt der amerikanische Historiker James Truslow Adams, »blieb in den Augen der Weißen ein Tier des Waldes, das man ausbeuten konnte oder auszurotten hatte.«*
Wie anders könnte man sich die Haltung eines Thomas Jefferson erklären, des dritten Präsidenten der Vereinigten Staaten. Er gilt als eigentlicher Schöpfer der amerikanischen Demokratie. Aus seiner Feder stammt die Unabhängigkeitserklärung von 1776, in der er Selbstbestimmung, Gleichheit und das naturgegebene Recht auf »Leben, Freiheit und das Streben nach Glück« festschrieb.
Das scheint, jedenfalls 1812, nicht für Indianer gegolten zu haben. In diesem Jahr schrieb er an seinen Nachfolger

* Siehe auch Stan Steiner: The Genocide before this one, in: »The Minority of One«, Passaic, NY, 1965.

John Adams über den Krieg gegen die Indianer: »Wir werden gezwungen sein, sie wie die Tiere aus den Wäldern in die Felsengebirge zu treiben.« Und: »Nichts wird diese Unglücklichen so dezimieren wie der Krieg, der in ihr Land getragen wird. Aber der Krieg wird dort nicht haltmachen. Er wird nie aufhören, sie zu verfolgen, so lange noch einer von ihnen übrig ist.«*

LIEBET EURE FEINDE

Die Ketzergeschichte, wohl das finsterste Kapitel der »abendländischen Kultur«, neben dem alle schmerzlieblichen Madonnen, alle sanftäugigen Christusse und alle Heiligen zusammen erröten, nein: erblassen müßten – die Ketzergeschichte nimmt ihren Anfang bereits in den ersten Jahrhunderten jener Glaubensgemeinde, die Barmherzigkeit, Nächstenliebe und gar Feindesliebe zu ihren Maximen erhoben hat.

Es soll hier darauf eingegangen werden, weil damit zwei Gesichtspunkte klarer werden. Einmal das systeminherente Machtstreben von Institutionen, die für sich den alleinigen Besitz der Wahrheit in Anspruch nehmen. Zum anderen das eingeborene und unausrottbare Fortleben des kritischen Verstandes im Menschen. In seiner geschärften Ausbildung ist er ein Erbe antiker und orientalischer Skepsis. Vater des Zweifels, der nichts ohne Hinterfragung einfach hinnimmt, Nährboden von Neugier, Forschung und Spekulation – kurz: Basis jeder abweichenden Meinung, die nur in einem Klima allgemeiner Toleranz gedeihen kann, andernfalls sie totalitärer Verfolgung verfällt: als Häresie, als Ketzerei.

Ursprünglich handelte es sich noch um dauernden Zwist und Streit zwischen den Anhängern verschiedener Auffassungen und Auslegungen, wobei man sich gegenseitig beschimpfte, mit wüsten Ausdrücken belegte und der schlimmsten Unsittlichkeiten und Verbrechen beschuldigte. Die stärkste Partei obsiegte naturgemäß. Ignatius von Antiochia gab ihr die griechische Bezeichnung »katholisch« (für alle, allgemein). Und der so gefestigte Kern

* Zitiert nach Siegfried von Nostiz: Die Vernichtung des Roten Mannes.

mußte seine Vorherrschaft gegen jede Bedrohung durch Konkurrenzunternehmen verteidigen. Damit war die Ausgangslage vorgegeben.

385 gab es die ersten Toten. Ein spanischer Edelmann, der Dreifaltigkeit und Auferstehung in Zweifel gezogen hatte, Priscillianus, wurde von einer Bischofssynode wegen Häresie dem »weltlichen Arm« des Kaisers Maximus übergeben und mit sechs seiner Anhänger, darunter auch eine Frau, in Trier durch das Schwert hingerichtet.

Dies erste Bluturteil der Kirchengeschichte hat schon damals beträchtliches Aufsehen erregt. Es war nur der Anfang der vieltausendfachen roten Spur, die sich bis ins 19. Jahrhundert hinzieht. Die Zahl der Opfer schwankt nach Schätzungen beträchtlich, geht aber immer in die Millionen, die von katholischen und protestantischen Hexengerichten Verbrannten, Ertränkten, Gehängten oder anders Ermordeten (zu 80% Frauen) inbegriffen.

Es kann nicht Aufgabe dieses Buches sein, das eintausendsiebenhundert Jahre lange Grauen erneut aufzurollen. Die Literatur darüber füllt ganze Bibliotheken. Mögen hier einige Streiflichter in die schwarzen Verließe menschlichen Wahns genügen.

Noch bevor die heilige Inquisition eingeführt und den eifrigen Dominikanern übertragen worden war, wiesen die Päpste ihre Bischöfe an, unablässig nach Häretikern zu forschen und jede Abweichung vom alleinwahren katholischen Glauben streng zu ahnden. Selbst ein Mann, der im allgemeinen wegen seines Freisinns und seiner Toleranz weithin Sympathien genießt, Kaiser Friedrich II., erließ die härtesten Bestimmungen gegen die Ketzer. Sie gingen in ihrer ganzen grausamen Wucht in die Gesetzbücher fast ganz Europas und natürlich auch ins kanonische Recht ein. Ob der Monarch, der zwanglos mit Juden und Moslems zu verkehren pflegte, so scharf auftrat, um von sich selber jeden Verdacht der Ketzerei abzulenken, ist nicht zu durchschauen, obwohl Gregor IX. Segni dies durchaus annahm. Doch wie dem auch sei, die friederizianischen Edikte legten den Grund zu allen Unmenschlichkeiten der Verfolgung.

Jeder Christ war nun verpflichtet, jeden der Ketzerei Verdächtigen anzuzeigen, widrigenfalls er selber als Ketzer vor den Inquisitor geschleppt werden konnte. Zum Verdacht genügte oft ein Wort, eine unüberlegte Bemerkung, ein skeptischer Gesichtsausdruck, ganz abgesehen von Kritik oder Polemik. Die Pflicht zur Denunziation galt nicht nur für alle, für Freunde und Nachbarn, sondern ausdrücklich auch für Kinder gegenüber ihren Eltern, für Eltern gegenüber ihren Kindern, für Geschwister untereinander, ja sogar zwischen Eheleuten. Der neunte Gregor rühmte diese Feinheiten ganz besonders.

Gewöhnlich wurden überführte Ketzer, nachdem sie unter der Folter, deren Werkzeuge mit Weihwasser besprengt waren, oder auch stolz und freiwillig wie Märtyrer gestanden hatten, dem weltlichen Scharfrichter übergeben, da sich die Kirche Christi nicht mit der Vollstreckung eines Todesurteils beflecken wollte. Zur Hinrichtung diente so ziemlich jede Methode, die menschliche Intelligenz bis dahin ersonnen hatte. Seit 1194 auch das Verbrennen bei lebendigem Leib, weil es dadurch den Delinquenten unmöglich gemacht werden sollte, am Jüngsten Tag wieder aufzuerstehen. Dagegen hatte das durch Herolde zusammengerufene Volk ein Schauspiel zu feiern, und jeder konnte einen Ablaß aller seiner Sünden erlangen, wenn er ein Hölzlein zum Scheiterhaufen beisteuerte.

Wenn ein Ketzer vor der Inquisition bereute, konnte ihm die Gnade zuteil werden, nicht getötet, sondern nur lebenslang eingekerkert zu werden; es gab auch mildere Strafen, wie das Herausschneiden der Zunge. Wenn läßliche Sünder Glück hatten, konnten sie sogar freikommen, mußten dann aber an ihrer Kleidung ein Merkmal tragen, ähnlich dem Judenstern unter Hitler. Selbstverständlich gab es bei Rückfall keine Gnade mehr. Und ebenso selbstverständlich wurden stets Vermögen und Besitz eines Ketzers eingezogen.

Manche Inquisitoren, wie etwa Pedro de Arbués von Aragonien, zeichneten sich bei Verfolgungen und Verhören durch so ausgesuchte Grausamkeiten aus, daß sich der Volkszorn auch durch die allgemeine Schreckensherrschaft nicht mehr im Zaum halten ließ. Nach der Verhängung von drei schändlichen Todesurteilen wurde er 1485 in der Kathedrale von Zaragoza niedergemacht. Seinen

Trost erhielt er im Himmel, als ihn Pius IX. Mastai-Ferretti 1867 heiligsprach.
Denn glücklicherweise konnte sich die Kirche in ihrem löblichen Streben stets auf unanfechtbare Autoritäten der katholischen Theologie stützen. Obwohl die Zeugnisse zahlreich sind, sei nur der große heilige Thomas von Aquin zitiert, der da schrieb: »Was die Ketzer anlangt, so haben sie sich einer Sünde schuldig gemacht, die es rechtfertigt, daß sie nicht nur von der Kirche vermittels des Kirchenbannes ausgeschieden, sondern auch durch die Todesstrafe aus dieser Welt entfernt werden.«
Bei den zwanzigjährigen Massenschlächtereien gegen die manichäischen Albigenser (1209–1229), bei der Verfolgung der Beghinen und Begharden vom 12. bis zum 14. Jahrhundert, bei den Blutbädern von Vassy (1562) und der Bartholomäusnacht (1572), bei der mörderischen Verfolgung der Hugenotten vom 16. bis zum 18. Jahrhundert zeigte sich der furor catholicus schon allein an den Leichenbergen, die er hinterließ. Im Hexenwahn, dem Hunderttausende zum Opfer fielen, steigerte sich klerikaler Frauenhaß zu einer wahren Orgie sexualpathologischer Hysterie. Gegen den Protestantismus in den Niederlanden wollte der heiliggesprochene Papst Pius V. Ghislieri sogar ein ganz einfaches Mittel anwenden: nämlich die gesamte Bevölkerung völlig auszurotten – was ihm bekanntlich versagt blieb.

Ist das Mittelalter zu Ende?

Wie kamen die apokalyptischen Reiter zum Stillstand?
Die Frage ist nicht allzu schwer zu beantworten. Grundsätzlich gesagt: die katholische Kirche verlor die Macht. Drei religiöse und drei weltliche Ereignisse mögen das kurz illustrieren.
Die weltlichen sind rasch aufgeführt: 1492 entdeckt Columbus Amerika und verändert die Geographie der Erde. 1543 kann Nikolaus Copernicus auf dem Sterbebett noch das Erscheinen seines Werkes* erleben, das er zuvor aus

* De Revolutionibus Orbium Coelestium.

Furcht vor der Inquisition lange nicht zu veröffentlichen gewagt hatte. Es verbannte die an sechs Schöpfungstagen vom HERRN erschaffene Erde aus dem Mittelpunkt des Universums. Und 1600, am 17. Februar, muß der wohl größte Denker einer neuen Zeit, Giordano Bruno, auf einem Scheiterhaufen der Inquisition zu Florenz den Flammentod erleiden. Er hat das kosmologische Weltbild des Copernicus zur unwiderlegbaren wissenschaftlichen Anerkennung geführt, seine philosophischen Gedanken haben noch Leibnitz, Spinoza oder Hegel befruchtet und sind heute erneut im Gespräch.

ES KNISTERT IM GEBÄLK

Zu diesem Umbruch des Denkens und der Meinungen am Ausgang des Mittelalters und am Beginn der Neuzeit kommen nun noch religiöse Anstöße.
Schon im 14. Jahrhundert stellte John Wycliffe in England römische Glaubensartikel und das Recht der katholischen Kirche, sich in weltliche Angelegenheiten einzumischen, in Frage. Gregor XI. Beaufort bezeichnete ihn natürlich als Ketzer, doch ein Volksaufstand und sodann die schützende Hand der Königinmutter Johanna von Kent bewahrten ihn vor einer Verurteilung durch die Inquisition. 1415, 31 Jahre nach seinem friedlichen Tod, wurde Wycliffes Leiche auf Beschluß des Konzils von Konstanz wieder ausgegraben, wegen Häresie verbrannt, der Rest in den Swift River geworfen.
Wycliffes Gedanken hatten auf den Prager Synodalprediger Jan Hus tiefen Eindruck gemacht. Zum Reformator geworden, wurde er unter dem Vorwand eines gelehrten Disputs zum Konzil von Konstanz gelockt. Kaiser Sigismund und der Papst hatten ihm freies Geleit zugesichert, brachen aber ohne Bedenken ihr Wort: Hus wurde ergriffen und 1415 als Ketzer verbrannt.
Die Flammen eines weiteren Scheiterhaufens ließen 1498 Europa erneut aufhorchen. Diesmal verzehrten sie den Körper des einst gewaltigen, dann wegen Ketzerei gefolterten und gehängten Dominikaners Girolamo Savonarola. In Florenz hatte er ein geistliches und vorübergehend auch weltliches Schreckensregiment errichtet, die Einwohner mit Bußpredigten in eine wahre Massenhysterie getrieben.

Nebenher veranstaltete er in der Stadt das Verbrennen weltlicher Eitelkeiten auf großen Holzstößen, die er feierlich entzündete. Frauen gaben da schuldbeladen ihre schönsten Garderoben und Schmuckstücke, berühmte Künstler – darunter sogar Botticelli – unwiederbringliche Gemälde der Vernichtung preis.

Mit Savonarolas Tötung hatte die Kirche eine ihrer eigenen Säulen vor aller Augen zum Einsturz gebracht. Den Schlußstein setzte Martin Luther, als er 1517 seine Thesen an die Kirchentür von Wittenberg nagelte, wie es die Legende will. Die Sittenlosigkeit der allgewaltigen Katholischen Kirche, die Verlotterung von Papst, Geistlichkeit und Orden, der Einbruch neuer Ideen in Wissenschaft und Weltkenntnis, ja auch die weit über dreißig Jahre dauernden Kämpfe von Reformation und Gegenreformation, die Europa in Trümmer legten und mehr als ein Drittel seiner Bevölkerung dahinraffte – dies alles zusammen zog einen Schlußstrich.

Heute ist es der Kirche nicht mehr möglich, Scheiterhaufen zu errichten. Ihr Machtmonopol ist gebrochen. Sie kann zwar immer noch da und dort einen Mob organisieren, der beispielsweise ein Kino stürmt oder sonstige Drohungen verbreitet, weil da ein Film gespielt wird, der irgendwelchen selbsternannten Zensoren nicht paßt. Aber das ist es ja gerade: daß das Theater in Flammen aufgehen würde und die Besucher ein sinistres Schicksal zu erwarten hätten, wenn den angedeuteten Gruppen noch mittelalterlich Machtausübung möglich wäre. Oder, wie es Jean-François Revel einmal ausdrückte:

> »Jedermann hegt subjektive Meinungen, die unhaltbar, oft starrsinnig sind, aber eine totalitäre Überzeugung zeichnet sich dadurch aus, daß sie zur Handlung übergeht, *wenn es ihr ermöglicht wird**, um alle zu vernichten, die ihre Überzeugung nicht teilen, oder die sie als Feinde bezeichnet.«

Genau das ist der Punkt. Es wird ihr *nicht mehr* ermöglicht.

Kurz, allein jene Übereinkunft, die man unter dem oft

* Von mir hervorgehoben. J. H.

mißbrauchten Begriff »Aufklärung« zusammenfaßt, schützt heute vor religiöser Gewalt, keineswegs ein Sinneswandel oder eine größer gewordene Sensibilität kirchlichen Gewissens. Als Beweis dafür kann man auf die Päpste verweisen, die es bis heute nie für nötig gehalten haben, irgendein Schuldbekenntnis, irgendein noch so geringes Zeichen der Reue oder auch nur des Bedauerns über die Millionen Opfer von Zwangsbekehrungen, Ketzer- und Hexenverfolgungen verlauten zu lassen. Das gewundene Eingeständnis Johannes XXIII. Roncalli, die Kirche habe in ihrer Einstellung zu den Juden gefehlt, steht da auf einsamer Flur.

Dagegen geben sich die Kirchen heute als fortschrittliche Kräfte, indem sie allen Richtungen, die gerade im gesellschaftlichen Trend sind, nachrennen, um als Trittbrettfahrer gratis »auch dabei« zu sein. In Wahrheit läßt sich in der Geschichte des Christentums keine einzige Errungenschaft finden, die sittlichem, moralischem oder materiellem Fortschritt diente. Wo sie zu entdecken sind, waren sie schon im Juden- oder im Heidentum vorhanden, oder sie stammen aus ketzerischen oder neuzeitlich philosophischen Quellen.

Nicht von den Kirchen stammen, und zumeist gegen deren heftigen Widerstand wurden durchgesetzt:

- Deklaration der Menschenrechte;
- Abschaffung der Folter;
- Abschaffung der Sklaverei;
- Trennung von Kirche und Staat;
- Meinungs- und Gewissensfreiheit;
- Frauenemanzipation und Frauenwahlrecht;
- Religionsfreiheit;
- Ehescheidung;
- Informations- und Medienfreiheit;
- Freiheit von Wissenschaft und Kunst;
- Gewaltentrennung und rechtsstaatliche Garantien;
- Versammlungs- und Vereinigungsfreiheit.

Die Liste ließe sich noch weiter fortsetzen. Gegen alle aufgeführten Errungenschaften gibt es zahlreiche Äußerungen sowohl katholischer wie protestantischer Kirchenmänner, die jeweils lauthals protestieren, von »unerhört« bis »vollkommen absurd«.

Und die Moral von der Geschicht'

Wer sich einmal in erzkatholischen Ländern Europas oder Lateinamerikas umgesehen hat, wird augenfällig an die Tatsache gemahnt, wie sehr das Christentum im Verfall begriffen ist. Zahllose Kirchen in Italien, Spanien, Portugal, Brasilien, Peru und so fort sind heutzutage geschlossen, aufgegeben, baufällig oder anderer Verwendung zugeführt, in Werkstätten, Ausstellungshallen, Supermärkte und sonstige profane Räumlichkeiten verwandelt. Klöster, die einmal viele hundert Mönche oder Nonnen einschlossen, beherbergen oft kaum noch ein Dutzend und weniger; andere sind ganz aufgelassen oder dienen als mehr oder weniger komfortable Beherbergungsbetriebe dem Tourismus. Der Nachwuchsmangel für Ordens- oder Weltgeistliche ist ein geradezu verzweifeltes Problem der Religionsgemeinschaften.

In protestantischen Ländern liegen die Dinge nicht viel anders. In den Vereinigten Staaten beispielsweise sorgt in kleineren Orten eine inquisitorische Beargwöhnung, die sich als öffentliche Meinung ausgibt, für die Einschüchterung aller Nachbarn, die am Sonntag aus eigenen Stücken vielleicht nicht zur Kirche gehen würden, auch wenn das dem amerikanischen Mythos »Dies ist ein freies Land« ins Gesicht schlägt. Von hier ausgehend zeigt sich überall auf der Welt ein wachsender Einfluß neomoralischer Bigotterie, die von offiziellen katholischen und protestantischen Propagandaorganisationen oder gegängelten Laiengruppen verbreitet wird. Sie gleicht einer schleichenden Vergiftung mühsam erfochtener Menschenrechte.

Die Hektik, mit der die Kirchen heute in die Medien drängen und auf allen Ebenen geradezu panikartig um Aufmerksamkeit trommeln – man denke nur an die rastlosen Fischzüge des Nachfolgers Petri in den unterentwickelten und noch kaum von der Aufklärung beleckten Gebieten –, verraten nur den hohen Grad der Einbußen an Glauben, Glaubwürdigkeit und Unterwerfung.

In der Tat sind die jetzt lebenden Generationen Zeugen eines Jahrtausendereignisses, das in allen Anzeichen an den Untergang der heidnischen Götterwelt in der Antike erinnert. Auch der hat sich ja nicht schlagartig vollzogen, sondern über vierhundert Jahre gedauert. Der Unterschied ist, daß den überalterten Christkirchen diesmal kein militan-

ter neuer Glaube mit Feuer und Schwert entgegentritt – vom trüben Intermezzo des kommunistischen Atheismus einmal abgesehen –, sondern es sich um einen langsamen Prozeß der Auszehrung handelt, in dessen nachfolgendes Vakuum das Bewußtsein von der Selbstbestimmung des Menschen ohne Aufhebens Einzug halten könnte.
»Halten könnte…« Die Frage ist durchaus offen. Denn nicht in der Religion selbst liegt Gefahr für die Freiheit, sondern in Unduldsamkeit, im Alleinanspruch, den die drei monotheistischen Lehren, Judentum, Christentum und Islam, in die Welt gebracht haben. Sie sind nicht die einzigen. Politische Glaubenslehren, man muß ja nur Marxismus, Nationalismus und ihre Greuel nennen, vermögen ebenfalls religionsähnlichen Terror auszuüben. Auf der Suche nach Sicherheit sind viele Menschen noch immer bereit, Freiheiten preiszugeben, denn Sicherheit geht immer auf Kosten von Freiheit – und umgekehrt.

WAS IST, IST

Eine verfängliche Frage, die in Diskussionen gelegentlich auftaucht, lautet: Wie würde denn die Welt und besonders das Abendland aussehen, wenn es kein Christentum gegeben hätte? Die christliche Kunst, die herrlichen Madonnen in Schnitzwerk und Malerei, die prächtige Architektur der Basiliken und Dome, die gesamte Kultur?
Die Antwort lautet ganz einfach: anders.
Unbestritten ist doch, wie auch in anderen Gesellschaften die wunderbarsten Werke des menschlichen Geistes und Schaffens entstanden sind, sich von Ägypten über Griechenland bis hin zu unseren Nachbarn China, Indien oder Japan in höchster Blüte entfalteten. Weshalb sollte das Abendland untätig abseits stehengeblieben sein?
Mit größter Wahrscheinlichkeit hätten dann kein sexualpathologisch geschädigter Agitator wie Paulus und seine Nachfolger ein Wirkungsfeld für ihre ungeheuerlichen und obszönen Moralphantasien finden können, die ungezählte Millionen Frauen für zweitausend Jahre in tiefste Erniedrigung, leibliche Not und Todesqualen gestürzt haben.
Das Schreckensbild eines zu Tode geschundenen Leichnams am Marterpfahl wäre nicht allen folgenden Genera-

tionen zur Verfinsterung ihres Daseins entgegengehalten worden. Erspart geblieben wäre ihnen auch das notheilige Aufblicken zu einer Frauengestalt, die man ihrer natürlichen weiblichen Fähigkeit, Freuden und Würden entkleidet und zu einem anthropologischen Monstrum verstümmelt hat.

Dann auch hätte das Lächeln der Göttinnen noch lange das arme Geschlecht der Sterblichen besonnen können. Gewiß würden sich auch diese Überirdischen im Lauf der Jahrhunderte gewandelt haben, mit großer Gewißheit wären sie sogar allmählich untergegangen. Ungekränkt wohl hätten sie sich sodann verabschiedet, sobald ihre Erdenkinder sie nicht mehr gebraucht, reif, den Weg in neue Zeitalter allein fortzusetzen. Und gewiß wäre kein Fluchwort den scheidenden Himmelsköniginnen nachgesandt worden.

»Auf jeden Fall«, so formulierte es einmal Albert Camus, »kann niemand sagen, was wir wären, wenn man in diesen zwanzig Jahrhunderten dem antiken Ideal mit seiner schönen Menschengestalt treu geblieben wäre.«

Benützte und/oder weiterführende Literatur

Adams, James Truslow: The Epos of America. Boston 1931
Allgemeine Encyclopädie der Wissenschaften und Künste. Leipzig 1821
Alma, Bernarda: Mutter der Lebendigen, Legenden um Eva. Graz 1934
Die altorientalischen Reiche / Cassin, Bottero, Vercotter (Hsg.). Frankfurt a.M. 1965
Andersen, Carl (Hsg.): Die Gnosis. Zürich 1969
Andrae, Walter: Das wiedererstandene Assur. Leipzig 1938
Apuleius: Metamorphosen. München 1909
Ausführliches Lexikon der griechischen und römischen Mythologie. Leipzig 1884–1924

Bachofen, Johann Jakob: Mutterrecht und Urreligion. Stuttgart 1954
Baetke, Walter: Die Götterlehre der Snorra-Edda. Berlin 1950
Ben-Chorim, Schalom: Mutter Mirjam. Maria in jüdischer Sicht. München 1971
Bergman, Jan: Isis-Seele und Osiris-Ei. Uppsala 1970
Bertholet, Alfred: Das Geschlecht der Gottheit. Tübingen 1934
Die Bibel, Einheitsübersetzung. Stuttgart 1980
Bille-De Mot, Eleonore: Die Revolution des Pharao Echnaton. München 1965
Blair, Justice: The broken taboo, sex in the family. London 1979
Bleeker, Class Jouco: Egyptian Festivals. Leiden 1967
Bleibtreu, Erika: Mesopotamien. In: Beiträge zur historischen Sozialkunde, Wien 4/84
Böhlig, Alexander / Pahor Labib: Koptisch-Gnostische Apokalypsen aus Codex V von Nag Hammadi. Halle 1963
Böttcher, Helmuth M.: Die große Mutter. Düsseldorf 1968
Brandenstein, C.G.: Hethitische Götter nach Bildbeschreibungen. Leipzig 1943
Breasted, James Henry: Geschichte Ägyptens. Zürich 1954
Bruder, Reinhold: Die germanische Frau im Lichte der Runeninschriften und der antiken Historiographie. Berlin 1974
Burckhardt, Jacob: Griechische Kulturgeschichte. Stuttgart 1948/52

Caesar, Gaius Julius: Der Gallische Krieg. Reinbek 1965
Conteau, Georges: La deesse nue babylonienne. Paris 1914
Cottrell, Leonhard: Das Geheimnis der Königsgräber. Zürich 1952
–: Das Volk der Pharaonen. Zürich 1956
Cumont, Franz: Die orientalischen Religionen im römischen Heidentum. Darmstadt 1989

Davis, Nigel: Opfertod und Menschenopfer. Düsseldorf 1981
Decker, Wolfgang: Sport und Spiel im Alten Ägypten. München 1987
Delitzsch, Friedrich: Babel und Bibel. Leipzig 1903
–: Handel und Wandel in Altbabylonien. Stuttgart 1919
–: Das Land ohne Heimkehr, Gedanken der Babylonier und Assyrer über Tod und Jenseits. Stuttgart 1911
Deschner, Karlheinz: Abermals krähte der Hahn. Düsseldorf 1987
–: Das Christentum im Urteil seiner Gegner. 2 Bde. Wiesbaden 1969
–: Das Kreuz mit der Kirche. Eine Sexualgeschichte des Christentums. München 1989
–: Kriminalgeschichte des Christentums. Reinbeck 1989
Diaz del Castillo, Bernal: Wahrhafte Geschichte der Entdeckung und Eroberung von Neuspanien (Mexiko). Stuttgart 1965
Dieckmann, Heinz: Hetärenkatalog. München 1970
Dombart, Th.: Esagilla und das große Mardukfest zu Babylon. Washington 1924
Duerr, Hans Peter: Nacktheit und Scham. Frankfurt a.M. 1988
Dumezil, Georges: Les Dieux des Germains. Paris 1959
–: Gods of the ancient Nortmen. Berkeley 1973
Dunbar, George: Geschichte Indiens. München 1937
Durdin-Robertsen, Lawrence: The goddesses of India, Tibet, China and Japan. Clonegal 1976

Eisele, Petra: Babylon. Bern 1980
Eliade, Mircea: Mythen, Träume und Mysterien. Salzburg 1961
Elisofen, Eliot: Erotic Spirituality. New York 1971
Ellis, William: Polynesian Researches. London 1831
Euripides, sämtliche Tragödien. Stuttgart 1958

Falkenstein, A. und W. von Soden: Sumerische und akkadische Hymnen und Gebete. Zürich 1953
Farber, Walter (Hsg.): Beschwörungsrituale an Istar und Demuzi. Wiesbaden 1977
Frazer, James George: The Golden Bough, a Study in Magic and Religion. London 1959
Freud, Sigmund: Der Mann Moses und die monotheistische Religion. Frankfurt a.M. 1987
Friedell, Egon: Kulturgeschichte Ägyptens und des Alten Orients. München 1984

Friedländer, Ludwig: Sittengeschichte Roms. Köln 1957
Funk, Salomon: Die Juden in Babylonien. Berlin 1902
Funk and Wagnalls: Dictionary of Folclore, Mythology, and Legend. San Francisco 1984

Galahad, Sir – s. Sir Galahad
Geffcken, Johannes: Der Ausgang des griechisch-römischen Heidentums. Darmstadt 1963
Germanische und keltische Mythologie. Herder Lexikon. Freiburg 1982
Gigon, Olof: Die antike Kultur und das Christentum. Darmstadt 1966
Das Gilgamesch-Epos / Albert Schott (Hsg.). Stuttgart 1958
Glasenapp, Helmuth: Die Religionen Indiens. Stuttgart 1943
Gollob, H.: Die Metamorphosen des Eros. Wien 1958
Gonda, J.: Die Religionen Indiens. Stuttgart 1960/63
Gonzenbach, Victorino von: Untersuchungen zu den Knabenweihen im Isiskult der römischen Kaiserzeit. Bonn 1957
Graves, Robert: Hebrew Myths. London 1963
Griechische und römische Mythologie. Herder Lexikon. Freiburg 1981
Griffith, John Gwyn: The Origins of Osiris. Berlin 1966
Grigson, Geoffrey: Aphrodite, Göttin der Liebe. Bergisch Gladbach 1978
Grimal, Pierre: Liebe im Alten Rom. Frankfurt a.M. 1981
Grönbech, Wilhelm: Kultur und Religion der Germanen. Stuttgart 1954
Großer Atlas zur Weltgeschichte. Braunschweig: 1985
Guilmot, Max: Les Inities et les rites initiatiques en Egypte ancienne. Paris 1977
Gutrie, W.K.C.: The Greeks and their Gods. Methuen 1950

Haas, Volkert: Hethitische Berggötter und hurritische Steindämonen. Mainz 1982
Hansen, Walter: Asgard, Entdeckungsfahrt in die germanische Götterwelt. Bergisch Gladbach 1985
Harding, Esther: Frauen-Mysterien. Zürich 1949
Hedin, Sven: Bagdad, Babylon, Ninive. Leipzig 1917
Heiler, Friedrich: Die Religionen der Menschheit. Stuttgart 1959
Die Heilige Schrift des Alten und Neuen Testaments, übersetzt von Heinrich Menge. Stuttgart 1967
Heinsohn, Gunnar; Steiger, Otto: Die Vernichtung der Weisen Frauen. Herbstein 1985
Herbig, Reinhard: Götter und Dämonen der Etrusker. Heidelberg 1948
Herlitz, Georg; Kirschner, Bruno (Hsg.): Jüdisches Lexikon, 4 Bde. Berlin 1924

Herm, Gerhard: Die Kelten. Düsseldorf 1957
–: Die Phönizier. Düsseldorf 1973
Herman, Judith Lewis: Father-daughter incest. Cambridge 1981
Herodot: Historien. München 1977
Heyob, Sharon Kelly: The cult of Isis among the women in the Graeco-Roman world. Leiden 1975
Hoefler, Otto: Kultische Geheimbünde der Germanen. Frankfurt a.M. 1934
Hohenwart-Gerlachstein, Anna: Die Stellung der Frau im Alten Ägypten. Wien 1951
Holaubek, Johanna: Ägypten. In: Beiträge zur historischen Sozialkunde. Wien 4/84
Holroyd, Stuart: Mysteries of the gods. London 1979
Hommel, Fritz: Der babylonische Ursprung der ägyptischen Kultur. München 1982
Hooke, Samuel: Babylonian and Assyrian religion. London 1953
Hopfner, T.: Das Sexualleben der Griechen und Römer. Prag 1938
Hurwitz, Siegmund: Lilith, die erste Eva. Zürich 1980

Inder-Jit: Science of Symbols. New Delhi 1978

James, Edwin Oliver: The Cult of the mother-goddess. New York 1959
–: Religionen der Vorzeit. Köln 1960
Jameson, A.: Legends of the Madonna. Longmans 1891
Jastrow, Morris: Bildermappe zur Religion Babyloniens und Assyriens. Gießen 1912
–: Die Religionen Babyloniens und Assyriens. Gießen 1905/12
Jonas, Hans: Gnosis und spätantiker Geist. Göttingen 1964
Jüdisches Lexikon, 4 Bde. / Herlitz, Georg; Kirschner, Bruno (Hsg.). Berlin 1927

Kerenyi, Karl: Die Mysterien von Eleusis. Zürich 1962
–: Töchter der Sonne. Zürich 1946
Koch-Harnack, Gundel: Erotische Symbole, Lotosblüten und gemeinsamer Mantel auf antiken Vasen. Berlin 1989

Lamer, Hans: Wörterbuch der Antike. Stuttgart 1933
Langdon, Stephen: Tammuz and Ishtar. Oxford 1914
Lange, Wolfgang: Texte zur germanischen Bekehrungsgeschichte. Tübingen 1962
Las Casas, Bartolomé de: Kurzgefaßter Bericht von der Verwüstung der Westindischen Länder. Frankfurt a.M. 1966
Lasaulx, Ernst von: Der Untergang des Hellenismus und die Einziehung seiner Tempelgüter durch die christlichen Kaiser. Stuttgart 1965

Lea, Henry Charles: Die Inquisition. Nördlingen 1985
Leclant, Jean: Astrate a cheval d'apres les representations egyptiennes. Paris 1960
Lengley, Lancelot: Das geheime Wissen der Kelten. Freiburg 1976
Lesko, Barbara S.: The remarkable women of ancient Egypt. Berkeley 1978
Lexikon der Antike / Irmscher, Johannes; Johne, Renate (Hsg.). Leipzig 1985
Lexikon der antiken Mythen und Gestalten / Grant, Michael (Hsg.). München 1980
Lexikon der germanischen Mythologie / Simek, Rudolf. Stuttgart 1984
Lexikon der Götter und Dämonen / Lurker, Manfred. Stuttgart 1984
Lexikon für Theologie und Kirche. Freiburg 1957/65
Leyen, Friedrich von der: Die Götter der Germanen. München 1938
Licht, H.: Sexual Life in Ancient Greece. Routledge 1931
Liebermann, Sarah Roth: The Eve motif in ancient Near Eastern and Classical Greek sources. Ann Arbor 1975
Lippert, Julius: Christentum, Volksglaube und Volksbrauch. Berlin 1882
Lurker, Manfred: Götter und Symbole der alten Ägypter. München 1980
–: Lexikon der Götter und Dämonen. Stuttgart 1984

Manniche, Lise: Liebe und Sexualität im alten Ägypten. Zürich 1988
Marasinghe, M.M.J.: Gods in early Buddhism. Kelaniya 1974
Mercer, S.A.B.: Religious and moral ideas in Babylonia and Assyria. Milwaukee 1919
Merkelbach, Reinhold: Isisfeste in griechisch-römischer Zeit. Meisenheim 1963
Der Midrasch Bereschit Rabba. Leipzig 1881
Monaghan, Patricia: The book of goddesses and heroines. New York 1981
Montet, Pierre: Ägypten, Leben und Kultur in der Ramses-Zeit. Stuttgart 1982
Moreau, Jacques: Die Welt der Kelten. Stuttgart 1958
Muenster, Maria: Untersuchungen zu Göttin Isis. Berlin 1968
Müller-Lyer, F.: Phasen der Liebe. München 1913
Mumford, Lewis: Mythos der Maschine. Frankfurt a.M. 1978
Murasaki Schikibu: Die Geschichte vom Prinzen Genji. Frankfurt 1987
The Mythology of all Races. 13 vols. Boston 1916

Naumann, Ida: Altgermanisches Frauenleben. Jena 1937
Neckel, Gustav: Liebe und Ehe bei den vorchristlichen Germanen. Leipzig 1932

–: Das Schwert der Kirche und der germanische Widerstand. Leipzig o.J.
Neubert, Otto: Tut-Ench-Amun, Gott in goldenen Särgen. Wien 1956
Nofret, die Schöne; die Frau im alten Ägypten. Mainz 1984
Nostitz, Siegfried von: Die Vernichtung des Roten Mannes. Düsseldorf 1970

Oates, Joan: Babylon, Stadt und Reich im Brennpunkt des Alten Orient. Bergisch Gladbach 1983
Osborn Martin, E.: The gods of India. London 1914
Otto, Eberhard: Osiris und Amun, Kult und heilige Stätten. München 1966
Otto, W.F.: Dionysos, Mythos und Kultus. Frankfurt a.M. 1933
Ovidius, Publius: Metamorphosen. München o.J.

Patai, Raphael: The Hebrew goddess. New York 1967
Pauly: Der Kleine Pauly. Lexikon der Antike. 5 Bde. München 1979
Pestman, Pieter Willem: Marriage and matrimonial property in ancient Egypt. Leiden 1961
Pettinato, Giovanni: Das altorientalische Menschenbild und die sumerischen und akkadischen Schöpfungsmythen. Heidelberg 1971
Platon, sämtliche Werke. Köln 1969
Plutarch: Über Isis und Osiris. Prag 1940
Popper, William: Parallelism in Isaiah. In: Semitic Philology, v. 1, No. 3, Berkeley 1918
Prescott, William: Die Eroberung von Peru. Wien 1937

Radke, Gerhard: Die Götter Altitaliens. Münster 1979
Ranke-Graves, Robert von: Griechische Mythologie. Reinbeck 1960
Reed, William L.: The Ashera in the Old Testament. Fort Worth 1949
Reitzenstein, Richard: Die hellenistischen Mysterienreligionen. Darmstadt 1966
Die Religion in Geschichte und Gegenwart. Tübingen 1927
Rendhell, Fulvio: Lilith, la spose di Satana. Padova 1982
Rueegg, Liselotte: Liebeslieder der Pharaonenzeit. Zürich 1959
Russek, René: Hinduismus. München 1986

Sanger, W.W.: The History of Prostitution. Medical Publishing Co. 1910
Sappho: Strophen und Verse. Frankfurt a.M. 1978
Schafer, Edward H.: The divine woman. San Francisco 1980
Schleberger, Eckard: Die indische Götterwelt. Köln 1986

Schmidt, Richard: Beiträge zur indischen Erotik; das Liebesleben des Sanskritvolkes. Darmstadt 1901
Schneider, Hermann: Die Götter der Germanen. Tübingen 1938
Scholz, Paul: Götzendienst und Zauberwesen bei den alten Hebräern und den benachbarten Völkern. Mainz 1877
Schott, Albert (Hsg.): Das Gilgamesch-Epos. Stuttgart 1958
Schultze, Victor: Geschichte des Untergangs des griechisch-römischen Heidentums. Jena 1887
Schwarz, Paul: Die neue Eva. In: Göppinger Arbeiten zur Germanistik 77, 1973
Scott, George R.: A history of prostitution from antiquity to the present day. London 1936
Sharkey, John: Die keltische Welt. Frankfurt a.M. 1982
Simek, Rudolf: Lexikon der germanischen Mythologie. Stuttgart 1984
Simon, Erika: Die Götter der Griechen. München 1969
Singer, Isaac Bashevis: Verloren in Amerika. München 1983
Singleton, Neil Edward: Venus in the »Metamorphoses« of Apuleius. Ann Arbor 1978
Sir Galahad (Berta Eckstein-Diener): Mütter und Amazonen. München 1975
Sivananda, Svami: Hindu fasts and festivals and their Philosophy. Rikhikesh 1947
Smith, S. Kaye: Quartette in Heaven. Cassell 1952
Soden, Wolfram von: Sumer, Babylon and Hethiter bis zur Mitte des zweiten Jahrtausends v. Chr. In: Propyläen Weltgeschichte. Berlin 1961
Solonen, Armas: Der Prozessionswagen der babylonischen Götter. Helsingfors 1946
Spiegel, Joachim: Die Erzählung vom Streite des Horus und Seth. Glückstadt 1937
Spretnak, Charlene: Lost goddess of early Greece. Berkeley 1978
Stone, Merlin: The paradise papers. London 1976
–: When God was a woman. New York 1976
Szczesny, Gerhard: Die Zukunft des Unglaubens. München 1960

Tacitus: Agricola, Germania, Dialogus. Stuttgart 1955
Taylor, G. Rattray: Sex in History. London 1953
Thomas, Paul: Hindu Religion. Bombay 1956

Unger, Eckhard: Babylon, die heilige Stadt nach der Beschreibung der Babylonier. Berlin 1931
Ungnad, Arthur: Die Religion der Babylonier und Assyrer. Jena 1921
Urville, Jules Sebastien Cesar Dumont d': Voyage au pole sud et dans l'oceanie. Paris 1846

Vatsyayana, Mallanaga: Die Liebeslehren des Kama Sutra. Hamburg 1989
Velten, Axel: Ägypter und Amazonen. Wien 1962
Veltheim-Ostrau, Hans-Hasso von: Der Atem Indiens. Hamburg 1954
–: Tagebücher aus Asien. Hamburg 1956
Vidman, Ladislav: Isis and Serapis bei den Griechen und Römern. Berlin 1970

Watts, Alan: Erotic Spirituality. New York 1971
Wegner, Ilse: Gestalt und Kult der Isthar-Swauska in Kleinasien. Kevelaer 1981
Welcker, Friedrich Gottlieb: Griechische Götterlehre. Göttingen 1857–63
Wenig, Steffen: Die Frau im Alten Ägypten. München 1969
Wiedemann, Heinrich: Karl der Große, Widukind und die Sachsenbekehrung. Münster 1949
Wilson, Robert McLachlan: Gnosis und Neues Testament. Stuttgart 1971
Wiseman, Percy John: Die Entstehung der Genesis. Wuppertal 1957
Witt, Reginald Eldred: Isis in the Graeco-Roman world. Ithaca, NY 1971
Wittmann, Willi: Das Isisbuch des Apuleius. Stuttgart 1938
Wolkstein, Diane; Kramer, Samuel Noah: Inanna, Queen of Heaven and Earth. London 1983
Wörterbuch der Antike / Lamer, Hans. Stuttgart 1933
Wyneken, Gustav: Abschied vom Christentum. München 1970

Yücelen, Yüksel: Was sagt der Koran dazu? München 1986

Zimmer, Heinrich: Maya, der indische Mythos. Zürich 1952
–: Die vorarisch-altindische Himmelsfrau. Stuttgart 1937
Zimmern, Heinrich: Babylonische Hymnen und Gebete. Leipzig 1911
Zuntz, Günther: Persephone. Oxford 1971

Register

Jh = Jahrhundert
Kg = König
Kgn = Königin
Ks = Kaiser
› = siehe
›› = siehe auch

HEYNE BÜCHER

Jehan Sadat

»Jehan Sadat ist eine reichbegabte Frau: Sie ist intelligent, couragiert und zutiefst menschlich. Ihr Leben lang – durch Triumphe und Tragödien – ließ sie andere Menschen an diesen Gaben teilhaben.« Henry Kissinger

01/8196

Wilhelm Heyne Verlag
München